|大学本科学前教育专业教材|

学前教育思想史

Xueqian Jiaoyu Sixiangshi

唐淑◎主编

人民教育出版社
·北京·

图书在版编目（CIP）数据

学前教育思想史/唐淑主编. —北京：人民教育出版社，2018.6（2019.9重印）
大学本科学前教育专业教材
ISBN 978-7-107-32154-2

Ⅰ. ①学…　Ⅱ. ①唐…　Ⅲ. ①学前教育-教育思想-思想史-世界-高等学校-教材
Ⅳ. ①G61-091

中国版本图书馆 CIP 数据核字（2018）第 126048 号

大学本科学前教育专业教材　学前教育思想史

出版发行　人民教育出版社
（北京市海淀区中关村南大街 17 号院 1 号楼　邮编：100081）
网　址　http://www.pep.com.cn
经　销　全国新华书店
印　刷　保定市中画美凯印刷有限公司
版　次　2018 年 6 月第 1 版
印　次　2019 年 9 月第 2 次印刷
开　本　787 毫米×1092 毫米　1/16
印　张　31
字　数　437 千字
定　价　52.20 元

大学本科学前教育专业教材编写委员会

出版说明

近年来，随着学前教育的长足发展，我国幼儿园教师教育面临前所未有的发展机遇和挑战，高等学校学前教育专业招生规模不断扩大，专业内涵建设成为发展的重中之重。2010年，国务院颁发了《国家中长期教育改革和发展规划纲要（2010—2020年）》，提出“把高质量作为教育改革发展的核心任务”，“树立以提高质量为核心的教育发展观，注重内涵发展”。2011年和2012年，教育部分别颁布了《教师教育课程标准（试行）》和《幼儿园教师专业标准（试行）》，以规范和发展教师教育，引导教师教育的课程和教学，培养高素质的教师队伍。

高等学校学前教育专业是高素质专业人才、高素质教师队伍的培养基地，引领着学前教育专业的研究和发展方向，其课程研究和教材编写应具有科学性、前瞻性。本着创新教师教育课程理念，全面提高学前教育教学和科研人才的培养质量，建设高素质专业化教师队伍的目标，在教育部领导的关怀和指导下，人民教育出版社课程教材研究所聘请具有丰富教学经验和较高学术水平的学科带头人分别担任各科教材主编，编写了这套“大学本科学前教育专业教材”。

本套教材的编写，以“立德树人，全面实施素质教育”为指针，以大学本科学前教育专业的培养目标为依据，坚持育人为本、实践取向、终身学习的理念，实施《教师教育课程标准（试行）》，注重把国内外最新研究成果与学前教育一线丰富的教学实践经验融为一体，注重理论基础，强化实践环节，加强师德修养和教育教学能力训练，着力培养未来学前教育教学和科研人才的社会责任感、创新精神和实践能力。本套教材主要供高等学校学前教育专业本科使用，也可供学前教育管理者和广大在职幼儿教师进修或自学使用。

本套教材的编写和出版，得到了教育部教师工作司、人民教育出版社课程教材研究所，以及有关高等学校的领导和教师的大力支持，谨在此一并致谢！由于时间紧迫，教材的编写难免有不完善之处，敬请广大师生不吝指正，使本套教材日臻完善。

人民教育出版社课程教材研究所
学前教育课程教材研究开发中心
2018 年 1 月

编写说明

学前教育思想史是中外学前教育史的重要组成部分，是学前教育基本理论的主要内容。本书立足于古今中外各历史时期政治、经济、文化等方面的成果，详尽阐述了一个国家或一个民族在其历史发展的不同阶段，学前教育思想所具有的不同特质以及内在的继承关系，丰富了学前教育史的内容，为各高等师范院校学前教育史的教学提供了有益的补充。本书适用于本科及以上层次学生的专业学习，亦可作为广大学前教育专业教师和教育科学研究工作者的理论参考书。

在本书的编写过程中，主要遵循了以下原则。

1. 史论结合。只有了解和掌握了必要的、具体的教育史实和史料，才能做到对理论和实践的全面认识和理解。本书在叙述中外各历史阶段学前教育思想的发展过程时，力求根据唯物史观和现代教育理论进行实事求是的分析和评论，努力做到史论并重、论从史出。

2. 教育制度与教育思想结合。制度和思想在发生发展的变化过程中常常表现为互相渗透、互相交织、互相促进的关系。本书以人物为主线，注重结合教育理论产生的时代背景、社会制度，进而全面展示各种教育思想和主张形成与发展的脉络。

3. 理论与实践结合。教育思想的发展与教育实践的发展是相互促进的，古今中外的许多著名教育家的思想成就都离不开他们所参与的教育实践活动。本书在介绍教育家们的理论成就的同时，也充分介绍了其生平和教育实践活动，有助于读者对各种不同的教育思想进行更深入地思考。

本次改版删繁就简，对部分内容进行了适当的调整，增添了人物头像，精选、介绍了教育思想家们最核心的观点，增加了可读性。本书由唐淑主编。上篇：第一章由高谦民编写；第二章由胡金平编写；第三章第一、二、三、五节由李煜编写，第四节由唐淑编写；第四章由侯莉敏编写。下篇：第五章、第八章由张蓉编写；第六章、第七章由王雯编写。

本书在编写过程中参考了有关专著和教材，谨此致谢。书中的不当之处，敬请读者指正。

编者

2018年2月

目　录

上篇　中国学前教育思想

下篇 外国学前教育思想

上篇　中国学前教育思想

第一章

古代学前教育思想

内容提要

自步入文明社会以来，中国就高度重视教育，在数千年教育实践经验的基础上，产生了包括学前教育思想在内的丰富的教育思想。从先秦典籍《周易》《礼记》中对儿童教育的论述，到汉代贾谊的早期教育思想，南北朝时期颜之推的家庭教育思想，再到宋明时期朱熹、王守仁、吕坤等从不同角度对儿童教育的阐释，直至明清之际陆世仪、张履祥、崔学古、唐彪、王筠等各具特色的儿童教育主张，形成了我国古代极具价值的儿童教育思想体系，它不仅对当时的教育发挥了指导作用，至今仍具有重要的借鉴意义。

学习目标

1. 了解我国古代学前教育思想发展的历程，把握其基本线索和主要特点。

2. 提高分析思考的能力，学会科学地评价历史上的教育家及其思想。

关键词

倡早教　慎择师　主关爱　重品行　立规矩　顺自然　讲涵养　善诱导

第一节 先秦时期的学前教育思想

中国学前教育思想发展的历史就好像一条长河，其源头在先秦时期。如果说中国古代教育思想发端于夏、商、西周三代的话，那么，春秋战国时期则是教育思想发展的高峰期。这一时期涌现出了一大批思想的巨人和经典名著，此时，学前教育思想正处于“萌动发越”之中。

一、先秦时期的“百家争鸣”

春秋战国时期是一个社会大变革的时代，生产力的发展和土地私有制的产生，改变了整个社会的面貌，出现了政权下移的历史潮流，天子的威望一落千丈，其统治权力逐渐转移到诸侯手里，以后又渐渐转移到大夫甚至陪臣手中。伴随着政权下移的潮流，同时又出现了文化教育下移的现象。过去文化教育被奴隶主贵族所垄断，形成所谓“学在官府”的局面，随着政权的下移，许多宫廷中的文化人纷纷走出宫廷，流落到民间。他们带走了大批图书典籍，在民间传播文化知识，这样就打破了长期以来统治者对文化教育的垄断，使过去平民无权享受的教育，开始向广大的平民阶层敞开了大门，于是就出现了官学衰废、私学兴起、百家争鸣的局面。

私学的产生，赋予了教育新的内涵，使它具有新的特点和意义。私学一经产生，就表现出其强大的生命力。它很快就遍及华夏大地，培养和造就了一大批杰出人才，在社会生活的各个方面产生了重要的作用。私学产生以后，其发展是非常迅速的。在私学老师周围往往聚集着一批批门徒，形成一个个学派。到了战国时期，学派越来越多，出现所谓“诸子百家”。当时各家各派都有私学，许多思想家一面招收门徒，一面著书立说，在哲学、政治、伦理、教育等方面展开争论，出现百家争鸣的生动景象。

各派私学在其教育实践活动的基础上，形成了各具特色、丰富多彩的教育理论。其中，影响最大的是儒、墨、道、法四家。儒家尚理性，讲实用，倡启发；墨家重实践，讲功利，求创新；道家尚自然，崇直觉，重体悟；法家尚统一，贵法制，重赏罚。在百家争鸣中，各派既互相批判斗争，又互相吸收融合，其结果是你中有我，我中有你。早期的儒、墨、道、法四家，到了战国末期都有了不同程度的变化。而由于儒家思想特别具有包容性，它善于从各家思想中吸纳有益的成分，故不断丰富与完善，逐渐形成令各派都不能与之相比的完整的思想体系，它对于巩固封建统治具有特别的价值，因此，两千多年来始终在思想上占据统治地位。

先秦时期的“百家争鸣”造就了许多杰出的思想家和理论家，在我国思想发展史上，这是一个极其辉煌的时代，整个封建社会中出现的思想，大都可以在这一时期找到源头。先秦时期杰出的思想家大多是著名的教育家，他们在教育实践中积累了丰富的经验，提出了不少符合教育规律的主张，其中包括关于学前教育的一些有价值的观点，这些都对后世产生了重大影响。可以说，先秦诸子是在同一个历史条件下，在相互的论辩中，共同奠定了中国古代教育思想的理论基础。

二、《周易》中的儿童教育思想

《周易》原本是我国上古时代一部预测吉凶祸福的占卜用书，后经西周文王和周公等人的整理、注疏，使其蕴涵了丰富的哲学思想，再经孔子的研究与传播，成为儒家的重要经典文献。《周易》虽是一部哲学著作，但也含有丰富的教育思想，其中包括儿童教育思想。

（一）提倡早期教育

《周易·序卦》云：“物生必蒙，故受之以蒙。蒙者，蒙也，物之稚也，物稚不可不养也。”万物刚诞生的时候都是蒙昧无知的，此时尤其要注重养育。对于人类来说，养育不仅要满足儿童身体发育的需要，更要满足他们精神成长的需要，所谓“蒙以养正，圣功也”。① 童蒙时期要以正道教育培养

① 《周易·蒙》。

儿童的优良品德，这是圣人教化之功。“象曰：山下出泉，蒙。”① “蒙”的卦象为坎下艮上，艮为山，坎为水。从卦象上看，就好似山下流淌出的泉水，它使万物萌发滋长。然而泉水始流，无所顾忌，若不加以引导，任其乱淌，则会泛滥无归。由此引申到人类社会，儿童在其成长过程中，要及早进行教育，以防止蒙昧无知的孩童误入歧途。故“君子以果行育德”②，即君子如果理解了这一卦象，就应当果断地采取措施，及早养育德行，以实现“蒙以养正”之功。

（二）重视家庭教育

《周易》的64卦中有一卦叫“家人”，孔颖达疏曰：“明家内之道，正一家之人，故谓之家人”③。可见“家人卦”主要是讲通过家庭教育，使一家人明正道，即“女正位乎内，男正位乎外，男女正，天地之大义也”④。女主内，男主外，男女各尽其责，各守其道，以实现“父父子子，兄兄弟弟，夫夫妇妇”⑤，就是说父母子女、兄弟夫妇，各尽其本分，那么家道就正了，家道正“而天下定矣”⑥。

“家人”的卦辞说：“家人，利女贞。”家人是利于女子守正道的。王弼注曰：“家人之义以内为本，故先说女也。”⑦由此可知，妇女在家庭中的作用是很重要的，她们承担了家庭教育的主要任务。家庭教育应当遵循什么样的原则?《周易》主张家教宜严勿宽，所谓“家人嗃嗃，未失也；妇子嘻嘻，失家节也”⑧。严厉的家教虽令人恐惧，却并未失道；而家教过宽，虽妇人孩子皆欢乐，却失去家中应有的规矩和要求，这不利于儿童德性的成长。所以，孔颖达说：“治家之道，在初即须严正立法。”⑨

“家人”的卦象是离下巽上，离为火，巽为风，故“象曰：风自火出。家人，君子以言有物而行有恒”⑩。在自然界中，火能生风，因为火能造成气压的变化，气压变化则风生，风生则生物随之而动。家庭教育要如同自然中的风那样，教育者应当以自己模范的言行去引导儿童，使其随风

①②《周易·蒙》。

③④⑤⑥⑦⑧⑨⑩《周易·家人》。

而化。

（三）尊重儿童的自主性

《周易》蒙卦辞云："匪我求童蒙，童蒙求我。"就是说，在儿童教育中，不是我去求童蒙，而是童蒙来求我。孔颖达疏曰："明者不求于暗，即匪我师德之高明往求童蒙之暗；但暗者求明，明者不咨于暗，故云童蒙求我也。"① 他告诉我们：作为教育者，不要去求儿童来学，要让儿童主动地求学。这就提出了又一个教育原则，即培养儿童学习的主动性。教育者要充分考虑学习者的知识储备与心理需求，尊重他们的学习愿望，发挥他们自觉、主动的积极精神。这一主张体现了师生相互尊重的思想。一方面，学生要尊重老师，主动向老师求教；另一方面，老师也要尊重学生，在他们有了求知的愿望之后，便积极加以引导。这种观点成为后世儒家教学思想的理论先导。孔子"不愤不启，不悱不发，举一隅不以三隅反，则不复也"② 的思想，以及《礼记》中的"礼闻来学，不闻往教"③，"善待问者如撞钟，叩之以小者则小鸣，叩之以大者则大鸣"④ 的主张，可以说都源于"蒙"卦。由此可见《周易》对我国古代教育思想的影响。

三、《礼记》中的学前教育思想

《礼记》是一部先秦至秦汉时期的礼学文献选编，是儒家的重要经典之一。相传孔子从西周礼制中选择若干士人应遵守的规范，编成《士礼》17篇。后经孔门后学的解说与传授，内容不断丰富，至汉代，礼学著作已达131篇（据《汉书·艺文志》著录）。汉宣帝时，礼学名家戴德从当时的礼学文献中选择85篇，编成《大戴礼记》，其侄戴圣则选定49篇成《小戴礼记》，亦称《礼记》。至唐代，《小戴礼记》列入《五经》，其地位便大大超过

---

①《周易·蒙》。
②《论语·述而》。
③《礼记·曲礼上》。
④《礼记·学记》。

《大戴礼记》。《礼记》不仅阐释了先秦儒家的礼教思想，而且对我国古代的教育制度和教育思想，也作了较全面的总结，对后世产生了重大影响，其中蕴涵的古代学前教育思想，可供我们学习与借鉴。

《礼记》中的学前教育思想主要有以下几方面内容。

（一）儿童教育的起点是胎教

我国古代就十分重视儿童的早期教育，那么早期教育应当从何时开始呢?《大戴礼记》提出：从胎教开始。妇女怀孕后，从饮食起居到视听言动，都要遵礼而行，要做到“立而不跂，坐而不差，独处而不倨，虽怒而不詈”①。即站与坐均要端正，独处时不要放纵自己，即使生气也不可骂人，此“胎教之谓也”。后人对此加以阐释，如清代王聘珍著《大戴礼记解诂·保傅》中写道：“古者妇人孕子之礼，寝不侧，坐不边，立不跸。不食邪味，割不正不食，席不正不坐。目不视邪色，耳不听淫声。诵诗，道正事。如此则生子形容端，心平正，才过人矣。”妇女怀孕之后，一切言行举止都要依据一定的原则，即去恶从善，去邪从正。这样生出的孩子才会相貌端庄，心术端正，才华过人。其所以如此，是因为孕妇的一举一动都会对腹中胎儿产生影响。因此，“任子之时必慎所感，感于善则善，感于恶则恶也”。文王的母亲太任在孕育文王之时，“目不视恶色，耳不听淫声，口不起恶言，故君子谓太任为能胎教也”。

胎教是指孩子出生之前的教育，它是人类教育的起始阶段，它通过为胎儿营造一个良好的发育环境来促进其健康成长。它体现了“正本慎始”的中国文化传统，为了让孩子将来得到良好的发展，要从源头上重视教育，即在生命刚刚形成之时，就要为其创造一个好的教育环境，为其今后的发展奠定基础。

婴儿出生后，要进行多种礼仪活动，以体现对早期教育的重视。以后随着婴儿年龄的增长，要进行一系列相应的教育。在《礼记·内则》中有这样

① 《大戴礼记·保傅》。

的记载："子能食食，教以右手；能言，男唯女俞；男鞶革，女鞶丝。六年，教之数与方名。七年，男女不同席，不共食。八年，出入门户及即席饮食，必后长者，始教之让。九年，教之数日。"自儿童能够独立饮食起，就要注意养成良好的习惯。如用右手吃饭，在说话和穿衣等方面，男孩和女孩有不同的要求，从小就要体现男女有别。6 岁时教孩子识数和方位名称；7 岁时男孩女孩就不能同席而坐、同桌吃饭了；8 岁时教孩子尊重长者，懂得长幼有序，学会礼让；9 岁时教孩子学习计算日期；从 10 岁开始，男孩离家入学读书，女孩在家接受家庭教育，学习作为家庭主妇所必备的知识和技能。

从《礼记》中论述的学前教育的内容来看，它以儿童的能力发展为依据，和儿童的生活紧密相连，体现了由浅入深、由易到难的发展过程，基本上符合儿童的年龄特点和身心发展规律；同时，也反映了在父权制的社会中，重男轻女、男尊女卑的教育不平等状况，它影响了整个封建社会。

（二）儿童教育的前提是慎择师保

我国古代早期教育的对象仅限于工侯等贵族子弟，故统治者特别重视对教师的选择。《礼记·内则》说："择于诸母与可者，必求其宽裕、慈惠、温良、恭敬，慎而寡言者，使为子师，其次为慈母，其次为保姆，皆居子室，他人无事不往。"幼儿教师分为子师、慈母和保姆三个不同层次，其标准为"宽裕、慈惠、温良、恭敬，慎而寡言"，即性格宽容慈爱，态度温和大方，工作认真谨慎，言语少而有分寸。总之，要具有优良的道德修养和个性心理品质。有这样的师保终日与儿童在一起，精心教养，就能对儿童产生良好的影响，使其身心得到健康成长。

据《大戴礼记·保傅》记载，周成王年幼时，"召公为太保，周公为太傅，太公为太师"，除三公外，另置三少，即少保、少傅、少师。三公、三少均为德高望重之人，他们时时以"孝仁礼义"教导成王。为使成王扩大眼界、开阔心胸、丰富知识、修养德性，又"选天下端士孝悌闲博有道术者，以辅翼之，使之与太子居处出入"。这些德行高、学问好的贤士作为三公、三少的帮手，经常与太子生活在一起，对其产生潜移默化的影响。

慎择师保就是要为儿童营造一个良好的教育生态环境，所谓“逐去邪人，不使见恶行”，使儿童“左视右视，前后皆正人”。从而生活在一个“见正事，闻正言，行正道”的环境中，以利于儿童德性才能的发展。①

（三）儿童教育的内容重在品德修养

我国古代教育的着重点是教人如何做人，正如宋代教育家陆九渊所说：“学者所以为学，学为人而已”②。学为人的教育贯穿于人的一生，自婴幼儿起即注重思想品德和行为习惯的养成，即所谓“蒙以养正”。从《礼记》中的记载来看，古代学前教育的内容主要有如下几个方面。

1. 孝敬父母

孝是中国传统道德的核心，孔子曰：“孝弟也者，其为人之本与!”③ 在孔子的大力倡导下，孝敬父母就成为我国古代道德教育的中心内容。《礼记》强调“孝子之行”，“凡为人子之礼，冬温而夏凊，昏定而晨省”。④ 孩子从小就要关心父母，要使父母冬天感到温暖，夏天感到清凉；每天晚上要为父母铺好枕席，使之能够安睡，清早起来要向父母请安。“父命呼，唯而不诺，……食在口则吐之，走而不趋。”⑤ 当父亲呼唤时，作为儿子要恭敬地应答“唯”而不是“诺”；假若有食物在口中就要吐出，并快步跑到父亲跟前。“为人子者，出必告，反必面”，“不登高，不临深”。⑥孩子如果要出去，一定要先禀告父母，得到允许方可外出；回来后要告诉父母，让他们知道。同时，不登高处，不临深渊，不做危险的事情，以免父母担惊受怕。总之，要遵循对待父母的一切礼节，勤勤恳恳地侍奉父母，使他们生活安逸、心情舒畅。

---

①《大戴礼记·保傅》。

②《陆象山语录》。

③《论语·学而》。

④⑥《礼记·曲礼上》。

⑤《礼记·玉藻》。

2. 尊重师长

《礼记》认为，尊重师长、恭谦礼让是为人的基本条件。因此，从小就要加强教育培养，使他们懂得“居不主奥，坐不中席，行不中道，立不中门”①。作为孩子，无论是居，是行，或坐，或立，都要让出尊位，以示恭谦。

首先，要尊敬老师。“从于先生，不越路而与人言。遭先生于道，趋而进，正立拱手。先生与之言则对，不与之言则趋而退。”②和老师一同行走，不可到路边与别人说话。如果在路上遇见老师，就要快步前进，立正拱手，以示敬意。老师问话就答，不问就赶快退下。“先生书策、琴瑟在前，坐而迁之，戒勿越。”“先生问焉，终则对。请业则起，请益则起。”③儿童不可从老师的书策和琴瑟上跨过去，必须跪着绕过去。老师提问要等他把话说完了才能回答；如果要向老师请教问题或请老师再讲一遍，均要起立。

其次，对于长者也要十分尊重。“见父之执，不谓之进，不敢进；不谓之退，不敢退；不问不敢对。”④见到父亲的挚友，进退问答都要听从吩咐，切不可自作主张。“长者与之提携，则两手奉长者之手。”⑤如若长者要搀扶，则儿童要用双手握着长者的手，以示尊敬。“凡为长者粪之礼，必加帚于箕上。以袂拘而退，其尘不及长者。”⑥如果为长者打扫卫生，要用一只手的衣袖在箸帚前遮蔽灰尘，向后退着扫，不使灰尘飞扬到长者身上。

3. 养成良好习惯

日常生活中的行为举止、礼仪规范，对于儿童来说是十分重要的，从小养成良好的行为习惯，就为他们今后的成长奠定了坚实的基础。《礼记》在这方面提出了许多要求，如，规定儿童的穿着要朴素、节俭，“童子不裘不帛”，小孩子不穿皮革和丝绸做的衣服，而只能穿着“缁布衣”。⑦ 再如，儿

①②③④⑤⑥《礼记·曲礼上》。

⑦《礼记·玉藻》。

童的行为要符合礼仪规范。“立必正方”，“坐必安”，“听必恭”。① 站立时必须正对某一方，坐须安安稳稳，听人说话要恭恭敬敬。“毋侧听，毋嗷应，毋淫视，毋怠荒，游毋倨，立毋跛，坐毋箕，寝毋伏。”②不要侧耳偷听别人说话，应答时不要高声大喊，目光不要游移不定，切不可放纵而不知检束，行走时不可傲慢，站立时身体不要偏斜，坐时不可伸开双腿，睡觉时不要趴着。“毋抟饭，毋放饭，毋流歠，毋咤食。”“共食不饱，共饭不泽手。”③吃饭时，不要用手抟饭团，已抓取的食物不能放回食器中，不要大口喝汤，吃饭时不要发出声响。如果与人共用食器吃饭，一不要吃饱，二不要揉搓手。“将上堂，声必扬”，“堂上不趋”。“将入户，视必下，……视瞻毋回。”“室中不翔，并坐不横肱。”④要上堂时，须先发出声音以示意；在堂上不要小步快走。要入室时，眼睛须朝下看，不要环视四周；在室中行走不可甩开手臂，和别人并排而坐时不要横起胳膊肘。“户开亦开，户阖亦阖。有后入者，阖而勿遂。”⑤进门前如果门是开的，入室后仍旧让它开着，反之则将门关上。假若后面有人要跟着进来，那么关门就要慢一些。“毋践屦，毋踖席，抠衣趋隅，必慎唯诺。”⑥不要踩别人的鞋，也不要践踏他人的坐席，要小心翼翼地提起衣服走到角落里，不与别人争席。不要随便说话，说话时要谨慎。

《礼记》中的教育思想，对以后封建社会的家庭教育影响很大。虽然为了巩固封建统治，其中有不少主张体现了男尊女卑和宗法等级制度的观念，但是我们应当看到，在《礼记》中也有许多精华的成分，如关注早期教育，强调慎择师保，以及重视儿童的品德修养等，这些至今仍具有现实意义。

第二节 秦汉时期的学前教育思想

一、秦朝的“以法为教”与两汉的“独尊儒术”

公元前 221 年，秦始皇统一了六国，建立了我国历史上第一个中央集权

①②③④⑤⑥《礼记·曲礼上》。

的封建帝国。为了巩固统治，法家代表人物——丞相李斯，颁布了“书同文”“行同伦”等政策，统一语言文字和伦理习俗，并采取了一系列极端的措施，如颁“挟书令”，禁止私藏诸子百家书籍，禁私学，焚书坑儒，以防止“以古非今”“惑乱黔首”。① 这些措施使诸子百家争鸣的局面宣告终结，它虽然对于巩固大一统的国家政权产生了一定的作用，但是这种专制主义的文教政策，导致了社会矛盾的激化，以致“天下愁怨”②，加速了秦朝的灭亡。

汉朝建立后，统治者及其理论家们，为巩固新建的大一统政权，使其免遭秦亡的覆辙，对秦国的兴亡史以及治国策略的得失，进行了认真总结，许多学者提出了改变文教政策的建议。

首先，叔孙通主张以儒家思想来“守天下”。紧接着，陆贾提出以“教化”作为“守天下”的主要方式。而后贾谊则认为，各级官吏担负着实施“教化”的重任，他们应当成为民众的导师。而这样的官吏并非任何人都能胜任，所以必须慎重“选吏”。他主张选拔“贤士”为吏，所谓“贤士”，即具有道德修养的知识分子，“贤士”越多，国家就越强盛。

董仲舒继承并发展了叔孙通、陆贾和贾谊的思想，提出了三大文教政策建议：第一，重选举，广取士，实行选贤任能的察举制度，以广泛选拔人才；第二，兴太学，置明师，通过办学校培养人才，将“选士”和“养士”结合起来；第三，罢黜百家，独尊儒术，以儒家思想作为“养士”“选士”以及教化万民的唯一指针。董仲舒的三大文教政策建议，经汉武帝批准，成为汉朝的文教政策，它不仅对两汉的教育发挥了重大的作用，而且对汉以后整个封建社会教育的发展产生了深刻的影响。

---

①②《史记·秦始皇本纪》。

二、贾谊的早期教育思想

贾谊（前200—前168），洛阳人，西汉初年杰出的政治家、文学家和教育家，以能诵《诗》《书》、善文辞著称，20岁左右即被召为博士。他极富政治远见，提出了许多治国良策，颇受汉文帝赏识。一年后被提升为太中大夫，后遭谗言被贬为长沙王太傅，又转任梁怀王太傅。文帝十一年，梁怀王不慎坠马身亡，贾谊深感自己没有尽到太傅的职责而极度悲伤，于次年忧郁而终，年仅33岁。

贾谊两度8年的太傅生涯，积累了丰富的君主教育的实践经验，在此基础上形成了他的君主早期教育理论。他的著述颇丰，今人辑为《贾谊集》，内有《新书》10卷等。有关君主早期教育的理论，主要见于《新书》的《胎教》《保傅》《傅职》《劝学》诸篇中。

（一）及早施教

贾谊认为，君主教育意义重大，因为它关系到国家的兴衰存亡。他指出：殷周之所以国祚长久，而秦代却“二世而亡”，原因就在于对君主继承人的教育不同。“殷周之所以长久者，其辅翼太子有此具也，及秦而不然。”① 殷周时对君主继承人的教育好，有诸多贤士辅翼，故能长治久安；而秦代则反之，故“二世而亡”。由此可见，“天下之命，县于太子”②。对太子的教育，直接关系到国家将来的安危。因此，必须使太子接受良好的教育，使其品行端正，“太子正而天下定”。只要太子行得正，天下就安定了。“治乱之机，其要在是矣。”③国家治与乱的关键，就在于此。

①②③《新书·保傅》。

贾谊认为，“太子之善，在于早谕教。”① 对君主继承人的教育在其出世前就要进行。“古者胎教之道，王后有身，七月而就蒌室。”② 王后怀胎七个月，就要迁往安静清幽的侧室居住。使其不听邪音，不食邪味，以养成良好的心性，保证充足的营养。“立而不跛，坐而不差，笑而不喧，独处不倨，虽怒不骂。”③一切言行举止皆合正礼，这样生出的婴儿才会中正不邪。

如果说胎教尚属通过母体对胎儿施加的间接影响的话，那么在太子出生以后，直接的教育就应当开始了。贾谊主张：“自为赤子，而教固已行矣。”④ 赤子即刚生下来的婴儿。他说：“古之王者，太子初生，固举以礼。”⑤ 古代的君王在太子初生时，便举行一定的礼节仪式，对其加以熏陶影响。及早施教之所以重要，其一，在于小时候形成的品行习惯根深蒂固，就仿佛人的天性一般，不易改变。正如孔子所说的：“少成若天性，习惯如自然。”⑥ 其二，在于婴幼儿尚未受到外界环境的不良影响，心地单纯，既容易形成良好的品德，也容易沾染不良的习气。因此，及时施加教育影响，便可获得事半功倍的最佳效果。所谓“心未滥而谕教，则化易成也。”⑦ 一旦恶习养成，再加矫正，非但失去了最佳教育时机，且效果必然是事倍功半。

（二）慎重择师

贾谊认为，慎重择师是对太子进行早期教育的根本保证。他指出，要使“太子正”，除了“早谕教”外，还必须“选左右”，就是为太子选择老师。他说：“昔者周成王幼，在襁褓之中，召公为太保，周公为太傅，太公为太师。”⑧ 此三人均为古代贤士，正是由于他们自身德才兼备，加上善于教育引导，使成王自幼“见正事，闻正言，行正道”⑨，即位后才能够“虑无失计而举无过事”⑩，考虑问题十分周密，处理事情正确无误，成为一代明君。贾谊指出：“人性非甚相远也。”⑪ 人生下来，天性都差不多，可是为什么周成王圣明，而秦二世暴戾？是二者本性的差异吗？不是，是他们的老师不同。成王的老师均是贤者，成王的“左右前后，皆正人也。习与正人居之，

①④⑤⑥⑦⑧⑨⑩⑪《新书·保傅》。

②③《新书·胎教》。

不能无正也。”[1] 而秦二世胡亥因择师不当，以宦官赵高为傅，在师傅的影响下，胡亥是非颠倒、草菅人命、昏庸暴戾，导致秦朝数载即亡。由此看来，择师不可不慎。

（三）三育并举

贾谊为“三公”规定的职责是：“保，保其身体；傅，傅之德义；师，道之教训。”[2]这反映了他体、德、智三育并举的思想。婴幼儿正处在长身体阶段，将“保其身体”置于首位，符合儿童生长发育的特点。在保证太子健康发育的前提下，要特别关注道德教育。“傅之德义”显然属于德育，而“道之教训”虽属智育，但教训的内容仍不离道德范畴。如教之《春秋》，以“耸善而抑恶”，教之《礼》“使知上下之则”，教之《诗》“而广道显德”[3]等等，这是先秦儒家重德思想的延伸。道德品质的形成是一个由小而大逐步发展的过程，贾谊说：“善不可谓小而无益，不善不可谓小而无伤。”[4] 人的善行不能因其小而认为无多大价值，同样，人的恶行也不能因其小而觉得无关紧要。所以，对于儿童极细微的闪光点，应当及时加以引导，使其发扬光大；而对他们行为中的小毛病，切不可听之任之，而要及时加以制止，使其迅速改正。人的品行优劣正是在无数细微小事中体现出来的，小中以见大。无论善端、恶端，都须在萌芽阶段及时加以正确引导，方能使儿童存善去恶，成为品行端正的人。总之，三育并举，德育为本，是贾谊早期教育思想的核心。

（四）深浅适宜

贾谊认为，对君主实施早期教育要深浅适宜。“太浅则知暗，太博则业厌”。[5] 教学内容太浅，智力就得不到发展；而教学内容过于深博，则会因

①②《新书·保傅》。
③《新书·傅职》。
④《新书·审微》。
⑤《新书·容经》。

难以接受而产生厌学情绪。所以，教育者应当“适疾徐，任多少”①，根据学生的学习能力来确定教学的快慢程度和内容的多少；“造而勿趣，稍而勿苦”②，要积极引导学生而不加强制，要让学生逐渐积累，而不使其因负担过重产生厌苦之情：“省其所省，而堪其所堪”③，减少那些不必要的内容，使其能够胜任。贾谊继承并发展了孔子的“因材施教”和孟子的“循序渐进”思想，提出了深浅适宜、快慢得当、最大限度发挥学生智慧潜能的教学原则。

贾谊的早期教育思想虽然是针对君主提出来的，具有一定的局限性，但其基本精神对于一般儿童的早期教育也是适用的。他的思想为我国古代学前教育理论的发展奠定了基础。

第三节 魏晋隋唐时期的学前教育思想

一、魏晋玄学之风与隋唐三教调和

魏晋南北朝时期，诸侯割据，战争频仍，此时儒学开始衰落，而玄学清淡之风盛行，涌现出以阮籍、嵇康等人为代表的一批玄学教育家。他们激烈地抨击儒家的名教思想，“轻贱唐虞而笑大禹”④，“非汤武而薄周孔”⑤，同时“以六经为芜秽，以仁义为臭腐”⑥，彻底否定了儒家的教育思想；他们崇尚自然主义教育观，提出“越名教而任自然”⑦ 的口号；他们重视人的价值，强调张扬个性，使人的本性得到充分自由的发展。他们开启了一个新的时代，这是人的地位开始提升、大写的人开始觉醒的时代。在这个新时代中，人们的宇宙观、人生观、价值观都发生了一系列重大变化，这些变化对

①②③《新书·容经》。

④《卜疑集》。

⑤《与山巨源绝交书》。

⑥《难自然好学论》。

⑦《嵇康集·释私论》。

文化教育产生了很大影响。儒术独尊的局面被打破了，名教这个精神枷锁被砸开了，而新的锁链一时还无法形成，在这种情况下，文化教育领域里就出现了一股清新、活泼的空气，萌发了不少新生事物，如打破了单一的经学教育，出现了律学、书学、算学、医学等新学校的萌芽。

隋唐时期重振儒术，然此时并非独尊儒术，而是以儒为主，兼重佛、道，从而制定了以儒学为主干，以佛、道为两翼的文教政策。三教调和的思想萌发于南北朝，发展于隋唐。唐朝时，每逢国家大典，常招三教代表人物在集会上讲经说法。唐朝统治者之所以既崇儒、又重佛、还尚道，是因为儒学是从统治者的角度强调应当如何来巩固统治，而佛与道则是从被统治者的角度要求民众应当如何服从这种统治。从表面上看，这三者的立足点似乎有所不同，但实际上结果是殊途而同归，它们都有利于巩固封建统治，所以才被统治者所看中。儒、佛、道三者并存，并非和平共处，而是互相斗争。这种斗争的结果，一方面由于儒学占据优势地位，因而使我国最终没有成为一个宗教国家；另一方面，斗争促进了相互融合，使儒学中也包含了佛、道的因素，后来的宋明理学正是在这个基础上产生的。

二、颜之推的家庭教育思想

颜之推（531—约 595），字介，梁朝建业（今江苏南京）人，祖籍琅邪临沂，南北朝时期著名的教育家、文学家。出生于士族家庭，其家学渊源，世代相承，奠定了他一生的儒学基础，而当时的儒学衰微，玄学、佛学并兴局面，又对其思想多有影响。他经历了几十年改朝换代的风波，“三为亡国之人”，却四朝为官，历任南梁散骑侍郎、北齐黄门侍郎、北周御史上士及隋学士等职。他根据自己一生曲折的经历，写成《颜氏家训》20篇，用以“整齐门内，提撕子孙”①。这是我国古代第一部系统完整的家庭教科书，在社会上产生了广泛的影响，其意义已远远超出对颜氏家族子弟的训诫，被人们视为家训的鼻祖和家教的典范。

（一）家教奠基，父母有责

颜之推说：“吾生于乱世，长于戎马，流离播越，闻见已多。”② 他从自己一生的经历中，深深感到学习文化知识、提高自己才能的重要性。他说：“自荒乱已来，诸见俘虏，虽百世小人，知读《论语》《孝经》者，尚为人师；虽千载官冕，不晓书记者，莫不耕田养马。”③ 他认为，有知识有才能的人，不论其出身如何，都可以成为劳心的君子，始终居于社会的上层；而没有知识、缺乏才能的人，即使出生显贵、世代为官，也必将成为劳力的小人，居于社会的下层。知识和才能是一种资本，它可以作为谋生的手段。他说：“父兄不可常依，乡国不可常保，一旦流离，无人庇荫，当自求诸身耳。”④ 在社会大变动时期，个人的地位和前途，都没有依靠，没有保证，只有靠自己，只有自己有知识、有才能，方可保住较高的社会地位。他本人就是凭借其学识才能，先后在四朝为官。对此，他感受实在太深刻了。因而，他从维护自己的家族乃至整个士族的利益出发，提出了学习的极端重要性。由于当时官学衰废，颜之推便特别关注家庭教育。他认为，一个人的道德才能如何，取决于其早期家庭教育的优劣，因为家教是奠基的教育。他自己在儿童时期，由于父母要求严格，使他养成了良好的习惯，为其今后的发展奠定了基础。然而，由于父母去世，家教放松，在社会的不良影响下，他渐渐变成一个“肆欲轻言、不修边幅”⑤ 的人。成年之后才开始觉醒，无奈“习

①⑤《颜氏家训·序致》。

②《颜氏家训·慕贤》。

③④《颜氏家训·勉学》。

若自然，卒难洗荡”①，坏习气一经形成，便很难一下子改过来。他深感自己存在的问题，是没有始终坚持严格的家庭教育所造成的。他又列举了大量的事实，证明大凡在儿童时期接受了良好的家庭教育，就能“守道崇德”，建功立业；相反，若早年未受到严格的家庭教育，往往“终为败德”，甚至遭来“杀身之祸”。因此，家庭教育关系到个人的成败和家族的兴衰。要使子女将来有所作为，家长就必须十分重视家庭教育。

颜之推认为，家庭教育具有学校教育、社会教育难以取代的效果。他说：“禁童子之暴谑，则师友之诫，不如傅婢之指挥；止凡人之斗阋，则尧舜之道，不如寡妻之诲谕。”②要制止孩子的戏闹，侍婢的呼唤胜过师友的训诫；而制止人们的争斗，以尧舜之道去说服还不如妻子的规劝作用大。其所以如此，原因在于“同言而信，信其所亲；同命而行，行其所服”③。在家庭中，父母与子女，朝夕相处，感情深厚，这一天然亲情，使家庭教育可以收到事半功倍的效果。因此，家长的责任重大，其教育作用是任何师友圣贤所不能代替的。

（二）教儿婴孩，勿失良机

颜之推认为，一个人的发展，幼年时期是奠定基础的重要阶段。所以，家庭教育应当抓住时机、及早进行，有条件的可从胎教开始。在他看来，孕妇的道德行为影响胎儿的生长，孕妇“目不邪视、耳不妄听”，胎儿便能“正”而勿“邪”。然而只有帝王之家才有条件实施胎教，一般家庭根本就做不到。那么他们又应当何时开始施教呢？他指出：“凡庶纵不能尔，当及婴稚，识人颜色，知人喜怒，便加教诲。”④ 对于普通民众来说，当孩子开始能够认识外界的人和事物的时候，就要及时进行教育。他引用当时的俗谚：“教妇初来，教儿婴孩。”⑤要使媳妇听话，就要在她刚过门时约法三章；要使孩子长大有出息，就要在他刚懂事时加以教育。为什么“当及婴稚”就要

①②③《颜氏家训·序致》。

④⑤《颜氏家训·教子》。

教育呢？因为只有及早施教，才能取得最佳效果。其一，“人在年少，神情未定”①，因而可塑性大，此时，各种社会影响，无论好坏，都会在儿童幼小的心灵上烙上深深的印痕，尽早进行教育引导，使儿童养成良好的习惯，便可以抵御各种不良影响的侵袭。其二，“人生小幼，精神专利；长成已后，思虑散逸，固须早教，勿失机也。”② 年龄越小，思想越单纯，精神越专一，记忆力也就越好，因而学习的知识掌握得牢固；长大成人之后，事情繁多，思想复杂，注意力难以集中，故学习效果就差。他以自己的经验加以证明：“吾七岁时，诵《灵光殿赋》，至于今日，十年一理，犹不遗忘：二十之外，所诵经书，一月废置，便至荒芜矣。”③所以，家庭教育宜早不宜迟，每个做家长的切勿错失良机。

（三）德艺双修，博专统一

颜之推认为，家庭教育的日的在于培养对国家有用的人才，这种人才须德行与学艺二者兼备。因此，家庭教育的内容应当是德艺双修。首先，要重视对儿童进行道德理想和道德情操的教育。所谓“生子孩提，师保固明孝仁礼义，导习之矣”④。父母要教育子女从小立志，树立高尚的生活理想，确立正确的道德观念，分清是非善恶，这是家庭教育最主要的内容。要使子女牢记，凡是符合仁义的事情，即使会损害个人利益，甚至要牺牲自己，如“丧身以全家”“泯躯而济国”，⑤ 也在所不惜；凡是不仁不义之事，就是能为个人捞取好处，获得名声，也决不去做。他反对为了个人的目的而不择手段，厌恶那些依附权贵、屈节求官的人。他说，在北齐时，某人为使自己的孩子往上爬，就教他学鲜卑语、弹琵琶，以此来博得达官贵人的宠爱，做父亲的不以为耻、反以为荣，常向别人炫耀自己教子有方。颜之推认为，像这样教育孩子，不顾人格和气节，志趣低下，实在可鄙，他严诫子孙切勿仿效。

---

①《颜氏家训·慕贤》。

②③《颜氏家训·勉学》。

④《颜氏家训·教子》。

⑤《颜氏家训·养生》。

其次，要对儿童进行广泛的“艺”教，即“修以学艺”。颜之推指出：“贵游子弟，多无学术”，却“耻涉农商，差务工伎”，在“离乱之后”，“求诸身而无所得，施之世而无所用”，以至于“转死沟壑之际”。① 他认为士族子弟大多不学无术，却又鄙视农工商贾，当乱世之时，他们毫无生存能力，以至于死无葬身之地。而“有学艺者，触地而安”，谚曰：“积财千万，不如薄伎在身。”②一个人只要有一技之长，即使在兵荒马乱的年代，也可安身立命。因此，“艺”教对一个人来说也是十分重要的。在他看来，“艺”包括“文艺”和“杂艺”。所谓“文艺”主要是指“六经”以及百家之书，掌握了这些知识，即使“不能增益德行”，也“犹为一艺”，③ 成为谋生的手段。所谓“杂艺”，包括琴、棋、书、画、医、数、射、卜等，甚至连儒家并不重视的农业生产知识也包含其中。这些“杂艺”在生活中各有其实用价值，学成一艺，“得以自资”。

颜之推主张博专统一。他说：“夫学者，贵能博闻也”，所谓博闻，包括“郡国山川，官位姓族，衣服饮食，器皿制度，皆欲寻根，得其原本。”④ 博闻有助于开阔眼界，避免犯片面性错误。他指出：“观天下书未遍，不得妄下雌黄。”⑤ 没有博览群书，就不可乱下结论，只有尽可能地扩大获取知识的范围，才能做出比较准确的判断。因此，他认为，“农工商贾、厮役奴隶、钓鱼屠肉、饭牛牧羊，皆有先达，可为师表”，就是说各行各业都有值得学习的东西，“博学求之，无不利于事也。”⑥ 广博地学习这些知识，对于做事是很有益处的。

在颜之推看来，博闻固然有益，但如果无论何事，都浅尝辄止，“略得梗概，皆不通熟”⑦，这也不行。他说：“古人云：‘多为少善，不如执一；鼫鼠五能，不成伎术’”。⑧ 事情做了许多，却大都做得不好，就如同鼫鼠有五种本领，却一种都不精。要想学问精深，除博闻外，还须专一。只有专心

①②③④⑤⑥《颜氏家训·勉学》。

⑦⑧《颜氏家训·省事》。

做一件事，才能把它做好。所谓“省其异端，当精妙也”①。博专统一，就是要“博览机要”，机要，意思是机微精要。博览群书，掌握其精要，则“必能兼美”②。

（四）偏宠有害，严教是爱

颜之推认为，天下父母无不爱自己的子女，然而有不少人不知道该如何爱孩子，有的只知道宠爱、溺爱。“饮食运为，恣其所欲。宜诫翻奖，应呵反笑。”③ 他们对孩子生活方面的要求尽量给予满足，完全放任而不加限制。孩子做了错事本应批评，反而加以奖励；孩子说了错话本应责备，却一笑了之。这样使儿童难以树立正确的是非观念。久而久之，就会养成不良习惯。“骄慢已习，方复制之，捶挞至死而无威，忿怒日隆而增怨，逮于成长，终为败德。”④ 等到恶习已成，此时再加以管束，但为时已晚，即使天天打骂也无济于事，这样的孩子长大以后终将成为品德败坏的人。还有的人偏爱孩子，对子女不一视同仁，其结果受冷漠的孩子自尊心遭到伤害，其发展必将受到影响；而受偏爱的孩子则会养成骄娇二气，也难以健康成长。他列举了历史上的实例来加以说明。他说：“人之爱子，罕亦能均。自古及今，此弊多矣。贤俊者自可赏爱，顽鲁者亦当矜怜。”⑤ 历史的经验告诉我们，如果家长对孩子宠爱偏爱，看起来是爱他，实际上是害他。

那么怎样才是正确地爱孩子呢？颜之推认为，必须将爱与教结合起来，寓爱于教，这才是真正的爱孩子。教育孩子一定要严格，父母要有威严。“使为则为，使止则止。”⑥ 为了提高教育效果，他甚至主张采用打骂等强制性措施，如果父母能做到“威严而有慈”，那么孩子就能“畏慎而生孝”。⑦ 只有严加管教，孩子才有希望成器。将体罚作为管教子女的有效手段，这是不正确的，但提出严格要求，却是有道理的。

---

①《颜氏家训·省事》。

②《颜氏家训·勉学》。

③④⑤⑥⑦《颜氏家训·教子》。

（五）风化熏陶，闻见结合

颜之推认为，儿童正处于生长发展的阶段，极易受周围环境的影响。他说："人在年少，神情未定，所与款狎，熏渍陶染，言笑举动，无心于学。潜移暗化，自然似之。"① 儿童的发展尚未定型，他们虽"无心于学"，但却时时受到"熏渍陶染""潜移暗化"，久而久之便形成了自己的品格。因此，父母应当为儿童创造一个良好的家庭环境，以家长的模范行为，为孩子树立榜样，他把这种示范作用称为"风化"。"夫风化者，自上而行于下者也，自先而施于后者也，是以父不慈则子不孝，兄不友则弟不恭。"② 换句话说，只有父慈才有子孝，只有兄友才有弟恭。长辈品德作风好，晚辈在这样的家庭环境中，会随风而化，这是一种自然的仿效，无需任何强制。好的家庭教育，不在长篇说教，而在长辈示范。父母以身作则，就能引导孩子去恶从善。再就语言教育来说，要使子女发音准确，父母必须发音准确。他说："吾家儿女，虽在孩稚，便渐督正之。一言讹替，以为己罪矣。"③ 他自己以身作则，使用标准语言，并认真示范。在孩子身上总能见到家长的影子，所以，父母必须慎其言行，做孩子称职的老师。

此外，父母还要关心孩子的交友情况。因为"与善人居，如入芝兰之室，久而自芳也；与恶人居，如入鲍鱼之肆，久而自臭也"④。和好人交朋友，时间久了自己也会变好；和坏人交朋友，时间长了自己也会变坏。所谓"近朱者赤，近墨者黑"。颜之推要求家长引导儿童"慎交游""交益友"。

颜之推认为，闻见结合是一种重要的学习方法。当时一些士大夫子弟不学无术，"贵耳贱目"⑤，依靠道听途说的趣闻琐事，作为谈论的资本，并以此为学。他不赞成这种重耳闻、轻眼见的学习方法，认为只有眼见方能知其真伪。因此，他提倡"眼学"，重视亲身直接观察以获取知识。他说："必须

---

①④⑤《颜氏家训·慕贤》。

②《颜氏家训·治家》。

③《颜氏家训·音辞》。

眼学、勿信耳受。”① 所谓“眼学”，包括书本知识的学习和实践经验的积累，一方面要认真阅读典籍，查考原文，这样才能相信，方可转述；另一方面要亲身实践，亲自勘察，这样得到的认识才真切。不过，颜之推虽重“眼学”，却也并非排斥“耳学”。他认为听闻也可开阔眼界，但不能轻信，主张闻见结合，既要耳闻，更须目睹，做到“目能视而见之，耳能听而闻之”②。只有这样，方能获得真正的学问。

颜之推有丰富的社会阅历和广博的学识。他把自己立身、为学、治家、处事的经验体会加以总结，写成《颜氏家训》，用以训诫子孙，勉励他们努力学习、继承家风、扬名于世。在南北朝以前，我国也曾出现过一些有关家庭教育的文章，如刘向的《诫子歆书》，马援的《诫兄子严、敦书》，诸葛亮的《诫子书》，王昶的《家诫》等。但像《颜氏家训》这样系统完整地论述家庭教育的专著尚未见过。它提出了士大夫家庭教育中带有普遍性的问题。“篇篇药石，言言龟鉴”③，对后世影响很大。后代作家训者，皆溯源《颜氏家训》。宋代陈振孙在《书录解题》中说：“古今家训，以此为祖。”在封建社会家庭教育发展史上，它是一座重要的里程碑。

颜之推因受阶级和时代的局限，其家庭教育思想中也存在某些消极因素。如重劳心、轻劳力、想出人头地、光宗耀祖以及主张体罚等，对此我们应加以批判。但他重视家庭教育，尤其是儿童早期教育，在家庭教育的意义、内容、原则和方法等方面提出了一系列有价值的观点，对当今儿童的家庭教育具有重要的启发和借鉴意义。

---

①《颜氏家训·勉学》。

②《颜氏家训·风操》。

③ 王钺：《读书丛残》。

第四节 宋明时期的学前教育思想

一、宋明时期的理学兴盛

宋代由于政治的腐败，“礼仪松弛”“伦常败坏”的现象越来越严重。为了改变这种状况，统治者需要有一个强大的思想武器以维护其政权，然而以“天命论”作为封建道德理论根据的汉唐经学，已逐渐丧失了在思想界的权威作用，不能再担负起封建统治精神支柱的重任了。在这种情况下，理学便应运而生了。

理学是以儒家的道德伦理思想为核心，以佛教的思辨结构为骨架，以道家的“道生万物”宇宙观为基础，把自然、社会、人生等问题熔于一炉而建立起来的新儒学。理学是儒、佛、道在斗争中逐渐融合的结果。它比传统的儒学更精巧，更富于思辨性，因而更具有哲理的色彩；它使哲学伦理化，把三纲五常抬高为“天理”，将封建道德上升为宇宙本体，从而为封建统治的合理性与永恒性制造了理论根据；它强调“存天理，灭人欲”，重视道德修养，以维护封建统治秩序，它比佛、道思想更能直接为封建统治服务。所以，理学被宋以后的历代统治者所看中，成为我国封建社会中后期占统治地位的思想。理学对于教育的影响是很大的。自宋代以后，从文教政策到学校教育，从科举考试到社会教化，都被理学所控制，封建礼教之所以毒害很深，正是理学通过教育所造成的后果。

宋明时期是我国蒙学发展的重要阶段，这一时期不仅蒙学数量增多了，而且在教学内容和方法等方面都形成了不少特点。朱熹、王守仁、吕坤等著名教育家都非常重视具有奠基作用的蒙学教育，他们各自从不同的角度对蒙学教育发表了自己的观点，为我国古代学前教育思想的发展做出了积极的贡献。

二、朱熹重规范的儿童教育思想

朱熹（1130—1200），字元晦，又字仲晦，号晦庵，祖籍徽州婺源（今江西婺源县），出生于福建南剑（今福建南平）尤溪县，南宋著名的理学家、教育家。他出生书香门第，祖辈世代为官。自幼接受儒学教育，后师从北宋理学家程颐、程颢的三传弟子李侗，奠定了其学术思想的基础。他18岁中举人，19岁中进士，从此踏上了坎坷的仕途。先后在闽、赣、浙、湘等地为官，晚年曾被召为宋宁宗侍讲，仅40余天便被罢免，结束了他的政治生涯。朱熹一生热衷于教育事业，他从事讲学活动长达40年之久，曾长期在福建寒泉精舍、武夷精舍和竹林精舍授徒讲学。即使在从政期间，他也不忘兴学育才，每到一处都积极创办书院和州县官学。如整顿同安县学、主持修复白鹿洞书院、岳麓书院，并亲自讲学等，有力地推动了地方教育的发展。他所制定的《白鹿洞书院揭示》，成为南宋以后书院和各地官学共同遵守的学规。

朱熹著述甚丰，其涉及领域之广，数量之多，实属罕见，后人编有《朱文公文集》《朱子语类》等。他编撰了许多教材，如《四书集注》《周易本义》《诗集传》《资治通鉴纲目》《近思录》等，其中《四书集注》成为元、明、清三朝的钦定教科书和科举考试的标准答案，在中国封建社会中后期影响长达数百年。他还专门为儿童编写了《小学》《童蒙须知》等教材，其儿童教育思想主要反映在这两本教材及一些诗文中。

（一）儿童教育的意义

朱熹认为，自古以来，教育就分为小学和大学两个阶段，这两个阶段既有区别又有联系，他说："学之大小，固有不同，然其为道，则一而已。"① 小学和大学的区别表现在内容和形式上，而两者的联系则体现在目的和本质上。对于学习修己治人之道这一根本问题，小学与大学是统一的、前后一贯的。

在教育的两个阶段中，朱熹特别重视小学教育，即儿童教育。他说："古人之学，固以致知为先，然其始也，必养之于小学。"② 如果"不习之于小学，则无以收其放心，养其德性，而为大学之基本"③。在他看来，儿童教育是基础教育，是培养"圣贤坯璞"，即"打坯模"的教育。"古者小学已自养得小儿子这里定，已自是圣贤坯璞了。"④ 在此基础上进一步加工，就可成为圣贤。如果儿童时期基础打好了，那么大学就不费力。"古人便都从小学中学了，所以大来，都不费力。"因为"大学之序，特因小学已成之功"⑤。假如儿童时期没有打好基础，再要补救，便十分困难。"而今自小失了，要填补，实是难。"⑥ 因为"蒙养弗端，长益浮靡。"小时候没教育好，长大以后就会违背封建纲常。由此看来，儿童教育对人的成长极其重要。"必使其讲而习之幼稚之时，使其习与智长，化与心成，而无扞格不胜之患也。"⑦ 只有抓紧、抓好幼稚时期的教育，才能使儿童心智得到充分发展。

（二）儿童教育的内容

朱熹认为，儿童年幼，"智识未开"，思维能力较弱，根据这一特点，儿童教育的内容应当力求浅近、具体。所谓"圣贤之学……必自其近而易者始"⑧。为此，他提出："小学者，学其事。""小学之事，知之浅而行之小者也。"⑨ 它是眼前日用之事，具体包括：在礼仪规范方面，学习"洒扫、应对、进退之节"⑩；在文化知识方面，学习"礼、乐、射、御、书、数之

---

①②③④⑤⑥⑨《小学辑说》。

⑦《小学书题》。

⑧《续近思录》。

⑩《大学章句序》。

文”①；在道德品质方面，学习“爱亲、敬长、隆师、亲友之道”②。他认为，要让儿童在日常生活中，通过具体行事，逐步懂得基本的道德规范，养成良好的行为习惯，掌握初步的文化知识，在“学其事”的实际活动中经受锻炼，培养德性，增长才干，成为“圣贤坯璞”。

为便于儿童“学其事”，朱熹以生动形象、激发兴趣为原则，广泛采集经传史籍和其他论著中有关道德的格言、训诫诗、故事等，编成《小学》一书，作为童蒙教材，广为流传，影响很大。此外，他还为儿童编写了《童蒙须知》，从“衣服冠履”“言语步趋”“洒扫涓洁”“读书写文字”和“杂细事宜”5个方面，对儿童的日常行为规范作了具体详细的规定。如“大抵为人，先要身体端整。自冠巾衣服鞋袜，皆须收拾爱护，常令洁净整齐。”“凡为人子弟，须要常低声下气，语言详缓，不可高言喧哄，浮言戏笑。”“当洒扫居处之地，拂拭几案，常令洁净。”“凡读书，……须要读得字字响亮，不可误一字，不可少一字，不可多一字，不可倒一字。”“凡写字，未问写得工拙如何，且要一笔一划，严正分明，不可潦草。”儿童年幼无知，不了解生活与学习的基本要求，因此，为他们制定一些简单明了、通俗易行的准则，让其遵照执行，这对于培养他们良好的行为习惯具有积极意义。但是在这些具体要求之中也有一些压抑儿童个性发展的条规，如“父兄长上有所督教，但当低首听受，不可妄大议论。长上检责，或有过误，不可便自分解，姑且隐默。”对此，我们应当加以批判。

（三）儿童教育的原则

朱熹对儿童教育的重视，不仅表现在他亲自为儿童编写教材，而且还表现在他提出了不少重要的教育原则。

1. 正面教育，防患未然

朱熹认为，儿童教育要有预见性。所谓“存天理之本然”“遏人欲于将

---

①《大学章句序》。

②《小学书题》。

萌”①。儿童的不良品德一旦形成，纠正起来就相当困难。《学记》云：“发然后禁则扞格而不胜。”因此，教育者只有防患于未然，才能“无扞格不胜之患。”为使儿童避免形成不良品德，应当从积极方面入手，正面引导。他说：“小学书要多说那恭敬处，少说那防禁处”。② 根据这一原则，他所编撰的《小学》一书，收录了大量古今圣贤的“嘉言懿行”，作为儿童学习的榜样。而在《童蒙须知》中的许多规定，也都是着眼于正面引导。如“凡读书须整顿几案，令洁净端正，将书册整齐顿放，正身体，对书册，详缓看字，仔细分明。”“凡写文字，须高执墨锭，端正研磨。”“文字笔砚，凡百器用，皆当严肃整齐，顿放有常处，取用既毕，复置原所”等。

所谓正面教育，在朱熹看来，就是引导儿童按照规矩去做。“学者须先置身于法度规矩之中，使持于此者足以胜乎彼，则自然有进步处。”③ 儿童长期受规矩的约束，“积久成熟”，便会“自成方圆”，从而形成良好的行为习惯。他在《童蒙须知》中详细拟定了诸多规矩之后说：“若能遵守不违，自不失为谨愿之士，……入于大贤君子之域。”

2. 认真专一，知行并重

朱熹指出，儿童教育要培养“主敬”的学习态度，没有这种态度，就“无以涵养本原”，“无以开发聪明”。④他说：“敬之一字，圣学之所以成始而成终者也。为小学者不由乎此，固无以涵养本原，而谨夫洒扫应对进退之节与夫六艺之教。”⑤ “敬”有两方面涵义：其一是认真严谨。“小心畏谨”“不敢放纵，便是敬”。⑥ “敬”就是一种严肃认真、一丝不苟的心理状态，儿童只有保持这样一种状态，才能不掉以轻心，不放纵自己，进而做到“内无妄思，外无妄动”⑦。其二是专心一致，“敬……只是收拾自家精锐，专一在

①《中庸章句》。

②④⑤《小学辑说》。

③《答潘淑昌》。

⑥⑦《朱子语类辑略》。

此”①。朱熹说：“人做功课，若不专一，东看西看，则此心先已散漫了。如何看得道理出。”② 只有专心致志、集中注意，方可有得。

朱熹主张，儿童教育应当知行并重。所谓知，是对行为规范的认识，所谓行，是对行为规范的践行。儿童首先要了解行为规范，知道该做什么，不该做什么。他说：“譬如人走路，不先知得路，怎么走路？”③ 人的行为是受认识支配的，不懂得应当怎么做，那又如何去做呢？所以，教育儿童第一步要让他们认识规矩，然后就要求他们按规矩去做。他说：“为学之实，固在践履。苟徒知而不行，诚与不学无异。”④ 儿童学习的目的在于实践行为规范，光学不做又有何益？因此，“知行常相须，如目无足不行，足无目不见”⑤。

3. 循序渐进，启发诱导

朱熹提倡儿童教育要循序渐进。所谓循序渐进就是教育内容要由浅入深，由易到难。根据儿童年龄的大小，“而有高下、深浅、先后、缓急之殊”⑥。由小到大，“一岁有一岁的功夫”。不同年龄阶段，其教育内容应有所不同，如同树木成材和人的成长一样，“乃天理本然”。儿童刚学，当从浅近平易处开始，从洒扫、应对、进退等小节入手，使其所学内容均为浅显易懂、易学易做之事，不超越儿童的生活实际，以使他们容易接受。

朱熹认为，要使儿童真正理解规范的要求，就应当启发诱导，即“示之于始而正之于终”⑦。所谓“示之于始”，就是开头由老师对儿童加以提示和引导；而“正之于终”，就是最后由老师做出评价和总结。而“中间三十分工夫，自用吃力去做”⑧，就是让儿童在老师的指导下，自己动脑、动手、去思考、去践行，努力按规矩去做，以养成良好习惯。在他看来，教师“只

①⑤《朱子语类辑略》。
②《朱子语类》卷十一。
③《朱子语类》卷九。
④《答曹元可书》。
⑥《小学辑说》。
⑦⑧《朱子文集》卷一。

是做得个引路底人，做得个证明底人”①。他将启发诱导比作春风化雨、催生万物。他说：“此正所谓时雨之化，譬如种植之物，人力随分已加，但正当那时节，欲发生未发生之际，却欠了些小雨。忽然得这些小雨来，生意岂可御也。”②

在我国古代，一般说来只重视大学教育，而往往忽视儿童教育。南宋以后，儿童教育开始受到重视，并因此获得广泛的发展。童蒙教材大量涌现，蒙养教育遍及城乡。这些变化与朱熹有着密切的关系。朱熹的儿童教育思想在某种程度上反映了他对儿童身心发展特点的直观理解，具有不少合理因素，它深化了儿童教育理论，今天仍具有借鉴意义。

三、王守仁顺自然的儿童教育思想

王守仁（1472—1528），字伯安，号阳明，浙江余姚人，明代中叶著名的思想家、教育家。因其曾筑室于故乡阳明洞中，世称阳明先生。王守仁出生于官宦家庭，自幼饱读经书。21岁中举人，28岁登进士第，任刑部主事等职。因反对宦官刘瑾，被贬为贵州龙场驿臣，后以镇压农民起义和平定宁王叛乱有功，封“新建伯”，官至南京兵部尚书，死后谥“文成”，后人亦称王文成公。

王守仁是一位理学家，在学术思想上他继承并发展了陆九渊的“心学”，提出“心即理”“致良知”“知行合一”说，主张自求自得，提倡独立思考。其学说以“反传统”的姿态出现，明中叶曾一度广为流行。

① 《朱子语类》卷八。
② 《四书集注》。

王守仁十分重视教育，34岁开始收徒讲学。他居官时热心办学，先后创建和修复龙冈、贵阳、濂溪、稽山等书院，又在南赣、广西等地兴办社学，从学者遍布各地。由于他的积极倡导和大力推动，使明中叶的书院有了很大发展。他不仅热心于大学教育，而且对童蒙教育亦十分关注，提出许多有价值的儿童教育主张。

王守仁平生不著书，门人将其语录、文录、杂文等汇编成《王文成公全书》，共38卷。他关于儿童教育的论述，主要有《训蒙大意示教读刘伯颂等》《教约》《传习录》等。

（一）儿童教育的目的和任务

王守仁认为，儿童教育和大学教育一样，皆以“明人伦”为目的。他说：“古圣贤之学，明伦而已”。“明伦之学，孩提之童亦无不能，而及其至也，虽圣人有所不能尽也。”① 在他看来，古代圣贤的学问，就是“明人伦”。这种学问，儿童也能学、能做，但是要做得非常好，就连圣人也还很难达到。所谓“明人伦”，就是要明白处理人际关系的准则，这就是孟子提出的五伦：“父子有亲，君臣有义，夫妇有别，长幼有序，朋友有信。”②

以“明人伦”为教育目的，从主观方面来说，就是要培养封建的道德品性，塑造理想的人格；从客观方面来说，就是要维护封建伦理关系，以巩固地主阶级的统治，所谓“‘人伦明于上，小民亲于下’，家齐国治天下平矣”③。因此，只有从小懂得了人伦准则，长大后立身处世、待人接物才会符合封建社会的要求。

从“明人伦”的目的出发，王守仁将培养德性作为儿童教育的主要任务。他说：“今教童子，惟当以孝悌忠信礼义廉耻为专务。”④ 教育儿童，应当以封建伦理道德为内容，使他们从小就了解道德规范，懂得如何做人的道

①③《万松书院记》。
②《孟子·滕文公上》。
④《训蒙大意示教读刘伯颂等》。

理，并切实遵守行为准则，以实现“‘蒙以养正’之功”①。

（二）儿童教育的程序

王守仁在《教约》中对儿童每天的功课作了精心的安排：“每日工夫，先考德，次背书诵书，次习礼或作课仿，次复诵书讲书，次歌诗。”这样的教学程序，体现了动静搭配、学行结合的原则。在课业中，将动的课程——“习礼”与“歌诗”，安排在静的课程——“背书”“诵书”和“讲书”之间，有利于调节儿童的精神，提高教学效果。儿童背书、诵书之后会感觉疲乏，此时变换一下教学方式，通过练习行礼，活动其身体，舒展其筋骨，使儿童在习礼中既学到礼仪知识，又得到积极的休息，为下一阶段的学习取得良好效果提供了保证。经过一段时间的读书和讲授之后，再组织儿童歌诗，以悠扬的歌声结束一天的课业，这既可消除疲劳，又可活跃气氛，提高儿童的学习兴趣，使他们热爱学习。

（三）儿童教育的形式

王守仁认为，儿童教育的主要形式是：考德、读书、习礼、歌诗。

1. 考之以德，督其谨饬

考德即考察学生在家里的行为表现。每日清晨，教师首先要逐一询问每个孩子：在家里一切言行举止是否都符合道德规范？是否真正做到了“忠信笃敬”？儿童要如实回答，“有则改之，无则加勉”。② 然后，老师根据每人的具体表现，“随时就事，曲加诲谕开发”③，有针对性地进行教育。

考德是王守仁“知行合一”学说在儿童教育中的具体体现。它要求儿童将所学到的行为准则，落实到一切言行举止中去。每日清晨老师的逐一检查，有效地促进了儿童品德习惯的养成。

2. 讽之读书，开其知觉

读书是开启儿童智慧之门的主要形式。王守仁认为，“讽之读书”，能够使儿童增长知识，开发智力，明白做人的道理，以形成良好的道德观念，树

---

①《训蒙大意示教读刘伯颂等》。

②③《教约》。

立远大的志向，所谓“沉潜反复而存其心，抑扬讽诵以宣其志”①。他要求儿童在读书时必须专心一意，边读边想，字字句句，反复推敲。“抑扬其音节，宽虚其心意，久则义理浃洽，聪明日开。”② 时间长了，就会对封建道德有深入透彻的了解，人也就日益聪慧起来。

3. 导之习礼，肃其威仪

习礼是培养儿童品德习惯的重要途径。王守仁指出：“凡习礼，须要澄心肃虑，审其仪节，度其容止；毋忽而惰，毋沮而怍，毋径而野；从容而不失之迂缓，修谨而不失之拘局。久则体貌习熟，德性坚定矣。”③ 儿童学习礼仪，务须静心思考，明悉其仪节，揣度其仪容举止，切不可轻视与懈殆，亦不可沮丧而惭愧，更不可任意而粗野。要做到从容而不迂缓，谨慎而不拘束。这样时间久了，对礼仪就会十分熟悉，从而养成良好的行为习惯。他认为，习礼不但能够使儿童养成遵守礼仪的好习惯，产生道德教育的作用，而且通过“周旋揖让”“拜起屈伸”等礼仪动作的训练，“动荡其血脉”“固束其筋骸”④，从而达到锻炼身体、增强体质的作用。

4. 诱之歌诗，发其志意

歌诗是陶冶儿童心灵的好方法。王守仁认为：“凡诱之歌诗者，非但发其志意而已，亦所以泄其跳号呼啸于咏歌，宣其幽抑结滞于音节也。”⑤ 歌诗不但能激发儿童的志趣和意向，而且还可以将儿童活泼好动的倾向引向咏歌，使他们内心的忧闷与烦恼得到正当的排解与宣泄，对儿童的情感具有陶冶和调节作用。为此，他要求儿童在歌诗时必须做到：“整容定气，清朗其声音，均审其节调；毋躁而急，毋荡而嚣，毋馁而慑。”⑥ 仪容要修饰，情绪要安定，声音要清脆响亮，对音节、音调要详细审察：既不可急躁，又不可放浪喧嚣，也不可气馁害怕。这样久而久之，“则精神宣畅，心气和平”⑦。

总之，通过考德、读书、习礼和歌诗，对儿童的兴趣加以引导，对其性情加以调整，使其不良习惯在潜移默化的过程中得以消除，这样，他们就会

---

①④⑤《训蒙大意示教读刘伯颂等》。

②③⑥⑦《教约》。

逐渐按礼义来要求自己而不感觉困难，从而在不知不觉中提高了道德水平，所谓“日使之渐于礼义而不苦其难，入于中和而不知其故，是盖先王立教之微意也”①。

（四）儿童教育的原则与方法

王守仁在总结前人经验的基础上，并根据自己的教育理论与实践，对儿童教育的原则与方法提出了不少富有启发性的观点，对当时及后来我国儿童教育的理论和实践，具有深远的影响。

1. 顺其性情，寓教于乐

王守仁认为，儿童教育要注意其身心发展特点，否则就会影响他们的正常发育。那么，儿童的特点是什么呢？他说：“大抵童子之情，乐嬉游而惮拘检。”②儿童天性活泼好动，喜欢无拘无束，自由自在地玩耍、嬉戏。因此，他们就“如草木之始萌芽，舒畅之则条达，摧挠之则衰萎”③。若按照儿童的特点，顺其性情，就能促进其发展；否则，便会阻碍他们的成长。而当时有不少蒙师却无视儿童的特点，摧残儿童的天性，他们“日惟督以句读课仿，责其检束，而不知导之以礼：求其聪明，而不知养之以善。鞭挞绳缚，若待拘囚”④。他们整天只是督促孩子读书写字作文，要求儿童约束自己，却不知用礼来加以引导；希望孩子日渐聪明，却不知用善来熏陶涵养。他们滥用体罚，不是鞭子抽就是绳子捆，将儿童当作囚徒看待。其结果使儿童“视学舍如囹狱而不肯入，视师长如寇仇而不欲见”⑤。当孩子把学舍看成是监狱而不肯去，将老师视为仇敌而不愿见的时候，又怎么能得到良好的教育呢？而得不到良好教育的孩子将一天天变坏。这实际上是将孩子“驱之于恶”。

所以，教育儿童，必须“常存童子之心”⑥，顺应他们的性情，“使其趋向鼓舞，中心喜悦，则其进自不能已”⑦。这就好比花草树木在春风吹拂、时雨滋润之下，全都萌发生长，生意盎然；如果正当花木萌发之际，以冰冻

①②③④⑤⑦《训蒙大意示教读刘伯颂等》。

⑥《教约》。

霜打，结果只会是生意全无，日渐枯萎。

要使儿童“趋向鼓舞，中心喜悦”，就要激发他们的学习兴趣，使其喜欢学习，“乐习不倦”①。孔子早就说过：“知之者不如好之者，好之者不如乐之者”。② 可见“乐之”是学习的最高境界。儿童只有乐学，才能极大地发挥其学习积极性，才能真正理解学习内容，从而达到预期的效果。所以，教育者要采用适合儿童的特点、为儿童所乐于接受的教育形式、教育内容和教育方法，以提高他们的学习兴趣，在快乐的气氛中和愉悦的情境下，教育效果必将明显提高。

2. 随人分限，因材循序

王守仁主张，施教要“随人分限所及”。他说：“我辈致知，只是各随分限所及”，“与人论学，亦须随人分限所及”③。所谓“随人分限所及”，对于不同的儿童来说，就是要因材施教；对于同一个儿童来说，就是要循序渐进地施教。

王守仁认为，由于“人的资质不同”④，故施教的内容、分量和方法等，均要因人而异。良医治病，要根据各人的病情不同，对症下药，所谓“斟酌加减，调理补泄之”⑤。教育儿童就如同良医治病一样，“无一定之方”，万不可一刀切。用同一种要求和方法去教育所有儿童，那不仅达不到预期的教育效果，反而会误人子弟。

儿童有个性与能力的差异。从个性方面来看，儿童中有刚性的“狂者”，也有柔性的“狷者”。王守仁主张：“狂者便从狂处成就他，狷者便从狷处成就他。”⑥ 对于胆大敢为者就要从勇敢方面去培养他，而对于小心谨慎者，则可从办事认真上去成就他。这样才能培养出具有不同个性的人才。再从能力方面来看，他认为“圣人之才力，亦有大小不同”⑦。常人更是如此。他说：

---

①《教约》。

②《论语·雍也》。

③④⑥《传习录》下。

⑤《与刘道元书》。

⑦《传习录》上。

譬如有三人习射，“一能步箭，一能马箭，一能远箭，射得到俱谓之有力，中处，俱可谓之巧。但步不能马，马不能远，各有所长，便是才力分限有不同处”①。根据各人的不同能力和特点，加以引导和培养，使其才能、特长得以充分发展。“圣人教人，不是束缚他通做一般”②，而是“因人而施之”，以使之“各成其才”③。

王守仁关于针对儿童发展水平的差异，注重个性发展、因材施教的思想，有力地批判了抹煞儿童个性的存在，以统一的模式塑造儿童的传统教育，具有积极进步的意义。

对于每个儿童来说，要做到“随人分限所及”，就要按照他的接受能力，循序渐进地进行教育。王守仁认为，儿童的生长发育是一个循序渐进的过程。儿童教育必须从这一过程中不同阶段的年龄特点出发，“渐渐盈科而进”④。如学走路，“襁褓之孩，方使之扶墙傍壁，而渐学起立移步”，“童稚之年，使之学习步趋于庭除之间”⑤。婴幼儿刚学走路时要从扶墙傍壁，起立移步开始，以后年龄增长，便可渐渐在庭院中学步。

儿童教育不但要符合其身体发育水平，而且要符合其认识发展水平。他以种树作比喻：“如树有这些萌芽，只把这些水去灌溉，萌芽再长，便又加水，自拱把以至合抱，灌溉之功，皆是随其分限所及。”⑥正如给树浇水要从它的需要出发一样，对儿童的教育也要从他们的认识水平出发，不能超过“分限所及”，否则，就如“若些小萌芽，有一桶水在，尽要倾上，便浸坏他了”⑦。如果不顾儿童的接受能力、揠苗助长，其结果非但无益，反而十分有害。为此，他要求量力施教，留有余地。他说：“凡授书，不在徒多，但贵精熟。量其资禀，能二百字者只可授以一百字，常使精神力量有余，则无厌苦之患，而有自得之美。”⑧ 教学不可贪多图快，即使在儿童“分限”之

①②⑥⑦《传习录》下。
③《别王纯甫序》。
④《传习录》上。
⑤《传习录》中。
⑧《教约》。

内，也要留有充分的余地，使其容易完成。否则，将会“食而不化”。他说：“凡饮食只是要养我身，食了要消化，若徒积蓄在肚里，便成痞了，如何长得肌肤？”① 吃饭是为了长身体，如果吃了不消化，非但长不了身体，反会酿成病痛。当然，这并不意味着儿童教育越简单、越容易，就越好，如果让能够独立行走的儿童去“扶墙傍壁”学步，那也达不到教育效果。总之，一切都要“随人分限所及”。

3. 分班教学，相互观摩

我国古代均以个别教学为主，而王守仁提倡的“歌诗”和“习礼”，却是以分班教学为主。他在《教约》中规定：“每学量童生多寡，分为四班，每日轮一班歌诗，其余皆就席敛容肃听。每五日则总四班递歌于本学。每朔望集各学会歌于书院。”社学无论儿童多少，均分为四个班次。每天有一班儿童歌诗，其余三班观摩，第五天则由四个班儿童轮流歌诗，既互相学习，又带有比赛性质，半个月则将各学集中于书院，举行“会歌”。“习礼”也如同“歌诗”一样，分班教学。这种有分有合、观摩与比赛相结合的教学方法，既有利于互相学习、相观而善，又能提高儿童的学习兴趣，“使其乐习不倦”。

王守仁的儿童教育思想是他整个教育思想中非常精彩的部分之一。他提倡顺应儿童的性情，按照儿童的能力，寓教于乐，并创造性地提出了四种教学手段，即考德、读书、习礼、歌诗，还亲自为儿童设计了每日的功课表，使他们在德、智、体、美诸方面都得到发展。他的自然主义教育思想为近代教育理论的产生开创了先河。

---

①《传习录》下。

四、吕坤重禁戒的儿童教育思想

吕坤（1536—1618），字叔简，号新吾，河南宁陵人。明代万历朝进士，官至山西巡抚、刑部侍郎。因不满朝政，称疾致仕，归乡以著述、讲学为务。他反对空谈天道性命，提倡“实学”，时人称其著述“多出新意”。其论教育，强调进德修身，为学须“以天下国家为念”，“休为言语文字之工”。著作有《去伪斋文集》《呻吟语》《闺范》等。著述中有关蒙学的内容亦多，如《续小儿语》《社学要略》《蒙养礼》《训子词》等，其中《续小儿语》作为童蒙读本在蒙学中流传甚广。

（一）蒙养之道，贵在慎始

吕坤认为，蒙养教育是极重要的事，因为“万物之邪正，其几在始，易恶至中，其几在慎始”①。在他看来，任何事物的发展，关键都在于初始阶段。例如，“柏为屏，柳为盖，矫童条而使然”。要使柏、柳成材，必须在嫩枝时加以矫正，否则，待其“干老矣”，便“宁折无曲”②。人亦如此，幼年阶段可塑性大，此时教育效果最佳。然而，年幼无知也最容易发生偏差，而一旦出现偏差，以后纠正就很困难。因此，“蒙以养正”是儿童教育的根本要求。只有在儿童阶段打好了基础，成年后才能做到德才兼备、事业有成。如果基础打不好，就会丧失礼义之心，最终将沦为无德无行之人。从这个意义上来说，儿童教育是一个人终身事业成功的根本保证，故不可不慎。

①② 《蒙养礼》。

（二）读书三要，首在心到

读书，人们常称之为“念书”。吕坤说：“念之一字，最有意味，口诵心维，才谓之念。”① 就是说边读边想才叫真念书。读书是为了明理，而要明白做人的道理，就需要反复思索，因为“理从心思得”。只有经过用心思考，才会有所得，从而真正明白事理。这样，书中的道理就会转化为自己的认识，指导自己的行动。

吕坤说：“童训云：‘读书三要，心口眼到’。”三要之中，心到最为重要。因为若“心一散乱”，则“空劳千遍”②。他指出：读书时务须将读与思结合起来，认真钻研书中蕴涵的道理，有不懂之处，仔细听先生讲解。然后，再进一步思考，若自己的理解与“师说不合”，就要再去请教老师，决不放过任何一个疑点，直到真正理解，完全弄懂为止。老师亦应注意启发学生思考，诱导学生提问，儿童若能勤问，表明其心已到书中。善疑者方能真正明白书中的道理。

（三）讲解之法，要在俗浅

教学的任务首在“传道”，但若儿童对老师传授的道理无法理解，难以接受，那么“传道”的任务就完成不了。所以，要“传道”，第一要使儿童理解，第二要让他们接受。而前提条件是让他们听懂，只有听得懂，他们才愿意听，也才有可能喜欢听。这样，他们才会接受老师所讲的道理。

吕坤主张，给小孩子讲书，要从他们所熟悉的身边事讲起，用浅显易懂的话语解释，“如闾阎市井说话一般”，即使让“仆童炊妇”听了，也都完全能够理解，以至于“手舞足蹈”起来，这才是“真讲书”。③ 至于那些深奥难懂的道理，如“天下国家”等，儿童暂时还理解不了，就不要强行说教，否则会适得其反。

（四）识字明理，重在体认

吕坤强调，学习做人的道理，一定要结合自己的实际情况加以体认。他说：“要体认，不须读尽古今书，只一部《千字文》，终身受用不尽。要不体认，即《三坟》以来卷卷精熟，也只是个博学之士，资谈口，侈文笔，长盛

①②③《蒙养礼》。

气，助骄心耳。故君子贵体认。”①

要体认，就要将自己摆进去。因此，老师在讲课时，要让孩子字字句句都“向自家身上体贴，这句话与你相干不相干，这章书你能学不能学”②。例如在讲到孝顺父母时，就要求儿童自觉检查平时对待父母的态度，是否尊敬父母，能否听从父母的教导，关心他们的健康，为父母做一些力所能及的事情。要教育孩子将书上的有关道德要求和自己的实际行动结合起来，认真地“向心头想一想”，“往身上贴一贴”，看看古人所说的与自己所做的合不合。如果符合，就“要体验扩充”，以便做得更好；如果不符合，就“要沉潜思索”，找出原因，切实改进。③

（五）依礼行事，禁戒谨严

吕坤认为，要使儿童从小知礼节，懂礼貌，在坐立行走、视听言动等方面都要依礼行事。为此，他作了一系列规定。如：“行步要安详稳重，不许跳跃奔趋；说话要从容高朗，不要含糊促迫”；“侍立庄严静定，不可跛倚”；“衣履要留心爱惜，不可邋遢”；“在坐要端严持重，不可箕岸”；等等。④此外，在学校中要以长幼为序，“长者立则立，长者散则散”⑤，体现敬长的要求。

为了规范儿童的行为，吕坤还提出“五禁十戒”。“五禁”是：“一禁成群戏耍，二禁彼此相骂，三禁毁人笔墨书籍，四禁搬唆倾害，五禁有恃凌人。”“十戒”是：“一戒说谎，二戒口馋，三戒村语淫言，四戒爱人财物，五戒讲人长短，六戒看人妇女，七戒交结邪人，八戒衣服华美，九戒捏写是非，十戒性暴气高。”⑥凡违反禁戒者均要加倍重罚。用这些禁戒来规范儿童的言行，目的是为了使他们逐步形成良好的习惯，而一旦习惯养成，就能自觉地遵守社会道德规范。但有些规定，如“不许跳跃奔趋”“禁止成群戏耍”等，则不合儿童的天性。

（六）诵诗咏歌，陶冶心灵

吕坤十分重视诗歌、舞蹈对儿童品德的陶冶功能。他说：“歌如诗曲，竹

---

①③ 高时良：《明代教育论著选》，人民教育出版社1990年版，第538—539、534—535页。
②④⑤⑥《社学要略》。

如箫笛，丝如琴瑟，舞如干羽，皆足以养性情、和血气，皆学者所当知。”①因为“枯淡岑寂，不成学问”②。儿童读书时间长了，会感觉疲劳，“须舒畅而后精神”③，而舒畅的最好方法便是歌诗、舞蹈。他主张每当儿童“倦怠懒散之时”，便“歌诗一章”④，这样可以使儿童精神振奋，兴趣盎然，从而提高其学习积极性，增强学习效果。

儿童歌诗在内容上要有所选择，要挑选那些古今极浅显、极殷切、极痛快且合于“纲常伦理，道义身心者”⑤编成一书，让儿童歌咏，并与之讲说，令其体会认识。久而久之，便可“养和平之气，消暴戾之心”⑥，形成良好的道德品质。而那些不合纲常伦理的诗歌，则不得学唱，否则，一经发现，便严加惩处。

吕坤对蒙养教育十分重视，他强调“慎始”，要求慎重择师。作为教师应尽职尽责，做好教书育人工作。要引导儿童联系自己的实际情况，认真领会书中的道理。要根据儿童的特点，采用他们所喜闻乐见的形式，如歌诗、舞蹈、讲故事等，提高儿童的学习积极性，使其好学、乐学。要用通俗浅显的语言，讲解做人的道理，使儿童都能听得懂、记得住、用得上，在平日一言一行、一举一动中都能切实做到依礼行事，时时、事事、处处注意涵养德性，从而逐渐形成良好习惯。

第五节 明清时期的学前教育思想

一、明清之际的实学思潮

明中叶以后，由于商品经济的发展，市民意识的产生，加之西学东渐的影响，至明末清初，中国封建社会发生了“天崩地解”的剧烈动荡。随着政治、经济的巨大变动，在思想文化领域中，自明中叶以后开始出现的以重实践、重实用为特色的实学思潮，此时迅猛发展，涌现出黄宗羲、顾炎武、王

①②③⑥《蒙养礼》。

④⑤《社学要略》。

夫之、颜元等一批著名的实学思想家。他们继承并发展了先秦以来重人事、重经世致用的传统，尖锐地抨击了“存天理，灭人欲”的理学核心思想，批判了空疏无用的理学教育，旗帜鲜明地提倡“实学、实用、实习、实行”的实学教育思想。他们呼吁舆论自由、学术民主，主张扩大知识面，在教学中增加自然科学与技艺等内容，倡导“主动”“习行”的教学原则，以培养“经天纬地”“明道救世”的有用之才。然而，后来一些学者因畏惧清代严酷的专制统治，将追求“经济实用之学”转变为“考据之学”，从而将人们引入故纸堆中，而远离现实生活，与“实学”思潮背道而驰，因而受到了龚自珍、魏源等近代思想家的批判。1840 年鸦片战争爆发后，中国社会跨入近代大门，标志着我国古代教育思想发展的终结和近代教育思想的发端。

明清之际，随着蒙学教育实践的丰富，对蒙学的研究也就越来越引起人们的重视，以陆世仪、张履祥、崔学古、唐彪、王筠等为代表的一批教育家，在总结自己蒙学教育实践经验的基础上，撰写了有关论文和论著，提出了许多发人深省的观点。这些观点不仅促进了当时蒙学教育的发展，而且对于后世的儿童教育也具有指导作用。

二、陆世仪熏陶涵养的儿童教育思想

陆世仪（1611—1672），字道威，号桴亭，又号刚斋，江苏太仓人，明清之际教育家。明末曾事师刘宗周，博学多才。明亡后，他隐居讲学，拓地十亩，筑亭其中，自号桴亭，学者称桴亭先生。曾主持无锡东林书院，毗陵大儒祠，又设教于云阳黄塘，后归故里，讲学于太仓书院。他讲学笃实，不空谈心性，主张敦守礼法，施行实政。著有《思辨录》《性善图说》《论学酬答》等。其《论小学》一文对儿童教育的论述，在当时产生了较大影响。

(一) 重视早期教育

陆世仪认为：儿童教育并非自入学开始，入学前的家庭教育也非常重要。他说："凡家庭之教最急。"① 而有许多家长不懂得这个道理，当孩子"知识乍开时，即戏教以打人骂人"，以此逗乐，或给孩子"玩以声色玩好之具"，殊不知这样做将会对孩子产生很坏的影响，使不良习气"沁入心腑"，对其今后的成长极为不利。②所以，做家长的一定要在孩子刚开始懂事时，就抓紧教育。"孩提之时，倘或不肖，则其父兄必变色而训之"③，以督其改正。若从小养成良好的品质，则终生受用无穷。因此，家庭教育是至关重要的。

在陆世仪看来，古时候由于"人心质朴，风俗淳厚"，因而孩子到七八岁时，"知识尚未开"④。而如今"人心风俗，远不如古"，五六岁的孩子便已受到不良风气的影响，所以，启蒙教育必须"自五六岁始"⑤。如果到八岁才开始，那么就会出现两三年时间的教育间断。"即使父教师严，已费一番手脚。"⑥这种教育间断所造成的损失，以后是难以弥补的。因此，蒙养教育必须及早开始。

(二) 强调以身示范

陆世仪认为，教育者的身教具有重要意义，他称之为"端本清源"。他说："教子须是一身率先。每见人家子弟、父母未尝着意督率，而规模动定，性情好尚，辄酷肖其父，皆身教为之也。"⑦ 教育孩子必须以身作则，许多人家的孩子，父母并未有意识地教育引导，而孩子的言行举止、性格特点等，都与父母十分相象，这都是身教的缘故。所谓身教，就是以身示范。教育者的一言一行、一举一动都要符合封建道德规范，以保持其端正、庄重的

①②③④⑤⑥《论小学》。

⑦《思辨录》。

形象。儿童好模仿，喜欢学大人的样子。教师与家长的以身示范，对于儿童来说是一种潜移默化的教育因素，良好的示范作用可以培养出具有善良品德和行为的儿童，而不良的示范作用，则只会产生具有种种恶习的儿童。因此，教育者的自身素质是教育儿童的前提条件，他们以身示范的榜样作用是教育取得成功的基本保证。

（三）加强礼乐教化

陆世仪认为，儿童教育在于培养儿童良好的道德品质，为其今后立身处世奠定基础。而良好品德的形成并非一朝一夕之功，它是靠长期的熏陶与涵养，日积月累，逐渐养成的。对于儿童来说，"涵养气质，熏陶德性"① 的最好途径便是礼乐。

他指出："古人教人，自幼便教他礼乐，所以德性气质，易于成就。今人自读书之外，一无所事，不知礼乐为何物，身子从幼便骄惰坏了。"②他主张，儿童应当从小就歌诗、习礼，使其在愉悦的情境中不知不觉地接受教育，这样身心便可得到健康发展。礼乐之所以有这样的作用，是因为它们是符合儿童性情的。"人少小时，未有不好歌舞者。"③喜欢歌舞是孩子的天性，圣人根据儿童的这一特点，"而教之以礼乐，所谓因其势而利导之"④。如今许多教育者不理解圣人教以礼乐的真实用意，没有认识礼乐的真正价值，于是便"惟督句读"，不事礼乐。针对这种情况，陆世仪主张恢复古人礼乐教育的传统，组织儿童"升歌习礼"。歌诗可以使儿童精神振作、情绪高昂，提高其学习积极性；习礼则是对儿童的言行加以规范，使其懂得各种规矩、准绳，并以此来约束自己的行为。以歌诗、习礼来熏陶涵养，可收事半功倍之效。

（四）注意难易适中

陆世仪认为，儿童"知识未开"，思维较弱，因而"少悟性"，"语音未朗，未能便读长句"。⑤根据这一特点，儿童教育不是让儿童去领会高深的道

---

①②③④⑤《论小学》。

理，而是引导他们去学习易学易做之事，如洒扫、应对、进退等，为日后做人、做学问奠定基础。然而朱熹为儿童编写的教材——《小学》，却并不适合儿童，因为其“所集多穷理之事，则近于大学；又所集之语，多出《四书》《五经》，读者以为重复；且类引多古礼，不谐今俗；开卷多难字，不便童子”①。为改变这一状况，陆世仪从儿童特点出发，选择古今有关幼儿礼仪的知识，“编成一书，或三字，或五字，节为韵语，务令易晓，名曰《节韵幼仪》”②。三五字一句，文字较少，易读易解；多为韵语，朗朗上口，便于记诵。如“头容直”，就要求儿童“端正头项”；“手容恭”，则要求他们“整齐手足”③。这样的教育，难易适中，孩子既易懂，又会做，方能取得良好的效果。

（五）力求宽严得当

陆世仪认为，教育儿童要掌握好分寸，该宽则宽，该严则严，只有宽严得当，才是好的教育。可是，当时有不少蒙师不善于把握分寸，不是过宽便是过严，“宽者或流于放荡，严者或并遏其天机”④。前者放任自流，易使儿童放荡不羁；后者过于严苛，扼杀儿童的天性，使其聪明智慧得不到发展。其结果“欲蒙养之端，难矣”⑤。

他主张，教育儿童要因其年龄，宽严得当。即年幼以宽，年长以严。儿童幼小时，胆子较小，若教育过于严厉，他们必然会因恐惧而畏缩，表面上虽不敢违背，但实际上内心却受到了伤害。因此对年幼儿童要求可适当放宽一些，如果有的孩子不听教诲，只须脸色严厉一点，令其改正即可，切不要大声呵斥，更不要扑责。年幼以宽，其目的在于保护儿童的身心健康。儿童稍长，“则智计渐生”⑥，思想逐渐复杂起来，此时若仍旧要求过宽，“则将有放荡不制之患。”⑦所以，对年长儿童要求应当严一些。年长以严，是为了防止孩子学坏，使其能走上正道。教育儿童应当宽严相济，以达到诱禁结合的目的。“宽者所以诱其入道”，“严者所以禁其或放”⑧。宽是为了引导儿童

---

①②③④⑤⑥⑦⑧《论小学》。

学习做人的道理，严是为了防止儿童误入歧途。作为教育者，应当善于利用宽严手段来达到教育目的。

陆世仪重视早期教育，强调以身示范，倡导礼乐教化，注意难易适中，力求宽严得当，所有这些观点都是很有价值的。此外，他还认为要使儿童教育取得成功，必须使学校、家庭、社会三者相互配合、协调一致。学校教育以家庭教育为基础，而家庭教育又受到社会风尚的极大影响。若社会重道德，则家庭亦重道德；若社会重名利，则家庭亦重名利。因此，良好的社会风尚是取得良好的教育效果的前提。以上他的这些见解，对后世具有启迪作用。

三、张履祥耕读相兼的儿童教育思想

张履祥（1611—1674），字考夫，号念芝，浙江桐乡人，明清之际教育家。世居清风乡炉镇杨园村，人称杨园先生。明末受业于刘宗周，明亡后隐居授徒，从事著述讲学。先后设馆十余处，执教四十年。讲学之余，躬耕农田十余亩，提倡“耕读相兼”。教人为学力主“经世致用”，重视切实学风的培养。著有《杨园先生全集》，其中《初学备忘》《训子语》《示儿》《补农书》等，就蒙养教育问题发表了一系列独到的见解。

（一）正其心术

张履祥指出：儿童“读书先要正其心术”①。所谓心术，是指人的思想

①《初学备忘》。

道德品质，心术就如同是树木的根系、庄稼的种子。若心术不正，则好比“根先坏，千枝万叶，总无着处。种是莨莠，栽培滋养，适为害耳”①。如果树木的根坏了，那么枝叶便无法生长；如果种下的是草籽，即使精心栽培，也不会长出庄稼来。人们立身处世，均以心术为本。心术正，则能“立廉耻”“兴礼让”，表现出良好的道德行为；心术不正，则“寡廉鲜耻”“诈伪百端”②，尽干些见不得人的勾当。而人的心术端正与否，关键在于儿童阶段所受的教育。他说，儿童“先要识得人之贤否，事之善恶，言之是非，则心术自能向正，虽离父母师傅，亦可不至于邪慝矣”③。他认为，在儿童阶段就要明辨是非善恶，从而树立正确的道德观念。这样，以后即使离开父母老师，也不会走上邪路。因此，从小就要教育孩子“亲贤乐善”，“见刚毅正直、老成笃实之人，能爱之敬之；见仁义礼智、孝悌忠信之事，能乐之行之”④。这样日长月化，心术便逐渐归于纯正。

（二）耕读相兼

张履祥认为，自古以来，农人务农，士子读书，耕读从不相兼，其结果“读而废耕，饥寒交至；耕而废读，礼义遂亡”⑤。农人因不读书而不明义理，士子因不务农而空谈心性。针对这种情况，他提出：“虽肄《诗》《书》，不可不令知稼穑之事；虽秉耒耜，不可不令知《诗》《书》之义。”⑥读书者须知农事，务农者亦须读书。无论农人还是士子均须自幼耕读相兼。

首先是读书。张履祥说：“读书须立准课程。”他认为《小学》和《近思录》是最适合儿童初学的内容。“《小学》一书，以《嘉言》《善行》终篇”，使儿童“日闻古人之言，日见古人之行”，以此“正其趋向，立其根基”。为他们打下良好的思想基础，这样“栽培滋养，习以性成”⑦。久而久之，自能不断长进。

儿童读书须“体之于心，验之于身”。先仔细体味，以理解其义；再联系实际，使平日一切行为举止，均以书中要求加以规范。如此，则“将来成

①②③④⑦《初学备忘》。

⑤⑥《训子语》。

就，自是不同”①。

为使儿童学有所得，教师必须认真督促检查，使儿童抓紧时间，珍惜分分秒秒。如有浪费时间的“闲思想、闲言语、闲行走”，则务必切实改正，“勿使一日虚度”②。

其次是劳动。儒家学者一向视体力劳动为小人之事。孔子将要求学习农业技术的樊迟斥之为“小人”，孟子则将劳心、劳力作为区分君子与小人的界限。张履祥作为一位乡村教师，深知稼穑的重要和艰难。他说：“食者，生民之原，天下治乱，国家废兴存亡之本也。”③俗话说，民以食为天。粮食是人们最基本的生活资料，农业生产是关系到国计民生的大事。“古之人，自天子以至于庶人，未有不知耕者。”所以，“稼穑之艰，学者尤不可不知”④。张履祥不仅坚持参加农业劳动，而且坚决主张对儿童实施劳动教育。他说：“稼穑艰难，自幼固当知之。”⑤当孩子稍长，具备劳动能力时，便须参加农业劳动。他说：“农事不理，则不知稼穑之艰难。”⑥他认为，儿童参加农业劳动，可以体验劳动的艰辛，在此基础上才能培养良好的品德。所谓“知稼穑之艰，则不妄求于人；不妄求于人，则兴礼让”⑦。同时，儿童掌握了劳动技能，便提高了他们的生存能力。这是一种重要的“治生”手段。他引用元代教育家许衡的话说：“学者以治生为急”。而在他看来“治生以稼穑为先，舍稼穑无可为治生者。”⑧要想提高生存能力，首先必须学会农业劳动，“能稼穑，则可无求于人”⑨，方能自立。此外，儿童参加农业劳动，还有助于锻炼身体，促进他们的健康成长。

总之，张履祥主张蒙养教育须亦学亦农，既明义理，又会劳动，所谓“耕田读书”，二者不可偏废。这是他的蒙养教育思想区别于其他儒家学者的重要特征。

---

①②③④⑦⑧⑨《初学备忘》。

⑤《示儿》。

⑥《补农书》下。

（三）谦虚笃实

张履祥说："学问之道，惟虚受最有益。譬之一器，虚则凡物皆能入之；若先置一物于中，更何物能入。"① 一个人只有虚心，才能接受新知识。这就好比一个容器，只有当它不满的时候，才能装进东西；如果它已满了，便什么也装不进去。要引导儿童常和"贤于我者"相比，这样便会始终感到自己的不足，才能"学日进，志益谦"。反之，若与"不及我者"相比，那么只会觉得自己还不错，"而志日损，心日放"②，于是就不再继续努力学习，以至日趋下流。所以，儿童切不可自以为是，稍有一知半解，便妄自尊大。

张履祥力倡笃实，深戒轻浮。他说："为学最喜是实，最忌是浮。"③ 他认为，为人立身处世，待人接物，须以忠信为本，而忠信的核心便是一个"实"字。"故敬曰笃敬，信曰笃信，行曰笃行，好曰笃好。"④ 总而言之，人的一切行为均须笃实。君子为人"厚而重"，其原因就在于"实"；小人为人"轻而薄"，其原因就在于"浮"。故"实"与"浮"是区分君子和小人的重要标准。儿童时期容易滋生轻浮之气，而"轻浮二字，是子弟百恶之根"⑤。因此，蒙养教育要倡笃实而戒轻浮。

（四）恭俭勤谨

张履祥认为，儿童初学，最要紧的便是"恭俭"二字。他说："恭非貌为恭，以敬存心"，才"是恭之实事"。⑥ 只有真正存有恭敬之心，才能在与人相处时表现出恭敬的态度。"在家庭敬父兄，在学舍敬师长"⑦，一言一行均体现出恭敬之实。"俭非吝啬琐细"，生活上不要有过高的要求，注意节约，不铺张浪费，"是俭之实事"。⑧ 以恭敬节俭要求儿童，不断学习和训练，那么奢侈放纵的念头就会逐渐消除，久而久之，"心思自能向正"⑨。

张履祥认为，朱子教子弟，"要之以勤谨二字"，"勤则敬业，谨则寡失。"⑩ 如果儿童能做到这两个字，那么既能提高道德水平，又有益于身心健康。儿童学习要勤奋，做事要勤劳，不可懒惰，因为许多坏事都是从懒惰开

---

①②③④⑤⑥⑦⑧⑨⑩《初学备忘》。

始的。那些饱食终日、无所事事者，不过是天地间一蠹虫而已。“原其病根，只是不勤。”① 因此，孩子从小就应当“朝而受业，昼而服习，夜而记过”②，只有勤奋努力，才能不断进步。除勤奋而外，还要有谨慎的态度。儿童学习做人、做事、做学问，就好比登山，一步一个脚印地向上攀登，才能登上绝顶；但如果不小心谨慎，稍不留意，一脚踏空，便会堕入万丈深渊。故“君子修身，只在敬谨”③。

（五）知耻改过

张履祥指出：人应当知耻。孟子说：“人不可以无耻，无耻之耻，无耻矣。”④ 就是说人不能没有羞耻观念，缺乏正确的羞耻观，才是真正的可耻。虽然人皆“莫不各有所耻”，然而，只有明智的人，才懂得什么是真正的可耻；只有贤德之人，才能做到“耻其所当耻”。⑤因此，对于儿童，要引导他们逐步确立正确的羞耻观，了解什么是可耻的事，只有“能知耻”，方能“耻其所当耻。”

张履祥认为：“人不能无过，但期于改”。⑥每个人都不可避免会犯错误，会有过失。有过失并不可怕，可怕的是有过而不知，有过而不改。有许多孩子看不到自己身上的毛病，自以为无过，这就需要教育者为其指出毛病之所在，使其知过而后能改。人们大多不喜欢听批评意见，故别人有意见也不愿意提出来，就连父兄师长也怕招其怨恨，而不愿多加批评。因此，“攻人实过者最难”，而“能受人实攻者尤难”。⑦有一种人表面上能接受别人的批评，可心中却不以为然，依然我行我素，不思悔改。所以，对于过失，“非知之难，改之为难”⑧。若犯了错误，额头背浹流汗，自知悔改，则以后不至犯大错误；若有了过失却毫无惧惮，闻过不改，见善不迁，这样的人就没有希望了。孟子说：“人恒过，然后能改”，能“恒改则恒无过”。⑨教育者要帮助儿童及时改过，这是蒙养教育的重要任务。

张履祥以其多年从事蒙养教育的经验，写下《初学备忘》一文，系统阐

①②③⑤⑥⑦⑧⑨《初学备忘》。

④《孟子·尽心上》。

述了蒙养教育的基本观点，其着眼点偏重于学习者，多从儿童的角度出发提出要求，阐明道理，其中包含了不少合理因素，对于儿童教育的实施具有重要的价值。

四、崔学古的蒙养教育思想

崔学古（生卒不详），安徽当涂人，清初蒙学教育家。其《幼训》一文，反映了他的蒙养教育思想，具有较大的价值。

（一）爱护儿童是蒙养教育的出发点

崔学古认为，启蒙教育应以爱护儿童为出发点，他提出“爱养”的观点。所谓“爱养”，就是以慈爱的精神关心、爱护儿童，用说理的方法教育、感化儿童。孩子年幼，好动好玩，兴趣不定，此时“不问智愚，皆当用好言劝谕”①，即不管是聪明还是愚钝的孩子，都要耐心加以说服教育，使他们懂得为什么要读书的道理，并且要“勤于教导”，使他们不惧怕“读书之苦”②。切不可一味训斥甚至“扑责”，因为这样做非但无益，反而有害。儿童稍长，渐渐懂事，此时仍应以诱导为主，“循循诱掖”，使之“专心读书”，自当“不责自进”，“水到渠成”③。对于那些不听教诲的学生，可适当采用责罚手段，但这只是一种万不得已的措施，只能偶尔为之，不可经常使用。在责罚学生时，必须做到“四毋责”，即“空心毋责，方饭毋责，毋乱责，毋出不意从背后掩责”④。就是说当孩子饿着肚子或吃饭时不要责罚，也不要乱责罚，更不要从背后出其不意地责罚，因为这些都有害儿童的健康，“皆足致疾”，所以要绝对禁止。此外，对于那些松懈惯了的孩子，不可操之过急，“须缓缓约束”，耐心开导，反复劝说，使他们明白事理、心悦诚服之后，再加以责罚，“切不可性急”⑤。

以爱养之，就是要对儿童的健康成长负责，要像爱护幼苗那样，关爱孩子稚嫩的心灵，不使其受到任何伤害。为此，蒙养教师必须将他的爱心奉献

①②③④⑤《幼训》。

给他所教的孩子。

(二) 因人而异是蒙养教育的基本要求

崔学古认为，儿童的资质有高下之分，应根据其资禀的高低、特点的不同，因人而异地进行教育。孩子中有的“聪颖”，有的“愚顽”。对于聪明听话的孩子，应“采用善言警悟”，使其不责自成；而对于愚钝顽劣的孩子，可适当予以责罚，但责罚后仍然要用“好言劝谕”，使其“知悔而能新”①。如果只采取处罚措施，而缺乏说服教育，那么，孩子就不会明白自己为何要受到责罚，到底犯了什么错误，这样的处罚就达不到预期的教育效果。在聪颖的孩子中，总有那么极个别绝顶聪明的，他们常常傲气十足，对于这样的孩子，即使表现突出，也不宜过多表扬，相反倒应经常指出他们的不足之处，以免其骄傲自满，所谓“极慧者，必摘其短以抑之，则不骄”②。在愚顽的孩子中也总有极少数过于笨拙的，他们往往对自己缺乏信心，仿佛总是低人一等。对这样的孩子如果责罚过多，便会令其更加自暴自弃。因此，对他们要多表扬，少批评，即使只取得了点滴进步，也要大加赞扬，以增强其信心。所谓“极钝者，必举其长以扬之，则不退”③。

(三) 宽严相济是蒙养教育的重要原则

自古以来，对待儿童教育，大多主张从严要求，所谓严教是爱。但也有主张宽严结合的。如陆世仪从儿童年龄阶段的不同特点出发，提出年幼以宽、年长以严的观点。崔学古也是主张宽严相济的一位教育家，不过他考虑问题的角度与陆世仪不同，他是从开发儿童的智慧潜能出发的。

他指出：“盖心之虚灵知觉，人人完具。第患开关启钥者之无人，聪明乃蔽耳。”④就是说儿童人人都具有极大的智慧潜能，但如果没有人能开启儿童的心灵之门，则其智慧潜能将难以发掘出来。而当时不少蒙师“只事扑责，徒张威势”。只知道体罚儿童，以显示自己的威严，其实他们这样做，“适足以固其灵机，何能开豁其慧性?”⑤只会是束缚孩子们的灵性，哪里还

①②③④⑤《幼训》。

能够开发他们的潜能呢？要开发儿童的潜能，就须打开孩子的心灵之门，而要进入孩子的心灵，又必须去除他们的恐惧心理，于是崔学古提出了“宽假其辞色，紧严其课程”① 的要求。就是说蒙师对儿童的态度应当宽厚仁慈一些，表情要和蔼，语言要温和，耐心细致，循循善诱，则儿童便会产生亲近之感，从而敞开其心扉。因此，教育者宽和的态度是打开儿童心灵之门的钥匙。当然只宽不严也不行。在学习上对儿童要从严要求，丝毫放松不得，不能有一点马虎。宽是就态度说的，严是从要求说的，只有宽严相济，才有利于儿童的成长发展。因此，它是蒙养教育的重要原则。

（四）正面引导是蒙养教育的主要方法

崔学古强调，蒙养教育应以正面开导为主，要经常给孩子们讲道理。“上之动以圣贤德业，次之动以功名、富贵，再次之惕以利害、祸福。”② 即用古代圣贤的榜样和现实生活中的目标追求以及利害得失等，对儿童加以教育引导，使他们遵守行为准则，从而提高道德水平。

儿童“良知方长，智识初开”，故“宜取古人嘉言善行以涵养之”。③ 可将各种宣传善行的教育书籍，当作每日学习的功课，亦可选取历史上可师可法之人与可歌可泣之事，用通俗易懂的语言，时时与儿童讲说。这样，即使再愚钝的儿童，每天都能听到有益于身心的“嘉言”，自然会逐渐警醒，久而久之，“足以悚动心目，感发天良”④，产生追求上进之心。

（五）家馆合作是蒙养教育的必要途径

崔学古认为，蒙养教育既是蒙馆的任务，也是家庭的责任，蒙馆与家庭应当既有分工又有合作，只有两方面协调得当、配合默契，才能取得良好的教育效果。他说：“馆以内，师傅制之；馆以外，父兄制之。”⑤ 在蒙馆，由老师负责教育；而离开蒙馆，则应由父兄加以教育。如果“师傅严于馆，而父兄狎于家”，即在蒙馆里老师严格要求，而在家庭中父兄放任自流，如此“曝寒相间”⑥，那么即使蒙师教育再好，其效果也必将被家庭教育中的负面

---

①②③④⑤⑥《幼训》。

影响所抵消。所以，蒙养教育必须做到家馆相互配合、统一要求，形成合力，才能达到预期的教育目标。

崔学古从关心、爱护儿童出发，主张以正面教育为主，用说理的方法开导儿童，用表扬的手段鼓舞儿童，用古人的嘉言善行感化儿童，他十分重视调动和保护儿童学习的积极性，即使对那些愚钝顽劣的儿童，也要“循循诱掖”，耐心说服，使其切实改正。将“爱养”作为蒙养教育的出发点，表现了一位教育家对儿童的热爱和对教育事业的责任感和事业心，这就形成了崔学古儿童教育思想的鲜明特色。

五、唐彪“善诱”的儿童教育思想

唐彪（生卒年代不详），字翼修，浙江兰溪人，清初教育家。曾历任会稽、长兴、仁和训导，授徒讲学多年。他总结了自己的教学经验，并参照古今先贤的论说，写成《父师善诱法》一文，以阐发其儿童教育观点，时人认为它具有与朱熹《小学》并行的价值。

（一）尊重蒙师，教之前提

唐彪认为，蒙师虽为启蒙老师，教授年幼子弟，但“其督责之劳，耳无停听，目无停视，唇焦舌敝，其苦胜于经师数倍”①。蒙师整天忙碌，十分紧张，口干舌燥，劳苦至极，其工作负担超过经师数倍，理应受到世人的尊敬。可是，当时人们却“仅知尊敬经师，而不知尊敬蒙师”②。蒙师的待遇和经师相差甚远，这是极不合理的现象。因为蒙师对于儿童的健康成长，关系重大。儿童阶段是人们品德形成、学问奠基的关键时期，所谓“得力全在十年内外”③。儿童的品质好坏、学问深浅，“工夫得失，全赖蒙师”④。只有经过蒙师的“时时训诲”，方能“使归于正”。⑤所以，人人都必须尊敬蒙师。他大声疾呼：“岂可以子弟幼小，因而轻视先生也哉！”⑥决不能因为蒙师的教育对象是小孩子，就轻视蒙师！尊重蒙师是儿童教育的前提。

---

①②③④⑤⑥《父师善诱法》。

（二）读书为本，识字为先

唐彪引用欧阳修的话说："力学以读书为本。"他主张："童蒙初入学，先令读《孝经》《小学》，继读《四书》本经。"① 儿童读书，首先要有好书。这就如同"工欲善其事，必先利其器"②。可是天下书虽多，好书却极少。"朱子《读书歌》云：'好书最难逢，好书真难置。'"③因此，蒙师须向儿童介绍好书。"令之购觅"，若买不到，"必宜令之借抄"。④读书不仅可使儿童"学充识广"，知识丰富，更重要的在于它有益于身心发展，使儿童明白事理，懂得如何做人。

唐彪认为，读书须以识字为基础，不识字如何读书？他主张儿童三四岁时，即可教以识字。每日或三五字，或十字均可，教儿童识字"或聚或散，或乱或齐，听其顽耍"⑤，即不断变换方式，如同做游戏一般，以激发儿童的兴趣，只要达到识认的目的便可。当儿童认识一二千字后，就可以入塾读书。蒙师教童蒙，不可立即读书，"须先令认字"。他认为："初入学半年，不令读书，专令认字，尤为妙法。"⑥因为，书要儿童自己读，"苟字不能认，虽欲读而不能"⑦。常见不少孩子惧怕读书，"疾书如仇"，蒙师不问缘由，以为儿童顽皮笨拙，于是便"骂詈扑责交加"⑧，而训斥与体罚的结果，使儿童更加畏惧读书。实际上，儿童"非不欲读也，不识字也"⑨。只要"一二句中字认不清，故不敢放心读去"⑩。于是越不敢读，就越不识字，而不识字，就更不敢读，这样就形成一种恶性循环。所以，他强调"读书在认字"⑪。

（三）先易后难，分层致功

唐彪指出，蒙学教育应当让儿童学习那些容易理解和掌握的内容，使之易学，只有易学才能够条理通达。若"以高深之文令初学读，是犹责十余岁童子，而令之肩百斤之担，行五十里之途，此岂易能之事乎？"⑫如果让初学儿童去学习艰深的内容，就好比让小孩子挑上百斤的担子，走五十里路，如

①②③④⑤⑥⑦⑧⑨⑩⑪⑫《父师善诱法》。

何能做得到呢？儿童做不到的事，却偏要他去做，他就会因苦其难而生畏惧之心，这样的教学对儿童有害而无益，必定不会成功。只有“先易后难，方有进益”①。

要做到先易后难，就必须分层致功。唐彪说：“幼童读文，贵分层次”。因为“学问工夫，必非一截可到”②。如果不分层次，不循次序，企图一步登天，那么，虽欲速成，结果往往适得其反。那么，如何分层呢？唐彪认为：首先必读明代成化、弘治、正德、嘉靖年间的文章六七十篇，“以为入门之路”，这是第一层；其次，“宜读近时平易之文百篇”，要选择“精佳不朽之文”，这是第二层；再次，“须读精细深厚之文六七十篇”，这是第三层，所读文章必须是“有用之文，如学问、政事、伦纪、品行之类”。③只有由易到难的分层阅读，才能取得成效。

此外，儿童读书，切不可只求近效，而不顾远功。要切实打好基础，基础扎实了，以后再加以扩充，就好比“酒母之串水，厚使之薄，少使之多”④，就十分容易了。有些在幼时读的书，当时看不出多少效果，然而到成年之后，效果就自然显现了。这是因为幼年奠定的基础，终生都将起作用。

（四）随读随解，启发思考

唐彪指出：教儿童读书，“宜及时与之讲解，以开其智慧”⑤。他说：“随读随解，则能明晰其理，久久胸中自能有所开悟。”⑥如果只读不讲，学生不明其义，即使读得再多，也毫无益处。“故先生教学工夫，必以勤讲解为第一义。”⑦

蒙师讲授，通常要逐字逐句解释，但遇“难解者”，“不必逐字呆讲”，可先解释大意，再用譬喻加以说明，讲解“须极粗浅”，“如俗语一般，使知书如说话”，简单明白，通俗易懂，要讲解书中的道理，还必须联系实际，“证之以日用常行之事”。⑧这样儿童才容易领会。若脱离实际，空洞讲解，

---

①②③④⑤⑥⑦⑧《父师善诱法》。

儿童就难以真正理解。

蒙师讲授要启发儿童思考，使其产生疑问，有疑才能有悟。唐彪说：“凡理不疑必不生悟，惟疑而后悟也。小疑则小悟，大疑则大悟。故学者非悟之难，而疑之难。”① 因此，作为蒙师要诱导儿童生疑，并“令之日记所疑，以便请问”②。儿童若能勤问，则说明他已用心思考，必有所得。对于那些不提问的孩子，蒙师可向他们提问，“如果皆知而不问”，即回答正确，表明他已完全掌握，无须再问；“倘不知而又不问”，说明他尚未用心思考，须加以处罚，使其“留心体认，勤于问难”，方能“学有进益”。③

唐彪认为：对于年幼初学者，蒙师可重复讲解。因为年幼初学，往往不得要领。“初讲一周，多未领略，惟经再讲，始知梗概。”④ 蒙师讲完两遍后，再让儿童复讲，其“解错者，可以改正，不解者，可以再解，不用心听，全不能复者，惩儆之”⑤。对于儿童讲错的地方，教师可加以纠正；儿童不理解的地方，教师可以再讲，直到他们真正弄懂为止。至于那些不用心听讲，完全不能复讲的儿童，需要适当惩罚，以督促其用心学习。让儿童复讲可以了解他们的学习情况，以便有针对性地进行教学，帮助他们真正掌握教学内容，即“使之胸中开明，真实有得”⑥。

（五）奖功督过，赏罚分明

唐彪认为，儿童教育必须正确处理奖励和惩罚的关系，将二者有机结合起来，做到奖功督过，赏罚分明，以此来引导儿童不断进步。在运用这一方法教育儿童时，应当针对不同的儿童、不同的情况，分别加以实施。“子弟聪明有志者，可以责扑骂詈愧耻之，使之激励精进。”⑦ 对于“聪明有志”的孩子应当提出更高要求，如果他们不努力，达不到这个要求，可加以一定的惩罚，使其感到愧悔而改正，所谓“鞭打快牛”。“愚顽无志者，督责之则彼益自弃，而安于下流，无上进之机矣。唯故加奖誉，并立赏格鼓舞之，或踊

---

① 转引自林治金：《中国小学语文教学史》，山东教育出版社 1996 年版，第 196 页。

②③④⑤⑥⑦《父师善诱法》。

跃向往之心生，未可知也。”① 对于那些表现差的孩子，则不可多加督责，因为过多地批评、责罚他们，会使其更加自暴自弃、破罐子破摔，对他们的缺点要耐着性子好言相劝，晓之以理，动之以情，使其逐渐有所醒悟。当他们有了点滴进步，则应多加表扬、奖励，使其受到鼓舞，促其奋发向上。自古以来，治理国家“必赏罚并行”，教育儿童也应如此，只有恰当地运用赏罚手段，才能取得良好的效果，所谓“神机妙用，亦在奖励鼓舞与督责兼行也”②。

唐彪是一位教育经验丰富的教师、宿儒，他呼吁要尊敬蒙师，提高其地位和待遇；对于如何教儿童读书，如何讲解书中的道理，他提出了许多有价值的见解，并采取了不少行之有效的措施；他主张巧妙地运用奖罚手段，以提高教育效果。这些对于儿童教育都具有重要价值和借鉴意义。

六、王筠“乐习”的儿童教育思想

王筠（1784—1854），字贯山，号菉友，山东安丘人，清中叶教育家。道光元年（1821年）举人，曾任山西乡宁知县。王筠博涉经史，尤精文字学，著有《说文句读》《说文释例》《说文系传校录》等，另有《教童子法》《文字蒙求》等蒙学著作传世。他在《教童子法》中阐述了教育儿童的方法，至今仍有一定的现实意义。

（一）关爱儿童，乐习不倦

王筠重视儿童的健康成长，对于当时压抑儿童的天性、摧残儿童身心健

①② 《父师善诱法》。

康的教育方式，提出了尖锐的批评。他说："学生是人，不是猪狗。"① 既然是人，就要尊重他，把他当人看待，绝不能用对待猪狗的方式来对待儿童，任意摆布儿童，以至于造成他们有诸多痛苦。他说："佳弟子多有说不出底苦，为父兄者亦曾念及乎？"② 作为教育者一定要体察儿童的疾苦，关心他们的精神生活。他说："人皆寻乐，谁肯寻苦？读书虽不如嬉戏乐，然书中得有乐趣，亦相从矣。"③

喜乐厌苦是人之本能，如果孩子将学习当作苦差事，则必不乐学；反之，若孩子能从学习中寻得快乐，那就会乐习而不倦。因此，他主张引导儿童在学习中寻找快乐，尤其对那些学习较差的孩子，更要耐心诱导。他说："遇笨拙执拗之弟子，必多方以诱之，既得其机之所在，即从此鼓舞之，蔑不欢欣，而惟命是从矣。"④ 只有当儿童领会了书中的真义，才会深受鼓舞，无不欢欣，从而听从老师的教导。

"故观其弟子欢欣鼓舞，侈谈学问者，即知是良师也。"⑤ 在他看来，评价一个老师的优劣，只要看他的学生对待学习的态度如何，是否爱学习，能否从学习中寻得快乐。

王筠还提倡根据儿童的特点，把握教育的分寸。他说："小儿无长精神，必须使有空闲。"⑥ 不要把学习时间安排得过满，以至造成孩子负担过重。一旦孩子负担过重，就会感到学习之苦而无法品尝学习的乐趣，其结果只能导致教育的失败。

（二）先易后难，循序渐进

循序渐进是古人早已提出过的教育原则，王筠继承了这一思想，他根据儿童的认识规律，提倡先易后难地进行教学。他说："蒙养之时，识字为先，不必遽读书。先取象形指事之纯体教之。识日、月字，即以天上日、月告之；识上、下字，即以在上在下之物告之，乃为切实。纯体字既识，乃教以合体字。"⑦ 对于儿童来说，王筠主张先识字，后读书；识字先教独体字，如

①②③④⑤⑥⑦《教童子法》。

日、月、上、下等，结合实物以告之。独体字掌握了，再教合体字。

“能识二千字，乃可读书。读亦必讲。”① “读书而不讲，是念藏经也，嚼木札也。”②光读书不讲解，就如同念藏经、嚼木札一般枯燥无味，难以理解。而讲解“又须先易讲者，而后及难讲者”③。讲解时务“须说入童子之耳”④，即一定要用儿童能听得懂的语言，这样他们才能听得进，能理解，切“不可出之我口，便算了事”。那种不问儿童是否听懂，只管自己讲完了事，是极不负责任的。

（三）涵养诱掖，待其自化

王筠认为，儿童的成长是一个自主发展的过程。他以蚕的生长为例：“譬如蚕然，其初一卵而已，渐而有首有身，蠕蠕然动，此时胜于卵也，至于作茧而蛹，又复块然，此时不如蚕也，徐俟其化而为蛾，则成矣。”⑤他强调儿童自主学习，教师则“涵养诱掖，待其自化”，在教学中，先生“逐字解之”，而后令学生“自解”，要求“逐字嚼出汁浆”。⑥

他举例说，某先生常“拟题目若干道，书签上，贮之筒。每日食后，拈十签，讲说思维，令有条贯”。⑦老师每天饭后，让学生用抽签的方式，自选题目，然后回答，以培养学生的思维能力，使其具有条理性。

又如，有位张先生教童子，“每日早饭后，辄曰各自理会去。弟子皆出，各就陇畔畦间。比反，各道其所理者。……有何疑义，张先生即解说之”。⑧张先生让孩子们到田间地头，与大自然亲近，吸取天地之精华，领悟书中的道理。若有疑问，先生即为之解说。

再如，有位刘先生，年幼时“师为之讲书数行”后，“令退思之而复讲，如是者，每日必有之。半年后，师遂不穷于答问”。⑨刘先生幼时读书，老师讲解之后，要求他自己思考，消化、理解书中的要义，然后复讲。这样半年后，他就能自主学习，而无须老师过多的讲解。

王筠指出：“教弟子如植木，但培养浇灌之，令其参天蔽日。”⑩儿童的

---

①②③④⑤⑥⑦⑧⑨⑩《教童子法》。

成长如同树木，是自主生长的，只要教师精心培植，就会长成参天大树。

（四）博学多思，标新领异

王筠重视博学，他说："空闲即告以典故……日告一事，一年即有三百六十事，师虽枵腹，能使弟子作博学矣。"① 每天给儿童讲一个典故，即使老师学问不多，也能使弟子博学。他赞赏叶奕绳先生的学习方法："每读一书，遇意所喜好，即札录之，录讫，乃朗诵十余遍……务期精熟……一年之内，约得三千段，数年之后，腹笥渐富。"②叶先生读书时将书中好的句子摘录下来，熟读背诵。这样日积月累，数年后学问就渊博了。"学问既博，收拢起来，方能成就，此时则非常人所及矣。"③

除了博学，还须多思。王筠说："为弟子讲授时必时时诘问之，令其善疑，诱以审问……必能标新领异。"④通过教师的善问，引导儿童善疑，进而善思，最后便能标新领异，有所创造，既使个人的学识跃入新的境界，又对社会的发展做出了贡献。

此外，王筠还在注重道德教育，提倡因材施教、专心致志等问题上阐述了自己的观点。

总之，王筠针对儿童的特点及当时教育领域中存在的种种弊端提出了他的教育观点，这对当今的儿童教育具有一定的借鉴意义。

综观我国古代教育家对儿童教育的论述，主要有以下几方面内容。

1. 儿童教育的意义：奠定人生的基石

儿童教育是基础教育，用朱熹的话来说，是"打坯模"的教育。如果基础打好了，使儿童养成良好的习惯，就可以抵御各种不良影响的侵袭，那么以后的发展就比较顺利；假若没有打好基础，一旦恶习养成，以后再要矫正，就十分困难了，所谓"蒙养弗端，长益浮靡"。由此看来，儿童教育对人的成长极其重要。只有抓紧、抓好幼稚时期的教育，从小培养儿童良好的品质，才能使儿童终生受用无穷。

①②③④《教童子法》。

2. 儿童教育的方针：德、智、体、美和谐发展

儿童正处于长身体阶段，故“保其身体”，以促进其健康成长，应置于首位；但“蒙以养正”，儿童教育“惟以成德为事”，因而德育才是根本；然道德教育要以认知为起点，即“以力学为先”，力学则“以读书为本”，所以智育不可或缺；而自古以来就有“礼乐相济”“美善相乐”的思想，故以美辅德更能增强德育效果。总之，只有将德、智、体、美熔于一炉，才能促进儿童和谐地发展，从而成为身体健康、思想纯正的人。

3. 儿童教育的形式：动静结合，知行统一

儿童教育从形式上来说，大体有“读书”“习礼”“歌诗”“考德”。“读书”是为了明白为人处世的道理，它是儿童教育的重要形式；“习礼”是使儿童根据礼节的要求，养成良好行为习惯的基本途径；“歌诗”可以陶冶儿童的心灵，它是潜移默化的教育方式；“考德”则是通过考察儿童在家里的表现，以督促他们即知即行。古代儿童教育的形式体现了动静结合、知行统一的特点。

4. 儿童教育的原则：从儿童的特点出发

历代教育家在总结了儿童教育实践经验的基础上，概括出许多重要的原则，如：顺其性情，寓教于乐；因材施教，循序渐进；宽严相济，诱禁结合；多加诱掖，少施惩戒；由近及远，推己及人；知行并进，培养习惯；正身端品，专一尽心；等等。这些教育原则都是从儿童特点出发的，它们具有较大的灵活性和创造性，是当时儿童教育实践活动的产物，同时对于儿童教育的发展，又具有积极的指导作用。

在我国古代儿童教育思想中，既有精华又有糟粕。对于精华部分，我们要继承和发展；而其中的糟粕，需要我们剔除和改进。中国近现代儿童教育思想，正是在继承古代之精华、剔除其糟粕的过程中，不断发展起来的。

思考与练习

1. 为什么《大戴礼记》如此重视胎教？其意义何在？

2. 试析贾谊“三育并举”的思想。

3. 简述颜之推的家庭教育思想。

4. 简评朱熹的儿童教育原则。

5. 简论王守仁的“自然主义”儿童教育观。

6. 谈谈你对吕坤“重禁戒”主张的看法。

7. 评析陆世仪的“熏陶涵养”思想。

8. 张履祥“耕读相兼”的主张有何积极意义?

9. 评述崔学古“宽严相济”的教育观点。

10. 试析唐彪“善诱”的教育主张。

11. 王筠“待其自化”的观点有何现代价值?

拓展性阅读导航

1. 贾谊著:《贾谊集(新书)》,上海人民出版社 1976 年版。

本书是贾谊的政论著作,其中,《胎教》《保傅》《傅职》《劝学》《容经》等篇论述了关于君主早期教育的理论,如及早施教、慎重择师、三育并举以及教育的实施要深浅适宜等。这些主张虽然是针对君主提出来的,具有一定的局限性,但其基本精神对于一般儿童的早期教育也是适用的。

2. 颜之推著:《颜氏家训集解》(王利器集解),上海古籍出版社 1980 年版。

本书是颜之推为训诫子孙而撰写的我国封建社会第一部系统、完整的家庭教科书,该书在社会上产生了广泛的影响,其意义已远远超出对颜氏家族子弟的训诫,被人们视为家训的鼻祖和家教的典范。

3. 徐梓、王雪梅编:《蒙学辑要》,山西教育出版社 1992 年版。

本书收集了宋元明清时期部分教育家的蒙学论著。

(1) 朱熹著:《小学书》《童蒙须知》。

《小学书》是朱熹采集前人有关忠君、孝亲、事长、守节、治家等内容的格言、故事、训诫诗等,编辑而成的儿童教育用书。该书分内外两篇,内篇有主教、明伦、敬身、稽古，外篇有嘉言、善行，对于培养儿童良好的情操和读书学习应持的态度与方法等，具有一定的借鉴意义。

《童蒙须知》分衣服冠履、言语步趋、洒扫清洁、读书写字和杂细事宜五项，按照三纲五常的道德要求，对于儿童的日常生活、学习等各个方面，作了极为详细的规定，对于从小培养儿童的良好习惯、待人接物应有的举止礼貌等，有着一定参考价值。

（2）王守仁著：《训蒙大意示教读刘伯颂等》《教约》。

这两篇文章合称《社学教条》，集中阐发了王守仁的儿童教育主张，如："蒙以养正"的教育任务；考德、读书、习礼、歌诗的教育形式；动静搭配、学行结合的课程安排；顺其性情、因材循序、相互观摩、寓教于乐的教育原则和方法；等等。

（3）吕坤著：《蒙养礼》《社学要略》。

这两篇文章专门叙述了训蒙方法，从儿童的衣食、运动、读书、学习，到群居、歌舞，事无巨细，均包罗其中。

（4）陆世仪著：《论小学》。

本篇专论蒙养教育，提倡及早施教，强调以身示范，重视礼乐教化，注意难易适中，力求宽严得当，具有一定的启示意义。

（5）张履祥著：《初学备忘》。

本篇系统阐述了张履祥蒙养教育的基本观点，其着眼点偏重于学习者，多从儿童的角度出发提出要求，阐明道理，就蒙养教育问题，发表了一系列独到的见解。

（6）崔学古著：《幼训》。

本篇以论说儿童教育原则、方法为主，它将"爱养"作为蒙养教育的出发点，主张正面引导、因人而异、宽严相济、家馆合作，提倡用说理的方法开导儿童，用表扬的手段鼓舞儿童，用古人的嘉言善行感化儿童，充分调动和保护儿童的学习积极性。

（7）唐彪著：《父师善诱法》。

本篇专门阐发作者关于儿童教育的见解，如重视蒙师的作用，强调按照儿童的年龄和生理特点施教，注意为学的循序渐进等，今天仍不失参考价值。

(8) 王筠著：《教童子法》。

本篇专门阐述教育儿童的方法，作者援引前人的论说，同时结合当时的现状，并用自己的切身体会，呼吁教育者要体察儿童的疾苦，关心儿童的精神生活，引导儿童自主学习、快乐成长，具有一定的现实意义。

第二章

近代学前教育思想

内容提要

重视幼儿教育是中国教育的传统，但近代意义上的社会学前教育观念和理论则源自于西方。当时将西方学前教育思想介绍进中国的主要有三部分人：西方传教士、日本学者、中国学者。早期西方教育观念的传入更多是通过建立“示范性”的教育机构进行渗透、传播。系统的西方学前教育理论传入中国，则大约在19世纪末至20世纪初期。在西方学前教育思想和理论的传播过程中，中国学者自己也逐渐形成了对于学前教育思想和理论的理解，其中张之洞在“中体西用”思维方式下的近代学前教育实践、康有为基于乌托邦世界理论对儿童公育思想的建构，以及蔡元培、恽代英等对儿童公育的诉求，展现出近代学前教育思想在中国形成与发展的基本历史轨迹，以及中国学者对学前教育思想和理论的艰难探索。

学习目标

1. 了解西方学前教育思想在中国传播的情况。
2. 掌握张之洞、康有为、蔡元培、恽代英关于学前教育的基本主张。
3. 理解“中体西用”的思维方式对我国近代学前教育思想的影响。

关键词

察物学堂　《养蒙正轨》　中体西用　蒙养院　公养公教　儿童公育

1840 年的鸦片战争使中国社会出现了“千年未有之变局”，中国从以自给自足的自然经济为主的封建社会沦为了半殖民地半封建社会。随着社会形势的变化，中西文化冲突日益加剧，中国传统教育观念和教育制度遭遇前所未有之危机。与此同时，西方以宗教为主流的文化教育事业则借助其坚船利炮的强势开始了在中国的大规模推行，西方学前教育思想和理论也随之得以在中国广为传播，这客观上也促使中国学前教育理论开始了近代化的探索历程。

第一节 西方学前教育思想在中国的传播

中国近代学前教育思想并不是接续中国古代儿童教育思想的发展脉络，它的形成和发展主要是在西学东渐的历史中，在汲取西方学前教育思想和理论的基础上，另辟新径发展起来的。

在辛亥革命之前的西学东渐历史，按照时间和影响，大致可以分为三个阶段①。其中最早可以溯及明末清初的中西文化交流，当时的耶稣会士们如艾儒略、高一志等在服务于传教的宗旨下，翻译介绍了西方的科学文化知识，包括西方的教育制度。

第二个阶段是在 19 世纪中期西方入侵中国之后，西学借助军事的强横而强行进入。就西方学前教育制度的传入途径而言，主要是教会人士一方面通过发表文章、出版书籍介绍西方的教育观念、教育制度，其中也包括对西方学前教育思想的介绍。另一方面主要是通过开办学前教育机构进行示范。

第三个阶段是以 1895 年中日甲午战争中国失败之后，以日本为媒介，较为全面地引入西方教育理论（包括学前教育理论）。

① 周谷平著：《近代西方教育理论在中国的传播》，广东教育出版社 1996 年版，第 5—6 页。

一、近代西方学前教育观念的输入

社会学前教育观念和教育机构是近代社会发展的产物。当时将西方学前教育观念介绍到中国的主要有三部分人：一是西方传教士，二是外国学者，三是中国学者。

西方传教士是近代学前教育观念的最早传播者。他们对近代西方学前教育观念的介绍主要通过思想观念的宣传和示范机构的设置来完成。

林樂知先生

据史料记载，早在19世纪40年代左右，外国教会便在中国内陆一些地方开办了孤儿院、慈幼院、育婴堂等慈善性质的机构，如1867年创办的上海圣母院育婴堂便是一所颇具规模的慈幼机构。这些机构虽然只是慈幼性质，但有时也对收养的儿童进行一定的歌舞、知识教育。到了19世纪80年代，传教士们又在福州、宁波等地创办了专门的幼儿教育机构。根据美国传教士林乐知撰写的《全地五大洲女俗通考》记载，当时传教士开办的幼教机构称为“小孩察物学堂”，到1903年之前，这种学堂共有6所，学生194人。所谓察物学堂，按照林乐知在《重视教育说》一文中的解释便是幼稚园，“小孩未读书之前，先使察物，就其目所能见，手所能抚，耳所能闻之物，皆使记其名字，及其造法、用法。故至读书识字之时，能收驾轻就熟之效也”①。以后，这种专门的幼儿教育机构也在上海、北京等地出现。20世纪初期，教会人士开始重视开办学前教育机构对于基督教传播的特殊意义，林乐知在《论中国亟需设立幼稚园》一文中便认为：“中国之宜设幼稚园，如此其急也。吾党传道之士，苟知劝道华人之法，惟幼稚园之收效为最大。吾知其必置他事于缓图，而以是为先务，非吾之过

① 李楚材编著：《帝国主义侵华教育史资料——教会教育》，教育科学出版社1987年版，第418页。

甚其辞也，幼稚园之设，即以道德救儿童者也。”[①] 与此同时，基督教在华教育组织“中华教育会”也增设了幼稚园委员会，反映了教会发展幼儿教育的迫切心情。

教会人士对于开办幼教机构的热心，无疑是出于明显的宗教、文化和政治的目的，但客观上成为中国土地上出现的最早的近代学前教育机构，为中国人自己建立学前教育制度起到了示范作用。尤其值得指出的是，教育制度与教育思想之间有着密切的关系，教会在设立近代学前教育机构的同时，也将近代学前教育新理念传入中国，如重视学前教育在整个教育体系中的地位和作用，重视对幼儿身心发展特点的研究，重视游戏对幼儿发展的价值等，这些对中国近代学前教育思想的发展具有启发作用。

教会在开办专门的幼教机构的同时，还对幼教师资的培养极为重视。1889 年，美国卫理公会在苏州创办的英华女中便开办了幼教师资培训班；1892 年，美国监理公会传教士海淑德在上海创办了一个幼稚园教师培训班；1898 年，英国长老会在厦门创办了幼稚园师资班；1902 年，美国传教士们在苏州创办了以培养幼稚园师资为主的景海女学。

幼教师资培养机构的设置，同样传达了一种新的学前教育理念：教师是一种专业，只有接受过专门训练的人员才能担任。合格的幼儿教师同样需要接受专业培训，需要了解儿童心理特点、掌握学前教育的规律、运用得当的教学方法才能完成学前教育的任务。

外国学者主要是指日本学者对于近代学前教育观念和制度的介绍。

1868 年日本明治维新以后，开始大力兴办西学，幼儿教育在整个国民教育中的地位和重要性日益被认识。1876 年，成立了东京女子师范学校附属幼稚园，这是日本最早设立的官办学前教育机构。到 19 世纪 90 年代，日本在幼儿教育方面已经形成一套具有日本民族特色的幼儿教育模式。维新变法时期，清政府确立了优先向日本派遣留学生的政策，张之洞在《劝学篇·

---

① 李楚材编著：《帝国主义侵华教育史资料——教会教育》，教育科学出版社 1987 年版，第 215 页。

游学》中便指出日本留学优于欧美留学（路近省费、文字相近、易于仿行）。在近代新式学制制定的前后，诸多日本学者被邀请到中国主持官立或私立的幼教机构。如 1903 年 2 月，湖北巡抚端方在武昌阅马场创办了湖北幼稚园，幼稚园设备均购自日本，并聘请毕业于东京女子高等师范学校的户野美知惠等三名日本幼教人员担任教师，户野美知惠亲任园长，并由她拟定了《湖北幼稚园开办章程》。这所完全假手日籍教师经办的幼教机构，几乎是对日本学前教育制度的复制，保育要旨与日本的《幼稚园保育及设备规程》基本相同，保育科目也与日本幼稚园科目相近，据说园舍设计、幼儿的服装也采用日本样式。又如 1905 年创立的天津严氏蒙养院不仅聘请日籍人士大野铃子作为蒙养院的指导，甚至蒙养院设备，如钢琴、风琴、桌椅、教具等，均从日本采购。大量的日籍教师参与中国幼教机构的建设，尽管使得幼教机构不太适合中国国情，但客观上她们发挥着作为新式学前教育观念和制度传播者的作用。

在 20 世纪初期掀起的到日本留学、考察、游历的热潮中，一些学者、官员也对日本的幼教制度进行了考察、学习，他们回国后或通过考察日记、或通过撰写专文的方式介绍了日本的学前教育制度和教育思想。而与此同时，日本有关学前教育制度的规程（如《幼稚园保育法》）也被翻译介绍到中国。

总而言之，正是通过上面三股力量的共同作用，使得近代学前教育制度被国人逐渐认识、理解，西方学前教育的观念也逐渐为人们所接受。

二、西方学前教育理论的传播

如果说早期西方教育观念的传入更多地通过建立“示范性”的教育机构进行渗透、传播，那么系统的西方学前教育理论传入中国，则大约在 19 世纪末至 20 世纪初期。

光绪二十五年（1899），秀耀春、汪振声在《万国公报》上发表了《养蒙正轨》一文，分别详细介绍了裴斯泰洛齐、福禄培尔的生平和幼儿教育理论。如在“栢思大罗齐训蒙新法”中较为详细地介绍了裴斯泰洛齐的教育活动和教学理论，在“福若伯训蒙法”中则介绍了福禄培尔“教习新法要义八条”和教习幼儿的七条准则。

不过这个时期西方学前教育理论主要经由日本传入中国，主要包括福禄培尔和蒙台梭利的儿童教育思想。

晚清时期，中国对外国学前教育理论的输入基本上是从日本转手而来，而其中许多理论经过了日本人的改造。中华民国成立之后，中国开始直接从西方系统地介绍学前教育理论。1912 年，《教育杂志》第 4 卷第 7 号刊登了谢天恩撰写的《美国幼稚园略述》一文，文中主要介绍了福禄培尔遵循自然的教育原则，作者指出从福氏之后，人们开始认识到教育儿童的方法应该由内而外，根据儿童心理的自然发展特点，发挥儿童作为教育主体地位的作用。1914 年，该刊又刊登了《德国柏林裴斯泰洛齐福禄培尔馆》一文，对福禄培尔幼稚园教育思想的真谛进行了阐释。到“五四”运动之前，对于福禄培尔的幼稚园教育思想，中国学前教育工作者已经非常熟悉。

蒙台梭利儿童教育思想最早传入我国是在民国初年。1913 年，《教育杂志》第 5 卷第 1 期上刊登了志厚译的《蒙台梭利女士之新教育法》，介绍了蒙台梭利“儿童之家”的情况，并分析了其教育方法的心理学原理。不久，该刊又发表了悫生的《蒙台梭利新教育之设施》一文，着重介绍了蒙台梭利教育法的特色、蒙台梭利学校的教具和新教育法成效等。1914 年，商务印书馆出版了日本人今西嘉藏著、但焘译的《蒙台梭利教育法》，详细介绍了蒙台梭利教育法原理。

尽管西方学前教育理论在这个时期大量传入中国，但真正对这些理论进行深入研究，以为学前教育理论本土化探索服务则是在“五四”运动之后。

第二节 张之洞的学前教育思想与实践

张之洞（1837—1909），字孝达，号香涛，晚年自号抱冰老人，直隶南皮（今河北省南皮县）人。早年曾入清流，激烈批评时政，包括对李鸿章、曾国荃、刘坤一等洋务派的攻击。1882 年出任山西巡抚后，曾采取种种措施整顿吏治，革除腐败，表现出其务实官僚的一面。1884 年，中法战争爆发后，张之洞受命担任两广总督。恰是通过这场战争，张之洞感受到了西方军事武器的先进。1889 年调任湖广总督，开始其长达 18 年（1889—1907）的督鄂生涯。在此期间，他大力进行“新政”建设，兴办近代机器工业，修筑铁路，扶助提携民营工商业等，成为洋务运动晚期的重要代表人物。与此同时，他还以“造真材，济时用”为宗旨，着意创设各类新式学堂，形成了初等、中等、高等学堂的完整教育体系。1901 年之后参与、主持了新学制的制定。

张之洞并不是一位守旧的士人，但同时对于一切可能危及传统政治制度、颠覆传统价值观念以及各种激烈的社会变革行为又保持着高度警惕和坚决的排斥态度。他在戊戌变法高潮时写作出版的《劝学篇》中，详细阐述了“中体西用”思想，虽继续辩护西学传播的合理与合法，但同时又彰显其卫道的执着与激昂，呈现出其一贯的“开新与卫道二重变奏”风格，其对于近代学前教育的态度也体现了这种二重性。

一、“中体西用”思维方式的形成与流行

“中体西用”是“中学为体，西学为用”的简称。它是洋务运动时期较

为流行的社会思潮，是洋务派的文化教育纲领，同时也是洋务教育的思维方式。在这儿，“中学”“西学”是指中西文化而言，而所谓“体、用”，则是晚清时期中国知识界在处理中西文化关系时的一种思维定式。

19 世纪 40 年代初期是“中体西用”思想的萌发期，当时强调西学的不同价值或优势，主要是为学习西方文化提供合理性、合法性论证。如魏源在论述《海国图志》的写作目的时便明确指出：“为以夷攻夷而作，为以夷款夷而作，为师夷长技以制夷而作。”①

如果说 19 世纪 40 年代“师夷长技”的思想只是承认了西方在器物层面的先进，还未深刻暴露中西文化上的冲突。到 19 世纪 60 年代，中西文化的冲突则已经成为事实。故此时“中体西用”的主张在应对守旧派批评、继续为学习西学找寻理由外，更多地需要直面两种文化的冲突，处理二者之间的关系。冯桂芬在完成于 1861 年的《校邠庐抗议》一书中便表达了此种思想：“如以中国之伦常名教为原本，辅以诸国富强之术，不更善之善者哉？”②

到了 19 世纪 90 年代，“中体西用”成为了兴办洋务者的普遍共识，盛宣怀在给友人的信中曾说道：“弟以为中国根本之学不必更动，止要兵政、商政两端采取各国之所长，厘定章程，实力举办，此即足食是兵之道，无他奇巧。”③

最先明确使用“中学为体，西学为用”这一表述的是被誉为“学究中心、覃精坟典”的沈毓桂（字寿康）。1889 年 2 月，沈氏在《万国公报》上发表了《西学必以中学为本说》一文，提出：“西学自当以中学为本，而提纲挈领固亦有道也。”1895 年 4 月，他在发表于《万国公报》第七十五期的《匡时策》一文中又明确提出：“夫中西学间，本自互有得失，为华人计，宜以中学为体，西学为用”。1896 年 8 月，管理官书局大臣孙家鼐在《议复开

① 《海国图志·序》，中州古籍出版社 1999 年版，第 67 页。

② 冯桂芬著：《校邠庐抗议·采西学议》，上海书店出版社 2002 年版，第 57 页。

③ 盛宣怀著：《复陆伯葵阁学》。转引自孙培青、李国钧主编《中国教育思想史》（第 3 卷），华东师范大学出版社 1995 年版，第 53 页。

办京师大学堂折》中提出："今中国京师创立大学堂，自应以中学为主，西学为辅；中学为体，西学为用；中学有未备者，以西学补之；中学有失传者，以西学还之。以中学包罗西学，不能以西学凌驾中学。此是立学宗旨。"① 明明是承办洋务事务，却偏偏要反复强调"中学为体"，这一方面体现了洋务派思想的落后和对变法改制的担心，但另一方面也具有为学习西学争取合法性，使改良主张最大程度地为广大知识阶层所接受的策略考虑。梁启超曾回忆："时在乙未之岁（1895），鄙人与诸先辈，感国事之危殆，非兴学不足以救亡，乃共谋设立学校，以输入欧美之学术于中国。惟当时社会嫉新学如仇，一言办学，即视同叛逆。迫害无所不至。"② 可见，即使到了19世纪末，整个社会知识阶层中的保守力量依然强大。从这个意义上讲，"促使'中体西用'文化论问世的一个直接导因，是守旧派对西学的顽固拒绝"③。

虽然"中体西用"思想由来已久，但一般认为，中体西用"作为一种完整的发展主张和文化设计"是由晚期洋务派的代表张之洞完成的。④ 他在1898年春出版的《劝学篇》中，认为当时严重的社会危机实为深刻的文化危机，"其表在政，其里在学"，"图救时者言新学，虑害道者守旧学，莫衰于一"。他指责："旧者因噎而食废，新者歧多而羊亡。旧者不知通，新者不知本。不知通则无以应敌制变之术，不知本则有非薄名教之心。"⑤ 为了避免在中西文化的接触、碰撞中走向极端，张之洞一方面以不偏不倚的"公允"面孔，以超越新旧的"第三者"立场，对旧者、新者的短长进行评说，力主"新旧兼学"。另一方面又企图通过"中体西用"的方式进行文化整合，

① 朱有瓛主编：《中国近代学制史料》（第一辑下册），华东师范大学出版社1986年版，第624页。

② 梁启超著：《莅北京大学校欢迎会演说辞》，易鑫鼎编：《梁启超选集》（上册），中国文联出版社2006年，第139页。

③ 丁伟志、陈崧著：《中西体用之间》，中国社会科学出版社1995年版，第140页。

④ 杨东平主撰：《艰难的日出——中国现代教育的20世纪》，文汇出版社2003年，第7页。

⑤ 张之洞著：《劝学篇·序》，中州古籍出版社1998年版，第41页。

力求化解新、旧学之间的隔阂与纷争。

张之洞在《劝学篇》中用“旧学”“新学”二词来指称“中学”“西学”。而其所指的“旧学”包括四书、五经、中国史事、政书、地图，“新学”则是指西政、西史、西艺。不过这里所谓的“西政”并非指西方的政治制度，而是指近代学校制度、财税制度、军事制度等。

张之洞不仅以体、用关系分别对中学、西学的价值、功能分别阐释、定位，认为“旧学为体，新学为用，不使偏废”①。而且还对中西学课程分配、施教程序与最后目标等均进行了论述。他说：“小学堂先艺而后政，大中学堂先政而后艺。西艺必专门，非十年不成。西政可兼通数事，三年可得要领。大抵救时之计，谋国之方，政尤急于艺。”这种政艺兼求的思想，显然不同于早期洋务派“不师其法，惟仿其器”的观点。

《劝学篇》并不是一部学术著作，而是洋务派的政治纲领。张之洞利用自己的社会政治地位，挟专制的政治威权之力，使该书被各省督抚、学政广为刊布，从而促进了“中体西用”思想在社会各个阶层、各个集团的传播，“中体西用”俨然成为了当时流行的口号，这既促进了深入学习西学，但同时也打击了更为激进的维新思想。

张之洞的“中体西用”思想无论是作为引进西学的一种策略，还是作为与维新变法的一种对抗，其对“体”“用”的割裂，受到了维新派人士如严复、谭嗣同等的驳斥。严复1902年在《与外交部主人论教育书》中引用他人之语批评：“‘体用者，即一物而言之也。有牛之体，则有负重之用；有马之体，则有致远之用。未闻以牛为体，以马为用者也。’中西学之为异也，如其种人之面目然，不可强谓似也，故中学有中学之体用，西学有西学之体用，分之则两立，合之则两亡。”② 虽然严复仅从体、用的表面意义来驳斥《劝学篇》的立论未必确当，但不可否认，“从实践观点去看‘中体西用’之调和力，则不无问题。即当中学经典的道统观念，与西学所带来的实用主义

① 张之洞著：《劝学篇·设学第三》，中州古籍出版社1998年版，第121页。
② 舒新城主编：《中国近代教育史资料》，人民教育出版社1981年版，第989页。

精神接触时，可能发生矛盾与互相排斥的作用”。① 其最终结果是“中体西用”事实上成为摧毁传统教育制度的最后一击，而中国近代教育思想和制度也由此奠基。

二、“中体西用”观照下学前教育法规的制定

受日本学前教育思想和制度发展启发，早在中国近代学前教育法规的制定和颁布之前，一些有识之士便进行了设置学前教育机构的尝试。但由政府出面制定发展学前教育的制度规程，则是作为中国近代学校教育制度法规的一部分而开始运作的。1902 年，清政府颁布了由张百熙主持制定的近代第一个教育制度，但未及实施便被废止。1904 年 1 月，清政府又颁布并实施了由张之洞、张百熙、荣庆合订的《奏定学堂章程》，即“癸卯学制”。《奏定学堂章程》由一系列具体的学堂规程所组成，其中包括为学前教育专门制定的《奏定蒙养院章程及家庭教育法章程》。这是我国近代学前教育第一个法规，是我国近代学前教育制度化建设的重要标志，从此，我国近代学前教育进入了一个新的发展阶段。

《奏定蒙养院章程及家庭教育法章程》（以下简称《章程》）包括“蒙养家教合一”“保育教导要旨及条目”“屋场图书器具”“管理人事务”四章，内容涉及学前教育机构设置的性质、目的、意义、教育者、教育对象、教育目标、教育内容、教育方法，以及机构设施与内部管理等。具体如下。

1. 关于设立学前教育机构——蒙养院的目的和意义，《章程》认为，蒙养教育是整个国民教育的第一基石，按理应照世界各国样式设立幼稚园，由女师范生教之。但由于当下中国男女之辨甚严，女子学校断不可设立，“既不能多设女学，即不能多设幼稚园，惟有酌采外国幼稚园法式”②，设立蒙

---

① 苏云峰著：《中国新教育的萌芽与成长（1860—1928），北京大学出版社 2007 年版，第 18 页。

② 朱有瓛主编：《中国近代学制史料》（第二辑下册），华东师范大学出版社 1989 年版，第 746 页。

养院作为学前教育机构。蒙养院设置的目的在于以此辅助家庭教育，实行蒙养家教合一。

2. 关于蒙养院的性质和师生来源，《章程》一方面规定蒙养院是专为保育教导 3 至 7 岁儿童而设的专门的学前教育机构，本地附近的幼儿，只要父母愿意送入，听便。儿童在园时间不超过 4 小时。但另一方面又规定蒙养院附设于全国各省府厅州县及大市镇的育婴堂和敬节堂中，两堂内的乳媪、节妇和附近将来打算以乳媪、保姆谋生的贫妇均可入院接受如何保育、教导幼儿的知识教育，学习结束后发给“保姆教习凭单”，类似今天的教师资格证书，可见蒙养院又兼具幼教师资培训班的性质。值得一提的是，按照该章程的设计，以幼儿为对象的蒙养院的师资来源于这些在育婴堂、敬节堂中受过保育教导幼儿之事并获得有“保姆凭单”者，而作为师资培训的蒙养院的教师，由两堂乳媪（或节妇）中识字者担任教员，若堂内无此人，则可专雇一识字的老成妇人入堂按本讲授。一年之后，对于讲习认真、保育教导合乎规定者，不仅由地方官员予以奖赏，同时发给“保姆教习凭单”，成为我国最早的官方认可的从事幼教师资培训的教师。

3. 关于学前教育的目标，《章程》提出“蒙养”不仅仅只是保养，更有教导之意。故保育教导儿童的目的在于使儿童发育其身体，开启其心知，形成善良之德行。

4. 关于学前教育的原则和方法，《章程》的制定者接受了新式学前教育的部分理念，强调儿童自有儿童的特性，在保育教导儿童的过程中，应根据儿童身心发展的特点因势利导。如“当体察幼儿身体气力之所能为，心力知觉之所能及，断不可强授以难记难解之事，或使为疲乏过度之业。”① 换言之，幼儿教育应该量力而授，不可因过难过多的知识教育而妨碍幼儿身体的健康发育。又因为儿童性情极好模仿，故应注重榜样示范的力量，“务专意

① 朱有瓛主编：《中国近代学制史料》（第二辑下册），华东师范大学出版社 1989 年版，第 749 页。

示以善良之事物，使则效之，孟母三迁即此意也”①。当然，强调留意儿童性情，并不等于放任，而要使其行止仪容归于端正。在保育方法方面，章程制定者特别提出蒙养院的教育方法不同于小学，应就儿童最易通晓之事、最喜好之事物，逐渐启发涵养。

5. 课程是学前教育的重要组成部分，也是我们区别古代与近代学前教育机构的重要标志之一。作为我国近代学前教育的第一个法规制度，《章程》基本上是接受、移植了日本幼稚园的科目名称，教授的科目主要有游戏、歌谣、谈话、手技，并就各种科目的内容、价值及开展等提出了要求，其中在某些课程的具体内容方面也试图作一些本土化调整。

游戏 分为以个体活动为主的随意游戏和以幼儿群体活动为主的同人游戏两种，但要求游戏在促使幼儿心情愉快活泼、身体健康安全的同时，特别强调通过游戏“养成儿童爱众乐群之气习”②。这显然反映了《章程》制定者对于中国传统教育中倾向于群性培养特点的认可。

歌谣 作为蒙养院的教育科目，要待幼儿五六岁“渐有心喜歌唱之际”，可使其学唱一些平和浅易的小诗，诸如古代短歌谣及五言绝句均可。通过颂唱歌谣，不仅可以有助于幼儿耳目喉舌灵活，更能使其心情愉悦并涵养其德性。

谈话 是促进幼儿语言发展的重要科目。《章程》规定：谈话的内容须选择那些容易为幼儿理解，且能引起幼儿兴趣并对其发展有益处的故事或寓言。与幼儿谈话时，注意采取直观教学方法，就幼儿常见的自然物、人造物等指点言之，并重视培养其观察能力。此外，谈话教学过程中，应要求幼儿讲话时声音宏亮、语言连贯流畅并富有逻辑性。

手技 犹如今天的手工，其教学内容既包括教授幼儿利用木片、竹签、豆子、纸张及黏土等材料摆搭、制作成如房屋、碗壶等各种物体的形状，另外还包括让幼儿学会草木花卉的栽种，观察花草自发芽至开花结果的形象变

①② 朱有瓛主编：《中国近代学制史料》（第二辑下册），华东师范大学出版社 1989 年版，第 749 页。

化。手技教学的目的在于“引导幼儿手眼，使之习用于有用之处，为心知意兴开发之资”①。

此外，章程还对蒙养院的房舍、场地、设备及管理等均作了具体规定，体现出政府对于学前教育机构建设中标准化的追求。如要求蒙养院的房舍建造以平房为宜，院中须备有保育室、游戏室及其他必须之室。空间不可过小，如保育室的面积当不可小于每 5 人占地 6 平方尺，庭园面积不可小于每人 6 平方尺；蒙养院中的各种教学器具视经费置办，虽可简朴，但不可全缺；蒙养院设院董 1 人，司事若干。前者须择老成持重、有品行及有耐心者为之。

《奏定蒙养院章程及家庭教育法章程》作为我国近代实施的第一个学前教育法规，对于我国学前教育的发展无疑发挥着重要的作用。然而该章程又是在晚清洋务派的代表人物张之洞主持下制定的，其形式与内容、规范之间又存在着矛盾冲突之处，而这恰恰反映了以主持人张之洞为代表的一大批地主阶级改良派在中西文化冲突中所持的“中体西用”的基本价值取向和矛盾的文化心态。

首先，该章程反映了张之洞等人对于学习西文、西艺、西政的矛盾态度。② 他们一方面承认西方学校教育制度较中国传统学校制度更为良善，因而对学习西方，移植、设立近代学前教育机构持不遗余力的积极态度。在这次他主持制定的学前教育制度和法规中，将蒙养教育视为国民教育的基础的认识，无疑接受了西方教育理念的影响，而强调设置学前教育机构的价值，更是酌采西方幼稚园制度的结果；为了发挥家庭蒙养教育的作用，《章程》还规定可“选取外国家庭教育之书，择其平正简易，与中国妇道妇职不相悖者（若日本下田歌子所著《家政学》之类），广为译书刊布”③。此外，还要求根据幼儿性情特征，设置游戏、歌谣、谈话、手技等教育科目，便是直接

①③ 朱有瓛主编：《中国近代学制史料》（第二辑下册），华东师范大学出版社 1989 年版，第 750、748 页。

② 张之洞著：《劝学篇・序》，中州古籍出版社 1998 年版，第 42 页。

学习外国学前教育制度的产物。但另一方面，张之洞们又对于西方教育制度中可能动摇传统核心价值观的部分避之惟恐不及。如章程中虽然肯定西方幼稚园、保姆讲习科设置的精良，但却以中国国情的特殊等理由对此类具体做法加以改造或否定。如西方幼稚园的教师均为女子师范学校毕业生，师资质量无疑较好，但《章程》的制定者却认为“中国此时情形，若设女学，其间流弊甚多，断不相宜”①。不仅不能设女学，女子也不可多读西书，否则“误学”外国习俗，会导致开启自行择配婚姻、蔑视父母夫婿教导的风气。为此提出权且以育婴堂、敬节堂中的那些少文化甚至文盲的乳媪节妇们作为慈幼院的教师，其幼教质量之低劣那是可以想见的。

其次，该《章程》是张之洞等人“中体西用”思想的产物，而“体”“用”之间的矛盾冲突使得蒙养院难以真正发挥其近代学前教育机构的作用。该章程制定者张百熙、荣庆、张之洞在给朝廷的《重订学堂章程折》中，提出各级各类学校的宗旨是：“以忠孝为本，以中国经史之学为基。俾学生心术壹归于纯正，而后以西学瀹其智识，练其艺能，务期他日成材，各适实用，以仰副国家造就通才、慎防流弊之意。”② 这种宗旨当然也适合蒙养院。《章程》制定者企图以“体”“用”关系来处理两种不同文化的矛盾冲突，导致《章程》中规定的学前教育制度在形式和内容上产生极大反差，有近代学前教育之名，而无近代学前教育之实，蒙养院成了一个非中非西的怪物。从这个意义上讲，章程制定者对于蒙养院的定位，至少在当时情形下并不是视之为近代社会学前教育机构，蒙养院充其量只是家庭保姆的培训处，甚或授予贫妇一些教养知识以利于其将来就业的慈善机构。正因如此，《章程》规定“蒙养家教合一”，认为目前教养儿童仍主要依赖家庭教育，家庭教育实为实行蒙养院教育的重点，蒙养院只是作为家庭教育的补充形式。而对于从事蒙养教育的女子，在知识结构上虽然也要求其掌握某些西学知识，但更多

① 朱有瓛主编：《中国近代学制史料》（第二辑下册），华东师范大学出版社 1989 年版，第 746 页。

② 舒新城编：《中国近代教育史资料》（上册），人民教育出版社 1981 年版，第 195 页。

的是传统知识与观念的学习与把握。

此外，该《章程》许多内容只是简单地移植国外学前教育的制度和做法，而并未作深入思考，特别是其中关于保育教导宗旨与科目、蒙养院设备等方面的规定基本上是对日本1899年制定的《幼稚园保育及设备规程》的简单袭取。

第三节　儿童公育思想的兴起

所谓“儿童公育”，就是“由国家或社会，即公共设立的机关去抚育教养儿童”①。在近代中国，儿童公育问题是与消灭家庭、男女平等、解放妇女等思想紧密联系在一起的。

康有为是我国“儿童公育”思想的首倡者。他在《大同书》中对婚制改革设计了一幅理想蓝图。在“去国”“去种”“去家”的大同世界中，男女婚姻是自由自主的；儿童为社会“公有”“公养”“公教”，他们在育婴院中，由“女保专抚之”，女保“非其子而抚之如子，人类所托命”。②

“五四”新文化运动前后，儿童公育成为中国学术界一个讨论的热门话题。当时人们基于对封建专制家庭罪恶的憎恨，否定家庭存在的合理性，同时也对传统的家庭教育进行反思和批判，主张以社会公育的方式来替代家庭学前教育。

对于儿童公育问题，许多学者从不同的立场和视角出发发表了对于儿童公育的见解。如，1918年，刘半农在《新青年》5卷2号上发表了《南归杂感》一文，文中从解放妇女、使妇女从繁重的育儿家务中摆脱出来的目的出发，主张对中国传统的家自为政的社会结构进行改组，包括在所住的街坊内

① 茅盾著：《评儿童公育问题》，转引自《茅盾全集》（第14卷），人民文学出版社1987年版，第148页。

② 康有为著：《大同书》，辽宁人民出版社1994年版，第316—317页。

开设公共教养所，抚养全街各户5岁以下的幼儿，同时开设幼稚园，教育全街各户5—7岁的儿童。另外，蔡元培、恽代英等都曾对儿童公育问题进行过论述，提出了一系列的见解。

一、康有为的儿童公育思想

康有为（1858—1927），广东南海人，字广厦，号长素，晚清资产阶级改良派的代表人物，戊戌变法的发动者和领导者，最早倡导借助西方经验推行政治改造的改革者之一。作为戊戌变法的领袖，政治革新显然是其终极兴趣所在，然而作为近代一位著名教育家，其又深知无论是新的变法人才的培养，还是变法思想的传播，均离不开教育。在他的一生中，讲学成为了他的主要活动，他早年先在广州创办了万木草堂，后在桂林创办了广仁学堂，晚年在上海创办了天游书院。“融政治宣传于讲学之中是康有为讲学活动的主要特色。”①

萧公权先生认为：“康氏不是一味只关心其本国利益的民族主义者。儒家学说以及外国历史的影响，使他成为一国际主义者，以至于大同主义者。他的‘大同’乃是全人类（包括中国人在内）的终极目标。”② 康有为具有强烈乌托邦色彩的“大同”思想，早在其写作的《礼运注》中便已略有体现，到了《大同书》的写作时，便是将这种理想系统化了。

康有为一生写下了许多在当时和以后都极有影响的著作。他在万木草堂

① 金林祥主编：《中国教育思想史》（第3卷），华东师范大学出版社1995年版，第95页。

② ［美］萧公权著，汪荣祖译：《近代中国与新世界：康有为变法与大同思想研究》，江苏人民出版社1997年版，第531页。

讲学期间所完成的《新学伪经考》和《孔子改制考》为维新变法奠定了理论基础，而他在流亡国外期间完成的《大同书》，表达了其教育理想，使其成为我国近代儿童公育思想的最早倡导者之一。

（一）《大同书》与公共教育体系的规划

康有为是一位极为关注社会实际事务的政治家，但同时又是一位超脱现实、“神驰”于充满想象的乌托邦世界的思想家。

“大同”社会是中国传统文化中对理想社会的最早构想，《礼记·礼运》中说：“大道之行也，天下为公。选贤与能，讲信修睦。故人不独亲其亲，不独子其子，使老有所终，壮有所用，幼有所长。矜寡孤独废疾者皆有所养。”1884年，康有为借对《礼运》作注提出了“人人教养于公产而不恃私产”的社会公育的理想主张。1901—1902年流亡国外期间，康有为完成了《大同书》的写作。该书是康氏设计的一个理想社会的蓝图。该书计30卷，分为《入世界观众苦》《去国界合大地》《去级界平民族》等10个部分。在《大同书》中，康有为极富想象力且大胆设计了一个没有阶级、没有家庭、财产公有、男女平等、天下太平、世界极乐的理想社会。

康有为认为，家庭是社会一切罪恶的根源，强制性地让意见不一的一家人住在一起，本身便有违自由平等的原则。同时，“有家必有私”，有家则人性不能善，人体不能健，人格不能齐，还会产生私狭、奸诈、贪盗等恶行，同时也无从将私产变公产，影响社会福利的扩大，阻碍太平社会的建立。为此他主张“去家界为天民”，即消灭家庭，解除封建伦常对人们的束缚，只有这样才能使人得到自由平等，人人成为大同世界的公民，才能实现天下为公、太平大同。

康有为为大同社会设计的公共教育体系，体现了两个鲜明特点：一是公共性，二是完备性。

所谓公共性，是指在大同社会中，既然家庭已被消灭，则人的婚姻、生育、教养、医疗、养老、送终诸事，自然当由公立政府办理。同样，父母对于子女也不再有教养之责，儿童的教育完全应由公立政府通过设立公共教育机构来完成，即实行儿童公育。

所谓完备性，包括两层含义：一是指康有为设计的公共教育体系完备，包括学前教育和学校教育两个部分。二是指各教育机构设施完备。就学校教育体系而言，康有为在《大同书》中以小学院、中学院、大学院为学校教育机构。小学院招收 6—10 岁的离开育婴院的儿童，不过也可随着人脑的进一步开发提前至 5—9 岁。中学院的学习者为小学院毕业后的 11—15 岁的学龄儿童。进入大学院学习的学生是 15—20 岁的青年人。

无论是小学院还是中学院，由于学校的学生年幼易受外界影响，故这些学校在院址选择上都应注重环境对人发展的影响。从区域选择来看，康有为认为“当太平之世，地地相等，无有都会、乡邑之殊，但以择善地为养生之宜耳”①。学校应多设于温带、近海之处，而过冷的寒带、过热的热带均不宜设学；就具体的学校周边自然环境而言，学校应远离市场、戏馆、酒楼、车场、作厂等喧闹之所和坟地等污秽之地。学校内部的环境也极为讲究，以适宜人的发展为标准，如小学院的教室要宽敞、明亮、通风，多植花木、水草。

大同社会学校机构的内部设施均极为完备，小学院设有锻炼身体的体操场、游步场，各种适合儿童玩耍的“秋千、跳木、沿竿无不具备”②；在知识教育方面，除文字教育外，学校中还设有金工、木工、范器、筑场等既合于儿童嬉戏之情、又能收工艺学习之效的内容。中学院设有食堂、藏书楼、体育场、游步园、操舟渚等，此外还设置了诸多与农、工、商、矿等相关的实验室。

各级学校的教育目标和教育内容的确立，应与儿童的身心发展规律相一致。如小学院“专以养体为主，而开智次之”，因而其功课应少，而游玩可

①② 康有为著：《大同书》，中州古籍出版社 1998 年版，第 337、256 页。

多；中学院的学生虽然知识日开，但“脑气未充，身体尚弱，不能专事于智思”①，故养体开智外，又以育德为重，三方面均应有节有度。大学院是培养专业人才的机构，“此时之学，于育德强体之后，专以开智为主，人人各从其志，各认专门之学以就专科之师”②。当然，体操、德性也不可忽视。

建立公共教育体系，是康有为心中一个永远的梦想和追求。在维新变法时期他为晚清帝国设计的教育系统中，便对德国等发达的资本主义国家实行的免费的义务教育非常推崇。在大同社会的教育体系中，无论是学前教育机构还是学校教育系统，所有儿童均享有平等的受教育机会，体现出大同社会的学校作为公共产品的特性。

（二）学前教育机构的理想架构

康有为在《大同书》中设计的学前教育机构，是整个公共教育体系的重要组成部分，也是其教育体系建构中最富有浪漫色彩的部分。它由人本院、慈幼院、育婴院组成，或者将慈幼院并入育婴院，由人本院、育婴院构成整个学前教育机构。

1. 人本院

人本院是公共机关对所有孕妇实行胎教的场所。胎教的价值和意义自古以来便被一些思想家、教育家所关注。康有为同样认为：“生人之本，皆在胚胎，人道之始，万化之原也。”胎教的质量如何，直接关系着人一生教育的成效，同时，也关系着人类人种改良的大计。因而，对于人本院的胎教工作必须慎之又慎。

为了实施胎教，康有为对专为孕妇设立的人本院的环境、建筑、设备、医疗、卫生、保健、教育、服务等方面提出了40多条要求。他十分强调外感影响的作用，认为人脑“一有所感于外物，终生受之而不忘，遇事逢时，萌芽发扬”③。同时他指出“胎孕多感地气”④，把一个人的面相、性格、肤色以及人口出生的多寡都归之于受不同地区、不等地势以及不同气候的外界

①②③④ 康有为著：《大同书》，中州古籍出版社1998年版，第258、260、238、239页。

环境影响而产生的结果。他认为山谷崎岖深阻之地，生人多瘿瘤突额，性情褊狭；热带黑人不仅其貌不扬，黑面银牙、尖腮斜面、脑后颐前，且皮肤黑黄，汗出太多聪明亦减。因此他主张胎教之地一定要选择温冷带间、平原广野、水泉环绕之地。康有为能够注意到环境对胎教的影响，应当说是有积极意义的，但他过分强调地理环境的作用，并有种族歧视之意，这是不可取的。

为了保障胎教的正确实施，康有为还要求孕妇入院后，一切衣食住行都应由医生安排、照顾，有专门的女傅为其讲课，使孕妇学习“人类公理”“育儿之法”等知识，还要为孕妇选取所看之画、所读之书，注意交往之人，使乐音不绝于耳。总之，一切以能使胎儿得到良好的生长发育为前提。

此外，康有为认为人本院应给孕妇极大的尊重，这不仅是因为妇女乃“代天生人，为公产人”，担负着繁衍人类后代的重任，而且在此过程中还承受着极大的生育的痛苦，公立政府应该尊崇之、敬养之。他提出孕妇每生一胎，政府都应该奖给“宝星”，以鼓励天下的育龄妇女将为天生之、为公尽职视为神圣光荣的事。

2. 育婴院

凡婴儿出生之后，满 6 个月即断奶，产母离开人本院，婴儿则被送到育婴院养育。满 3 岁后，移入慈幼院或怀幼院教养，如不设慈幼院，则仍在育婴院接受教育，直到 6 岁入学为止。这样就免去了母亲生育孩子后怀抱与抚育孩子的责任，一律由公立政府另请专人负责养育。

康有为认为幼儿有着极大的可塑性，长大后则较难改变。为此，他非常重视婴幼儿阶段的教育。为了保证幼儿教育能够有效地开展，他提出了诸多建议。

首先，对工作人员的任用提出了具体要求，拟订了分工和奖惩制度。如选择德性慈祥、身体强健、资禀敏惠的女子做“女保”。规定 2 岁以下的幼儿每位女保专抚 1 人，2 岁以上的幼儿则可以每位女保看护 2—3 人。由于女保负有代母之任，有大公德于公众，应以殊荣异礼对待她们。女保以 2 年满任，在其满任后可视其表现赠以“仁人慈保宝星”，“宝星”愈多则愈光荣。

其次，对院址的选定和院舍的布置作了规定。在规定中，他特别强调

"不得在山谷狭隘倾压、粗石荦确、水土旱湿之地"，更不能靠近市场、戏院、坟地、工厂、车场等喧嚣、污秽之处。同时要求院内应楼房少、草地多，清爽通风，多植花木，多畜鱼鸟。

第三，对教育目标、教育内容也做了明确规定。他把"养儿体、乐儿魂、开儿知识"作为教育目标。教育内容则有语言、歌曲、常识、手工等，尤其重视手工制作对日后谋生或从事管理工作的作用。

此外，他还非常重视婴幼儿的保健工作，规定早晚由医生巡视两遍，穿衣、饮食、游戏都要适度。小儿有病，则每日诊视 3 次，重者则特殊护理。

康有为虽然并不是一位专门的学前教育理论家，但他在中国学前教育史上的地位却不可忽视。他极富想象力地提出了一整套儿童公育思想，设想了从胎教到幼教的完整的学前公共教育体系。他的理想虽然在当时的中国社会只是不可能实现的空想，却反映了新兴资产阶级的要求，吸取了西方资产阶级教育思想的某些合理因素，对我国近代儿童公育思想的发展以及学前教育机构的产生都起到了促进作用。

二、蔡元培的儿童公育思想

蔡元培（1868—1940），浙江绍兴府山阴县人，字鹤卿，后改字仲申，号孑民，我国 20 世纪上半叶著名的革命民主主义者和杰出的教育家。

蔡元培早年接受中国传统文化浸润，25 岁时便高中进士，得授职翰林院编修。不久甲午战争爆发，中国战败，清政府签订了丧权辱国的《中日马关条约》，举国为之震动，这对当时在科举仕途上一帆风顺的蔡元培是一个极大的刺激。自此开始，他广泛涉猎各种"新学"，留心变法时论。戊戌变法失败后，他对清政府已彻底失望，为此毅然辞去编修之职，回到故乡绍兴担任中西学堂的监督，后到上海先后担任澄衷学堂校长、南洋公学经济特科班总教习、爱国女学的总理等职。与此同时，蔡元培在思想与行动上也走上了反清革命的道路，曾任光复会会长、同盟会上海分会负责人。

1907年5月，41岁的蔡元培自费赴德国留学，入莱比锡大学听课和研究，涉猎心理学、美学、哲学等学科。武昌起义后，蔡元培回国，中华民国临时政府成立后，就任教育部第一任教育总长，主持制定了一系列教育政策、法规，奠定了民国教育的基础。不久，他因对袁世凯专权不满，辞去总长一职，再次远赴欧洲学习，先后留学德国、法国。1917年1月，他受邀就任北京大学校长，对北京大学进行全面改革，使北大从一所晚清的旧式老爷学堂一变而为声名卓尔的近代新型大学。南京国民政府成立后，蔡元培曾就任大学院院长、中央研究院院长等职。

蔡元培认为教育是一种专门事业，教育者需要接受专业训练，因而不是任何人都能够担负起教育儿童的工作。从这个意义上讲，当下的家长并不了解儿童的性情与成人不同，因而不可能真正完成教育下一代的任务，故“我从不信家庭有完美教育的可能性，家庭教育的成效如何实值得怀疑”①。

蔡元培认为，当时的家长不仅没有教育儿童的知识，而且也没有时间和耐心去教育儿童。做父亲的要出外做工，每日没有多少时间与子女在一起；做母亲的每天忙于操持家务，同样没有时间关心孩子的教育，“所以有钱的就把子女交给没有受过教育的仆婢，统统引诱坏了。没有钱的就听任子女在家里胡闹，或在街上乱跑”②。

① 高平叔编：《蔡元培全集》（第4卷），中华书局1984年版，第211页。
② 高平叔编：《蔡元培全集》（第3卷），中华书局1984年版，第263页。

蔡元培不仅认为家庭中父母没有能力和时间教育子女，而且还认为当时的家庭环境也不利于孩子的成长。中国家庭关系非常复杂，家中成年人碰到一起不是谈论家长里短，便是相打相骂，完全失去了做孩子榜样的资格，更何况家中成人谈论的一些话题、阅读的书刊有许多并不适合孩子。

既然家庭不能担当教育儿童的责任，蔡元培认为解决的办法便是建立公立儿童教育机构，实行儿童公育。为此，蔡元培设计了一个儿童公育系统，其中，公立学前教育机构系统由胎教院、乳儿院（后又称为育婴院）、蒙养院（后改称为幼稚园）三部分组成。

胎教院是给孕妇住的。它设在风景佳胜处，其中的饮食、器具、环境等均有益于孕妇的身体与精神的健康。蔡元培还以一位美学家的想象，描绘着胎教院中优美环境的设计："建筑的形式要匀称，要玲珑，用本地旧派，略参希腊或文艺中兴时代的气味……四面都是庭园，有广场，可以散步，可以作轻便的运动，可以赏月观星"①。

婴儿出生之后，母子一同进入乳儿院（育婴院）。育婴院的建筑与胎教院大略相同。院内布置按照美学进行设计，同时要求"院内成人的言语与动作，都要有适当的音调态度，可以作儿童的模范。就是衣饰，也要有一种优美的表示"②。

幼儿1岁断乳之后，其母亲便可回家从事其职业，幼儿则进入蒙养院（幼稚园）接受教育。

蔡元培对于儿童公育机构系统的设计虽然不甚严谨③，但一方面继承和发展了康有为的儿童公育理想，另一方面也体现了他对于平等教育的民主追求。

---

①② 高平叔编：《蔡元培全集》（第4卷），中华书局1984年版，第211、212页。

③ 蔡元培1919年3月在北京青年会所作的演说《贫儿院与贫儿教育的关系》与1922年6月发表的《美育实施的方法》中对于儿童公育机构的具体设计并不完全一致。

三、恽代英的儿童公育思想

恽代英（1895—1931），祖籍江苏武进，生于湖北武昌。中国共产党的早期领导人之一，杰出的革命教育家、青年运动的著名领导人。

1918 年，恽代英毕业于中华大学哲学门，留校担任附中主任，他努力整顿学务，进行教育革新。1920 年，恽代英和肖楚女等发起组织“中国社会主义青年团”。1921 年冬，恽代英加入中国共产党。第一次国内革命战争失败后，参加“八一”南昌起义，担任指挥起义的前敌委员。1931 年 4 月 29 日，恽代英在南京国民党政府中央军人监狱慷慨就义，年仅 36 岁。

恽代英的教育思想与当时反帝反封建的民族民主革命任务紧密相联。在学前教育方面，他以马克思主义唯物史观为指导，在《中华教育界》《解放与改造》《妇女杂志》《青年进步》等刊物上发表了《理想之儿童俱乐部》《家庭教育论》《儿童公育在教育上的价值》《驳杨效春君非儿童公育》等论文，并翻译了一些国外论述儿童教育的文章，如《儿童问题之解决》《儿童游戏时间之教育》《婴儿之体操》《户外活动》等。他坚信教育是改造社会的有力工具，倡导儿童公育。

继康有为、蔡元培等人倡导“消灭家庭、实行儿童公育”之后，恽代英也主张实行儿童公育。恽代英在《中华教育界》上发表《儿童公育在教育上的价值》一文，他明确指出，儿童公育是历史发展的必然。他从唯物史观出发，认为随着社会的发展、经济状况的变迁，旧社会必然崩溃，“私产、家庭、国事，都失去了他时代的价值”①。代之而起的将是与新社会相适应的

① 中国学前教育史编写组编：《中国学前教育史资料选》，人民教育出版社 1989 年版，第 121 页。

“打破私产，自由恋爱，儿童公育”①。

（一）进行儿童公育的理由

1. 儿童公育关系到世界的改造和国家的前途

恽代英认为，“教育是改造世界的唯一有力工具……儿童公育对于世界的改造，有很重大的效力”②，因为“真正到了社会主义的世界，人类一方面固然要建设许多理想的事业，一方面亦要减少许多不经济的消耗”③。而“公共育儿所”和“公共食堂”则是解决不经济消耗的必要措施。所以，儿童公育对于改造旧社会、建设新社会是必不可少的。

恽代英在《理想之儿童俱乐部》一文中，还强调了儿童教育与国家前途的重大关系。他说：“儿童乃国家、社会将来托命之人物，苟彼等尽为恶势力所吞啖，则将来之国家社会必尽为恶势力所占据，即将来之国家社会绝对无可托命之人。如此，吾国之前途将有较今日更悲惨无望之一日。爱国家与社会者，顾不可不发大心立大愿，以拯救此一般儿童乎。”④ 可见，恽代英是从改造旧世界，从国家的前途、命运的高度来论述儿童公育的必要性的。这一深刻的见解，不仅在当时起了很大作用，而且对今天我们认识早期教育的重要性，增强搞好学前教育的责任感和事业心也是有帮助的。

2. 儿童公育关系到人的全面发展

恽代英认为，对人的教育，不应当以法律上的学龄为起点，必须从结胎堕地开始，而不是从六七岁或二三岁开始：因为“人类的本能，多在幼稚的时候逐渐发达，在这个时候，若无合当的指导，易因彼此仿效，发达于错误的方面……若能于他本能初萌芽的时候予以适当的引导，不难信他们都可成

①②③ 中国学前教育史编写组编：《中国学前教育史资料选》，人民教育出版社 1989 年版，第 122、122、131 页。

④《青年进步》第 16 期，1918 年 10 月号。

为善人。所以谈改良人类、改良社会，没有比幼稚教育更要紧”①。他指出幼稚时期的教育是人的圆满发达最重要的事。他说：“儿童在他初生娘胎的时候，无所谓性善性恶，能善导他的本能，使他本能发达于个人及社会有益的方面，那便成为善。不善导他的本能，以致他本能发达于个人及社会有害的方面，那便成为恶。”②这就指出了学前教育在品德形成上的重要作用。

在智育方面，恽代英指出，人类求知欲在学龄前早已发达，此时若有受过训练的教师的指导，有必要的设备，并通过游戏、猎寻、模仿、搜集等方式，引导他们学习正确的知识和正确的技能，他们就能聪颖起来，为日后的学校教育打好根基。但一般人对此缺乏认识，为此他感叹道：“普通的人，每每把儿童这个正好求学的时机，任意虚掷了，这中间实在减少了很大人类的造就。”③

恽代英对幼儿的体育和美育也很重视。他指出：“强健与优美原是人类的共同蕲求”④，但如果在幼稚期得不到有知识、有能力的人给予指导和训练，没有良好的环境，那就会“养成荏弱冗阘的习气”⑤，不利于儿童的发展。

为了使儿童在德、智、体、美诸方面都能得到很好的发展，恽代英认为最有效的途径，莫过于实行儿童公育。惟有实行儿童公育，才能使每一个儿童受到充分和良好的教育，身心得到全面的发展。

（二）儿童公育的优越性

恽代英认为，当时的家庭和幼稚园都不能很好地担负起教育儿童的重任。与家庭教育和幼稚园教育相比，儿童公育具有明显的优越性。

1. 使教育得到普及

恽代英认为，在私有制社会中，劳动人民的子女是得不到家庭教育的，因为在劳苦大众的家庭里，大人既无时间也无能力教育子女，同时幼童也都要做工，没有可能受教育。他抨击这种穷人子女被排斥于教育之外的现象，

①②③④⑤ 中国学前教育史编写组编：《中国学前教育史资料选》，人民教育出版社1989年版，第124、124、125、125、125页。

说："在这种高谈民治的世界，却偏有无量的儿童，因他父母的没有钱便硬剥夺了受合当教育的权利，这岂说得过去?"① 因此，他要求必须对所有儿童实行社会公育，指出只有实施儿童公育，才能求得教育的真正普及。

2. 教师能科学地教育儿童

恽代英指出，教育下一代需要多方面的知识，只有具备生物学、社会学、生理学、心理学各种理论，才能使婴幼儿生理上得到合度圆满的发达，心理上得到合度圆满的发展，以适应现代复杂的生活，且有能力改造世界到合度的理想地步。但每个父母要掌握这些知识用于教育子女，事实上是办不到的。而儿童公育机构的教师受过专门的训练，掌握了有关的知识技能，有教育能力，有"爱感"，而且"负责任，勤慎精细，得社会信任"，"有彻底的觉悟，合度的修养"②，因而也就能胜任并愉快地担负起教育儿童的任务。

3. 儿童公育机构是理想的教育园地

恽代英指出，在私有制社会中，许多人的家庭都卑湫狭隘，室外繁稠拥挤。穷人的子女，固然是居于愚昧无知的家庭中，即便是富人的子女，"亦只生长于板壁柱头之间"，无适当的玩具、设备。而专门设立的公育机关则有完备适宜的教育场所和设备、玩具、教具，且能使孩子生活在集体中，与小伙伴朝夕相处，并在专业教师指导下，逐渐了解群己关系，"习于相处之道"，这样就可以使他们将来很快适应社会生活。

4. 幼稚园也不能完全承担教育儿童的任务

恽代英不仅认为，当时的家庭不能承担幼儿教育的重任，身为专门教育机构的幼稚园也不能完全满足儿童教育的要求。他列举德国、荷兰、瑞士不将幼稚园列入学校系统，学前教育不受义务教育法律保护，因而不能普及，以及英国、法国虽然将幼稚园列入学制受法律保护，但入园年龄规定在二三岁或三四岁，均为时太晚的事实，说明只依靠幼稚园还不能完全解决教育儿童的问题。他认为只有实行儿童公育，才能使儿童受到理想的教育。他说：

①② 中国学前教育史编写组编：《中同学前教育史资料选》，人民教育出版社 1989 年版，第 127、134 页。

“真信幼稚教育的可能，真信幼稚教育的重要，只有促进儿童公育；使每个儿童在他下地以后，便在合宜的场所中，合宜的指导人下面，受教育的训练，才是最根本的教育，亦是最经济的教育。”①

恽代英还指出私有制和阶级的存在是旧中国家庭教育和幼稚园教育一切弊病的根源，必须彻底根除之。他认为如果世界不彻底改造，就谈不上什么理想的儿童公育。同时，他告诉人们不能坐等儿童公育的实现，应先争取部分儿童公育，即由共同生活的小团体开始，去求儿童公育的逐步实现。为此，他设想建立“理想的儿童俱乐部”，供儿童共同游戏、活动、学习，使儿童健康发展。他认为，如果这种“一部分的儿童公育，果然试验得一个理想的成功，那他的成绩便是一种广告，他的出品将是人类中最优秀、最健全的分子”②。这样便可逐步推广，最终实现儿童公育的理想。

（三）儿童公育未能实施之前应当重视儿童的家庭教育

恽代英虽然认为家庭不能胜任儿童教育的任务，但他认为家庭在儿童教育中的地位还是很重要的，尤其在儿童公育未能实施之前更是如此。他是中国现代家庭教育的最早倡导者之一。

恽代英指出家庭教育是一门科学、一种学术。早期家庭教育尤为重要。良好的幼儿家庭教育是学校教育的“根基”，因为此时幼儿很少受社会恶习熏染，教育容易成功。家庭教育还关系到千家万户的幸福和国家的前途，“小言之，关系到其子之善，大言之，可使国家产较良之国民”③。为此，他强调研究家庭教育理论十分必要，甚至认为“舍研究此项理论方法，无他道矣”④。同时，他对家庭教育进行了深入的研究和探讨，对改造旧式家庭教育提出了许多改革设想。

1. 家庭教育的任务和内容

早在1916年，恽代英在《家庭教育论》中，就明确指出不能把家庭教

①② 中国学前教育史编写组编：《中国学前教育史资料选》，人民教育出版社1989年版，第126、136页。

③④ 恽代英：《家庭教育论》，载《妇女时报》1916年11月第20号。

育片面地认为仅仅是教孩子读书识字或以圣贤为榜样学做明理之人。他认为，“所谓家庭教育也，教育者之各种方法使儿童身（体育）、心（智育）、性（德育）各方面均完全发达”①，主张在家庭中应向孩子进行体、智、德全面发展的教育，反对顾此失彼，强调不可畸轻畸重。

（1）家庭体育

恽代英认为：“强健之心，宿于强健之身。无强健之身，而求其强健之心，不亦难乎。”② 为此，在家庭中应使小儿自幼习惯于运动，“活动为教育上最要之条件，而身体之活动尤要”③。同时，他指出“吾国为父母者，多不知体育为何事”，有的父母误认为体育活动既伤神又费力，殊不知身体活动与大脑活动密切相关，资质愚钝者，往往也不爱活动，“而天分高明者，则多腾跃不羁也”。④他还指出，身体羸弱的儿童，大多是因为父母禁止孩子活动的结果，这样既束缚了孩子的身体，也束缚了孩子的心灵。身体既不好，心智也不发达。因此，他积极提倡家庭体育，要求从襁褓时开始，就让小儿在床上、地上“自爬自动”，以活动其筋骨，增强其对疾病之抵抗力，促进其尽早发育，并认为婴幼儿体育应以体操和户外活动为主。他主张让孩子适当地过一些户外生活，在户外睡眠、露宿，而不要将孩子放在“温室”内。他还认为家庭体育应包括为孩子从小建立合理的生活作息制度，定时饮食起居，使之自幼“习于秩序的生活”。恽代英坚决反对父母经常抽烟、喝酒、打牌等，认为这会“暗损”儿童的身心。

（2）家庭智育

恽代英主张母亲怀胎后，应及时施行胎教，以“正本清源”。胎儿堕地后即应进行感官教育。他说：“小儿犹有最需要之教育，即感官教育也。此教育自堕地已为必要。”⑤

① 恽代英译：《儿童游戏时间之教育》，载《妇女杂志》1917 年 9 月 3 卷 9 期。
② 恽代英译：《美国元老院议员之健康》，载《东方杂志》1917 年 6 月 15 日 14 卷 6 号。
③④《恽代英日记》，中共中央党校出版社 1981 年版，第 494、476 页。
⑤ 恽代英：《家庭教育论》，载《妇女时报》1917 年 4 月第 20 号。

他认为感官教育不仅将影响孩子今后智力的“锐钝”，而且如缺乏对五官的训练，还会造成近视、口吃、驼背等不良后果。他还特别重视对幼儿进行科学常识的启蒙教育。他指出“儿童对于自然科学，有特别之趋向，而有研究之嗜好与性能”①，且自然科学“最易运用”，故其启蒙教育应当尽早进行。同时，他也提倡让幼儿学习一点简单的历史、地理、生活等常识。在方法上，他认为智育可结合日常生活进行，采用生动活泼、孩子喜闻乐见的诗歌、谜语、歌谣等形式，这样就可以“鼓励儿童为学之心，激起其学之兴趣”②，充分调动孩子学习的积极性和满足孩子的求知欲望。他指出，幼儿虽然不具有接受以学习书本知识为主的学校教育的条件，不宜“用书籍传授”，但孩子从小具有强烈的求知欲，父母应抓住这个时机发展幼儿的智力。他还提倡父母用游戏的方式教孩子识字，要求在教孩子识字时应该加入引起兴趣的元素，使孩子不感到疲劳。同时，每日学习时间要适当，如两三岁孩子每日学两次，总计半小时即可；三四岁孩子每日学习以一小时为限。总之，必须使孩子以读书为乐事，“不可责教过速，使彼者有不能胜之感，如此，则虽读书亦有损无益”③。

（3）家庭德育

恽代英十分重视父母的道德行为对子女的影响。他认为“没有好环境，不能有好教育”④。他强调“以身作则为最重要而亦最易有效”的教育方法，要求父母必须“自修其身，务使其不至于为儿童进德之妨碍”⑤。恽代英对父母的道德行为提出了四项基本要求：第一，须自备有秩序的习惯。因为父母若举止无常，就会使小儿不知从舍之标准，甚至作伪矫饰。只有生活紧张而有秩序，久而久之才会使小儿形成有秩序的生活习惯。第二，须自备有勤俭的习惯。他认为“勤则无耗时，俭则无耗财”，勤俭是人生必要的美德。做父母的能勤俭，才可避免幼儿养成奢侈之习。第三，须自备有好善之习

①②⑤ 恽代英：《家庭教育论》，载《妇女时报》1917年4月第21号。

③ 恽代英：《儿童读书年龄之研究》，载《妇女杂志》（上海）1918年第4卷第3号。

④ 恽代英：《答刘仁静信》，载《少年中国》1921年3月15日第2卷第9期。

惯。因为要使儿童有善良之美德，必须启发他们有善良的愿望，这就要求父母能以身作则，做出好善的榜样。第四，须自备有清洁之习惯。整齐清洁影响着孩子的生长发育和道德品质的形成，故父母必须注意经常保持家庭环境的整齐清洁，以使子女在潜移默化中逐渐养成整洁的习惯。不然，“小儿必无清洁之望”，也难以有整洁之美德。恽代英认为，父母只有具备了以上“习惯”，才能肩负起家庭教育的重任。

2. 家庭教育的方式和原则

恽代英主张在家庭中应多通过游戏的方式对儿童进行教育。他指出，“游戏乃小儿天然生机，不可遏除”，儿童“如无游戏，即无教育”，故应“使小儿于游戏中得教育”①。1917 年，恽代英译介《儿童游戏时间之教育》一文，向国内读者详细介绍了西方教育家利用游戏的情况，同时进一步强调了游戏在儿童教育中的意义。他指出：“游戏为小儿各种发达之原动力，若禁遏之，严阻之，不使出此，是无异灭尽小儿一切发达之基础，长使之为麻木不仁之人耳。”② 为此，他积极倡导家庭游戏，并要求父母有目的地和孩子一起游戏，为孩子慎选玩具，提供“玩品”、“玩物”、游戏材料，创造有教育意义的游戏内容。这样不仅可以了解和教育孩子，也可以使父母“舒畅精神”，增加“家庭天真之欢乐”。恽代英提出了以下家庭教育的原则。

（1）潜移默化

恽代英认为，“潜移默化四字，在教育中为最上之法门，而家庭教育尤以此为主要之手段”。对孩子进行教育，“不必耳提面命，夏楚横施，全在以潜移默化为蒙养唯一之手段”③。

（2）晓之以理，动之以情

恽代英主张教育儿童应“从理论上告之此等习惯之利益，使之心悦而诚

---

① 恽代英：《家庭教育论》，载《妇女时报》1917 年 4 月第 21 号。
② 恽代英：《自然之母教》，载《妇女杂志》（上海）1916 年 7 月 5 日第 2 卷第 7 号。
③ 恽代英：《家庭教育论》，载《妇女时报》1916 年 11 月第 20 号。

服”①。因为“信而后能从”，只有晓之以理，使之心悦诚服，儿童才会自觉地接受大人提出的要求。同时，他认为教育儿童不但应晓之以理，还应动之以情。如当儿童有了过失时，要使儿童改正过失，正确的做法就应当是用真诚的态度去感动他，而不是惩罚他。惩罚容易使儿童隐匿过失。

(3) 严而有格，扬长补短

父母必须严格要求子女，对子女提出的行为标准既要合情合理，又应要求其做到“令则必行，禁则必止”②，不可视命令如儿戏。同时父母应了解儿童的个性差异，在教育工作中注意扬长补短。如能“就其特长而助之发展，则易于成德，就其特短而为之补救，则不致败行”③，并可避免陷入“不胜防范”的窘境。

(4) 任其自由，合宜指导

恽代英认为，父母在教育子女时应“任其自由而立子背后，以合当之指导”，兼顾这两方面，可以说是家庭教育之“金科玉律”。④否则，不但达不到教育的目的，反而会引起孩子的厌恶情绪。

(5) 适当暗示，积极防范

幼儿对父母情感上的暗示比较敏感。当孩子做了好事或改正错误时，应给予肯定。如当其改正了说谎的毛病时，“宜示以欣喜逾量之情，绝不宜视其为不诚实，或视为不足轻重而置之”⑤。若他做了不该做的事，则应予以否定。当孩子遇到困难欲退却时，父母可以期待的目光、鼓励的神态，给孩子以无形的力量，使其增强信心。此外，父母要注意了解孩子在外所受的影响，积极“防范”，不要等沾染上了恶习才去查找原因。应注意观察孩子交往的师与友，“熟察之，而监督之”，务使良善者多，不良善者少。

恽代英认为，在教育孩子的过程中，往往有成功的经验，也有失败的教训，做父母的应经常反省、善于总结，这样才能不断改进家庭教育，使孩子

---

①②④ 恽代英：《儿童问题之解决》，载《妇女杂志》(上海) 1918年第4卷第3号。

③ 恽代英：《家庭教育论》，载《妇女时报》1916年11月第20号。

⑤ 恽代英：《儿童问题之解决》，载《妇女杂志》(上海) 1918年第4卷第4号。

在良好的家庭教育条件下，身心得到和谐的发展。

恽代英作为无产阶级杰出的革命家，第一次以唯物史观论述了儿童公育的重要性和实施途径，指出儿童公育是社会发展的必然趋势，社会革命是实现儿童公育的必要前提；同时，有力地抨击了旧家庭教育和当时幼稚园教育的种种弊病，提出了逐步实行儿童公育的设想和革新家庭教育的一系列主张，为中国学前教育思想增添了新的内容。

思考与练习

1. 西方学前教育思想的传播对我国近代学前教育思想的发展有何影响？

2. 试论《奏定蒙养院章程及家庭教育法章程》对我国近代学前教育发展的影响。

3. 试论儿童公育思想的价值和意义。

拓展性阅读导航

1. 张之洞著：《劝学篇》（李忠兴评注），中州古籍出版社 1998 年版。

全书分为内篇和外篇两部分。内篇包括同心、教忠、明纲、知类、宗经等 9 篇，“内篇务本，以正人心”；外篇包括益智、游学、设学、学制等 15 篇，“外篇务通，以开风气”。全书主旨在于阐述“中体西用”的洋务教育纲领。

2. 康有为著：《大同书》（李似珍评注），中州古籍出版社 1998 年版。

全书分为去国界合大地、去级界平民族、去种界同人类、去形界保独立、去家界为天民等 10 个部分，以今文经学的公羊三世说和《礼记·礼运》中的“大同”思想为基础，结合欧洲空想社会主义、资产阶级民主思想等，设计出一个无阶级、无家族、人人平等的大同社会。

3. 高平叔编：《蔡元培教育论著选》，人民教育出版社 1991 年版。

全书按写作或发表时间先后编次，共收录蔡元培 1912—1939 年的教育论文 280 余篇。所选论著全面反映了蔡元培的教育思想，记录了他为改革和发展中国教育事业、创建新的教育体制所做出的重大贡献。

4. 李楚材编著：《帝国主义侵华教育史资料——教会教育》，教育科学出版社1987年版。

全书按照时间顺序，将近代以来在华教会教育的有关史料进行整理，分教会教育的目的、要求，教会学校的规章、制度，教会学校的课程、教材、教法，传教士及有关人士对教育问题的言论等八大类汇编而成。

第三章

现代学前教育思想

内容提要

1919年爆发的“五四”运动，标志着中国近代历史从旧民主主义革命转变为新民主主义革命。“五四”时期，文化教育领域兴起了一场反封建的文化革命，即新文化运动。这一思想解放运动给教育的发展带来了深刻的影响，在教育领域内掀起了一场空前广泛的批判传统封建教育，宣传、介绍西方教育理论学说与马克思主义教育观点的热潮，并初步形成了一支教育探索和改革的基本队伍，从而使各种教育思潮和教育运动得以产生和发展。在此背景下，我国的现代学前教育，因为有了新的借鉴，也从过去的主要学习日本转向主要学习欧美，并在探索和实践中总结了自己的经验，奠定了学前教育中国化和科学化的良好基础。

学习目标

1. 了解实用主义教育理论、马克思主义教育学说等对我国现代学前教育发展的影响。

2. 理解中国社会经济变革的实际需要与各种教育思想发展的交互作用。

3. 掌握张雪门、陶行知、陈鹤琴、张宗麟等人关于学前教育的主要思想观点。

关键词

实用主义 行为课程 生活教育 活教育 社会化的幼稚园课程

第一节 现代社会教育背景概述

辛亥革命的胜利，没有根本改变中国的半殖民地半封建社会的性质。1919年爆发的“五四”运动，标志着中国近代历史从旧民主主义革命转变为新民主主义革命。这一时期，由于中国资本主义工商业的发展对教育提出了新的要求，在由文学革命引发的思想解放浪潮下，教育领域也掀起了改革传统封建教育，积极学习、引进西方教育的热潮。

一、“五四”新文化运动的兴起

辛亥革命后，许多学校废除了尊孔仪式和读经，但以袁世凯为首的封建军阀篡夺了革命果实后，在帝国主义和国内大地主大买办的支持下，建立了北洋军阀的统治。为了复辟帝制的需要，军阀政府在文化教育领域提出了一系列恢复封建主义教育的政策。1912年，下令“尊崇伦常”，提倡“孔教”。次年，下令恢复学校祀孔典礼。1915年2月，颁布《特定教育纲要》，规定：“中小学均加读经一科，按照经书及学校程度分别讲读”。“各学校均应崇奉古圣贤以为师法，宜尊孔以端其基，尚孟以致其用”。总之，在“五四”运动之前，封建文化教育思想影响广泛。

1915年，在文化教育领域里兴起了一场反封建的文化革命，即新文化运动。这场运动以激进的民主主义者李大钊、陈独秀等人为代表，以《新青年》为主要阵地，提倡民主和科学，在教育领域里主要表现为对封建教育的形式、内容进行批判，倡导资产阶级的新教育。在“五四”新文化运动的推动下，北洋军阀政府被迫实行了一系列的教育改革，主要有：恢复民国初年的教育宗旨，废除读经科；普及教育，入学人数增加；使用新文化运动中出现的白话文形式的优秀文学作品作为普通教育的国语教材和读物；注重教学方法的研究；等等。除此以外，新文化运动也促进了男女教育平等。

在儿童教育领域，“五四”时期的特点主要表现为反对封建的儿童观，主张尊重和发展儿童的个性。这一思想的主要代表人物是蔡元培、鲁迅等人。他们批判封建教育对儿童的摧残，主张尊重和发展儿童的个性，提出了儿童教育改革的新构想。

其中，蔡元培提出了“发展健全人格，尚自然、展个性”的教育观和儿童美育的构想。1912 年 5 月，蔡元培在《向参议院宣布政见之演说》中，提出教育方针在普通教育领域“应顺应时势，养成共和国民健全之人格”①。养成“健全人格”是蔡元培对于共和国民教育在教育目标上的希冀和定位，是其教育思想的核心，是他一贯主张的民主思想的体现，同时也是他长期以来对于中国传统教育的“工具性”的反思。

“健全人格”的内含是什么呢？简单地说，它包括群性和个性的发展。蔡元培说：“群性与个性的发展，相反而适以相成，是今日完全之人格，亦即新教育的标准也。”② 又说：“此后国家之生存，必须全体国民同时具备此两方面之资格而后可。故此后教育家之任务，在发现一种方法，能使国民内句的个性发达，同时使外延的社会与国家之共同性发达而已矣。”③可见，蔡元培认为教育工作从根本上来讲，就是帮助被教育者发展其能力，养成“健全人格”。

蔡元培认为，中国历史上对教育价值的认识，或定位于造就官吏，或专注于封建道德训育，或以培养大工业的实业人才为目标，但他们均漠视受教育者自身的发展，有培养“工具”之嫌。在群性与个性之间，中国传统的观念是注意群性而忽视人的个性发展。针对旧教育违反自然、束缚个性的事实，他主张新教育应反其道而行之，应以儿童的个性发展为出发点，让其自由发展，他说：“新教育所以异于旧教育者，有一点焉，即教育者非以吾人

① 高平叔编：《蔡元培全集》（第 2 卷），中华书局 1984 年版，第 164 页。

②③ 高平叔编：《蔡元培全集》（第 3 卷），中华书局 1984 年版，第 261 页。

教育儿童，而吾人受教于儿童之谓也。”① 这便意味着成人或教师要站在儿童的立场，去了解儿童、尊重儿童，不可将自己的意志强加于儿童；也不能不问受教育者的性格之动静、资禀之锐钝，只以一种方法进行教育或只采取强力的手段改变儿童自然的本性而使其屈从自己的需要。相反，新教育要求教育者应该通过科学研究，充分探究儿童身心发展的规律，选择种种适当的方法以帮助儿童发展。总而言之，教育者“与其守成法，毋宁尚自然；与其求划一，毋宁展个性”②。为此，他极为推崇托尔斯泰的自由学校的办学方式，认为它是对卢梭、裴斯泰洛齐、福禄培尔等人自然主义教育思想的实践。在这所学校里，学生没有固定的位置，随心所欲，非常自由。他们可坐在凳子上，也可趴在窗台上，或者跪在地板上；课程也无一定，随学生所愿；教学形式采取问答式。

蔡元培还是我国近现代美育的首倡者。他学习和研究我国古代和西方国家的美学思想史、教育思想史、哲学、伦理学、心理学等，倡导“以美育代宗教”。1922 年，他发表《美育实施的方法》一文，对实施美育的范围和时期、内容和方法作了全面、系统的论述。其中，关于学前儿童美育的实施，他提出以下几点意见。

第一，他主张从家庭教育、学校教育、社会教育三方面实施美育。就学校美育而言，除建筑物和陈设都要合乎美的条件外，应通过开设音乐、图画、运动、文学等美育课程，组织音乐会、展览会、纪念会等各种艺术活动，向学生进行普通美育的教育。此外，学校美育还可包括专门美育，即开设各级音乐学校、戏剧学校、美术学校等，以便把有艺术天赋的学生培养成为专门的艺术人才。社会美育方面，要专设美育机关，如美术馆、剧院、影戏馆、博物馆等，要利用一切建筑物、公园、道路、古迹、景观灯等，经常举办展览会和开展各种艺术活动。家庭美育也是实施美育的重要方面，应创设物质和精神的美育环境，将美育寓于家庭生活之中。

---

①② 高平叔编：《蔡元培全集》（第 3 卷），中华书局 1984 年版，第 173、174 页。

第二，他设想通过胎教院、育婴院、幼稚园三级机构实施学前儿童美育。蔡元培把胎教作为美育的起点。对此，他有一系列设想。“公立胎教院是给孕妇住的，要设在风景佳胜的地方，不为都市中混浊的空气、纷扰的习惯所沾染。建筑的形式要匀称，要玲珑。”① “过度刺激的色彩，也要避去。备阅览的文字，要乐观的、和平的。”② “每日可有音乐，选取的标准，与图画一样。”③ “育婴院的建筑，与胎教院大略相同，或可联合在一处。其中陈列的雕刻、图画，可多选裸体的康健儿童，备种种动静的姿势；隔几日，可更换一套。音乐选简单静细的。院内成人的言语与动作，都要有适当的音调态度，可以作儿童的模范。就是衣饰，也要有一种优美的表示。”④但在公立教养机关未成立之前，若在家庭里面，按照上列的条件小小布置，也可承认为家庭美育。总之，要让孕妇和婴儿生活在由自然美和艺术物构成的环境之中。

第三，蔡元培把幼稚园视为“家庭教育与学校教育的过渡机关”。他认为，此时“儿童的美感，不但被动地领受，并且自动地表示了”⑤。因此，在幼稚园里应该开展各种美育活动，使儿童不仅感受美，而且能表现美。幼稚园的美育，一方面通过舞蹈、唱歌、手工等“美育的专课”进行，另一方面也要充分利用其他课内含的美育因素，如“计算、说话，也要从排列上、音调上迎合他们的美感，不可用枯燥的算法与语法”⑥。

可见，蔡元培强调培养儿童的健全人格，崇尚自然主义教育，认为教育者应该尊重儿童个性，根据儿童身心发展的特性进行有针对性的教育，同时提出了实施儿童美育的见解和主张。这既是其受到新教育思想影响的结果，也是其民主教育思想的体现，其最终目的是企图通过造就“健全人格”的教育来实施社会的改良。

鲁迅（1881—1936）在 1918 年 5 月发表的《狂人日记》中，曾发出“救救孩子”的强烈呼声，呼吁人们把孩子从封建礼教的桎梏中解放出来，培养一代新人。

①②③④⑤⑥ 高平叔编：《蔡元培教育文选》，人民教育出版社 1980 年版，第 154、155、155、155、155、155 页。

鲁迅揭示了中国封建社会中儿童缺乏教育的严重性。他在 1918 年 9 月发表的《随感录二十五》中说："中国的孩子，只要生，不管他好不好，只要多，不管他才不才。""小的时候，不把他当人，大了以后，也做不了人。"[①] 在《我们现在怎样做父亲》一文中，批判了"长者本位与利己思想，权力思想很重，义务思想和责任心却很轻"[②]的封建观念，提出父母对于子女，应该"健全的产生，尽力的教育，完全的解放"[③]。健全的产生，即交给孩子一个健全的身体，不要将自己精神上和体质上的弱点和缺点交给子女，影响种族的发展。为了尽力的教育而达到完全的解放，鲁迅提出：第一，理解孩子。孩子有孩子的世界，与成人截然不同，不能把他们当作"成人的预备"或"缩小的成人"；第二，指导孩子，"长者须是指导者、协商者，却不该是命令者"[④]；要培养孩子有耐劳作的体力、纯洁高尚的道德、广博自由能容纳新潮流的精神；第三，解放孩子，即把孩子看成是"人类中的人"[⑤]，"交给他们自主的能力"[⑥]。鲁迅指出要实现以上几点，在中国并不容易，必须改革家庭和社会。

鲁迅还坚决反对用迷信、虚伪的封建教育内容来毒害儿童，反对以戒尺、罚跪、背诵等方法来摧残下一代的做法。他认为这些历代相承的教育内容和方法，"不许孩子愤怒，悲哀，也不许高兴"，使"孩子长大，不但失掉天真，还变得呆头呆脑"。[⑦]他主张儿童能"活泼、健康、顽强、挺胸仰面"地成长。

在教育方法上，鲁迅指出，当时中国的中流家庭，教孩子的方法大抵有两种：其一是任其跋扈，一点也不管，骂人固可，打人亦无不可，在门内或门前是霸王，但到外面，便如失去网的蜘蛛一般，立刻毫无能力。其二是终日给以呵斥，甚至扑打，使其退缩，然而父母却认为是"听话"，自以为是教育的成功，待到放他到外面去，则如暂出樊笼的小禽，他决不会飞鸣，也不会跳跃。他反对以上两种对于孩子放任不管或管束过严的教育偏向，主张

①②③④⑤⑥⑦ 中央教育科学研究所编：《鲁迅论教育》，教育科学出版社 1986 年版，第 7、15、18、18、18、18、294 页。

尊重和发展儿童的个性。

“五四”新文化运动促成了空前的思想解放，以探求中国社会改造的道路为前提，将教育和救国联系在一起。民主战士们从教育的目的、内容、方法等方面对封建教育进行了批判，力图以饱含人权、自由、平等的资产阶级政治学说和重视科学、崇尚自然、注重启发、发展个性的新教育，来取代尊孔读经、脱离实际、窒息思想、残害身体的封建旧教育，从而形成了这一时期形形色色的教育思潮。如：平民主义教育思潮是新文化运动中“拥护民主”的口号在教育领域的具体体现。其主要观点是反对封建的等级教育，反对千百年来封建地主阶级独霸教育权的局面；工读主义教育思潮主要提倡做工和读书相结合，把矛头直接指向“劳心者治人，劳力者治于人”的封建传统观念。这些教育思潮的兴起迎合了中国近现代各个时期政治、经济发展对于教育的需要，反映出特定时期一定阶级、阶层或社会群体的利益要求和普遍心理。

二、实用主义教育思想的传入

从新文化运动到“五四”运动，中国人民高举民主、科学两面旗帜，对封建主义的旧思想、旧道德展开了猛烈的攻击。反映在教育领域，即把批判的矛头指向了封建传统教育。而发源于美国，在当时美国教育界占主导地位的实用主义教育理论正是以标榜民主和反传统的面目出现的。所以，颇能迎合中国教育界的需要，为中国批判旧教育提供了理论武器。加之，受当时中国社会的政治、经济、思想文化等各种因素的影响，以杜威思想为代表的美国实用主义教育思想得以传入中国，并对中国的教育理论和实践产生了广泛的影响。

（一）实用主义教育理论的传入过程

中国对实用主义教育理论的介绍，始于 20 世纪初。黄炎培在民国初年发表的《学校教育采用实用主义之商榷》一文，使中国教育界开始真正对“实用主义”一词产生兴趣。所谓实用主义，又称实效主义、工具主义、实验主义，它强调个人“行动”“实践”，推崇“彻底的经验”，着眼于应付生活环境，重视获得实际的效果，认为“有用就是真理”。其创始人是美国哲学家皮尔斯（C. S. Pierce），后经美国哲学家詹姆士（W. James）的宣传，形成了具有国际影响的实用主义运动。但是在论述和传播实用主义上，杜威发挥的作用最大。我国在这一时期传入的西方教育理论，主要以杜威的实用主义教育学说为主导。新文化运动后，杜威的一些重要的教育著作，几乎无一例外地、迅速地被译成中文。在当时一些教育杂志和刊物上，也出现了介绍杜威学说的文章。如《教育杂志》从 1916 年到 1918 年，就刊登了署名“天民”的《学校之社会的训练》《台威氏之教育哲学》《台威氏明日之学校》等介绍杜威的文章。除了介绍杜威的文章外，一些受杜威实用主义教育理论影响并体现其思想内容的论文、报告更是屡见于当时的各种教育报刊。

如果说，当时中国教育界对杜威思想的介绍为其传播奠定了思想上的准备，那么 1919 年 5 月 1 日杜威本人的来华及其演讲，则是把他的实用主义教育学说直接带到了中国，使中国进入了宣传并运用实用主义教育理论的高潮。杜威一共在中国停留了两年两个月。其间，做了多次演讲，足迹遍及奉天（今辽宁）、直隶（今河北）、山西、山东、江苏、浙江、江西、湖南、福建、广东等 11 个省和北京、上海等地，使其思想在各地广为传播。对于中国教育，杜威提出了一种新教育观，他认为，只要中国推广一种新教育形式，其目的不是为了满足个人的自我享乐，而是为了提供自我发展的平等机会，中国是能够达到机会平等的。而这一观点，成为中国平民教育思潮产生的重要思想基础。

在杜威实用主义教育思想传播的过程中，还有一支重要的力量，就是留美学生。我国清末派出留美学习教育的学生，大多在 1914 年以后陆续回国。在这些人中，一部分毕业于美国哥伦比亚大学师范学院，师承杜威。著名的如：胡适，1917 年回国，曾任北京大学教务长、校长、驻美大使等；蒋梦麟，1917 年回国，曾任北京大学校长、教育部长；陶行知，1917 年回国，曾任南京高等师范学校教授、教育科主任；陈鹤琴，1919 年回国，曾任南京高等师范学校教授。这些杜威的弟子们，不仅邀请老师来华，陪同他去全国各地演讲，亲自担任翻译，还积极组织社团，创办刊物，宣传老师的主张。1919 年，由江苏教育会、北京大学、南京高等师范学校、中华职业教育社等五个单位，共同组成了新教育共进社，出版《新教育》月刊，该月刊在杜威来华前后充当了宣传杜威思想的主要阵地。

（二）实用主义教育理论对我国教育的影响

实用主义教育理论在我国的传播大约从 1915 年一直持续到 1949 年，其中以 20 世纪 20 年代杜威来华讲学和翻译美国教育理论著作为高潮时期。在此期间，这一理论的影响遍及中国教育领域的各个方面，包括当时中国教育目的的确定、新学制的形成、教育理论的发展以及课程、教材、教法的改革等。

首先，在教育目的上，实用主义强调“教育本身以外无目的”以及“警惕所谓一般的和终极的目的”的观点，这一主张使中国教育界在 20 世纪 20 年代初以新的学制标准取代了传统的教育目的，并表现出了相当的灵活性。如，1922 年公布的七条学制标准如下：（1）适应社会进化之需要；（2）发挥平民教育精神；（3）谋个性之发展；（4）注意国民经济力；（5）注意生活教育；（6）使教育易于普及；（7）多留各地方伸缩余地。在以上七条中，明显体现出实用主义的一些基本观点，如，关注社会、生活，强调“儿童中心”，体现民主性原则。

其次，在实用主义教育思想的直接影响下，特别是杜威、孟禄（P. Monroe）来华讲学后，1922 年 9 月，教育部以全国教育联合会和全国学制会议的两个决议案为基础，制定了学校系统改革案，并于同年 11 月颁布实行。该学制一般称“新学制”或“壬戌学制”。该学制中除上述教育目的体现了实用主义教育思想的基本观点外，在学制系统安排上也采用了当时深受实用主义影响的美国教育界正在实验与推行的六三三分段法，即小学 6 年（包括初级小学 4 年和高级小学 2 年）、初中 3 年、高中 3 年，故又称为“六三三学制”。

第三，实用主义教育思想主张教育适应儿童个性发展需要和教育适应社会发展需要，强调以儿童为中心，以儿童的社会生活为中心，以儿童的活动为中心。这些观点对20世纪20年代以后中国的课程、教材、教法改革也产生了重要影响。其中在教法方面体现得尤为突出，以儿童活动为中心的设计教学法传入中国并流行一时。设计教学法是美国教育家克伯屈（W. H. Kilpatrick）根据杜威“做中学”的思想所创立的一种教学组织形式。它重视儿童的主动性，由儿童或儿童与教师根据儿童的兴趣与需要，拟出预订的目的、活动的计划。在活动中，以问题为组织材料的中心，设计各种类型的活动单元。这种教学法被广泛运用在幼儿教育及中小学教育中，如，张雪门幼儿园“行为课程”理论的设计和实施中就采用了设计教学法，陈鹤琴也在当时的幼儿园中推行这种单元教学设计。

第四，在教育理论的发展方面，除当时出版的有关教育学著作中明显反映出受杜威实用主义思想的影响外，最重要的是一些教育理论工作者开始运用实用主义理论来说明教育问题，并逐渐在此基础上建立了中国自己的教育理论。如，陶行知将杜威的实用主义教育与中国实际相结合，经过改造创新，形成了“生活教育”理论；陈鹤琴将从杜威及其他美国老师那里学来的理论应用到幼儿教育阶段，形成了“活教育”理论。总之，在中国近现代教育史上，真正像陶行知、陈鹤琴等人能建立起系统教育理论的中国教育家并不多见，但是我们不能忽视的是实用主义教育思想在中国现代教育家建立自己的教育理论体系时所产生的重要作用。

三、马克思主义教育思想的传播

19世纪末20世纪初，伴随着西学东渐的大潮，马克思主义及其教育思想也同实用主义一样，开始传入中国，并在“五四”新文化运动和俄国十月革命胜利的影响下，日益成为中国革命和中国教育的指导思想。在与中国社会实际的结合中，逐步形成了具有中国特色的马克思主义革命学说和教育理论。

（一）马克思主义教育理论的传播

马克思主义教育思想的传入与整个马克思主义学说的传入密不可分，尤其是当时世界上成立了第一个社会主义国家苏联，成为马克思主义在中国传播的主要源泉。对苏联教育理论和实践的翻译介绍，使中国的教育工作者加深了对马克思主义教育思想的理论认识，直观感受到了马克思主义教育理论的具体体现和应用，从中看到了未来社会主义新教育的前景。

当时的国民党统治区出版的中国人自己撰编的教育理论著作，基本上受杜威实用主义教育思想的影响。马克思主义教育思想的传入，主要是作为批判的武器，用来反对帝国主义的奴化教育和封建主义的旧教育，批判形形色色的资产阶级教育理论。

此后，随着马克思主义学说在中国日益广泛的传播，许多革命教育工作者开始努力尝试以马克思主义的教育原理和思想方法为指导，阐释教育的一系列的理论和现实问题。如，我国著名的马克思主义教育理论家杨贤江，不仅在理论上翻译和介绍马克思主义的观点，同时运用这一观点积极投身于唤起民众，尤其是动员和教育广大青年的革命活动中去。正是在这样一批批中国革命者将马克思主义与中国社会实际和教育实际密切结合的过程中，逐步建立了中国自己的科学化、民族化和大众化的新教育，形成了具有中国特色的马克思主义教育理论——新民主主义教育理论，这是中华人民共和国教育发展的理论基础和指导思想。

（二）马克思主义教育理论对我国教育的影响

马克思主义教育理论对我国教育的影响主要体现在由中国共产党创立的革命根据地的教育中。马克思主义的传入正好满足了革命根据地的实际需要，这一方面是由马克思主义的本质决定的，即作为无产阶级和劳动人民推翻剥削制度、争取自身解放的斗争武器，能使中国教育真正成为革命的、民族的、科学的和大众的新教育；另一方面是受革命根据地生产力发展水平、政治、经济的发展等社会关系和社会状况的制约。各个不同时期的革命根据地教育，尽管存在变化和差异，但总体特点是一致的，主要体现在以下几个方面。

首先，教育为无产阶级政治服务，为革命斗争事业服务。一切为了革命，一切为了战争是贯穿于革命根据地教育的一条主线，无论哪一级哪一类学校，都把坚定正确的政治方向放在第一位。思想政治教育是学校教育最重要的组成部分。在老解放区的学前教育机构中，不仅对保教人员进行定期的思想政治教育，以提高其思想觉悟。同时，根据学前儿童的身心特点，十分重视品德教育，有不少保育院和托儿所曾有计划地研究了德育的目标、途径和方法。如，延安第一保育院在实验总结的基础上提出了“教导儿童了解父母参加革命的苦心，并继承其艰苦奋斗的精神；教育儿童认识中国革命的敌人，并培养其对敌人仇恨的心理”① 等德育目标。

其次，教育与生产劳动相结合。教育与生产劳动相结合、脑力劳动和体力劳动相结合是马克思主义教育思想中一个十分重要的组成部分。在革命根据地教育中，非常重视生产劳动，读书以不妨碍生产为原则，学制上采取灵活多样的整日制、半日制、半耕半读等形式。如，在学前教育机构中，十分重视对幼儿进行劳动教育，从小培养孩子热爱劳动、尊重劳动人民的情感和优良品质。劳动教育的内容有自我服务、为集体和同伴服务、手工劳动等。

第三，教育为工农及其子女服务。马克思主义创始人在革命实践中，一贯重视无产阶级争取教育权的斗争。而在旧中国，妇女及劳动人民的子女被排斥在学校大门之外。由此，根据地以各种形式、动员一切力量，为工农提供服务，并为其子女提供受教育的优先权。在中国共产党的领导下，“女子在政治上、经济上、社会上、教育上一律享受平等权利”②。

老解放区的妇女摆脱了千百年来的束缚，投身到革命战争和生产中去，这就使学前教育成为解放妇女的迫切要求。在抗日战争和解放战争期间，老解放区采取因地制宜、因时制宜的原则，创办了各种不同类型的托幼机构，

① 西安市教育局编印：《全国幼儿教育研究会第一届年会部分资料汇编》，第 40 页。

② 中国学前教育史编写组编：《中国学前教育史资料选》，人民教育出版社 1989 年版，第 362 页。

如由机关、工厂、学校、部队等单位自办的单位日间托儿所、小学附设幼稚班、寄宿制的保育院、托儿所等，这些机构的建立不仅使劳动妇女能够安心地工作、生产和学习，同时保证了孩子的受教育权，保护和培育了革命后代。

总之，当时中国的教育界介绍和引入了马克思主义及其教育思想，并将其运用于革命根据地的教育实践中，同时为中华人民共和国的教育理论和实践奠定了坚实的基础。

第二节　张雪门的行为课程理论与实践

张雪门（1891—1973），浙江鄞县人，我国著名的幼儿教育家。20 世纪三四十年代曾与陈鹤琴被并称为“南陈北张”，对我国北方和台湾的幼儿教育产生了重要的影响。

张雪门自幼研读四书五经，曾在私塾学堂接受过传统思想的熏陶。在他的思想中，中国传统的观念，如“仁”“爱”“忠”“信”“克己”等思想相当浓厚。在中学接受了西方新式教育，使他对西方的价值观念和教育管理方式也有一定的认识。1912 年，他出任鄞县私立小学校长。在此期间他曾随宁波旧府属的江苏教育参观团到上海、南京、无锡、苏州等地参观，目睹当时一些日本式的蒙养园或教会办的幼儿教育对幼儿的不良影响，深感痛心，于是立志投身幼教。张雪门凭借着六年办小学的经验，于1918年在家乡创办了第一所非教会式幼稚园——星荫幼稚园，开始了对中国化幼稚教育的探索。

1920年，他应邀到北平任孔德学校小学部主任，并考察平津幼稚教育。这时正是“五四”运动刚过，大多数中国人热心追求新文化时期。孔德学校是有名的新教育学校，校长是近代中国教育思想家蔡元培。他提出的五育并举的反封建的教育价值观和人才观，对张雪门的思想产生了重大的影响。

1923年，张雪门携全家迁居北京，进入北京大学，亲身感受了新教育思想的影响，沉浸在北大的西学风潮里。张雪门的幼儿教育理论研究正是从这一时期开始的。当时，北大教育系主任高仁山教授是留学欧美、传播欧美新教育思想的知名学者。张雪门在北京大学任职员期间，得到了高仁山先生的指导。在研读完卢梭、福禄培尔和蒙台梭利的著作后，他对自然主义教育观非常推崇，先后编译了《福禄培尔母亲游戏辑要》和《蒙台梭利及其教育》，出版了专著《幼稚园研究》。1926年，高仁山先生与北京的几名教育学者共同创办了实验道尔顿制的学校——艺文中学，张雪门也因为他的关系常到艺文中学去参观、观察教学。后来，艺文中学也开办了幼稚园，受北平市教育局委托进行“大单元设计教学”实验，张雪门担任实验的组织者。这种实地观察道尔顿制实验、亲身参与设计教学法的活动，都直接反映在其当时的幼稚园课程编制上。

北大时期的张雪门已经确立了对儿童发展的认识。他提倡幼稚教育应完全以儿童为本位，“应该以自然来美化人生”，从某种意义上说，这时他对幼稚教育的认识还属于纯文化教育的范畴。“九·一八”事变后，日本帝国主义加紧了侵略和压迫，张雪门的思想发生了重大的变化。他指出：“我们今日所处的社会，就是受国际资本主义势力支配下的社会。我们在今日对社会上所感到的生活的痛苦，所接触的经济恐慌的现象，哪一种哪一件，不是直接出之于帝国主义的赐予?”① 可见，他已意识到教育不可能脱离现存的社会而独立存在。他指出：“教育只是一个工具。它好像一把刀，可以割疮，也可以杀人，拿在哪一种人的手里，便替哪一种人做工具……若以教育可不受政治经济的束缚，而从事人们思想改造而言，然而历史上，占有政治经济权的统治阶级，无论如何昏庸，断没有肯容教育者存在的可能。”② 在这个时期，张雪门已完成了从单纯的、狭隘的民族主义者向革命的唯物主义者的转变，他强调教育具有毋庸置疑的阶级性。此后，他致力于改造民族的幼稚教育的理论与实践研究，要求将儿童发展与社会需要相结合，并以幼稚园和幼稚师范为主要阵地，培养学生的革命精神。1933 年，张雪门拟定了《中国北方幼稚园课程大纲》，并于次年秋，在北平阜成门外核桃园创办“乡村教育实验区”，区内除设有农村幼稚园外，还创办了儿童工学团、青年工学团等。“七七”事变后，张雪门将北平幼稚师范迁到桂林，创办了北平香山慈幼院桂林分院广西幼稚师范，培养了大批幼教师资，为广西省幼教事业的发展做出了较为突出的贡献。在此期间，他还曾到陕西城固西北师范学院讲授《儿童保育》课程，并编著了《幼稚园行政》《儿童保育》等书。

1946 年，张雪门应邀赴台湾主持开办儿童保育院工作（后称育幼院），担任院长。他根据当时台湾受日本奴化思想统治的状况，要求对孩子进行爱国主义教育，培养民族自尊心。由于工作繁重，操劳过度，张雪门患了眼疾。1952 年，张雪门因病情加重，不得不离开他工作 7 年之久的育幼院。但在离开育幼院后，他仍然热心参加幼教工作，如出席台湾幼教业务讨论会，担任台南幼师科顾问，并在《中华日报》主办《幼教之友》专栏，出版《幼教辅导月刊》等。1960 年，在患脑病半身不遂的情况下，张雪门仍以顽强的毅力克服了种种困难，陆续写下了《幼稚教育》《幼稚园课程活动中心》

① 戴自俺主编：《张雪门幼儿教育文集》（下卷），北京少年儿童出版社 1994 年版，第 1218 页。

② 戴自俺主编：《张雪门幼儿教育文集》（上卷），北京少年儿童出版社 1994 年版，第 506 页。

《幼稚园行为课程》等十几本专著，为幼儿教育理论的建设做出了重要的贡献。

一、幼稚园行为课程的理论与实践

注重课程研究，强调躬行实践，是张雪门幼儿教育思想的重要表现之一。20世纪30年代初，原南京高等师范学校的教授董任坚翻译了《行为课程》一书，当时正值行为主义学说在我国传播。张雪门也在此时开始了对幼稚园行为课程的研究，先后在《幼稚教育概论》《幼稚教育新论》《新幼稚教育》等著作中对幼稚园课程进行了专门的探讨。1946年去台湾以后，他继续致力于幼稚园课程的研究，于1966年出版了《增订幼稚园行为课程》一书，初步形成了他的“行为课程”的理论和实践体系。此后，在《中国幼稚园课程研究》一书中，张雪门又对幼稚园的课程做了进一步的探讨。

（一）幼稚园行为课程的含义

1929年，张雪门在《幼稚园的研究》中指出：“课程是什么？课程是经验，是人类的经验。用最经济的手段，按有组织的调制，用各种的方法，以引起孩子的反应和活动。幼稚园的课程是什么？这是给三足岁到六足岁的孩子所能做而又欢喜做的经验的预备。”① 两年后他又进一步概括为：“课程源于人类的经验，只为这些经验对于人生（个人和社会）有绝大的帮助，有特殊的价值；所以人类要想满足自己的需求，充实自己的生活，便不得不想学得这些经验，学得了一些又想学得多些，而且把学得的更传给后人。”② 他提出，不应当把课程仅仅看作是知识，而应当把“技能、知识、兴趣、道德、体力、风俗、礼节种种经验，都包括在课程里。换一句话来说，课程是适应生长的有价值的材料”③。可见，张雪门受杜威实用主义教育思想的影响，强调经验是有机体与环境的相互作用，课程的本质就是直接经验的总和，任何知识都是活动的结果。

---

① 张雪门著：《幼稚园的研究》，北新书局1926年版，第46页。

②③ 张雪门著：《幼稚园教育概论》，商务印书馆1931年版，第20、22页。

张雪门明确提出“行为课程”的概念是在1966年出版的《增订幼稚园行为课程》一书中。书中指出“生活就是教育，五六岁的孩子们在幼稚园生活的实践，就是行为课程”①。他认为这种课程“完全根据于生活，它从生活而来，从生活而开展，也从生活而结束，不像一般的完全限于教材的活动”②。它首先应注意的是实际行为，凡扫地、抹桌、熬糖、爆米花、以及养鸡、养蚕、种玉蜀黍和各种小花等，能够让幼儿实际行动的，都应该让他们实际去行动。因为“从行动中所得的知识，才是真实的知识；从行动中所发生的困难，才是真实的问题；从行动中所获得的胜利，才是真实的制驭环境的能力”③。同时，幼儿只有通过这种实际行为，才能使个体与环境接触，从而产生直接经验，这种经验也可以说是人生的基本经验。他还特别说明：“幼童一定先有了直接经验，然后才可以补充想象”。④至于游戏、故事、唱歌等教材，虽然也可以给予幼儿模仿和表演的机会，然而并不能代表人类实际的行为。所以，他要求教师一定要注意儿童的实际行为，要“常常运用自然和社会的环境，以唤起其生活的需要，扩充其生活的经验，培养其生活的能力”⑤。他认为：“若教师真能做到这样，这便是行为课程了。”⑥

（二）幼稚园行为课程的内容

课程内容的选择与组织，是课程编制过程中的一项基本工作。张雪门将其行为课程的内容表述为“教材”，但从其实质来看，与传统的教材概念大相径庭。他反对把教材当作科目，认为手工、言语、文学、音乐、算术只是教材的种类，是成人为研究的便利而划分的，它们只是儿童的反应动作在幼稚园课程上的名称。针对一些幼稚园课程以教材为中心的情况，他指出：“教材不论是现成的，不论是创造的，其唯一的目的，为充实幼儿的生活，绝非灌注他们的孰料。因为教材的目的在充实幼儿的生活，所以对他们仅是

①② 张雪门著：《增订幼稚园行为课程》，台湾书店1966年版，第1页。

③④⑤⑥ 转引自何晓夏主编：《简明中国教育史》，北京师范大学出版社1990年版，第252页。

活动而非知识。虽然活动里面未始不含有知识，但决不是特殊地抽出来的死知识，且教材在儿童生活上的功能，是一种开始，而不是结果，若看教材当一种生活的结果，那儿童便可看作是一种空的东西待容纳了教材才能显出生活的功能；这一种生活即使实现，也不过是机械的反应罢了，又生活是流动的，所以教材的本体更应是现在，不是因袭。”①

基于这种认识，张雪门提出了“幼稚园教材是一般在幼稚园的时候儿童生活的经验”②的观点。他指出：“教材的范围很大，并不限于一首歌、一件手工，凡儿童从家到校，从校到家，在家庭、道路、幼稚园所受到的刺激，能够引起儿童生活的要求，扩充儿童生活的经验，潜移儿童生活的意识的都是。”③张雪门认为，这种生活经验一是从本身个体发展而得，二是和自然环境相接触而得，三是从社会环境交际而得。根据这一认识，他将课程内容具体分为三个方面：（1）“儿童自发的诸般活动”，即儿童自身发展中所进行的一些活动，如呼吸、攀登运动等；（2）“儿童的自然环境”，包括儿童周围生活中的一切有关自然界的事物与知识。如园中的小动物、植物、旅行，儿童对各种自然现象的活动；（3）“儿童的社会环境”，即与儿童现在的生活及未来生活相关的社会生活知识，如家庭、临近的地方、各种活动等。概言之，行为课程的内容就是指儿童周围自然和社会生活中能为其接受并有助于其获得自身发展的学习经验。

为了使儿童的经验学习有效地联系在一起，张雪门对选择出来的课程内容以单元形式进行组织。他根据儿童身心的特点，按月份和节气确定活动的单元，然后选择相关的各科教材组织在这个单元里。

（三）幼稚园行为课程的实施

课程实施是把课程计划付诸实践的过程，是达到预期的课程目标的基本

---

①②③ 戴自俺主编：《张雪门幼儿教育文集》（上卷），北京少年儿童出版社 1994 年版，第 395、404、394 页。

途径。张雪门主张“将自然生长的原则应用到课程的实行上”①，“课程如何实行只须看人类是如何生长”②。为了保证课程实施的效果，张雪门借鉴了美国设计教学法的基本思想。他指出：“行为课程和设计教学原本是两回事，……因为行为有好坏的区别，……但在学校里所谓的教育，只许好不许坏。因之，我就不能不替行为课程找一个有价值的教学法当作过程，我就找了设计教学法……于是，谈行为便得谈设计，谈设计也便得连带了行为，再也不能分离，也不许再分离。”③张雪门经过多年的实验，不断改进后，确定运用设计教学法来拟定周详的行为课程计划，其中包括单元计划和教学活动计划，并认为它们是保证学习效果、实施行为课程最重要的工作。单元计划的内容包括下列五项：(1) 动机；(2) 目的；(3) 活动；(4) 活动过程；(5) 工具及材料。在行为课程中，当单元计划拟定完毕后，教师就可以根据计划展开活动。为了使幼儿获得完满的学习结果，张雪门将教学活动计划分为实施前的准备、实施中的指导和实施后的进展三个部分。

综上所述，张雪门幼稚园行为课程理论的基本思想就是“生活即教育”“行为即课程”。他强调通过儿童的实际行为，使儿童获得直接经验；要求根据儿童的能力、兴趣和需要组织活动；主张采取单元设计的方法，打破各学科的界限，并对实施中的具体问题作了详尽的论述。

二、行为课程与幼稚师范教育

张雪门在创办幼稚园的同时，对幼稚园师资培训及幼稚师范教育也予以了足够的重视。他采用多种形式培训幼儿师资，一生几乎都没有离开过幼儿师范教育的工作岗位。在 1929 年以后出版的众多张雪门的著作中，行为课程不只运用于幼稚园，强调“教、学、做合一”“行动中心”的行为课程也同样运用于幼稚师范教育中。

---

①②③ 戴自俺主编：《张雪门幼儿教育文集》(下卷)，北京少年儿童出版社 1994 年版，第 374、370、1193 页。

（一）论幼稚师范教育的意义和目的

在张雪门看来，儿童出生以来，是在对环境的不断反应和逐步适应过程中来充实自己的“经验”，渐渐获得满足其生长的需要。而所谓“环境”，“并不单是事物，还有做事物的人”，“他从相与的人里，在他们做事物的动作，明白所需要的是什么，以及怎样足以满足其需要”①。当然，在这些“相与的人”中，首先是儿童自己的家人，但是在现代社会中，个人都忙于自己的工作，即或那些纯粹的家庭妇女，除了照料孩子外，也还有许多家事或他事要做，对于儿童的学习，往往不免有些影响。要想儿童得到一种“较切实较连贯较专一”的指导，就必得借助教师。因此，幼儿教师担负着家庭和社会的托付，对儿童的学习负有完全的责任。而这种职业责任，决定着幼儿教师必须具备一些常人所不具备的条件和技能。张雪门指出，作为一名幼儿教师，第一重要的是他自己的人格；其次，还需要有健全的学识。而反观现时，“真能适应幼稚园教师的职业者，在中国的现在，实不容易多见”②。他们中的大多数人，或则以现有职业为维持生活之过渡条件和手段，或则怀着深深的成见以应付社会对表面“成绩”的追求。因此，要真正改进中国的幼稚教育，必须首先科学地解决好幼儿教师的问题。他指出：“幼教的良窳，由于主持幼教者的师资，而师范教育的由来，实由于师范教育的培植。如果我们研究幼教仅限于幼稚园教育，抛弃了师范教育，这无异于清溪流者不清水源，整枝叶者不整树本，绝不是彻底的方法。”③

为了培养出具有较高水平和素质的幼儿教师，张雪门早在1920年，就在自己的家乡开始了幼师生的培育工作。自1928年起，他将其工作的重心放在幼稚师范的建设上，先后在北平、广西、四川、台湾等地创办幼稚师范，并规定了明确的教育目标。以北平幼稚师范为例，在创办之初，即根据中华教

①② 戴自俺主编：《张雪门幼儿教育文集》（上卷），北京少年儿童出版社1994年版，第380、383页。

③ 戴自俺主编：《张雪门幼儿教育文集》（下卷），北京少年儿童出版社1994年版，第978页。

育改进社的办学方针，主张幼稚师范教育须力求适合国情及生活需要，目的在培养为普及平民幼稚教育、为改造新一代国民的民族素养而献身的幼儿教育师资。这一总目标应贯彻到幼稚师范生的各科学习和各种活动之中。

（二）论幼稚师范教育

早在1928年，张雪门创办孔德幼稚师范时就悟出一个道理："骑马者应从马背上学"，也就是说学做幼稚园教师就要在幼稚园里学，这是其对幼师行为课程的最好诠释。他采取半日授课半日实习的办法，让师范生到特约的部分幼稚园从事实习。关于实习的场所，张雪门主张主要有以下几种单位。

1. 中心幼稚园

幼稚师范设立的中心幼稚园是供幼师生获得教育幼儿实际经验的重要实习基地。中心幼稚园的教师，既是幼儿的老师，也是实习生的导师。幼师生通过在中心园的实践，可以奠定学习幼稚教育、从事幼稚教育、热爱幼稚教育事业的基础。

2. 平民幼稚园

这是幼师生第二学期实践的主要场所。当时北平幼稚师范学校内外共有平民幼稚园五六所。它们均是借用正规幼稚园的园舍设立的，于是幼师生的实习活动便从商借园舍开始，然后进行生源的社会调查，宣传动员经济贫困的家长送幼儿入园来免费受教育。幼儿入园后，幼师生则在园内轮流担任园长、教师、会计、采购等工作，这种实习可以使幼师生具有独立从事幼稚园各种工作的能力。

3. 婴幼儿保教园

当时香山慈幼院的婴幼儿保教园，收托出生至四五岁的儿童，规模较大，设备讲究，对婴幼儿的保健、营养、教育都很重视。幼师生在这里通过卫生保健、儿童营养、膳食烹饪、婴幼儿服装裁剪和制作等方面的实习，可以了解婴幼儿的身心特点及婴幼儿保教的基本常识。

4. 小学

通过在小学的参观和实习，幼师生可以了解幼儿入小学前，在知识、行为、兴趣、态度等方面应如何做好准备，为他们入学打好基础。

除以上几种实习和见习外，张雪门还主张组织学生下乡举办乡村幼稚园，使学生了解农村迫切需要幼稚教育的情况，进一步体会幼稚教育的社会价值，从而坚定其百折不挠地为幼稚教育事业献身的决心。

张雪门不仅在空间上把师范生的教育场所扩大到整个社会，在时间上，他也冲破一般传统师范教育把实习集中在三年中最后一个学期进行的方法，提出了“有系统组织的实习”的主张。他认为这种实习计划必须符合几个条件：第一须有步骤；第二须有范围；第三须有相当时间；第四更须有适合的导师与方法。大体而论，可以分为以下四个阶段。

第一是参观。时间为一个学期。“其对象为建筑、教具、工具、材料等设备，师生的仪表、态度和兴趣，对幼稚生习惯积极消极之处置，工作、游戏、文学等教学过程以及整个的设计”。在参观时期的师范生，唯一注重的是培养对幼儿园的基本观念。

第二是见习。时间也是一个学期，从供备材料开始，一直到整个设计活动的参与。在这一时期指导的教师，应以幼稚园教师及担任实习的导师为主。见习的地点，也以附属幼稚园等为宜。

第三是试教。这一时期的时间为一个学年。凡幼稚园中的招生、编班、选材、组织课程指导活动、编制预算决算，以及一切教学上、教师业务上、幼稚园行政上的处理，都由二年级的师范生来担任，实习的导师则退居于顾问的地位。

第四是辅导。时间也是一个学年。辅导既包括开展家庭访问，又要广泛开展社会联系，包括社区调查及开办营养站、卫生站、辅导会、导生班。这些工作一律由三年级的师范生负责，他们要自己计划，自己分配工作，自己检讨并改进。这一阶段的实习不但要了解儿童的发展情况，而且要进一步主动地开展全面的儿童福利工作，培养地方师资，以求达到幼稚教育的合理和普及。

张雪门认为，在实行上面所拟的师范生实习三年计划时，还必须严格遵守“上一阶段的工作未终了，下一阶段的工作不能开始”的主张。他说：

“或者有人以为这样太呆板了，殊不知生活教育中的教学做原理，都正在使人过有计划有组织有目的的生活，而达到教育的目的啊!”① 由此看来，张雪门的有系统组织的实习所根据的原理就是“教学做合一”，体现了其行为课程在幼稚师范教育中的运用。

行为课程是张雪门于20世纪二三十年代创立的一种适用于幼稚园和幼稚师范教育的课程模式。其中，幼稚园行为课程思想是我国幼稚教育第一代本土化的课程体系，它与同时代的陶行知所热衷的乡村幼稚教育实验及陈鹤琴的“五指活动”等密切配合，对于冲破中国数千年来根深蒂固的封建传统教育以及盲目抄袭的“外国化”教育具有特别的意义，对当前的幼教课程改革具有重要的借鉴价值。

第三节　陶行知的生活教育理论与实践

陶行知（1891—1946），安徽歙县人，是现代教育史上伟大的人民教育家，他提出了生活教育理论，并在学前教育领域进行了实践，为我国学前教育事业的发展做出了重要贡献。

① 戴自俺主编：《张雪门幼儿教育文集》（下卷），北京少年儿童出版社1994年版，第986页。

他早年就读私塾。1906 年进入耶稣教会办的徽州崇一学堂学习，接受了西方文化科学的教育。此时，他已下定决心：我是一个中国人，要为中国做出一些贡献来。1908 年，他抱着医学救国的思想进入杭州广济医学堂，因不满学校歧视非信教学生而退学。1909 年，他考入南京金陵大学文学科，并以优异的成绩毕业，同年秋，赴美留学，进入伊利诺伊大学就读，一年后获政治学硕士学位，后转入哥伦比亚大学研究教育，师承杜威、孟禄，深受他们的思想影响。1917 年回国后，陶行知任南京高等师范学校教授、教务主任兼教育科主任，讲授《教育学》《教育行政》《教育统计》等课程，并介绍实用主义教育理论。1922 年，他任中华教育改进社主任干事，后与朱其慧等人发起组织中华平民促进会，主要从事平民教育运动，同时，他还曾担任《新教育》和《新教育评论》杂志的主编。

陶行知在从事平民教育运动的过程中，逐步认识到中国教育的根本问题是占全国人口 80% 以上的农民的教育问题，于是开始致力于乡村教育。1927 年 3 月，他在南京北郊晓庄创办试验乡村师范学校（后改名晓庄学校），开展乡村教育运动，提出“生活即教育”“社会即学校”“教学做合一”的理论，形成了他的生活教育思想体系。同年 11 月，他在陈鹤琴、张宗麟的协助下，办起了我国第一所乡村幼儿园——南京燕子矶幼稚园。此后，他又创办了晓庄幼儿园、和平门幼儿园、迈皋桥幼儿园、新安幼儿园等。1930 年，晓庄师范师生为反对英、日军舰侵入长江和支援下关工厂工人反帝大罢工，举行示威游行。国民党政府因此下令封闭晓庄师范，并通缉陶行知。他在危难中撰写了《护校宣言》，提出了严正抗议，后被迫流亡日本。

1931 年，他返回上海，从事科学普及教育，提倡“科学下嫁运动”，创办了“自然科学园”，组织编写《儿童科学丛书》和《大众科学丛书》，提倡教育救国、科学救国。

“九·一八”“一·二八”事变后，陶行知积极从事抗日救亡运动。1936 年，他组织国难教育社，提倡国难教育运动，同年当选为全国各界救国会执行委员和常务委员，后受该机构委托，出访欧、美、亚、非等二十八个国家和地区，宣传抗日，因而再次遭到通缉。1938 年回国后，他在桂林成立“生活教育社”并任理事长，出版《战时教育》杂志，开展战时教育运动。1939 年 7 月，他在重庆创立了育才学校，选拔有特殊才能的儿童因材施教，在当时取得了令人瞩目的成绩。

1944 年 12 月，中国民主同盟成立。陶行知加入了民盟，并当选为中央常务委员会兼教育委员会主任委员，主编《民主教育》和《民主》星期刊。抗战胜利后，他又在重庆创办社会大学，积极开展民主教育运动。1946 年 4 月，陶行知回到上海，继续进行反内战、反独裁、争和平、争民主的斗争，在三个月中演讲一百多次。1946 年 7 月 11 日、15 日，李公朴、闻一多在昆明先后惨遭国民党特务暗杀，当他得知自己也被列入黑名单时，仍临危不惧、大义凛然地说：“我等着第三枪！”7 月 24 日，他连夜整理诗稿十万字后，于 25 日凌晨因患脑溢血不幸逝世，终年 55 岁。

一、生活教育理论的形成与发展

生活教育理论是陶行知的基本教育理论，是其教育思想的核心。从本质上说，这一理论扎根于中国社会现实，以实践为源泉，同时借鉴和吸收了人类文明创造的优秀成果，其产生有着深厚的历史渊源和认识基础。

（一）对当时中国社会现实的体认

陶行知所处的时代，既是中国走向深渊的危机时代，“一种前所未有的危机气氛形成了，全国弥漫着被瓜分的恐惧。”又是一个思想激荡、潜藏转机的时代，“西方观念和价值标准在 19 世纪末的中国士大夫中间得到了广泛的传播。”甲午战争的失败，使一批有识之士认识到中国社会“愚、贫、弱、私”的根本原因在于教育的落后。自隋唐建立科举制度以来，以猎取功名为目的，以空疏无用的八股制为内容的传统教育，束缚了人才，禁锢了民智，教育集中在少数特权阶层手中，大多数平民百姓根本无法接受教育，文盲充斥全国。因此，在当时，教育救国成为一股潮流。早在 1914 年，陶行知在其大学毕业论文《共和精义》一文中就曾这样写道：“人民贫，非教育莫与富之；人民愚，非教育莫与智之……教育实建设共和最要之手续，舍教育则共和之险不可避，共和之国不可建……”① 1917 年，他留学回国后，立刻融入了这一教育救国的运动中。

除了对当时中国国情的认识之外，陶行知的个人成长背景也使他对中国的社会现实有了更深刻的体会。陶行知自幼生活在农村，家境贫寒，在亲友的帮助下才得以上学读书，他深切体会到中国社会下层民众生活的疾苦，这对陶行知的一生影响很大。他能够脱掉西装革履，换上布衣草鞋去与农民交朋友；对工人农民和劳苦大众的生活状况给予理解和同情，关注他们的问题，都是源于他的“乡村情结”。他在 1927 年写给晓庄学校全体同志的信上说：“我们第一步要谋中国三万万四千万农民之解放，第二步要助东亚各国农民之解放，第三步要助全世界农民之解放。”②

（二）对中国传统教育思想的批判与继承

陶行知所追随和倡导的新教育本身就是“对于传统教育不满的产物”（杜威语）。早年受过私塾熏陶的陶行知，对于传统教育的弊端很有感触，他曾指出：传统教育是书本教育，学生只是读书，教师只是教书。按这种办法培养的学生只能是书呆子、蛀书虫，会走路的“字纸篓”、书架子，学生没有一点生活力、创造力。但从陶行知长期的教育实践及创立的生活教育理论中都可以看出，他并未全盘否定中国传统教育。相反，他十分注意从古人的教育思想中摄取有益的滋养，这首先体现在他对知行关系的认识上。据陶行知自己说，早在金陵大学求学期间，他即开始研究王阳明的学说，并对其“知行合一”的观点深信不疑，甚至把自己的名字改为“陶知行”。但后来陶行知对王阳明的学说进行了根本改造，由“知是行之始，行是知之成”改为“行是知之始，知是行之成”，标志着他的哲学思想的飞跃，在认识论上找到了生活教育理论的基础。

---

①《陶行知全集》（第一卷），四川教育出版社 1991 年版，第 221 页。

② 江苏省陶行知研究会、南京晓庄师范学校编：《陶行知文集》（修订本），江苏教育出版社 2001 年版，第 254—255 页。

在陶行知的一生中，不论为人为学都充分显示出传统文化的浸染。他泛爱大众，主张通过“教育为公达到天下为公”的教育理想，可以看出是对儒家“大道之行，天下为公，选贤与能，讲信修睦。故人不独亲其亲，不独子其子。使老有所终，壮有所用，幼有所长，矜寡孤独废疾者皆有所养”（《礼记·礼运》）理想的继承。他在办育才学校时，把办学宗旨概括为“智、仁、勇”，这是儒家经典著作《中庸》一书中对人的道德涵养的要求。陶行知指出：“智、仁、勇是中国重要的精神遗产，过去它被认为‘天下之达德’；今天依然不失为个人完满发展之重要指标。”① 他赋予儒家德育思想以全新的内容，要求通过智、仁、勇的教育，使学生具备“了解社会与大众的热诚，服务社会与大众自我牺牲的精神”②。在教学方法上，他借鉴儒家思想中因材施教、教学相长、启发式教学等教育原则，提出了“教学做合一”“五路探讨”等观点，丰富了其对生活教育理论中相关问题的认识。

（三）对实用主义教育思想的吸收与改造

如前所述，实用主义教育思想是发源于美国的一种新教育思想，其主要代表人物是杜威。杜威认为，任何教育都是社会中的教育，都是在社会生活中的教育。教育和社会生活之间的关系，如同“滋养料”与生物生活的关系一样。所以，“教育即生活”就是要求学校应与社会和社会生活结合起来而不是与之相脱离，学校教育应与儿童的生活、成长结合起来而不是与之相脱离。与“教育与生活”的命题相适应，杜威提出了“学校即社会”的命题。他把学校看成是改良社会的有效工具，为了达到用学校来改造社会的目的，就必须先用社会生活中的民主观念和科学观念来改造学校，使学校成为一种雏形的社会，学生在学校不单要读书、学习文化知识，还要养成共同生活、合作交往的习惯和能力。另外，从“教育即生活”的意义上，杜威还提出了“教育即经验的改造”的命题，而这一命题又是他“从做中学”思想的理论依据。在他看来，经验既不是简单的感觉印象，也不是一种简单的认识形

①②《陶行知全集》（第四卷），四川教育出版社 1991 年版，第 460、460—461 页。

式，而是人与环境相互作用的过程，它既包括知识，也包括了行动和行动的感受。那么，经验和教育有什么关系呢？要使经验和教育建立联系，就必须了解活动和活动的结果之间的关系。

陶行知在美国留学期间曾师承杜威，因此，杜威的这些思想对陶行知的影响很大。当时旧中国的教育界，虽然已经引进了赫尔巴特（J. F. Herbart）等西方教育家的思想，翻译了不少外国的教科书，建立了近代学校体系，但教育严重脱离社会生活，脱离人民大众，脱离受教育者的实际情况，读死书、死读书的现象还是非常普遍。在批判传统教育的过程中，陶行知发现杜威的不少教育主张，有很多积极的因素，如：强调教育应当与社会有广泛的联系，反映社会对教育的要求；要适应儿童身心发展的特点和规律，注重培养儿童的社会适应能力，发展儿童的个性；等等。这些思想正是当时中国开展教育改革、反对传统教育所迫切需要的，因此，他开始在中国宣传、倡导杜威的教育主张，并且在这些思想的影响下，大力开展了平民教育运动。同时，在实践中他认识到，照抄照搬实用主义教育是无法真正解决中国的教育问题的，必须从中国的实际出发，探寻出路。他在《欢迎南京教育参观团演讲词》中指出："我国七八年宣传杜威的教育思想，把美国的教育制度拉到中国来施行的拉车夫工作，是害国害民的事，万万做不得。"他在实践过程中，不断摸索，终于逐步酝酿了一个新的教育理论体系，那就是生活教育理论。

二、生活教育的理论与实践

陶行知的生活教育理论是在晓庄学校的办学实践过程中形成、发展，并在育才学校时期达到成熟的。这一理论受到杜威实用主义教育思想的影响，但又不是对杜威思想的简单翻版。生活教育理论的形成过程，就是陶行知改造和超越杜威教育思想的过程。它的基本命题包括："生活即教育""社会即学校""教学做合一"。

（一）生活即教育

陶行知自 1921 年在《活的教育》演讲中提出"生活教育"的概念后，

进行过多次论述，表述最明确、最全面、最概括的是 1939 年 12 月他在给朋友的一封信中所作的解释。他说："从定义上说，生活教育是给生活以教育，用生活来教育，为生活向前向上的需要而教育。从生活与教育的关系上说，是生活决定教育。从效力上说，教育要通过生活才能发出力量而成为真正的教育。"① 这是陶行知对"生活即教育"内涵的概括，具体包含以下含义。

1. 给生活以教育

什么是"生活"？按照陶行知的解释："有生命的东西，在一个环境里生生不已的就是生活。譬如一粒种籽一样，它能在不见不闻的地方发芽、抽条、开花，从动的方面看起来，好像晓庄剧社在舞台演戏一样。"② 陶行知赋予生活以生命的内涵，反对僵死的东西，他所理解的生活是人类为了生存发展而进行的活动。陶行知指出："生活教育是生活所原有，生活所自营，生活所必需的教育。"③ 说明教育源于生活，它起源于人类实际的生活需要。晓庄时期，他指出学生主要过六种生活，就要受六个方面的教育，即：健康的教育、劳动的教育、科学的教育、艺术的教育、改造社会的教育、有计划的教育；育才时期，他总结了生活教育的实践经验，进一步提出要把现代文化宝库的"四把钥匙"——语文、数学、外语、科学方法教给学生。此外，还有生产劳动、军事训练、抗敌艺术演出等教育活动。这些都是紧密结合改造社会、改造自然的社会活动实际，都是以半殖民地半封建社会中国人民大众的生活需要和政治需要为依据的，使生活与教育真正地联系在一起，克服了传统教育的痼疾。

2. 用生活来教育

在陶行知看来："教育的根本意义是生活之变化。生活无时不变，即生

① 华中师范学院教育科学研究所主编：《陶行知全集》（第五卷），湖南教育出版社 1985 年版，第 476—477 页。

② 江苏省陶行知教育思想研究会、南京晓庄师范陶行知研究室编：《陶行知文集》，江苏人民出版社 1981 年版，第 243 页。

③ 华中师范学院教育科学研究所主编：《陶行知全集》（第二卷），湖南教育出版社 1985 年版，第 633 页。

活无时不含有教育的意义。”① 那么，生活怎样起教育的作用呢？陶行知的观点是：“生活与生活一摩擦便立刻起教育的作用”，“摩擦者与被摩擦者都起了变化，便都受了教育”。②因为生活与生活发生“摩擦”，“便发出生活的火花，即教育的火花，发出生活的变化，即教育的变化”。③这些都是在生活实践中进行的，因此，生活的重要特征是参与。若形式上接受了某种教育，却又不参与这样的生活，便不算是真教育。如“过的少爷生活，虽天天读劳动的书籍，不算是受着劳动教育；过迷信的生活，虽天天听科学的演讲，不算是受科学教育。”④ 总之，“过什么生活，便是受什么教育。过好的生活，便是受好的教育；过坏的生活，便是受坏的教育；过有目的的生活，便是受有目的的教育；过糊里糊涂的生活，便是受糊里糊涂的教育。”⑤正是因为如此，陶行知一直强调“教育要以生活为中心”，不能以文字、书本为中心；文字、书本只是生活工具的一种，不是生活工具的全部，教育只有通过生活才有效。

3. 为生活而教育

在生活和教育的关系上，陶行知指出：“是生活决定教育”，教育要通过生活才能发出力量。但是从另一个方面说，他也认为教育虽为生活所决定，可它并不是消极被动地适应生活，而是对生活具有积极的促进和推动作用。主要表现在以下两个方面。

（1）改造社会生活。陶行知认为，“教育就是生活的改造”“社会的改造”⑥ “教育是民族解放、大众解放、人类解放之武器。”⑦ 早年他办晓庄学校，推行乡村教育运动，就是以“征服自然改造社会”为目标，把政治、经济、教育打成一片，形成“政富教合一”的理论。20 世纪 30 年代，他提倡

---

①②③⑤⑥ 华中师范学院教育科学研究所主编：《陶行知全集》（第二卷），湖南教育出版社 1985 年版，第 633、25、26、634、128 页。

④ 江苏省陶行知教育思想研究会、南京晓庄师范陶行知研究室编：《陶行知文集》，江苏人民出版社 1981 年版，第 243 页。

⑦ 华中师范学院教育科学研究所主编：《陶行知全集》（第五卷），湖南教育出版社 1985 年版，第 477 页。

“科学下嫁”运动，努力把科学普及到工农群众中去；创办培养工农“生产能力、科学能力”等六大能力的工学团；在抗日战争时期，民族危机加重，陶行知提倡国难教育，以教育为武器，组织救国。他曾郑重地说：“教育没有独立的生命，它是以民族的生命为生命。唯有以民族的生命为生命的教育，才是我们的教育。”① 他此后提倡的战时教育运动和民主教育运动、创办育才学校和社会大学，都继承了这一传统，将教育与抗日救亡、争取和平民主等斗争密切结合起来，融教育改革与社会改造为一体，使生活教育运动成为反帝反封建的新民主主义革命斗争的重要组成部分，充分发挥了教育在改造社会中的功能。

（2）改造人。教育的基本功能是教育人、改造人，促进人的身心发展。陶行知充分肯定并发挥了教育的这种内在价值和基本功能。他说：“教育是教人发明工具，制造工具，运用工具”②；“教育是教人做人”③，“教人不变的不是教育”④。他办晓庄师范、山海工学团、育才学校都是为了培养人，他“探讨最合理最有效之新教育原理与方法，促进自觉性之启发，创造力之培养，教育之普及，生活之提高”⑤。

综上所述，“生活即教育”揭示了生活和教育的关系，反映了教育的本质。其基本要义是教育以生活为中心；生活决定教育，教育改造生活；教育成为大众解放、民族解放、人类解放的武器。陶行知的“生活即教育”理论是以社会生活以及在此基础上产生的经验为中心，主张用生活来教育、以社会生活为教育的素材。

---

① 江苏省陶行知教育思想研究会、南京晓庄师范陶行知研究室编：《陶行知文集》，江苏人民出版社 1981 年版，第 536 页。

②④ 华中师范学院教育科学研究所主编：《陶行知全集》（第二卷），湖南教育出版社 1985 年版，第 77、237 页。

③ 华中师范学院教育科学研究所主编：《陶行知全集》（第一卷），湖南教育出版社 1985 年版，第 458 页。

⑤ 华中师范学院教育科学研究所主编：《陶行知全集》（第三卷），湖南教育出版社 1985 年版，第 417 页。

（二）社会即学校

“社会即学校”是生活教育理论的另一个命题，是伴随着“生活即教育”而来的。陶行知指出：“是生活即教育，就是社会即学校了”①，两者“是相联的，是一个学理”②。“社会即学校”指明了生活教育的范围，就是要求“以社会为学校”，“把整个的社会或整个的乡村当作学校”。③在这里，“社会”概念构成了生活教育理论的一个重要范畴。陶行知说：“社会是个人结合所成的。”④如家庭、街道、商店、医院、乡村、工厂等都是社会的组织。它们既是生产或工作的单位，也是战斗的团体，是人们的生活场所，尤其是大众生活场所。陶行知认为，凡是生活的场所，就是教育的场所，也可以称为学校。“学校是小的社会，社会是大的学校。”⑤强调学校和社会之间存在着必然的联系。基于这种认识，陶行知提出“社会即学校”的主张，其基本含义如下。

1. 把社会办成大学校

陶行知提出，社会就是一个伟大无比的学校，“到处是生活，到处是教育”⑥。他肯定人类自古以来就在广袤的社会生活中接受教育，社会就是课堂，“整个的生活，整个的教育，都统一在整个社会之中”⑦。他指出，对于这样的学校，“士大夫之所以不承认他，是因为他们有特殊的学校给他们的子弟受特殊的教育”⑧。既然如此，“课堂里既不许生活进去，又收不下广大的大众”，“我们只好承认社会是我们的唯一的学校了”⑨。陶行知从大众的立场出发，提出了社会是大众唯一的学校，生活是大众唯一的教育的主张，扩大了“学校”的内涵，改变了人们对以往学校的认识和迷信，给了大众以思想武器和接受教育的信心。这是“社会即学校”的重要

---

①②③④⑥⑦⑧ 华中师范学院教育科学研究所主编：《陶行知全集》（第二卷），湖南教育出版社 1985 年版，第 183、187、211、128、633、182、634 页。

⑤ 华中师范学院教育科学研究所主编：《陶行知全集》（第一卷），湖南教育出版社 1985 年版，第 126 页。

⑨ 华中师范学院教育科学研究所主编：《陶行知全集》（第三卷），湖南教育出版社 1985 年版，第 27 页。

内涵之一。

2. 把学校办成与社会密切联系的学校

陶行知反对为教育而办教育，认为那样在组织方面便是为学校而办学校，学校和社会中间就像是造了一道高墙。他指出，中国的学校教育历来为统治阶级所把持，成为“小众教育”，大众进不去；而这种学校又与社会生活隔绝，学校与社会成了两个世界、两种生活。而杜威的“学校即社会”的主张强调的是将社会上的东西搬一些进学校，把丰富多彩的社会生活压缩到渺小的学校中去，把真的社会变成假的社会，陶行知曾这样比喻说：这种教育好像把一只活泼的小鸟从天空中捉来，关进鸟笼里一样，顶多只是“顾念鸟儿寂寞，搬一两丫树枝进笼，以便鸟儿做陪伴”，但“鸟笼毕竟还是鸟笼，决不是鸟的世界”，结果学校与社会仍然分离。① 学生被锁在小小的学校里，“闭门造车”，这样培养的人才显然无法适应社会的需要。基于这种认识，陶行知要求冲开校门、冲开村门和国门，把学校的一切延伸到大自然、大社会中去，这样一来，“教育的材料、教育的方法、教育的工具、教育的环境，都可以大大增强，学生、先生也可以更多起来”②。在教育实践中，陶行知组织学生以社会为课堂，走出学校，到工厂、农村演戏，宣传抗日救国等。为普及大众教育，他提出向一切有专长的人学习，农夫、村妇、渔人、樵夫都可以做先生，又都是学生；马路、弄堂、乡村、工厂、店铺、监牢、战场，凡是生活的场所，也都是教育的场所。

“社会即学校”从根本上改变了传统的“学校自学校，社会自社会”的教育观，形成了包括学校教育在内的整个社会生活教育的大教育体系。它既不同于传统教育，也不同于杜威的“学校即社会”。陶行知提出了改变办学主体，打破了传统学校只被少数有钱人占有的状况，运用社会的力量，由群众办自己所需要的学校，解决了当时社会背景下广大工农群众及其子女受教育的问题。

---

①② 华中师范学院教育科学研究所主编：《陶行知全集》（第二卷），湖南教育出版社1985年版，第633、201页。

（三）教学做合一

“教学做合一”是生活教育理论的方法论，也是其教学论。它是在批判传统教育和洋化教育的基础上建立起来的，是对传统教育方法的根本变革。1917 年，陶行知由美回国后，“看见国内学校里先生只管教，学生只管受教的情形，就认定有改革之必要”①，他先后提出了改“教授法”为“教学法”、“教学合一”、“教学做合一”等观点，并着手进行了改革。此后，他多次对“教学做合一”原理进行了系统阐述，并将其作为晓庄师范的校训进行试验。经过不断丰富和发展，逐步形成了“教学做合一”的理论体系。根据陶行知的历次阐述，其基本内涵包括以下两点。

1. 生活法亦即教育法

如前所述，陶行知认为，生活与生活摩擦，产生了生活的变化，这便是生活法；生活与生活摩擦，产生了教育的变化，这便是教育法。“教学做合一是生活法，也就是教育法。”这一观点是“教学做合一”的根本教学原则和方法。陶行知在 1927 年解释这种方法时说：“教学做合一，是以生活为中心——怎样做就怎样学，怎样学就怎样教。所有的问题，都是从生活中发出来的。从生活中发出来的困难和疑问，才是实际的问题；用这种实际的问题来求解决才是实际的学问。”②他主张把教育与生活紧密联系起来，倡导全部的课程就是全部的生活，没有课外的生活也没有生活外的课程。在晓庄时期，他践行了这一主张，并取得了很好的教育效果。他将晓庄学校的全部功课分为中心学校教学做、分任校务教学做、改造社会环境教学做等几方面。以中心学校教学做为例，它的意思是指为小学教育而办师范教育，师范教育的研究应当针对小学教育而研究。小学为主，师范为客，故称小学为中心小学。当师范生到中心小学去实习教小学生国语的时候，他是在“做”；在做这件事的同时他又在研究国语如何教，这就是“学”；师范生的指导员就在旁边教他，这就是“教”。所以在这项活动中，“教学做”是合一的。总之，

①② 华中师范学院教育科学研究所主编：《陶行知全集》（第二卷），湖南教育出版社 1985 年版，第 42、161 页。

在陶行知看来，现实生活中时时处处都是教学做合一，人人都是先生，人人都是同学、学生，这是“生活现象之说明，即是教育现象之说明”。

2. 以做为中心

陶行知说：“教学做都以做为中心。在做上教的是先生，在做上学的是学生。”① 那么，什么是“做”？“做是发明，是创造，是实验，是建设，是生产，是破坏，是奋斗，是探寻出路。”② 其特征是行动、思想、新价值之产生。早在1927年，陶行知就提出：“真正之做只是在劳力上劳心，用心以制力。”1929年，他在《答朱端琰之问》中补充说：“单纯的劳力，只是蛮干，不能算做；单纯的劳心，只是空想，也不能算做。”③ 可见，陶行知的“做”指的是在思想指导下的行动，包含着丰富的唯物主义认识论原理。真正的“做”是手到心到，“做”实质上是一种社会实践，“做”的过程也是一个创造的过程，遵循着由具体到抽象、由感性到理性的认识规律。

在此认识基础上，陶行知强调师生共同在做上学、在做上教、在做上质疑问难，进而师生运用科学方法在做上追求做之所以然。他甚至把是否重视“做”当成衡量教育是否真实的标准。他明确指出：“不能引导人做之教育，是假教育；不能引导人做之学校是假学校；不能引导人做之书本，是假书本。在假教育、假学校、假书本里自骗骗人的人，是假人——先生是假先生，学生是假学生。”④

在教学实践中，陶行知不仅强调“做”，他还对教学做三者的关系进行了深入的思考。他一再提醒人们，“教学做合一”不是三者并列，“在生活里，对事说是做，对己之长进说是学，对人之影响说是教，教学做只是一种

① 华中师范学院教育科学研究所主编：《陶行知全集》（第二卷），湖南教育出版社1985年版，第289页。

②③《陶行知全集》（第二卷），四川教育出版社1991年版，第651、19页。

④ 江苏省陶行知研究会、南京晓庄师范学校编：《陶行知文集》，江苏教育出版社2001年版，第406—407页。

生活之三方面，而不是三个各不相谋的过程”①。“教学做”不是三件事，而是一件事，不能分开。

陶行知吸收了杜威“做中学”思想中的一些合理因素，如注重实际、反对单纯的知识灌输、注重学生的能力培养等，并将这些思想应用于其教育实践中。虽然陶行知和杜威都强调“做”，但是陶行知的“做”，是同“教”与“学”紧密结合的，他强调在“行”“生活”“活动”中去认识世界、增长才干，把理论与实践、教育与生活联系在一起。

三、生活教育理论在幼稚教育中的应用

生活教育理论是在半殖民地半封建社会条件下产生的一种新型的进步的教育理论，它对中国社会和教育产生了广泛的影响，其中包括幼稚教育。在陶行知的倡导与努力下，乡村幼稚园、劳工幼稚园等作为中国幼稚教育的新大陆而兴办起来，他本人也积极投身于幼儿教育的理论与实践研究中，取得了丰厚的成果。

（一）论幼稚教育的重要性

陶行知十分重视幼儿教育，他说：“从福禄培尔发明幼稚园以来，世人渐渐地觉得幼儿教育之重要；从蒙台梭利毕生研究幼儿教育以来，世人渐渐地觉得幼稚园之效力；从小学校注意比较家庭送来与幼稚园生来的学生性质，世人乃渐渐地觉得幼儿教育实为人生之基础，不可不承早给他建立得稳。”② 由此，他从儿童自身发展和国家前途两方面论述了自己对幼儿教育重要性的认识。

早在20世纪20年代，陶行知在《幼稚园应有之改革及进行方法》一文中指出：“人格教育，端赖六岁以前之培养。凡人生之态度、习惯、倾向，

---

①《陶行知全集》(第二卷)，四川教育出版社1991年版，第650页。

② 戴自俺、龚思雪主编：《陶行知幼儿教育的理论与实践》，四川教育出版社1987年版，第32页。

皆可在幼稚时代立一适当基础。”① 他把六岁以前当作人格陶冶的最重要的时期，针对当时忽视幼稚教育的做法，指出：“吾国人漠视幼稚时代之重要，学校教育，枉费精神，纠正幼稚时代已成之不良习惯倾向，可谓事倍功半。放任者，听其滋长蔓延，不加纠正，更不堪问矣。有志之士，起而创设幼稚园，以正童蒙，宁非当务之亟。”②

陶行知在《新教育评论》发表了著名的《创设乡村幼稚园宣言书》，进一步指出：“六岁以前是人格陶冶最重要的时期。这个时期培养得好，以后只须顺着他继长增高的培养上去，自然成为社会的优良分子；倘使培养得不好，那末，习惯成了不易改，倾向定了不易移，态度决了不易变。这些儿童升到学校里来，教师需费尽九牛二虎之力去纠正他们已成的坏习惯、坏倾向、坏态度。真可算为事倍功半。”③ 按陶行知的主张，儿童六岁以前的教育，是人生的基础阶段，这个时期儿童将打下人格、智力、体格的基础，并且这个基础一旦奠定，便不易改变。从人类自身的发展来看，求知的欲望在六岁以前已很发达，是儿童求知的关键时期，决不可轻易放弃，否则，失去了这个时机，对孩子的教育会很困难。

因此，陶行知主张普及教育，不仅要普及小学，也要普及幼儿教育。他说：“教人要从小教起。幼儿比如幼苗，必须培养得宜，方能发荣滋长。否则幼年受了损伤，即不夭折，也难成材，所以小学教育是建国之根本；幼稚教育尤为根本之根本。小学教育应当普及，幼稚教育也应当普及。”④ 陶行知将国家的前途与幼儿教育联系在一起，认为幼儿教育是培养大批国家有用人才的基础事业，这在当时具有进步意义。

（二）论幼稚教育的服务方向

我国的社会化幼儿教育自清末产生以来，几乎完全被教会办的幼稚园垄断。陶行知猛烈抨击了当时幼稚园的“三大病”。

---

①②③④ 戴自俺、龚思雪主编：《陶行知幼儿教育的理论与实践》，四川教育出版社1987年版，第29、29、29、44页。

一是外国病。他指出："试一参观今日所谓之幼稚园，耳目所接，哪样不是外国货？他们弹的是外国钢琴，唱的是外国歌，讲的是外国故事，玩的是外国玩具，甚至于吃的是外国点心。中国的幼稚园几乎成了外国货的贩卖场，先生做了外国货的贩子，可怜的儿童居然做了外国货的主顾。

二是花钱病。国内幼稚园花钱太多，有时超过小学好几倍。这固然难怪，外国货哪有便宜的！既然样样仰给于外国，自然费钱很多；费钱既多，自然不易推广。

三是富贵病。幼稚园既是多花钱，就得多弄钱。学费于是不得不高，学费高，只有富贵子弟可以享受他的幸福。所以幼稚园只是富贵人家的专用品，平民是没有份的。"①

陶行知认为必须改变这种状况，在《幼稚园之新大陆》一文中，他明确提出了幼儿教育要为劳动民众服务的方向，并向社会呼吁：

"最需要幼稚园的地方是什么？最欢迎幼稚园的地方是什么？幼稚园还有什么新大陆可以发现？

1. 女工区域是需要幼稚园的。妇女上工厂做工，小孩留在家里，无人照应，最感痛苦。若带在身边，那末工厂里的特殊紧张之环境，便要阻碍儿童的发育。倘使工厂附近有相当之幼稚园，必能增进儿童之幸福而减少母亲精神上之痛苦。同时女工既不必心挂两头，手边又无拖累，则做工效率，自然也要增加好多。所以为儿童教育计，为女工精神计，为工业生产效率计，这种工厂附近必须开办幼稚园。这是幼稚园的第一个新大陆……

2. 农村也是需要幼稚园的。农忙的时候，田家妇女们忙个不停，

① 戴自俺、龚思雪主编：《陶行知幼儿教育的理论与实践》，四川教育出版社 1987 年版，第33页。

小孩子跟前跟后，真是麻烦。哥哥姐姐也要帮忙操作，无暇陪伴弟妹玩耍，所以农忙一到，乡村小孩子就要缺乏照料。倘使农村里有了幼稚园，就能给这些小孩子一种相当的教育，并能给农民一种最切要的帮助。”①

本着这种精神，陶行知号召展开幼稚园的下乡运动和进工厂运动。为了使幼稚园能下到乡村进到工厂，他认为必须改变当时幼稚园的三大弊病。他指出：“要把外国的幼稚园化成中国的幼稚园，把费钱的幼稚园化成省钱的幼稚园，把富贵的幼稚园化成平民的幼稚园。”②具体来看，首先要打破对外国的盲目崇拜，力求建设中国式的幼稚园，使幼儿教育适合中国国情，充分运用眼前的音乐、诗歌、故事、玩具及自然界陶冶儿童。对外国好的材料也可选用，但必须以家园自出为中心；其次，对建设省钱的幼稚园，他认为不应事事效仿国外，教师就可在本乡中选择，通过训练之后，担任乡村幼稚园的教师。玩具可以运用本村小学手工科及本村工匠仿制。这样的幼稚园，花钱省，费用低，教师取之乡间，与儿童生活气味相投，容易亲近，平民的孩子自然愿意入学，平民的幼稚园便可实现了。陶行知领导创办的燕子矶幼稚园、晓庄幼稚园、劳工幼儿团等都是按这种中国的、省钱的、平民的幼稚园建立起来的，因此，深受工人和农民的欢迎。

关于招生的对象，陶行知主张对工农子女实行“来者不拒，不来者送上门去”③的政策。他认为不仅要培养幼儿，而且要培养婴儿，所以他除号召开展幼稚园的下乡进厂运动外，还号召要开展托儿所运动，甚至连刚生下的小婴儿也收，以解决当时女工无产假的困难。

①②③ 戴自俺、龚思雪主编：《陶行知幼儿教育的理论与实践》，四川教育出版社 1987 年版，第 36—37、32、179 页。

关于收托时间，陶行知提出要办“整天整年的幼稚园”①，这样才能真正为女工和农妇服务。陶行知规定：“幼稚园放假只能跟着女工农妇空闲的时候为转移。”② 他的助手和学生摒弃了当时幼稚园大多为半日制，每天只收托二三小时的不合理规章制度，开办了各种类型的幼教机构。如，学生孙铭勋所办的劳工幼儿团，就是根据工人有日班、夜班，没有寒暑假、没有节假日的情况，实行了寄宿制。

陶行知曾为乡村教师题写了一副有名的对联：

捧着一颗心来
不带半根草去

这就是陶行知人生的真实写照。他放弃了优越的生活和工作条件，到晓庄农村、到工厂，办农民教育、幼儿教育，捧着一颗与劳动民众同甘共苦的心开辟幼稚教育的新大陆，指明了幼稚教育应向工农开门、为工农服务的正确方向。

（三）论创造的幼稚教育

陶行知的创造教育思想是其生活教育理论的重要组成部分。它是和生活教育理论同时孕育、萌发、形成、发展与成熟的。在生活教育理论萌动之初，陶行知就一再强调，教育的目的在于“生利”（即生计）、在于创造；教学做合一既是生活法，也是教育法，既是教育过程，也是创造过程。

1. 认识儿童的创造力

陶行知认为，儿童有很强的创造力，这种创造力是千千万万祖先至少经过人类五十万年与环境斗争所获得并传递下来的人的才能的精华，发挥、加

① 戴自俺、龚思雪主编：《陶行知幼儿教育的理论与实践》，四川教育出版社 1987 年版，第 37 页。

② 中国学前教育史编写组编：《中国学前教育史资料选》，人民教育出版社 1989 年版，第 141 页。

强、培养这种创造力的重要条件是环境。因此，他提出重视教育的作用，指出："教育是要在儿童自身的基础上，过滤并运用环境的影响，以培养加强发挥这创造力，使他长得更有力量，以贡献于民族与人类。"① 当时旧中国的孩子受到各种封建礼教的束缚，身心得不到充分发展，生活困难，陶行知提出的一系列培养儿童创造力的观点具有重要的现实意义。

为了发挥儿童的创造力，陶行知要求教育工作者首先要了解儿童，认识儿童的创造潜能。他指出教师要加入儿童的队伍，第一步是要不失赤子之心，把自己当作儿童中的一员，不是敷衍，不是假冒的，而是要真诚的，在情感方面和小孩站在一条战线上。只有这样，才能真正地了解儿童，发现儿童不仅有力量，而且有创造力。他曾举了一个生动的例子来说明儿童的创造力。晓庄学校被封闭后，原晓庄学校的教师不能回晓庄小学上课了。在不得已的情况下，小孩们自己组织了起来，推举同学做校长、当教员，自己教，自己学，自己办，并自称自动学校。陶行知说："这是中国破天荒的创造。我听见了这个消息以后，就写了一首诗恭贺他们：有个学校真奇怪，大孩自动教小孩。七十二行皆先生，先生不在学如在。"② 陶行知将称赞孩子们的诗用快信寄去。第三天，他收到了回信。在信上除了道谢外，孩子们还说这首诗有个字要改，大孩教小孩，难道小孩不能教小孩吗？大孩能自动，难道小孩不能自动吗？而且大孩教小孩有什么奇怪的？陶行知看了信后，说："这一串炸弹把个大字炸得粉碎，我马上把它改为'小孩自动教小孩'，这样一来，是更好了。黄泥腿的农村小孩改留学生的诗，又是破天荒的证明，证明小孩子有创造力。"③

2. 解放儿童的创造力

陶行知在《创造的儿童教育》一文中指出："创造的儿童教育，不是说教育可以创造儿童。教育不能创造什么，但他能启发解放儿童创造力以从事

①②③ 戴自俺、龚思雪主编：《陶行知幼儿教育的理论与实践》，四川教育出版社 1987 年版，第 88、89—90、89—90 页。

于创造之工作。”① 那么，该如何解放儿童的创造力？他提出了六大解放的观点。

（1）解放儿童的头脑。陶行知指出，旧中国儿童的创造力被固有的迷信、成见、曲解、幻想层层裹头布包裹了起来。要发展儿童的创造力，先要把儿童的头脑从迷信、成见、曲解、幻想中解放出来，让儿童自己去思考。

（2）解放儿童的双手。人类的活动是靠双手进行，若使人类把双手束缚起来，就不能执行头脑的命令。陶行知批判了中国传统的教育不许小孩子动手，动手要打手心，往往因此摧残了儿童的创造力。

（3）解放儿童的眼睛。陶行知认为，如果不让孩子去观察，去引导和培养儿童的观察力，就犹如睁眼瞎，大千世界在他们眼里没有任何意义，创造力也就没有了源泉。因此，让孩子去看、去认识和学会观察是非常重要的。

（4）解放儿童的嘴。小孩子有问题要准许他们问。因为从问题的解答里，可以增进他们的认识。但中国一般习惯是不许多说话，他认为，儿童只有得到言论自由，特别是问的自由，才能充分发挥他们的创造力。

（5）解放儿童的空间。陶行知认为，把孩子关在房子里或校园中，就像把鸟关在笼子中一样，是非常痛苦的。创造需要广博的基础，只有解放了空间，才能搜集丰富的资料，扩大认识的眼界，孩子内在的创造力才能发挥出来。

（6）解放儿童的时间。陶行知反对学校和幼稚园把儿童的时间排得太紧，占据了他们全部的时间。在过分的考试制度的压力下，孩子没有时间去接受大自然、大社会的宝贵知识，使他们失去了学习人生的机会，养成无意创造的倾向，致使到了成年，即使有时间，也不知道怎样发挥他的创造力了。

3. 培养儿童的创造力

陶行知作为我国创造教育的首创者，他相信儿童的创造力，并在如何培

---

①《陶行知全集》（第四卷），四川教育出版社 1991 年版，第 3 页。

养儿童的创造力上提出了自己独到的观点，正如他自己所说："把小孩子的头脑、双手、嘴、空间、时间都解放出来，我们就要对小孩子的创造力予以适当之培养。"① 具体措施如下。

（1）需要充分的营养。小孩的体力和心理都需要适当的营养。有了适当的营养，才能产生高度的创造力，否则创造力就会被削弱，甚而至于夭折。

（2）需要建立良好的习惯。日常生活中要养成良好的习惯，才能向更高的层次飞跃，产生更高的思想追求。

（3）需要因材施教。培养儿童的创造力如同园丁一样，首先要认识儿童，发现他们各自的特点，而予以适宜的肥料、水分、太阳光，并须除害虫，这样才能使这些幼苗茁壮成长，否则难免枯萎。

（4）发扬民主。陶行知说："创造力最能发挥的条件是民主。"② 虽然在不民主的环境下，创造力也有表现，但仅限于少数，而且不能充分发挥其天才。要大量开发创造力，只有民主才能办到。民主应用在教育上有三个最要点：①教育机会均等。贫富、男女、老幼、民族之间都要机会均等。②宽容和了解。教育者要像爱迪生母亲那样宽容被学校开除的爱迪生，把地下室让给他做实验；要像法拉第的老板波利那样，宽容法拉第一面读书一面订书，虽然订书最慢而没有开除他那样，了解孩子，宽容孩子。③在民主生活中学民主。只有民主才能解放绝大多数人的创造力，而且使人的创造力发挥到最高峰。

陶行知作为一名旧中国的爱国知识分子，他是由教育救国走上民族民主革命道路的典范。在政治上，他从晓庄时期的"摸黑路"到终于成为"一个无保留地追随党的党外布尔什维克"；在教育上，他从在教育救国思想指导下从事平民教育、乡村教育、普及教育转变为为民族民主斗争而开展国难教育、抗战教育、民主教育。陶行知在学前教育中的理论与实践，是他整个教育理论与实践的重要组成部分。他发表了《创设乡村幼稚园宣言书》《幼稚

①② 戴自俺、龚思雪主编：《陶行知幼儿教育的理论与实践》，四川教育出版社 1987 年版，第 93—94、94 页。

园的新大陆》《如何使幼稚教育普及》等人文性、进步性极强的文章；曾和陈鹤琴在第一次全国教育会议上提出了《注重幼稚教育案》；并带领学生建立了我国第一批乡村幼稚园和劳工幼儿团，创建了我国第一所乡村幼师和组织了乡村幼教研究团体，开展了卓有成效的试验和研究工作，为我国现代学前教育思想和实践的发展做出了重要的贡献。

第四节 陈鹤琴的学前教育理论与实践

陈鹤琴（1892—1982），浙江上虞人。现代儿童教育家。他是我国学前教育和儿童心理研究的开拓者和奠基人，为我国儿童教育事业做出了杰出的贡献。

陈鹤琴诞生于19世纪末的动荡年代，6岁那年其父去世后，贫困的生活使他从小感到“人生非奋斗没有出路”。读了几年私塾后，靠亲友资助进入基督教浸礼会办的杭州蕙兰中学，在学习期间，他勤奋刻苦，成绩优异，常以“有志者事竟成”等格言自勉，其人生观也从显亲扬名转变为济世救人。

1911年2月，陈鹤琴考入教会学校——上海圣约翰大学，秋季又转考入清华学堂高等科。其间，他认识到清华经费是美国退还的庚子赔款，读书是人民脂膏的栽培，萌发了爱国爱民的思想，他曾创办校役补习夜校和城府村义务小学，自兼两校校长，并组织社团，养成热心服务的精神和能力。

1914年8月，他与陶行知同行，前往美国留学。原打算学医，经思前想后，认为“医生是医病的。我是要医人的……我是喜欢儿童，儿童也是喜欢我的。我还是学教育，回去教他们好”①。终于，在“为人类服务，为国家尽瘁”②志向的指导下，他决意学习教育以献身教育事业。他先在霍普金斯大学学习，自奉求学原则为：凡百事都要知道一些，有一些事物，要彻底知道。他不仅如饥似渴地学习本学科科目和几门外语，还学习政治学、市政学、经济学等，对地质学、生物学的实验研究也怀着极大的兴趣。暑假还到康奈尔大学和阿默斯特大学暑期学校选读园艺、养蜂、鸟学、普通心理学等。他于1917年夏毕业，得文学士学位；入秋，进哥伦比亚大学师范学院，专心研究教育学和心理学，就学于克伯屈、孟禄、桑代克（E. L. Thorndike）等名教授；冬，由孟禄率领去南方考察黑人教育；1918年夏，获教育硕士学位，随后转入心理系，从伍特沃思教授，准备攻读博士学位，但终因5年留学期满而回国。

1919年夏，他接受南京高等师范学校（后改为东南大学）校长郭秉文的邀请回国任教，任儿童心理学和教育学教授。由他在高校首开的《儿童心理学》课程，不仅介绍当时许多国外知名心理学家的研究成果，并最早运用观察实验的方法，系统地研究我国儿童的心理发展。从1920年起，他以长子一鸣为对象，进行儿童心理发展的观察和实验，共808天。他把研究所得比照西方儿童心理学家的研究成果，写成《儿童心理之研究》一书；同时又以其子女为对象，研究家庭教育，写了《家庭教育》一书。两书均于1925年由商务印书馆出版发行，后列入商务印书馆的“大学丛书”。

1923年春，陈鹤琴在自家客厅创办南京鼓楼幼稚园，亲任园长；不久又以该园作为东南大学教育科的幼教实验园地，建立了我国第一个幼教实验

①② 陈秀云、陈一飞编：《陈鹤琴全集》（第六卷），江苏教育出版社2008年版，第531页。

中心，开创了科学的幼教研究之先河。当时教育科曾委派张宗麟协助工作，在陈鹤琴的直接指导下开展了幼稚园的课程、设备、故事、读法以及幼稚生应有的习惯和技能等项实验研究。在此基础上，陈鹤琴于1927年发表了《我们的主张》一文，提出了适合我国国情、儿童心理、教育原理和社会现状的办园主张15条。鼓楼幼稚园的实验研究成果，于1928年曾作为《幼稚教育丛刊》出版了4种，并成为1932年教育部公布的《幼稚园课程标准》的基础。

1927年3月，陶行知创办南京晓庄试验乡村师范学校。陈鹤琴兼任该校指导员及第二院（幼稚师范院）院长，支持晓庄师范创办乡村幼稚园，开辟乡村幼稚教育实验基地。

同年6月，陈鹤琴任南京特别市教育局学校教育课课长，着力整顿中小学教育和幼稚教育，设立实验区，试验新教法，并编撰教科书、儿童读物，研究和设计玩具、教具、设备等。为了推动教学研究工作，他还发起组织幼稚教育研究会，创办我国最早的幼稚教育研究刊物《幼稚教育》（1928年改为《儿童教育》），任主编。

1928年5月，在蔡元培主持召开的第一次全国教育会议上，他与陶行知共同提出《注重幼稚教育案》7条。同时经过几年的研究，他从90多万字的白话文材料中选出4791个常用字，编成《语体文应用字汇》，作为中华教育改进社丛刊，于6月由商务印书馆出版发行。

同年9月，他应聘赴上海主持公共租界工部局的华人教育，任华人教育处处长共11年。先后办了6所小学（附设幼稚园），其中1所为半日二部制的简易小学（专为贫寒子弟），1所女子中学，4所工人夜校；并争得了升国旗权及在4所华童公学增设中国人的校长和副校长等。其间，他对小学教育及小学教科书进行了研究，编写有关国语、算术、英文、作文、自然、历史等课本、卡片、字帖、读本、丛书等，并主编《小学教师》刊物。

1934年7月至次年3月，陈鹤琴赴英国、法国、比利时、荷兰、德国、丹麦、苏联、波兰、奥地利、意大利、瑞士等11国考察教育，回国后积极介绍欧洲先进教育经验，特别是苏联推行普及教育和儿童教育的经验，并在教育实践中作为借鉴。1937 年 2 月，陈鹤琴代表中华慈幼协会与熊希龄、毛彦文、关瑞梧等出席在爪哇举行的国际联盟远东禁贩妇孺会议，他负责起草我国代表向大会的报告：《中国妇女被贩卖》，并于回国后在上海组织妇孺问题研究会和儿童保护会。

上海“八·一三”事变以后，有近百万难民涌入租界，当时在中国共产党的领导和推动下，通过各慈善团体的努力，成立了大批难民收容所和难民教育机构。他先后担任上海国际救济会常务委员会兼教育组负责人和上海国际红十字会教育委员会主任，负责领导开展难民中的儿童教育、成人教育和职业教育。在 200 多个收容所的 160 多所学校中，有 27000 多名难童受到教育。以后他又任上海慈善团体委员会教育委员会主任，在难童和难民中开展文化和抗日教育。为收容和教育流浪儿及孤儿，他发起组织儿童保育会，任理事长，并创办儿童保育院和报童学校 10 所。其间，他还大力提倡拉丁化新文字运动，编撰新文字的课文和读物，进行教学实验，举办师资培训班、展览会，召开座谈会、研讨会，以扫除文盲、普及教育。他担任了上海语文学会、上海市成人义务教育促进会的理事长。同时他还参加地下党领导的“民社”“星期二聚餐会”等进步团体，开展抗日救亡活动。为此，遭汪伪忌恨而被列入暗杀名单，因及早转移，幸免于难。

1940 年，陈鹤琴以“要做事，不做官”的志气，拒绝了教育部提出的要他担任国民教育司司长的要求，赴江西筹建幼稚师范。10 月 1 日，江西省立实验幼稚师范学校——我国第一所公立幼稚师范学校便诞生于江西省泰和县文江村，由他任校长，全面实验“活教育”，以实现其办中国化幼稚教育、由中国人自己培养中国化幼稚师资的宏愿。

1943 年，该校由省立改为国立，同时增设幼稚师范专修科，从而形成了一个较完整的幼稚师范教育体系：包括专科部、师范部、小学部、幼稚园、婴儿园等部分，另设国民教育实验区。1944 年，日寇窜扰赣江两岸，陈鹤琴迁校至赣南；1945 年初，局势再度紧张，他率领师生及家属 200 多人历尽艰辛，长途跋涉，于 3 月在广昌甘竹乡饶家堡重建校园。抗战胜利，幼师改为省办，专科部迁至上海，成为国立幼稚师范专科学校，他任校长。

1945年9月，陈鹤琴被聘为上海市教育局督导处主任督学，负责接管外国人办的中小学30余所。同年，创办上海市立幼稚师范学校（1947年2月改为市立女子师范学校）并任校长，继续实验活教育，复办《活教育》月刊，并编写了《活教育——理论与实施》《活教育的创造》《活教育的教学原则》等，建立了活教育的理论体系。他支持学生参加进步政治运动，赞助学生在上海大场及江苏金坛举办农忙托儿所，实验并推广乡村学前教育。其间，他创办了上海儿童福利促进会，以解决难童教养问题；又筹建上海特殊儿童辅导院，任院长，计划将该院建成为盲、聋、哑、伤残、低能和问题儿童等特殊儿童综合性教育机构。

1946年春，陈鹤琴担任陶行知主持的生活教育社上海分社的理事长，陶行知应邀赴陈鹤琴任校长的幼师作报告，出席幼专学生的毕业典礼。7月25日，陈鹤琴主持生活教育社上海分社暑期进修班开幕式，正等着陶行知前来讲话，突然传来陶行知逝世的噩耗，他悲痛万分，不顾个人安危，筹办并主持了陶行知的追悼会，护送陶行知灵柩去南京晓庄安葬。

1946—1949年，陈鹤琴积极投入了民主运动。他不顾反动当局的压力，支持、保护师生的民主进步运动，聘用、接纳了一些遭受当局迫害的师生来校任教、读书。他担任了“上海市小学教师联合进修会”和“上海市教师福利促进会”两个进步团体的顾问，国立幼专和市立女师在学生运动中异常活跃，被誉为“民主堡垒”。由于陈鹤琴追求进步，支持子女和学生的革命活动，因而不止一次受到反动派的警告和恐吓，两次被捕入狱，经各大学的校长集体作保始得获释。

中华人民共和国成立后，陈鹤琴努力学习马克思主义，拥护中国共产党的领导，热爱社会主义祖国，以极大的热情参加各项政治运动。他历任第一至第五届全国政协委员、中国人民保卫儿童全国委员会委员、全国文字改革委员会委员等，同时先后担任南京大学师范学院院长和南京师范学院院长。其间，他亲自开设儿童心理学、教育史等课程，并创立了包括附属幼儿园、附属幼儿师范学校、儿童教育研究室、儿童玩具研究室以及附设玩具工厂等一套完整的教学和科研体系，实现了他从20世纪20—40年代奋斗了30年未能完全实现的理想。

“文革”之后，经过拨乱反正，陈鹤琴重新恢复了作为著名教育家的地位。1979年起，他出任江苏省人民代表大会常务委员会副主任，九三学社中央委员会常务委员，并当选为中国教育学会名誉会长、全国幼教研究会名誉理事长、江苏省心理学会名誉理事长。1980年他患了脑血栓病，双腿瘫痪。1981年“六一”儿童节时，他行动虽然不便仍题词：“一切为儿童，一切为教育，一切为四化。”① 1982年12月30日，陈鹤琴在南京逝世，终年90岁。

一、儿童的发展和教育

陈鹤琴从1920年冬开始，以其长子一鸣为对象，就儿童的动作、能力、情绪、言语、游戏、美感等方面的发展，逐日对其身心发展变化和各种刺激反应进行周密地观察和实验，进行详细地文字记录和摄影记录，写成《儿童心理之研究》一书。他在书中阐述了儿童心理发展的一般规律与年龄特征，揭示了儿童形成心理特征和道德品质、掌握知识与技能，以及发展智力和体力的心理过程。20世纪50年代初，陈鹤琴结合教学完成了《儿童心理学》讲稿，进一步系统地论述了儿童从出生到成长的整个过程当中所产生的一切变化。正是由于他对儿童身心发展进行了缜密的研究，为我国儿童教育的科学化奠定了坚实的基础。

（一）儿童期对人生和教育方面的意义

陈鹤琴根据他的研究，认为人和一般动物相比，有一个明显的不同之处，就是人比一般动物不仅胎期长，儿童期（幼稚期）更要长得多。这有什么意义呢？他指出这种长期的胎内生活，与后天发展有密切的关系。并说：

---

①《光明日报》，1981年5月28日。

“现在我们人的环境比较从前的环境一天复杂一天了。适应环境的准备期当然也要长些。”① “环境既然复杂，学习的时间当然要长，如果要全靠先天的遗传，而不加以后天的学习，必不能适应这样复杂的环境。”②同时，他指出：“儿童期愈长，学习的机会愈多；学习的机会愈多，天赋的智力发展愈快，然后才可以适应复杂的环境。所以人的儿童期实在是预备适应环境的重要时期。”③ 他将初生的婴儿与小鱼、小鸟比较，说明鱼鸟的各种活动可以说生来就能做的，而“我们人的活动大部分是生后学来的。儿童的身体脑筋都要渐渐地发展；儿童的道德要逐渐涵养；儿童的谋生能力也要渐渐地储蓄；人生一切的活动都要在儿童期内发展的”④。他还特别强调：“儿童期是发展个人的最好的机会。什么言语，什么习惯，什么道德，什么能力，在儿童的时候学习最速，养成最易，发展最快。”⑤因此，他得了结论：“儿童期就含这两方面意思：一方面儿童期是发展能力的时期，一方面儿童期具有可以发展的性质，此即可谓可塑性或谓可教性。”⑥ 从而认定“幼稚期（自生至 7 岁）是人生最重要的一个时期”⑦，应当把幼稚期的教育当作整个教育的基础。

（二）幼儿的心理特点与幼稚教育

陈鹤琴通过揭示幼儿的心理特点来提出教育教学原则。他认为儿童不是“小人”，“儿童的心理与成人的心理不同，儿童时期不仅作为成人之预备，亦具有他本身的价值，我们应当尊敬儿童的人格，爱护他的烂漫天真。”⑧他认为幼儿的心理具有以下几个主要特点。

1. 好动

陈鹤琴认为“儿童生来好动的，他喜欢听这样，看那样；推这样，攫那样；忽而玩这样，忽而弄那样；忽而立，忽而坐；忽而跳，忽而跑；忽而

---

①②③④⑤⑥⑧ 陈秀云、陈一飞编：《陈鹤琴全集》（第一卷），江苏教育出版社 2008 年版，第 52—53、53、53、52、52、52、7 页。

⑦ 陈秀云、陈一飞编：《陈鹤琴全集》（第二卷），江苏教育出版社 2008 年版，第 512 页。

哭，忽而笑。没有一刻的工夫能像成人坐而默思的。”① 他对儿童的各种动作进行了观察记录，如口的动作、头的动作、手的动作、臂的动作、坐的动作、立的动作、爬的动作、足的动作、走的动作、跳的动作、退的动作等。他发现儿童出生后的第一天就有许多生来就有的动作，如打呵欠、打喷嚏、吸乳、把手指放入嘴里、吸指作声、手臂交互展动、两腿上下伸缩、足有防御性的反射动作、眉眼皱缩等。陈鹤琴经过研究，认为“儿童还没有养成自制力，他的行动完全为冲动与感觉所支配”②。所以儿童是好动的。陈鹤琴指出这是“因为他的感觉与动作很连通的，若他一想到吃，他就去寻东西吃。他一觉得痛，他就哭。他一听得门外欢呼声，会即刻跑出去看”③。对于儿童的这种好动心，家长及教师要正确对待，应当给他们充分的机会，适当的刺激，使儿童多与万物接触，儿童就是通过“他玩这样弄那样，就渐渐从无知无能的地步，到有知有能的地步”④。

2. 好模仿

陈鹤琴指出：“这个模仿心，青年老年亦有的，不过儿童格外充分一些。儿童学习言语、风俗、技能等，大大依赖这个模仿心。”⑤ 为此，他对模仿动作的分类与发展进行了研究。他观察到自己的孩子在第 112 天时发生笑声的模仿，以后出现模仿唱歌及模仿各种动作（摇手、敲桌、刷牙、怀抱、舌声、读书、洗衣、扫地、浇水、贩卖）等。在此基础上，他对什么是模仿、模仿的种类、模仿在教育上的价值等问题，综合外国学者及自己的研究进行了探讨。他的结论如下。

（1）模仿的动作与所模仿的动作不是一样的。儿童模仿成人说话时的发音，学写字时握笔的位置和姿势，都不可能和成人同样。因此，当儿童模仿时，教育者应格外当心，若有错误要及时纠正，以免养成错误的习惯。

（2）模仿只在初做的时候，后来继续所做的动作，是感觉这个动作的快乐而做的，并不是模仿了。儿童的快感有两种：一种是生理的快乐，即从肌

①②③④⑤ 陈秀云、陈一飞编：《陈鹤琴全集》（第一卷），江苏教育出版社 2008 年版，第 1、1、1、2、2 页。

肉筋骨以及其他器官所得的快感；另一种是社会的快乐，即模仿时得到别人称赞他、鼓励他的快感。因此，我们应当利用这种心理。凡能发生上述两种快感的事情，就做给他们看，让他们模仿；反之，则不让其模仿。

（3）模仿包含模仿能力。儿童的模仿能力是有差异的，并有一个发展过程。如四五个月的小孩，只能模仿声音，而决不能模仿写字、读书、缝纫等事。所以不要勉强儿童模仿他所不能模仿的东西。

（4）儿童模仿是无选择的。儿童的善恶观念很薄弱，不可能选择事物去模仿，所以成人要注意以身作则，并创设良好的环境，同时要教儿童鉴别是非善恶。

3. 好奇

陈鹤琴指出："儿童凡对于一切新的东西就生出好奇心。一好奇，就要与新的东西相接近。一接近，那就晓得这个东西的性质了。假使儿童与新的境地相接触愈多，他的知识愈广。"① 这种好奇心在教育上极有价值，他说："好奇心是儿童学问之门径"②，是父母和教师"施教的钥匙"③。怎样引起儿童的好奇心呢？陈鹤琴认为新异的刺激能激起儿童的好奇心。这种新异刺激有两种：一种是事物本身所具有的，如较大的声响、鲜艳的色泽、显著的对比等；一种是事物与事物相接触而发生的新异，如儿童放风筝，起初风筝是他的新物，放风筝为他的新事，所以他对于风筝是很好奇的。但过了一段时间后，风筝本身的新异已经消失，儿童对它也就不会再有好奇心，这时若让孩子们在一起玩，并比赛谁放得高，儿童对风筝则又会产生新的好奇心。

陈鹤琴根据他自己的观察和国外史密斯（R. A. Smith）、霍尔（G. S. Hall）的研究，认为儿童的好奇心有以下表现。

（1）凝视观察。有的孩子 2 星期就能凝视物件；其子一鸣到 5 天能熟视灯光，23 天眼能随灯光转移，63 天眼能随人转移。

（2）自动观察。当一个 4 岁女孩走进房来发现一个盒子时，便想打开来

①②③ 陈秀云、陈一飞编：《陈鹤琴全集》（第一卷），江苏教育出版社 2008 年版，第 3、4、194 页。

看看，自己打不开，就拿来问人了。

(3) 试验。一个 5 岁男孩，他要把狗的嘴打开来看看，想知道里面有什么东西会使狗叫的。

(4) 问句。一个 3 岁男孩会问手表里有什么东西?

(5) 破坏的好奇。一个 3 岁的男孩，把木枪敲断了，要寻出为什么枪会响呢?

陈鹤琴还指出：好奇心不是永久不变的，是随年岁而发展的。他以克伯屈的研究为例：当儿童未能行走以前，他们的兴趣在经历新的感觉，并注意感觉的关系；当儿童一能讲话，就要问所经验的东西的名字：这是什么？那是什么？当儿童知道事物的名称后，就常常要问：这有什么用处？你怎么做的？甚至问这东西从哪里来的？待到三四岁时，“为什么”的问句格外多，所问大抵是普通公理，如“天黑暗因为太阳下山了”。儿童的问题常常是应用真理一方面的：“太阳下山吗?”“没有。”“那么为何天如此黑暗呢?”在这个时期，儿童必加“为什么”三字，而且一直问到底才肯罢休，或直到受成人的责骂为止。总之，好问、好奇对儿童来说是启迪知识的关键，“儿童生而无知，后来长大起来，逐渐与环境相接触，他的好动能力和模仿能力逐渐滋长，而好问心也渐渐起来”①。正是通过提出问题、正确地解答问题，儿童才能获得新知识。成人对儿童的问题不应置之不答或假作聪明、牵强附会，而搅乱了儿童的思想。

4. 好游戏

陈鹤琴认为：“儿童好游戏是天然的倾向。近世教育利用这种活泼的动作，以发展儿童之个性与造就社会之良好分子。”② 他对游戏做了深入的研究，不仅评述国外的游戏学说，还形成了他自己的游戏理论。

(1) 对国外游戏学说的评价。他承认“力量余剩”学说“确实有点道

---

①② 陈秀云、陈一飞编：《陈鹤琴全集》（第一卷），江苏教育出版社 2008 年版，第 194、151 页。

理，游戏当然要靠力量发生的，力量是游戏的主因。① 他认为“休养”学说不能成立；“生活预备”学说，不攻而自破；“复演”学说没有证据；对“放驰”学说，他认为无非是“复演”学说的变相，并没有什么多大贡献；应该仔细研究“补足”学说，“不过这个学说也有缺陷的地方，恐怕不能成立。”②

（2）游戏的种类。陈鹤琴认为游戏是一种复杂的动作，根据其本身的因素来分析，游戏有简单的、有复杂的。简单的游戏如四五个月的孩子摇铃作戏或敲棒作声。他指出这种游戏必须要有游戏的力量、有反射的动作、有联合动作及有好动的天性；复杂游戏如各种球戏、比赛，这种游戏与简单游戏最大的区别是必定要有智慧，靠记忆力和想象力而不是靠反射动作。这两种游戏均需靠快感，从游戏中所得的快感愈多，对游戏的兴趣也愈浓厚；快感少，兴趣也少。这种快感包括生理上的、心理上的和社交上的。总之，游戏是一种复杂的活动，必须靠游戏自身的吸引力及儿童从中得到的快感和其好动的天性。

陈鹤琴还介绍了帕尔默（H. Palmer）的游戏分类。

关于发展身体的游戏 分为两小类：一类是感官游戏，如听的、看的、触的、嗅的游戏；一类是动作游戏，如儿童自己动作的游戏。

关于发展社交的游戏 是指各种团体游戏，如捉迷藏及各种比赛。

关于发展言语的游戏 分为两小类：言语游戏包括讲故事、读童谣；歌唱游戏包括表情唱歌。

关于发展手的游戏 分为两小类：手工游戏包括积木、图画、折纸等；球戏包括各种颜色球、皮球、木球等。

关于发展人生观的游戏 分为两小类：化装游戏，如扮演父母、装娶亲的游戏；手指游戏，以手指在灯光上作各种形状的游戏。

（3）游戏的发展。陈鹤琴认为“人生一期有一期之游戏”。他介绍了华

---

①② 陈秀云、陈一飞编：《陈鹤琴全集》（第一卷），江苏教育出版社 2008 年版，第 153、159 页。

特尔（C. W. Waddle）的研究结果。

幼稚期（出生至 3 岁）：此期儿童所爱的游戏属于感觉和动作方面的。儿童遇到小东西，就要捻它、尝它；遇着大东西，就要推推、动动。儿童不但爱触觉游戏，也爱听觉游戏。所以，应当给其以各种发响的玩物，使其单独玩并发展其听觉。

儿童初期（4 至 7 岁）：此期不再停留在独自游戏状态，而是要找伙伴同游了，或者想象一个或几个同伴共游。这时出现了“模仿游戏”“化装游戏”，常常三五成群玩娶亲、开火车等游戏，这类游戏使儿童无形中学习社会上的风尚和习惯，我们应当设置优美的环境使儿童不知不觉模仿才好。

（4）游戏的价值。陈鹤琴认为“小孩子是生来好动的，以游戏为生命的。要知多运动，多强健；多游戏，多快乐；多经验，多学识，多思想。”① 他将游戏的教育价值概括如下。

第一，发展身体。游戏是一种自然的、有趣的、活泼的运动。游戏的时候，儿童不知不觉地会将他的全副精神拿出来的。因此游戏可以锻炼他的筋骨，辅助他的消化，促进他的血液循环，增加他的肺之呼吸。

第二，培养高尚道德。游戏是一种发展儿童道德之利器。各种高尚道德，几乎都可从游戏中学得。如自治、克己、忠信、独立、共同作业、理性服从、纪律等美德之养成，没有再比游戏这个利器来得快而切实。至于公平、信实、尊重他人的权利、勉尽个人的义务等德行，也可从游戏中培养。

第三，能使脑筋锐敏。游戏亦能发展智力，如判断力、知觉力、观察力、想象力、创作心、冒险心等，都能从游戏中渐渐养成。

第四，为休息之灵丹。人的精神有限，不能经年累月地操劳。休息与放松是必需的。游戏是休息最好之灵丹。一游戏，他的脑筋就得放松；他的心思就到游戏上去了。所以要使儿童活泼，非选择适当的游戏不可。

---

① 陈秀云、陈一飞编：《陈鹤琴全集》（第一卷），江苏教育出版社 2008 年版，第 523 页。

5. 喜欢成功

陈鹤琴认为“小孩子固然喜欢动作，但更是喜欢动作有成就的”①。这是“因为事情成功，一方面固然自己很有趣的，但是还有一方面可以得到父母或教师的赞许。”②他肯定这种心理是很好的，成人应当利用这种心理去鼓励儿童做各种事情。他告诫人们：让儿童做的事情不要太难，“若太难，就不能有所成就；若没有成就，小孩子或者要灰心而下次不肯再做了”③。反言之，若所做的不甚难，小孩子能够胜任而有成就的。“一有成就，就很高兴，就有自信力；所成就者愈多，自信力也愈大；自信力愈大，事情就愈容易成功。”④他认为自信力与成就可以互相为用。

6. 喜欢合群

陈鹤琴认为：“凡人都喜欢群居的，幼小婴儿，离群独居，就要哭喊，2岁时就要与同伴游玩，到了5、6岁，这个乐群心更加强了。”⑤他以自己的观察揭示了儿童乐群心的发展。如一鸣在第47天发生乐群心理，当陈鹤琴抚摸其下颌时，发出“a—ke”的声音，以表示快乐并承认他人的存在；到了第3个月时，一鸣喜欢别人同他讲话、玩要，若你接近他，他就笑逐颜开呀呀学语了。陈鹤琴还观察到邻人的孩子五六个月时，一定要别人站在他身旁，若离开他，他就哭；一看见有人来就不哭了。他友人的一个5岁女孩，因为孤独的缘故，常常有一个想象的伴侣同她游玩。直到进了幼稚园，这个想象的伴侣才慢慢消失。为此，陈鹤琴告诫人们，要利用这种好群的心理教育孩子：要给他得着良好的小朋友；应给他驯良的小动物，如猫、狗、兔等，做他的伴侣；应给他小娃娃之类的玩具以聊解他的寂寞。

7. 喜欢野外生活

陈鹤琴认为：“小孩子都喜欢野外生活。到门外去就欢喜，终日在家里就不十分高兴。”⑥他指出：不能到外边去看看玩玩是许多小孩子哭闹的一大原因。因此他主张让“他们在旷野里跑来跑去，看见野花就采采，看见池塘

---

①②③④⑤⑥ 陈秀云、陈一飞编：《陈鹤琴全集》（第二卷），江苏教育出版社2008年版，第524、524、524、524、524、525页。

就抛石子入水以取乐。这种郊游对于小孩的身体、知识、行为都有很好影响的”①。他还主张儿童的野外生活须以他们的年龄为断。如年龄较小的儿童，我们叫他采采花呀、种种树呀、举行短距离的远足会呀；年龄较大的儿童，则应带他们采集标本、举行旅行等以增长他们的知识，强健他们的身体，愉快他们的精神，使他们无形中得着许多好处。他告诫做父母或做教师的，要充分认识小孩子不论年纪大的小的，不论男的女的，大都喜欢野外生活，做父母的不要总不放心让孩子到外面去，一怕身体疲劳，二怕弄脏衣服，三怕感冒风寒；做教师的则不要怕麻烦而不愿多事，以使儿童失去与自然界相接触的良好机会。

8. 喜欢称赞

陈鹤琴认为：“二三岁的小孩子就喜欢‘听好话’的，喜欢旁人称赞他的。”②如当他们穿新衣穿新鞋时，就要给他人看。“到了四五岁的时候，这种喜欢嘉许的心理还要来得浓厚”。③成人应用言语、动作、表情来鼓励他。他认为“这种赞许心，我们做父母的教育小孩子时应当利用的，然而不可用得太滥”④，以免适得其反。

陈鹤琴指出，以上这几点儿童的心理，虽然不是荦荦大者，然而如能根据上述幼儿的心理施行教育，那教育必有良好的效果。

（三）学前儿童的发展阶段与教育

陈鹤琴认为：“人生的过程，是一个连续不断的发展过程。”⑤ 为了研究人生的整个过程和进行教育，需把人生过程分成几个阶段来考察。我们研究的是儿童的心理生活，进行的是儿童的教育工作，所以，也必须把儿童的生活过程分成几个段落来加以研究，因为“儿童时期的重要，就在于他是人类

①②③④ 陈秀云、陈一飞编：《陈鹤琴全集》（第二卷），江苏教育出版社 2008 年版，第 525、526、526、526 页。

⑤ 陈秀云、陈一飞编：《陈鹤琴全集》（第一卷），江苏教育出版社 2008 年版，第 431 页。

独立人格生活的奠定基础的时期"[①]。他指出人类独立人格的生活方式，包括反射生活、感觉运动生活、情绪生活、智慧生活与社会生活。他说："这4种生活内容，在人类生活的过程中虽然是统一表现、相互发展的，可是，就其发展的程序上看，他们都是在相当的年龄中有先后发达的趋势。"[②]一般学者把儿童的分期定为1岁为一个阶段，3岁左右为一个阶段，6岁为一个阶段，12岁为儿童期之终止时期。陈鹤琴则认为儿童的发展程序大致是：感觉运动生活在新生后1个月左右就已发展，情绪生活则在新生1个月后至1年左右亦具有发展的初型，其后到6岁为智慧生活奠基之时，到12岁则社会生活亦均有显著的发展。陈鹤琴根据自己多年的观察和实验的研究成果，主张把新生到学前儿童时期分成四个阶段：（1）新生婴儿期——新生；（2）乳儿期——新生后到1岁左右；（3）步儿期——1岁左右到3.5岁左右；（4）幼儿期——3.5岁左右到6岁左右。陈鹤琴按照儿童发展的有序性，揭示了每一阶段的发展特点，并确定了与各发展阶段相适应的教育重点。下面，我们主要对"步儿期"和"幼儿期"进行详细说明。

1. 步儿期的发展与教育

1岁左右到3.5岁左右为步儿期。此期最大的表现为步行，儿童学习步行、开始步行、乐于步行，喜欢跑跳，进步迅速。同时，语言和智力也有明显的进步。

（1）发展特点

第一，儿童行走的发展。陈鹤琴强调行走的重要，认为"人类之所以能成为万物之灵，直身行走亦是主要因素之一"[③]。他指出："行走的活动，在儿童时期，已有完成的趋势，这种运动的构成，是有赖于儿童主观的与客观的原因的。"[④]如健全的骨骼、筋肉和神经的作用，适当的智力程度，有行走的动机，有行走的机会等。此外，陈鹤琴告诫人们要正确处理成熟与学习的关系，他认为成熟后的学习特别见效，应把握生长之相对可能性而加以练

①②③④ 陈秀云、陈一飞编：《陈鹤琴全集》（第一卷），江苏教育出版社2008年版，第434、434—435、453、453页。

习，促使步儿行走活动的发展。他说："总之，这时儿童的大筋肉活动，是在迅速地发展着。由于儿童活动空间的扩大，使他从一个不独立的或半独立的个体，而进于独立的个体。"①

第二，言语的发展。陈鹤琴认为："言语是人类建立社会关系的主要因素之一。人们借言语之助，使思想的交流成为可能，固然在社会关系的沟通方面，图画、文字等也非常重要，但最简单而最基本的工具，还是要算言语。"②他充分肯定了言语在人际交往和思想沟通方面的重要作用。他介绍了研究言语的几种方法，如长期研究法、逐期研究法、一天研究法、词语意义研究法等。根据学者们的研究成果，他认为儿童言语发展分为四个阶段：言语模仿的开始、将字结合、应用代名词与复数、应用叙述字。陈鹤琴对一鸣的言语发展做了详细的观察记录，从 99 天发出 a 音起，直到 2.5 岁止，经历了从母音到子音、单音到复音、独字句到多字句、歌唱到说话的过程。

(2) 教育重点

第一，行走教育。陈鹤琴指出："行走是儿童全身各部分大联合的最显著的活动之一，同时也是一种大筋肉的活动。"③对于儿童的行走，必须顺应其自然的发展趋势，而后给予正确的指导。合适的服装，适当的设备（如围杆、梯架、一物三用轮椅——坐、立、推行），积极的暗示和鼓励，都能促进步儿行走的发展。

第二，言语教育。陈鹤琴强调："首先要紧的就是使儿童把学习言语作为游戏一般乐于接受。"④他指出儿童开始说得不对或发音不正确，成人切不能讪笑他或模仿他，而应纠正他。成人还应注意勿以自己不良言语的习惯遗留给儿童。对于口吃或"不说话的儿童"，既要考察其说话的各种生理机构（接音部、联音部、发音部）有无缺陷，也要注意其情绪、思想、心理上的缺陷，应当及早发现，而予以纠正。

---

①②③④ 陈秀云、陈一飞编：《陈鹤琴全集》（第一卷），江苏教育出版社 2008 年版，第 459、459、462、462 页。

2. 幼儿期的发展与教育

3.5—6 岁为幼儿期，陈鹤琴又将此期分为 3 小段，即 3.5—4 岁、4—5 岁、5—6 岁。思维的活跃和社会性的发展是此期突出的表现。

（1）发展特点

第一，思想的活动。陈鹤琴认为："思想是最高的智力作用，也是支配万物、创造文化最紧要的利器。"① 他指出儿童的思想与成人不同：数量不如成人多，准确性比成人差，内容限于游戏方面。但儿童的思想是逐渐发展起来的，其发展过程如下。

①儿童生后茫然无知无识，渐渐地能注意人物和观察环境，随着与环境接触的增多，经验逐渐丰富，到了 1 岁时，对环境中的形状、颜色、声音、物质等稍有熟识，并有单独的观念和少数的联念。

②记忆力渐渐发展，能将各种观念遗留脑中。

③言语的发展使之能表达思想，思想力自然有较大进步。

④儿童的理解能力增长，会比较，好发问，概念亦显雏形。

⑤3 岁时，能运用想象使单独的经验有系统。

⑥儿童经验日渐充足，知识逐渐丰富，他的思考力也因此逐渐发展。

第二，社会性的发展。陈鹤琴认为，所谓儿童的社会性不仅是指儿童与儿童或儿童与成人的个别关系，而且在于社会的组织性活动的建立。儿童社会性的发展，也是有其进程的。

首先，儿童很早就发生对于人与人的关系的感觉。陈鹤琴认为："儿童是好群的，甚至年岁很幼的儿童，也不愿意独自孤处。"② 如当母亲离开他时便会哭；在他身旁时便显出安静与舒适的样子，表现出对成人的依赖与被动。

其次，3 岁前后开始发展真正的社会生活。陈鹤琴指出："以前他是独自游戏，或者看别人游戏。现在他开始对其他儿童的活动发生了兴趣，他回

①② 陈秀云、陈一飞编：《陈鹤琴全集》（第一卷），江苏教育出版社 2008 年版，第 328、471 页。

答他们的问题，并向他们问许多问题。接着便参加了其他儿童团体，共同来进行游戏。"① 表现出儿童之间的合作、交往和友谊。

再次，对成人给予的帮助或干涉表现反抗。陈鹤琴认为，如果以前幼儿对成人依赖或期待的话，现在则表现出"一切都开始借自己的力量来做自己所要做的事情"②，如自己穿衣、吃饭、取东西来玩等。他指出："对于成人的帮助或干涉每取强烈的反抗。但他自己，却非常高兴帮助其他儿童，尤其是帮助年龄较幼的儿童。"③陈鹤琴还介绍了布里奇斯（K. M. B. Bridges）的研究，布氏认为：3岁后幼儿的行为，逐渐由固执的、对抗的而转变为合作的、友谊的。4—5岁幼儿表现了充分的自信与互信，跟成人更有着友谊的合作。此外，儿童社会性的发展，表现着充分的个别差异。陈鹤琴认为儿童社会性的发展，并不是完全一致的，"各个儿童具有不同的社会态度，就是每一不同的时期，儿童的社会态度也都在不断地变化。"④一般将社会态度分为3种类型，即社会盲目型、社会依赖型、社会独立型。陈鹤琴指出："这种种分类，自然并非绝对的，每个儿童由于环境和教育的不同，都具有自己特殊的社会态度。"⑤

第三，情绪的转变。陈鹤琴指出："在儿童的初期，他们情绪的表现，大都是由自身生理上的要求所激起的。他们的惧怕、愤怒与情爱的情绪之激起，一般说来，只能与周围的环境发生简单的关系。"⑥但是，到了幼儿时期，随着儿童身心的发展，生活范围的扩大，儿童与环境之间的关系也表现得空前的繁复。这时，儿童情绪的激起，由于社会环境的刺激而与日俱增。陈鹤琴认为："儿童情绪表现的这一转变，就是儿童情绪从自我的到他人的，从机械的到繁复的，从个人的到社会的这一转变，与儿童日后的生活，具有极大的关系。尤其是社会性的发展，对儿童情绪生活的转变，关系更大。"⑦

陈鹤琴介绍了弗洛伊德（S. Freud）关于情绪的分类和发展阶段理论，但他不赞成弗氏过分强调性欲本能而忽视其他因素的主张。他还介绍了布里

---

①②③④⑤⑥⑦ 陈秀云、陈一飞编：《陈鹤琴全集》（第一卷），江苏教育出版社2008年版，第471、471、471、476、476、476、476页。

奇斯对儿童情绪的研究，包括痛苦与哭泣、惧怕与警戒、愤怒与烦恼、愉快与情爱、激动与遗尿、习癖与不正常的说话等。陈鹤琴从布里奇斯的详细描写中，又强调社会刺激日趋繁复是幼儿情绪发生转变的重要原因。

（2）教育重点

陈鹤琴认为："无论在生理方面或心理方面，幼儿期的教育，都是非常重要的。儿童对社会适应得是否健全；儿童生理或心理发展的程度，是否表现着常态的前进；儿童对于卫生习惯有否养成；以及儿童身体健康，是否得到健美的发展；幼儿期的教育都该负担相当的责任。"① 根据幼儿思想的活动、社会性的发展及情绪的转变，实施教育时尤其应注意以下几点。

第一，以积极代替消极。陈鹤琴指出应积极地发展儿童的才能，积极地提高儿童的兴趣。可用暗示、启发和鼓励，切勿消极地批评和抑制他们。

第二，不姑息，不严厉。陈鹤琴既反对过分溺爱子女而姑息迁就，也反对处处用成人的意志要求儿童，用成人的道德规范儿童。他指出姑息足以发展儿童的自私心，严管则会摧残儿童一切活动的倾向。

第三，让儿童使用自己的手脑。陈鹤琴分析了由大人代替小孩子做的害处是：剥夺了他们肌肉发展的机会；养成他们怠惰的习惯；养成他们不识世务、不知劳苦的习性；阻止他们发展独立自主的精神。为此他主张让儿童自己去做，让儿童自己能想。

第四，让儿童自己有活动的园地。陈鹤琴批评那些爱把儿童关在冷静、狭隘的室内，让其独处的做法，主张儿童应有适当的游戏场所和适当的伴侣。

第五，发展儿童的好问心。陈鹤琴认为应当详细启发儿童，利用他的发问而进行教育工作，不但要有问必答，最好要常常带儿童外出观察、参观，借以激发其好问心来丰富他的知识和经验。切忌怕烦斥责，以阻抑其求知欲望和磨灭其探索雄心。

① 陈秀云、陈一飞编：《陈鹤琴全集》（第一卷），江苏教育出版社 2008 年版，第 487 页。

第六，父母和教师要以身作则。陈鹤琴指出父母和教师是否以身作则，对于儿童优良习惯的养成有很大关系。所以，他们的行为举动必须谨慎。

总之，陈鹤琴一贯重视对儿童生理和心理发展特点的研究，要求把教育建立在科学的基础上。为此，20 世纪 70 年代末，在他所提出的发展幼儿教育的几点建议中，首先提出的也就是“要对于作为幼儿教育基础的儿童心理做全面、系统、切实的科学实验”①。他说：“儿童不是成人的缩影，而是有他独特的生理、心理特点的。幼儿期是身体和智力发展的极为重要的时期，必须掌握其特点，掌握其生长发展的科学规律，才能把幼儿教好、养好。”②

二、儿童的家庭教育

家庭教育历来为我国所重视，家庭教育的书籍从最早的《颜氏家训》起，不乏善本。但若论家庭教育的科学化、民主化、游戏化、艺术化，当首推陈鹤琴于 1925 年所著的《家庭教育》以及之后 20 世纪 30 年代后陆续发表的《怎样做父母》等论文。这些论著既有理论也有实践，融生理学、心理学、教育学、社会学、美学等基本知识于一体，涉及儿童家庭教育的方方面面，可说是具有中国特色的儿童家庭教育“百科全书”。陶行知在为《家庭教育》一书所作《愿与天下父母共读之》的序言中赞誉道：“这本书是儿童幸福的源泉，也是父母幸福的源泉。”③夸著者“以科学的头脑、母亲的心肠做成此书”④，说该书是“中国做父母的必读之书也不为过”⑤，并肯定此书“系近今中国出版教育专著中最有价值之著作”⑥。事实证明，该书一经问世，不到 5 个月就再版，至今已再版 16 次，说明该书是经得起时间和历史的考验的。书中所阐明的基本观点和原则，对今天我国的家庭教育仍有借鉴意义。陈鹤琴的家庭教育思想，主要有以下内容。

（一）要把家庭教育作为关系国家前途、命运的大事

陈鹤琴认为，家庭教育同社会的进步和国家的强盛密切相关。他说：

---

①②③④⑤⑥ 陈秀云、陈一飞编：《陈鹤琴全集》（第二卷），江苏教育出版社 2008 年版，第 504、504、510、510、510、508 页。

“我们中国有许多人，方在盛年，即显出衰弱的现象，驼着背、耸着肩、垂着头，气息奄奄不绝如缕；讲到他们的道德，真所谓道其所道，非我之所谓道，德其所德，非吾之所谓德，只知利己，不道利人，苟有利于己，虽卖国亦所不惜，倘利于人，即拔一毛而亦不为。至于他们的知识，有的固然很丰富，但是有许多人实在欠缺得很，他们有病，不求人而求神，不问医而问卜；倘有不测，即诿之于天，脑筋的简单、知识的缺乏，真和太古民族没有什么两样。”① 为什么会出现这样一批体弱、缺德、庸才之辈呢？陈鹤琴认为：“是因为他们小的时候没有受过良好的教育；不特没有受过良好的教育，而且受了恶劣的教育。”② 倘从小“施以良好的教育，则将来成为良好的国民，倘施以恶劣的教育，那么将来成为恶劣的青年了”③。陈鹤琴在《家庭教育》自序中写道：“幼稚期（自生至 7 岁）是人生最重要的一个时期，什么习惯、言语、技能、思想、态度、情绪都要在此时期打一个基础，若基础打得不稳固，那健全人格就不容易形成了。”④ 可见，陈鹤琴充分肯定幼稚期教育对未来良好国民的奠基作用。进而指出：“知识之丰富与否，思想之发展与否，良好习惯之养成与否，家庭教育实应负完全的责任。”⑤ 陈鹤琴对家庭教育寄予热切的期望：“对于如花含苞、如草初萌的小孩子，我们应当用很好的教育方法去教育他，使他们关于体、德、智三育都从小好好儿学起，那么老大的中国，未尝不可以一变而为少年的国家？不过少年中国的责任，固属诸今日之儿童，而造成少年中国的责任则属诸今日之父母，做父母的能够教育小孩子，而小孩子能够从小学好，则少年中国，即在其中了。做父母的，做小孩子的，大家努力！大家努力！幸勿失之交臂！”⑥ 足见陈鹤琴这些饱含爱国主义内容的家庭教育思想是多么难能可贵。

《家庭教育》1981 年重版序中，陈鹤琴进一步论述了儿童教育与国家命运的关系。他说：“儿童是振兴中华的希望。儿童教育是整个教育的基础。关系到我们伟大祖国的命运。……社会主义现代化建设需要人才，培育人才

---

①②③④⑤⑥ 陈秀云、陈一飞编：《陈鹤琴全集》（第二卷），江苏教育出版社 2008 年版，第 606、606、605、512、522、606 页。

要从小开始。”① 他认为“家长是子女的第一个老师，父母应尽到教育好孩子的责任……幼儿在父母那里学说话、认识周围事物、模仿父母言行，在父母影响下形成性格”②。因此，必须十分重视对幼儿的家庭教育。

（二）要把科学地了解儿童作为实施家庭教育的依据

陈鹤琴指出，小孩子既难养，更难教。“家庭教育必须根据儿童心理始能行之得当。若不明儿童的心理而妄施以教育，那教育必定没有成效可言的。”③ 所以在《家庭教育》中，陈鹤琴首先略述儿童之心理与学习性质及原则，以此为家庭教育之基础。有关儿童的心理特点前面已作过介绍，现将其有关学习性质及原则略述如下。

陈鹤琴指出：初生小儿“除了几种简单感觉（如痛、触、冷热、饥饿等）和几种简单动作（如手足上下左右伸缩、头向左右转动、吸乳、打喷嚏、打呵欠等）之外，差不多别无所能”④。但逐渐地能听、能言、会走会画、有思想、有能力了，这是因为他有先天的遗传之基础，凭藉后天的环境与教育方能得到发展，其中教育起主要作用。

1. 学习的性质

陈鹤琴认为儿童生来有 3 种基本能力，即感觉、联念和动作。学习就是先感觉外界的刺激，后把所感觉的事物与所有的感觉联合起来，再发生相当的动作去反应外界的刺激。刺激与反应是可见的，联念却相反。

2. 学习的原则

一是刺激的原则。刺激必须优良、正确，并进行实地施教。二是联念的原则。刺激必须快乐有趣，时间要长，次数要多，联念才能深刻而牢固。三是动作的原则。第一次的动作要格外留意教导，以免错误；养成习惯时不宜有例外的举动；学习事物必须让儿童自己与事物接触，不能包办代替。

（三）要把教育功能自然地渗透于家庭生活的各个方面

陈鹤琴认为家庭教育应融化和渗透于日常生活之中，通过家长的言传身

---

①②③④ 陈秀云、陈一飞编：《陈鹤琴全集》（第二卷），江苏教育出版社 2008 年版，第 515、504、522、528 页。

教、亲子间的交往和家庭生活的实践，随机地、个别地、面对面地进行。他是从家庭生活的需要和儿童在家庭中的主要学习内容来阐述家庭教育的各项原则的。

1. 卫生教育方面

陈鹤琴从一般家庭的现实条件出发，详尽地阐述了培养良好卫生习惯的内容，共计25条，涵盖了吃、喝、拉、睡以及相应的设备。他指出卫生习惯与身体的健全是有密切关系的，而“强健的身体是小孩子幸福的根源，若身体不健全，小孩子固然终身受其累，而做父母的也要受无穷的痛苦”①。

2. 情绪教育和群育方面

陈鹤琴非常重视教会孩子待人接物，特别强调：要从小教育孩子心中有他人，学会考虑别人的安宁和幸福，鼓励孩子每天做件好事，使人得着快乐；尊敬长者，对人有礼貌；敬爱父母，父母回家时会热情相迎；亲人有病时，能表示同情；乐意帮助父母做事，养成爱劳动和爱惜物品的习惯；等等。陈鹤琴认为：“我们要救国保民必定从教育小孩子爱人着手，小孩子今日能爱人，他年就能够爱国了。”②陈鹤琴重视保护儿童的心理健康，注重创造温暖、宽松、愉快的精神环境。他告诫父母应减少孩子的惊慌和哭泣，不要用雷电、黑暗、大声训斥等恐吓孩子，发现孩子冷热过度、下身潮湿、饥饿、疲劳、疾病、疼痛、寂寞、惊吓时，要及时缓解和解除孩子的痛苦和精神上的压抑，家庭生活中的这种良好的情感气氛，不仅能向孩子进行积极的情绪教育，也是孩子形成对人对事正确态度的重要归因和良好起点。陈鹤琴还十分反对父母对孩子的溺爱和放任，他指出赏罚分明和严格要求正是克服任性和依赖的有效良方。

3. 智育方面

陈鹤琴强调通过多种途径让孩子获得并积累早期经验。他主张经常带孩子外出观察和参观，以丰富他们的知识、增进他们的经验。他提倡让孩子做

---

①② 陈秀云、陈一飞编：《陈鹤琴全集》（第二卷），江苏教育出版社2008年版，第570、615页。

自己能做的事情，最好每天帮父母做一点事，使孩子知道自己是家中的一个重要分子，并锻炼其独立能力。他赞成让孩子自己去试探物质，在弄雪、玩沙、敲钉、剪纸等探索活动中，得到许多经验，长进许多知识。他还提醒做父母的应当利用孩子的好问心以作教育孩子的一种良好动机。他强调要为孩子创造良好的环境，包括游戏的、艺术的、阅读的环境，以开拓孩子的视野，增强其适应能力。

此外，陈鹤琴认为全面提高父母的素质和教育能力，是保证家庭教育质量的前提条件。他再三强调做父母是一桩不容易的事情。他对父母提出：必须要研究儿童的身体如何发育、儿童的心理如何发展、儿童的知识如何获得、儿童的人格如何培养，这种种问题要在未做父母之前应当有初步的研究；既做父母之后，应当继续不断地注意。这是因为："栽花的人，先要懂得栽花的方法，花才能栽得好；养蜂的人，先要懂得养蜂的方法，蜂才能养得好；育蚕的人，先要懂得育蚕的方法，蚕才能育得好；甚至养牛、养猪、养羊、养马、养鸟、养鱼，都先要懂得专门的方法才可以养得好。难道养小孩，不懂得方法，可以养得好吗？"①

20世纪70年代末，陈鹤琴还建议："要重视幼儿家庭教育的科学实验，对幼儿的家庭教育应作为一门科学来研究和推广。"②他说："幼儿自一出生，就得到父母和家庭成员的保护和关怀。幼儿在家庭中感到温暖，得到抚爱，这对幼儿的感觉和情感上的发展特别重要。同时，幼儿个性形成的最初基础，也是在家庭中奠定的。家庭对幼儿的思想和行为习惯的影响是极大的。"③所以必须重视家庭教育，应当向家庭广泛宣传科学的育儿知识，使广大家长能对自己的子女有正确的培养目标和教育方法。他结合自己的经验，强调一是"教小孩要从小教起"④，二是"开始教的时候必须要教得好"⑤。他盼望能见到这方面的科学实验与研究有更大的发展。

①②③④⑤ 陈秀云、陈一飞编：《陈鹤琴全集》（第二卷），江苏教育出版社2008年版，第653、504、504、505、505页。

三、中国化的幼稚园教育

在半殖民地半封建的旧中国，我国的幼稚教育深受外国教会幼稚教育的影响，存在着“全盘西化”的倾向。陈鹤琴对这种“抄袭外人……墨守成规，不知改良，以致陈旧腐败不堪闻问”① 的幼稚教育极为不满。他不仅撰写了《现代幼稚教育之弊病》《我们的主张》《幼稚教育之新趋势》《战后中国的幼稚教育》等论文揭露弊端、提出主张、指明改革的方向，并通过创办鼓楼幼稚园，实验研究有关幼稚园的教育、教学及教材、设备等，探索中国化幼稚教育的道路。

（一）办好中国化幼稚园的 15 条主张

陈鹤琴认为幼稚园的教育功能和社会功能都是明显的。首先，可以发展儿童的个性，适应其体力、智力和德性发展的需要。其次，可以节省家长的时间和精力，补充家庭教育之不足。再次，可以“养成种种合作的精神，爱护团体、爱护国家的精神。同时又可以培养公民应有的知识与技能，砌成一个稳固的公民基础”②。此外，“幼稚生教得好，小学生就容易教了，……幼稚教育，实是小学教育的基础”③。既然幼稚园关系于儿童终身的事业与幸福，关系于国家社会，那么我们来创办幼稚园时，“倘是一些主张都没有，仍旧像中国初办教育时候，今日抄袭日本，明日抄袭美国，抄来抄去，到底弄不出什么好的教育来”④。为此，陈鹤琴提出 15 条主张。

1. 幼稚园是要适应国情的。陈鹤琴指出：“现在中国所有的幼稚园，差不多都是美国式的。……要晓得我们的小孩子不是美国的小孩子，我们的历史、我们的环境均与美国不同，我们的国情与美国的国情又不是一律；所以他们视为好的东西，在我们用起来未必都是优良的。……总之，幼稚园的设施，总应当处处以适应本国国情为主体，至于那具世界性的教材和教法，也可以采用，总以不违反国情为唯一的条件。”⑤

2. 儿童教育是幼稚园与家庭共同的责任。陈鹤琴认为：“幼稚教育是一

---

①②③④⑤ 陈秀云、陈一飞编：《陈鹤琴全集》（第二卷），江苏教育出版社 2008 年版，第 1、15、15、75、75—76 页。

件很复杂的事情，不是家庭一方面可以单独胜任的；也不是幼稚园一方面可以单独胜任的；必定要两方面共同合作方能得到充分的功效。”① 他提出多种的合作方法，如恳亲会、讨论会、报告家庭、探访家庭等。

3. 凡儿童能够学的而又应当学的，我们都应当教他。陈鹤琴指出，给孩子学的东西有三条标准：一是“凡儿童能够学的东西就有可能作为幼稚园的教材”②；二是“凡教材须以儿童的经验为根据”③；三是“凡能使儿童适应社会的，就可取为教材”④。

4. 幼稚园的课程可以以自然、社会为中心。

5. 幼稚园的课程须预先拟定，但临时得以变更。陈鹤琴倡导的这种计划性与灵活性相结合的教法，一方面幼稚园的设备要充分，另一方面教师的知识要丰富，这样才能使儿童的能力得以加强，儿童的思想可以发展得很充分。

6. 幼稚园第一要注意的是儿童的健康。陈鹤琴强调，强国必先强种，强种先要强身，强身先要注意年幼的儿童。他指出，身体强健的儿童，举动活泼、脑筋敏捷、做事容易、乐于听从，所以幼稚园为儿童的将来与现在，都应极力注意儿童的健康。

7. 幼稚园要使儿童养成良好的习惯。陈鹤琴认为“人类的动作十分之八儿是习惯，而这种习惯又大部分是在幼年养成的；所以幼年时代，应当特别注重习惯的养成。”⑤如果从小养成良好的习惯，则终身受其福，否则将终身受其累。

8. 幼稚园应当特别注重音乐。音乐是儿童生来喜欢的，音乐可以陶冶性情、鼓舞进取。幼稚园应该有音乐的环境，培养儿童对音乐的兴趣，发展他们的欣赏能力和音乐技能。

9. 幼稚园应当有充分而适当的设备。陈鹤琴认为：“有了充分的设备，小孩子就可以随意玩弄，不但不致生厌而且由此可以得到许多知识”。⑥因此，要发展儿童各方面的个性，就应当有充分的设备，应顾到设备的数量和

①②③④⑤⑥ 陈秀云、陈一飞编：《陈鹤琴全集》（第二卷），江苏教育出版社 2008 年版，第 76、77、77、78、80、81 页。

适用问题。

10. 幼稚园应当采用游戏式的教学法去教导儿童。游戏是儿童生来喜欢的，儿童的生活可以说就是游戏。用游戏方式教育幼儿不但学得快、效果好，而且印象深刻。

11. 幼稚生的户外生活要多。让幼儿到户外去活动，不但可以使他们在接触自然实物中学到功课，还可以使他们在新鲜的空气和明亮的日光下增加快乐，活泼精神，强健身体。

12. 幼稚园多采取小团体的教学法。幼儿的年龄是不齐的，智力各不相同，兴趣又不能一致，应划分小团体进行教学才能取得较好的效果。

13. 幼稚园的教师应当是儿童的朋友。要使幼儿不害怕、肯接近，教师应当和幼儿同游同乐地去玩去教。

14. 幼稚园的教师应当有充分的训练。教师既要具有各种教学技能，还要有丰富的自然和社会常识，就得有充分的训练不可。

15. 幼稚园应当有种种标准，可以随时考查儿童的成绩，对幼稚生在园应当养成的德行、习惯、技能、知识，都应有考查标准。

这 15 条主张阐明了我国幼稚园教育的方向和任务、课程的中心和组织、教学的方式和方法、教师和幼稚生的关系、幼稚园和家庭的关系以及环境设备等，不仅使 20 世纪 20 年代我国的幼稚园有了办园的标准，其基本精神对当代幼儿园教育仍有借鉴作用。

（二）幼稚园的课程理论

20 世纪 20 年代初，我国幼稚园课程非常混乱：有教会幼稚园的宗教课程，如唱赞美诗、听圣经耶稣的故事、行祷告礼仪等；有蒙养园的日本式课程，如日语、行仪、手技等；也有少数幼稚园实施福禄培尔、蒙台梭利课程，通过“恩物”或“教具”开展游戏、训练感官等。陈鹤琴认为这种大抵抄外国人的课程，“抄来抄去，到底弄不出什么好的教育来”①。同时，他对

---

① 陈秀云、陈一飞编：《陈鹤琴全集》（第二卷），江苏教育出版社 2008 年版，第 75 页。

我国当时那种“幼稚监狱”式的幼稚园教育也十分不满，指出有四大弊病：(1) 没有具体的目标，在教养程度、技能习惯、知识、做人态度等方面达到什么要求、培养到什么程度没有想过，也不去研究，成天忙忙碌碌，没成效，无进步；(2) 功课太简单，不外是看图、玩沙、玩土、折纸、团体游戏、唱歌、玩积木；(3) 团体动作太多，既不顾年龄、个体差异，也不管学得如何，是否愿意；(4) 与环境接触太少，几乎全是室内活动，生活太单调、呆板。他决心实验研究适合我国国情的、符合我国幼儿身心发展特点的幼稚园课程。其课程思想的主要内容如下。

1. 课程应为目标服务

他认为：“课程与方法都是达到目的的工具，所以谈教育，第一应当解释目的。”① 在谈目标前，他先确立了“儿童是主体”② 的思想。他认为儿童、教材和教师是教育的三大要素，并用图来表示三者的关系：

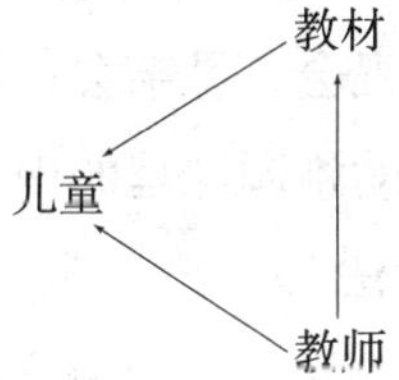

即教师先了解儿童的个性，在此基础上确定希望他们达到怎样的目的，然后选择最适宜的教材，使用最适宜的方法，以达到所希望的目的。目的有以下四点。

(1) 做怎样的人：应有合作的精神、同情心、服务的精神。

(2) 有怎样的身体：应有健康的体格，养成卫生的习惯，并有相当的运动技能。

(3) 怎样开发儿童的智力：应有研究的态度、充分的知识、表意的能力。

①② 陈秀云、陈一飞编：《陈鹤琴全集》(第二卷)，江苏教育出版社 2008 年版，第 16 页。

（4）怎样培养情绪：应能欣赏自然美和艺术美，养成欢天喜地的快乐精神，消泯惧怕情绪。

可见，陈鹤琴在20世纪20年代就提出了符合幼儿身心特点和适应未来社会需要的全面发展的培养目标。

2. 课程应以自然和社会为中心

陈鹤琴指出："小孩子能够学的与应当学的东西，本来是很多的，但是我们不能这样漫无限制地毫无系统地去教他。总必定有一种组织，在相当范围内，使其成为一个系统并使各科目中间互相连接起来发生关系。"① 他主张把幼稚园的课程打成一片，成为有系统的组织。但这种有系统的组织以什么为中心呢？他说："这当然要根据儿童的环境。"② 他认为儿童的环境不外乎两种：一种是自然环境，包括动植物和自然现象；一种是社会环境，包括个人、家庭、集体、市廛等类的交往。可确定的中心如：节日，包括中秋、重阳、元旦、端午等；自然界的应时物，包括秋菊、冬雪、春桃、夏荷等；社会性事件，包括纪念日，庆祝会、恳亲会；等等。自然和社会这两种环境是儿童天天接触的，应当成为幼稚园课程的中心。

3. 课程应实施"整个教学法"

陈鹤琴不主张幼儿园分科教学，他认为分科教学是模仿大学的。大学生程度高、知识深、非分科不可。而幼稚园的分科教学是四分五裂、杂乱无章的，是违反儿童的生活和心理的。他提倡的"整个教学法，就是把儿童所应该学的东西整个地、有系统地去教儿童学"③。因为儿童生活是整个的，教材也必然是整个的，互相连接不能四分五裂的。他主张最好由一位教师去教，以体现整体性，而不致割裂。

4. 课程应当采用游戏式、小团体式的教学法

陈鹤琴认为儿童以游戏为生活，儿童总是喜欢游戏的。幼稚园的课程又是很容易游戏化的，儿童在游戏中、在活动中学习，会有事半功倍的效果。

---

①②③ 陈秀云、陈一飞编：《陈鹤琴全集》（第二卷），江苏教育出版社2008年版，第78、78、165页。

陈鹤琴还主张多采用小团体的教学法，他认为幼稚生的年龄不齐、智力不同、兴趣不一，应当区别对待、分组施教，以使处于不同发展水平的幼稚生都有所长进。以后，他又继续提出比较法、比赛法、替代法、观察法等。通过多样化的方法，生动、形象、具体地向幼儿进行教育，既可以增强教育效果，又使幼儿的兴趣格外浓厚。

5. 课程应当有考查儿童成绩的标准。

陈鹤琴认为要回答幼稚园应当教什么、幼稚生做什么、做到什么地步、程度怎样等问题，非得有种种标准不可。他说："考查品行，应当有品行的标准；甄别习惯，应当有习惯标准；检验技能，应当有技能标准；测验知识，应当有知识标准。"① 知道了幼稚生的成绩，就可以施行相当的教育，扬长补短，促进儿童的发展。为此，陈鹤琴等编制了《幼稚生应有的习惯和技能表》，计 185 项，开创了我国幼稚园教育评估工作的先河。

从以上简介可知，课程中心制是编制课程的一种方式，指幼儿在园一天的所有活动，包括教育教学的各种教材、内容、范围和方法等的安排运用，都围绕自然和社会这两个中心，组成一个个单元来实施。我们用现代课程理论来分析，陈鹤琴的课程设计有明确的目标、生动的教育内容、整体的组织结构、多样的活动方式和方法，并有一定的评估测验标准，具有整体性、综合性和活动性等特点。这种以儿童生活、儿童经验、儿童活动为中心的课程，基本上属于活动课程模式。

20 世纪 50 年代初，陈鹤琴努力学习马列主义和毛泽东思想，改造自己的教育观点，并用以指导其教育实践。他结合当时的社会背景，逐步形成新的教育思想，表现在他对单元教学有了更新的认识，具体的内容和方法亦随之有所改变。他提出了编制幼稚园课程的十大原则、九项内容、五指活动及三种编制课程的方法，使其课程论更趋全面、系统。他在 1951 年发表的《幼儿园的课程》一文中，批判了欧美国家实行单元教学的弊端（完全从儿童出发、不系统），提出了我国单元教学与编制课程应遵循的原则：

---

① 陈秀云、陈一飞编：《陈鹤琴全集》（第二卷），江苏教育出版社 2008 年版，第84 页。

(1) 是民族的，不是欧美的。

(2) 是科学的，不是封建迷信的。

(3) 是大众的，不是资产阶级的。

(4) 是儿童化的，不是成人的。

(5) 是发展连续的，不是孤立的。

(6) 是配合形势实际需要的，不是脱离现实的。

(7) 是适合儿童心身发展、促进儿童健康的。

(8) 是培养五爱国民公德和团结、勇敢等优良品质的。

(9) 是陶冶儿童性情、培养儿童情感的。

(10) 是培养儿童说话技能，以表达自己的情感和思想的。①

根据这十大原则，他修订了原来所定的单元，加入了五爱教育，共分九项内容，包括节日、五爱教育、气候、动物、植物、工业、农业、儿童玩具、儿童卫生。以节日和五爱教育为例：一月新年，做慰问袋，慰劳抗美援朝志愿军；二月春节，爱护公共财物；三月植树节、百花节，爱护花草树木；五月劳动节，爱劳动；六月国际儿童节，国际友爱；七月党的生日，热爱中国共产党；八月建军节，热爱人民解放军；十月国庆节，可爱的祖国；等等。

五指活动的五指，陈鹤琴说："是生长在儿童的手掌上的，换句话说，就是一切的活动要在儿童的生活上、智力上、身体上互相联系、连续地发展。……是指要注意儿童心理和生理的发展，但是不脱离社会实际，领导儿童做合理的活动，予以适当的教养。"②他又说："五指，是活的，可以伸缩，互相联系。……课程是整个的，连贯的。依据儿童心身的发展，五指活动在

①② 陈秀云、陈一飞编：《陈鹤琴全集》（第二卷），江苏教育出版社 2008 年版，第 456—457、458 页。

儿童生活中结成一个教育的网，有组织有系统，合理地编织在儿童的生活上。”① 五指活动的五个方面是：（1）健康活动，包括饮食、睡眠、早操、游戏、户外活动、散步等。（2）社会活动，包括朝夕会、周会、纪念日集会、每天的谈话及政治常识等。（3）科学活动，包括栽培植物、饲养动物、研究自然、认识环境等。（4）艺术活动，包括音乐（唱歌、节奏、欣赏）、图画、手工等。（5）语文活动，包括故事、儿歌、谜语、读法等。陈鹤琴指出：“幼稚园的课程全部包括在五指活动中，并采用单元制，各项活动都围绕着单元进行教学。”②

关于幼稚园课程的编制，陈鹤琴提出了三种方法：（1）圆周法，“就是各班预定的单元相同，研究的事物也相同，不过取材内容随着儿童年龄的不同而分别予以适当的教材和分量。”③ 亦即各班课题相同而要求由浅入深。（2）直进法，“就是将儿童生活中可能接触到的事物，依照事物的性质和内容的深浅而分布在各个不同年龄的班级里，如小班研究猫和狗，中班研究羊和牛，大班研究马和虎。”④ 亦即各班的课题和要求均不相同。（3）混合法，“就是在编制课程的时候，以上二法均须采用。”⑤ 亦即课题和要求有相同或不同。在编制课程时，通常运用混合法为最多。

此外，陈鹤琴对幼稚园的教具和玩具、教材和设备等都进行过实验研究，建树颇多。

20 世纪 70 年代末，陈鹤琴建议：“对幼儿园的教育应进行系统、深入的科学实验与研究，要办好示范性幼儿园。”⑥ 他特别指出：“应根据幼儿的特点，多给儿童感性的知识，创造各种环境和条件，多让儿童接触大自然和社会生活，多观察、多活动，扩大他们的眼界，增进幼儿的科学常识，发展他们的智力。”⑦ 他还认为：“应一分为二地总结‘五四’以来及解放以来这方面我国自己的经验和创造，继续前进。外国有许多经验，也有许多好的经

①②③④⑤⑥ 陈秀云、陈一飞编：《陈鹤琴全集》（第二卷），江苏教育出版社 2008 年版，第 458、458、458、459、459、505 页。

⑦ 陈秀云、陈一飞编：《陈鹤琴全集》（第五卷），江苏教育出版社 2008 年版，第 505 页。

验，但不能不加分析地照搬照抄，要结合中国实际情况，以实践来检验哪些是成功的、切实可行的，哪些是不可取的，要适合中国的特点。”① 此外，他还提出了必须重视和解决幼儿园玩具、教具的教学实验和制造，认为这是一个极为迫切的重大问题。

四、特殊儿童的教育

早在1935年，陈鹤琴在《对于儿童年实施后的宏愿》中写道：“愿全国儿童从今日起，不论贫富，不论智愚，一律享受相当教育，达到心身两方面最充分的可能发展。愿全国盲哑及其他残疾儿童都能够享受到特殊教育……”② 他不仅研究特殊儿童的心理特征，并创办特殊儿童教育机构。他对特殊儿童教育的研究和实践，既丰富了教育理论，也促进了教育体制的完善。

（一）特殊儿童教育的意义

陈鹤琴认为，特殊教育只是一个总的名称，特殊儿童有许多种，他们之间的差异非常大。他将特殊儿童分为以下六类。

1. 视觉缺陷的儿童——有：（1）全盲；（2）近视、远视、散光。
2. 听觉缺陷的儿童——有：（1）聋哑；（2）重听。
3. 语言缺陷的儿童——有：（1）口吃；（2）口齿不清。
4. 肢体缺陷的儿童——有：（1）残疾（四肢残缺）；（2）大脑残疾。
5. 问题的儿童。
6. 低能的儿童——有：（1）智力薄弱；（2）智力低劣。③

---

① 陈秀云、陈一飞编：《陈鹤琴全集》（第二卷），江苏教育出版社2008年版，第505页。

②③ 陈秀云、陈一飞编：《陈鹤琴全集》（第四卷），江苏教育出版社2008年版，第330、320页。

这些特殊儿童在整个儿童群体中是一个客观存在，教育应当面向所有儿童，包括普通儿童与特殊儿童。特殊教育应该是对普通教育的补充和完善。

陈鹤琴针对人们认为特殊儿童是极少数的，对特殊儿童的教育不重视的现象，依据格洛兹曼（M. P. E. Grossman）关于特殊儿童占学龄儿童总数的四分之一的统计，来估量当时我们中国的特殊儿童约有 2700 万人。他说："要知道 2700 多万特殊儿童没有享受教育的机会，就等于使国家多了 2700 多万废人，这对国家是何等大的损失？反过来说，如果给他们以特殊教育，他们就可以好好地发展，而增加了极大的力量。"① 对于个人来说，如果所有的残疾儿童都能够享受到特殊教育，尽量地发展他天赋的才能，成为社会上有用的分子，同时使他们本身能享受到人类应有的幸福。这是件利国利民、福泽万千的重要事业。

（二）特殊儿童教育的目标、内容和方法

1. 目标

陈鹤琴认为，教育目标总是和时代、社会密切相关的。无论是普通儿童抑或是特殊儿童，都应培养儿童"做人、做中国人、做现代中国人"②，但期望达到的层次间可以存在差异。这是因为，"他们同样地无法避免时代与社会所给予的制约作用"③。如果我们将陈鹤琴的普通儿童教育目标和低能儿童教育目标放在一起加以比较的话，就不难看出他这一观点的体现。

普通儿童教育目标：

（1）要有强健的身体；

（2）要有建设的能力和创造的能力；

（3）要有合作的态度；

①② 陈秀云、陈一飞编：《陈鹤琴全集》（第四卷），江苏教育出版社 2008 年版，第 318、274 页。

③ 陈秀云、陈一飞编：《陈鹤琴全集》（第一卷），江苏教育出版社 2008 年版，第 546 页。

(4) 要有服务的精神。①

低能儿童教育目标：

(1) 改进低能的健康状态，使能担负日常劳动；

(2) 建立低能的思想态度，使能了解自身的工作；

(3) 培养合作习惯，使能适应集体的生活；

(4) 训练生活技能，使能维持自己的生活。②

2. 内容

陈鹤琴认为特殊教育的课程内容，仍然应该以大自然、大社会为中心，根据各类儿童的不同特征，在以“五指活动”形成的网上进行取材。

3. 方法

陈鹤琴介绍了国外教育聋哑儿童的三种方法：“(1)‘手言’(以手势代言)；(2)‘口言’(以口说话的)；(3) 二种兼用的。”③ 他将平特纳(R. Pintner) 和佩特森 (D. G. Paterson) 研究口授聋儿与手授聋儿记忆广度比较的表格详尽列出，以证实前者比后者的平均成绩好。当时，我国的聋哑教育普遍采用的是手语教学，但陈鹤琴仍然努力探索教学方法的改进，力挺“口语法”，以求特殊教育不断获得革新和突破。如今，聋哑人能开口说话、“听”音乐、跳舞已成屡见不鲜之常事了。

陈鹤琴研究了口吃儿童，包括口吃发生的时间、原因和口吃儿童的特殊心理，提出要增强口吃儿童的自信心，克服其惧怕心理，唱歌和喃喃自语都是较好的矫正方法。

---

① 陈秀云、陈一飞编：《陈鹤琴全集》(第四卷)，江苏教育出版社 2008 年版，第 274—275 页。

②③ 陈秀云、陈一飞编：《陈鹤琴全集》(第一卷)，江苏教育出版社 2008 年版，第 546、353 页。

对低能儿童的教法强调以做为中心，从观察入手，多利用暗示心理，同时注意交替方法的运用，教学中普遍采用启发教授法、渐进教授法、实物教授法和设计教授法等。

（三）特殊儿童教育的原则

陈鹤琴于1947年发表了《中国儿童教育之路》，他将特殊教育、幼稚教育、国民教育并列为中国儿童教育的三大方面，提出了我国推行特殊儿童教育的三大原则。

1. 特殊儿童教育必须全部由国家主办

他认为过去极少的特殊儿童教育机构完全由教会或私人慈善团体办理，其精神虽令人钦佩，但这种团体极少，经济力量又很微弱，教育的内容和方法又极成问题，如果把2700万特殊儿童的责任，委诸他们，其不能胜任是无疑的。他提出："教育的对象本来是'有教无类'，而国家对儿童犹如父母之对他的子女，必须一视同仁，不能因为他们身心智力的差别而遂不顾到，忽略他的前途、他的幸福。"①

2. 特殊儿童教育机构在国内的散布应当是网状的

他认为："每一种特殊儿童必须有他的特殊学校，这种学校设立的地点以都市或适中的地点为最相宜，因为都市是网状的线的交通点，在它的附近范围之内的县、市、乡、镇，都可以把特殊儿童送到特殊儿童学校里去。这样才可以把人才集中，效率扩大，而在经济方面却节省很多。"②

3. 必须立刻着手特教师资的培养

他认为这一事业在中国尚未开创，一要请外国专家来帮助我们培训师资，建议各师范院校增设特殊教育系；二要派学者出国考察，以备借鉴。

（四）特殊儿童教育的实施

陈鹤琴不仅在舆论上倡导特殊儿童教育，理论上研究特殊儿童教育，更在现实中实践特殊儿童教育。1947年3月，他筹办了上海特殊儿童辅导院，

---

①② 陈秀云、陈一飞编：《陈鹤琴全集》（第四卷），江苏教育出版社2008年版，第318页。

兼任院长。该院开办了问题儿童班、盲童班、聋哑儿童班和肢残儿童班。不仅组织他们学习普通的文化知识，还针对不同类型特殊儿童的特点和专长，本着扬长补短的原则，教给他们专业技术和技能，为他们毕业以后自食其力地立足社会、贡献于社会打下基础。1953 年，特殊儿童辅导院改为上海市第一聋哑学校，1956 年，该校又发展成为我国第一所聋哑青年技术学校。陈鹤琴还将特殊儿童教育的内容列入师范院校的教学内容中。

回顾特殊教育的发展历史，它和普通教育的关系经历了“合—分—合”的过程，第一次的结合说明特殊教育从无到有。随后，特殊教育开始关注特殊儿童的特殊性，建立特殊学校——集中安置的教育形态，这正是针对此种特殊性进行的教育方式。当下，特殊教育兴起的“回归主流”运动和“全纳性教育”观念，表明特殊教育在经历了“合—分”之后，正在走向第二次融合，因为全纳性教育是在兼顾共性的基础上对特殊教育的全新考虑，实现了对第一次结合的超越。陈鹤琴主张特殊教育与普通教育的分轨制，正是代表了我国特殊教育发展初期的典型思想。那时，我国众多的特殊儿童从无教育权向有教育权过渡（如盲童、聋童），或者从接受不适当教育向适当教育过渡（如问题儿童）。他倡导并践行的特殊儿童教育对当时我国特殊儿童教育的发展起到了推动作用。

综上所述，陈鹤琴借鉴国外特殊儿童教育的理论和实践，结合中国国情运用自身在儿童心理和幼儿教育方面的研究成果，阐明了特殊儿童教育的地位和作用，研究了特殊儿童教育的目标、内容、方法和原则，为我国当代的特殊儿童教育奠定了良好的基础。

五、“活教育”的理论与实践

陈鹤琴自 1940 年在江西省立实验幼稚师范学校时开始提出“活教育”思想，经过几年的教育实验，到 1947 年，在上海逐步整理出“活教育”的理论体系。什么是活教育呢？他引证陶行知描写当时死教育情形的两句警语：

“教死书，死教书，教书死；
读死书，死读书，读书死。”①

他决心使这种腐败的死教育，变为前进的、自动的、有生气的活教育。其表述为：

“教活书，活教书，教书活；
读活书，活读书，读书活。”②

陈鹤琴的活教育理论体系，包括三大纲领：目的论、课程论、方法论，以及教学原则、训育原则等。

（一）目的论

陈鹤琴指出活教育的目的就是“做人、做中国人，做现代中国人”③。这样的人应该具备什么条件呢？第一要有强健的身体。他认为一个人身体的好坏，对于他的道德、学问、事业有很大影响。第二要有建设的能力。当时中国百废待兴，急需建设人才。第三要有创造的能力。他坚信儿童本来就有强烈的创造欲，只要善于启发、诱导、教育、训练，是可以培养起创造力的。第四要有合作的态度。要改变中国人在团体活动中缺乏合作的精神，必须从小训练他们能合作、能团结。第五要有服务的精神。

抗战胜利后，随着形势的发展，他又进一步提出“做人、做中国人、做世界人”④，要“爱国家，爱人类，爱真理”⑤的要求，说明陈鹤琴的活教育的目的论不仅体现了他的爱国主义精神，并且反映了他具有放眼世界的胸怀。

---

①②④⑤ 陈秀云、陈一飞编：《陈鹤琴全集》（第五卷），江苏教育出版社 2008 年版，第 20、20、59、62 页。

③ 陈秀云、陈一飞编：《陈鹤琴全集》（第四卷），江苏教育出版社 2008 年版，第 274 页。

（二）课程论

陈鹤琴指出："大自然、大社会，都是活教材。"① 针对传统教育书本万能的旧观念所形成的课程固定、教材呆板的死教育现象，陈鹤琴认为大自然、大社会才是活的书、直接的书，应该向大自然、大社会学习。活教育的课程有如下特点。

（1）以大自然、大社会做主要的教材，以课本做参考资料，这是直接的活知识，是直接的经验。

（2）各科混合或互相关联。

（3）不受时间的限制，没有分节的时间表，时间倒为功课所支配。

（4）内容丰富。

（5）生气勃勃。

（6）儿童自己做。

（7）整个的，有目标。

（8）有意义。

（9）儿童了解。②

活教育课程编制有两个原则：一是根据教育部颁发的课程标准，二是根据当地实际环境的情形。

（三）方法论

活教育方法论的基本原则是"做中教、做中学，做中求进步"③。活教育重视直接经验，强调以"做"为中心，主张在学校里的一切活动，"凡儿

① 陈秀云、陈一飞编：《陈鹤琴全集》（第四卷），江苏教育出版社2008年版，第284页。

②③ 陈秀云、陈一飞编：《陈鹤琴全集》（第五卷），江苏教育出版社2008年版，第23、1页。

童自己能够做的，应当让他自己做”①。做了就与事物发生直接的接触，就获得直接的经验，就知道做事的困难，就认识事物的性质。他把教学过程分为四个步骤：实验观察、阅读参考、发表创作、批评研讨。教师的责任是：引发、供给、指导、欣赏。

（四）教学原则

陈鹤琴根据“心理学具体化，教学法大众化”的指导思想，提出了活教育的 17 条教学原则。

（1）凡是儿童自己能够做的，应当让他自己做。

（2）凡是儿童自己能够想的，应当让他自己想。

（3）你要儿童怎样做，就应当教儿童怎样学。

（4）鼓励儿童去发现他自己的世界。

（5）积极的鼓励胜于消极的制裁。

（6）大自然、大社会是我们的活教材。

（7）比较教学法。

（8）用比赛的方法来增进学习的效率。

（9）积极的暗示胜于消极的命令。

（10）替代教学法。

（11）注意环境，利用环境。

（12）分组学习，共同研究。

（13）教学游戏化。

（14）教学故事化。

（15）教师教教师。

（16）儿童教儿童。

（17）精密观察。②

①② 陈秀云、陈一飞编：《陈鹤琴全集》(第五卷)，江苏教育出版社 2008 年版，第 66 页。

以上 17 条教学原则可以综合概括为活动性（做）原则、儿童主体性原则、教学法多样化原则、利用活教材原则、积极鼓励原则和教学相长的民主性原则等，其基本精神为当代心理学和教育学的科学研究所证实，尤其适用于学前教育。

（五）训育原则

陈鹤琴认为训育工作在整个的教育工作中可说是最繁重、最重要的。有了训育原则，才可使训育工作不致茫无头绪、无所适从。他提出的训育原则如下。

（1）从小到大。
（2）从人治到法治。
（3）从法治到心理。
（4）从对立到一体。
（5）从不觉到自觉。
（6）从被动到自动。
（7）从自我到互助。
（8）从知到行。
（9）从形式到精神。
（10）从分家到合一。
（11）从隔阂到联络。
（12）从消极到积极。
（13）从“空口说”到“以身作则。”①

以上 13 条训育原则，揭示了道德的认知、情感和行为表现的内外统一和相互促进，充满了辩证法，符合道德教育的基本规律。

---

① 陈秀云、陈一飞编:《陈鹤琴全集》(第五卷)，江苏教育出版社 2008 年版，第 103—110 页。

陈鹤琴的活教育主张针对死教育来说无疑具有进步性。他曾将活教育与死教育作了十大区别的对比。①

活教育

1. 一切设施、一切活动以儿童做中心的主体，学校里一切活动差不多都是儿童的活动。

2. 教育的目的在培养做人的态度，养成优良的习惯，发现内在的兴趣，获得求知的方法，训练人生的基本技能。

3. 一切教学，集中在"做"，做中学，做中教，做中求进步。

4. 分组学习，共同研讨。

5. 以爱以德来感化儿童。

6. 儿童自订法则来管理自己。

7. 课程是根据儿童的心理和社会的需要来编订的，教材也是根据儿童的心理和社会的需要来选定的，所以课程是有伸缩性，教材是有活动性而可随时更改的。

8. 儿童天真烂漫，活泼可爱，工作时很静很忙，游戏时很起劲很高兴。

9. 师生共同生活，教学相长。

10. 学校是社会的中心，师生集中力量，改造环境，服务社会。

死教育

1. 一切设施，一切活动，教师（包括校长）是中心和主体。学校里的一切活动差不多都是教师的活动。

2. 教育的目的在灌输许多无意义的零星知识，养成许多无关紧要的零星技能。

3. 一切教学，集中在"听"，教师口里讲，儿童用耳听。

4. 个人学习，班级教授。

① 陈秀云、陈一飞编：《陈鹤琴全集》（第五卷），江苏教育出版社 2008 年版，第 22—23 页。

5. 以威以畏来约束儿童。

6. 教师以个人主见来约束儿童。

7. 固定的课程，呆板的教材，不问儿童能否了解，不管与时令是否适合，只是一节一节地上，一课一课地教。

8. 儿童呆呆板板、暮气沉沉，不好动，不好问，俨然像个小老人。

9. 师生界限分明，隔膜横生。

10. 校墙高筑，学校与社会毫无联系。

从上可见，活教育是“五四”新文化运动浪潮下对封建旧教育的有力批判，也是抗日战争烽火催生下时代精神的体现；活教育是对欧美新教育的吸收和再创造，更是陈鹤琴长期教育实践的总结和理论探索的结果。尽管活教育理论有其历史和领域的局限，但却非常适宜于学前教育领域。

第五节　张宗麟的社会化幼稚园课程理论与实践

张宗麟（1899—1976），浙江绍兴人，我国著名的幼儿教育家，跟随陈鹤琴一起致力于中国化幼稚园教育的探索，在幼稚园课程、幼稚园社会教育等方面做出了突出的贡献。

1920年，张宗麟毕业于宁波浙江第四师范。他在中学时代就深感中国之落后，迫切寻求革命之路，曾积极参加“五四”运动。1921年年初，张宗麟在家乡袍渎敬敷小学任教，同年秋，以优异的成绩考入南京高等师范学校教育科（后改为东南大学教育系），师从陶行知、陈鹤琴等名教授。毕业后，他不顾社会的歧视、家庭的阻挠，自愿追随陈鹤琴研究幼儿教育，成为我国幼教史上男大学生当幼儿园教师的第一人。

1927年，他在杭州浙江女子高级中学任教务主任，同年4月加入中国共产党，不久因国民党大肆屠杀共产党员而失去联系。

1927年6月，张宗麟任南京市教育局学校教育课幼教视导员；同年9月，兼任晓庄第二院（幼稚师范）指导员，开始从事乡村幼稚教育的研究；1928年上半年辞去教育局职务，专任晓庄学校指导员及指导员主任。工作期间，他协助陶行知培育出一批有志于乡村教育的师资，并进一步研究了乡村幼教问题。1930年4月，国民党封闭晓庄学校，逮捕学生，杀害共产党员，并通缉陶行知、张宗麟等学校负责人。张宗麟随陶行知转移至上海。

1931年，张宗麟任福建厦门集美幼稚师范教员，次年兼任集美乡村师范校长。其间，他主编《初等教育界》杂志，发表了关于闽南初等教育的调查及有关乡村教育与幼稚教育的论文。此后，他历任广西桂林师范专科学校教师、重庆教育学院教务长、湖北教育学院教育系主任等职。在此期间，他始终坚持实行生活教育的主张，提倡下乡为劳苦大众服务，发动学生下乡实习等。

1936年，张宗麟回到上海开展抗日救亡工作，协助陶行知办生活教育社、国难教育社等。1937年“七七事变”爆发后，上海成立文化界救亡协会，张宗麟被推选为理事并任训练委员会主任委员。上海沦陷后，他继续留沪，在地下党领导下开展工作，开展救亡活动，并编辑出版了《西行漫记》《鲁迅全集》《列宁选集》等书。由于他积极抗日，被日伪特务和国民党特务列入暗杀名单。

1943年，张宗麟到达革命圣地延安。1944年10月，他在陕甘宁边区文教大会上被选为模范工作者。1946 年他由徐特立等人介绍重新入党。在边区，他曾任延安大学教育系副主任、北方大学文教学院院长、华北大学教育研究室主任。

中华人民共和国成立后，张宗麟任北京军管会教育接管部部长，后任高等教育委员会秘书长。中央教育部成立后，他历任教育部高等教育司副司长等职，其间，曾负责全国大专院校院系调整工作。由于对某些生搬硬套学习苏联经验的做法加以抵制，1957 年他被错划为右派，长期蒙冤。1976 年他在上海病逝。1978 年 12 月他得到平反，并得到这样的评价："张宗麟同志是我们党的一位好党员，教育战线上的一位老战士。他忠于党，忠于人民，忠于党的教育事业。"

一、幼稚园课程思想的基本观点

在探索中国化幼稚教育的道路上，研究和改革课程是张宗麟在幼儿教育方面的突出贡献。他自 1925 年到南京鼓楼幼稚园协助陈鹤琴进行幼儿教育实验活动开始，经晓庄学校、集美学校时期，直至中华人民共和国成立后在教育部任职期间，一直亲身试验并密切地关注幼稚园的课程设置，在理论和实践上取得了重大成绩。

（一）幼稚园课程的含义

何谓幼稚园课程？张宗麟说："幼稚园课程者，由广义的说之，乃幼稚生在幼稚园一切之活动也。……包括一切教材、科目、幼稚生之活动。"①他指出，在幼稚园里看不到课程表，因此有人以为幼稚园没有课程。其实，幼稚园既然是一种教育机构，当然也有课程，并且是一种特殊的课程，幼稚园课程有其自身的特点。这是由于其教育对象弱小，不能强求他们像大孩子一样严格按课程表过呆板的生活，但实际上，教师自己应对课程做到心中有数。

① 张沪编：《张宗麟幼儿教育论集》，湖南教育出版社 1985 年版，第 31 页。

在此认识基础上，张宗麟将幼稚园的课程分为两类。一种是以儿童活动进行分类。包括：开始活动，即幼儿刚入园时必须养成的习惯，也就是人生最基本的习惯，如放毛巾、认识老师和同学、一些初步的礼节等；身体的活动，即强健身体的习惯和技能，如各种卫生习惯、走、跑、跳等；家庭的活动，即反映家事和家庭关系的娃娃家游戏、建筑游戏等；社会的活动，即养成公民必须接受的教育，如各种纪念日、同伴之游玩等；技巧的活动，即自我表达的活动，如手工、图画、整理打扫等。另一种是以学科分类，包括音乐、游戏、自然等科目。他指出，虽然幼稚园课程如此分类，但这两类课程在组织上应具有灵活性，“教师决不可拘泥于某时当教某种课程，致贻削足适履之讥也”①。可见，张宗麟强调以儿童的生活为中心、以幼儿的主体性活动的经验为中心来组织课程。

（二）幼稚园课程的编制

幼稚园课程的编制是一项复杂的、综合性的研究，它需要反映特定的社会对人才培养的要求，又要符合儿童身心发展的水平。张宗麟与陈鹤琴等人在南京鼓楼幼稚园、燕子矶幼稚园、晓庄幼稚园等经过“散漫期”“理论组织期”试验的失败后，终于总结出可行的、适合幼稚园课程编制的方法——“中心制”。这一方法重视联系儿童的生活实际，利用某时期的节期，如中秋、国庆等，或利用自然界可应用的东西，如红叶、菊花、雨、雪等，根据这些为中心制定课程。每星期或两星期选择几项为中心，围绕这些中心进行多种作业，这些作业都与当时的时令配合。“中心制”方法虽然借鉴了美国设计教学法的基本思想，但又比其更灵活，范围更广泛，体现出幼稚园课程编制从儿童的现时生活需要出发，既考虑儿童个性发展的需要，又不使儿童流于自流、散漫而失去教育的作用。

在这一基本思想的指导下，张宗麟还提出了课程编制应注意的几点要求。

① 张沪编：《张宗麟幼儿教育论集》，湖南教育出版社1985年版，第44页。

1. “幼稚园课程不能用科目制来编制的，因为科目制会失去生活的意义。”① 虽然张宗麟根据鼓楼幼稚园的试验，提出了幼稚园的科目应该包括谈话、音乐、故事和儿歌、游戏、社会和自然等，但他坚持认为幼稚园的课程应该打成一片，是整个的，这样才能符合幼儿的生活实际。

2. “幼稚教师对于本园的课程要有一个统盘计划，然后再来观察自然界的变化、人事界的发生事项，再来决定应该有些什么”。② 即强调预成和生成相结合的弹性化的课程编制。

3. “每一个单元，长短不拘，但是要段落分明”。③ 这一点张宗麟认为非常重要，它保证了课程的顺利实施，即课程编制不仅应该符合儿童的生理需要，还应当符合儿童的心理需要。

4. “教师的职责是拟订大纲，预备材料，指导进行；不是强迫儿童做，也不是整个替儿童做完备，只要儿童去享受”。④ 即强调应明确教师和幼儿在课程编制中的位置和关系，以取得好的教育效果。

从课程编制的时间角度来看，无论是一年还是一天的课程编制，张宗麟都提出应采取因时制宜、因地制宜的原则，结合当地的时节特点、地理位置以及当地的民俗节气加以制定，如他在阐述编制幼稚园一年的课程大纲时，没有给出一个固定的课程编制大纲，而是选取了我国北部、中部、南部等课程大纲的例子作为参考。北方选取的是张雪门拟订的；中部选取的是他与陈鹤琴拟定的。

总之，张宗麟协助陈鹤琴进行课程实验的过程中，首次运用行动研究法，通过自身不断的总结、研究，最终形成了对幼稚园课程的定义、分类、特点以及课程编制等方面问题的认识，这些观点对于我们当前幼教课程改革具有一定的启示。

二、社会化幼稚园课程的理论与实践

关于社会化的幼稚园课程，是张宗麟在 20 世纪 30 年代出版的《幼稚园

①②③④ 张沪编：《张宗麟幼儿教育论集》，湖南教育出版社 1985 年版，第 138 页。

的社会》一书中提出的关于幼稚园课程的一种主张。他指出，幼稚园的各种活动都应该倾向于社会性的，因为教育的灵魂乃在于养成适合于某种社会生活的人民。所以在幼稚园里不仅应设置“社会”这个科目，而且幼稚园的一切活动，从广义上讲都可以说是“社会”，都应该具有社会性。他认为即便是“自然”科目也决不是纯粹去研究自然，必定是与人生有密切关系的自然研究。如采集标本的活动，虽然主要目的在“自然”，但也需要数人共同出外旅行等活动，要学会与小伙伴过共同合作的生活。正是从这个意义上，他认为幼稚园的课程应是社会化的幼稚园课程。

张宗麟认为社会化的课程有两个依据，即儿童社会和成人社会，而这两者是极不相同的。他引洛格（H. Rugg）的看法说：“从成人生活里得来的事实，是决定永久价值的；从孩子生活里得来的事实，是决定各期儿童教育价值的。”① 在幼儿教育中如何处理好这两方面的关系，张宗麟主张成人社会应当尊重儿童社会，应当让孩子到他们自己的社会里去，而不要拉他们到成人的社会里来，他认为成人最大的工作，只可以从旁帮助他们组织社会。同时他十分赞赏如下观点：“孩子可以领悟任何人生的、物质的，以及社会集团的、现代状况的一切，这种种领悟的能力，只有他自己的经验所能给予。”②

（一）社会化幼稚园课程的目标

幼儿园课程目标体现了学前教育课程中特定的价值观，明确了幼儿园课程编制的方向，使课程内容的选择和组织以及课程的实施和评价等方面构成一个有机的整体。张宗麟认为，幼儿培养目标应该是“能为孩子们谋共同享受，能注意他的周围事物的孩子”，幼稚园里的各种活动都应该含有“社会”的意味。根据张宗麟和陈鹤琴共同研究制定的《幼稚园课程暂行标准》，当时的幼儿教育总目标是：

1. 增进幼稚儿童应有的快乐和幸福；

2. 培养人生基本的优良习惯（包括身体、行为等各方面的习惯）；

---

①② 张沪编：《张宗麟幼儿教育论集》，湖南教育出版社 1985 年版，第 283、284 页。

3. 协助家庭教育幼稚儿童，并谋家庭教育的改进。①

由此可见，张宗麟从社会需要与儿童个体需要出发，整合了个人价值和社会价值，提出幼稚园课程的目标是儿童身心的健康发展以及培养全面发展、健全的国民。

基于上述认识，张宗麟指出关于“社会”的课程目标是“引导对于‘人和社会的关系’的认识，养成爱护自然物和卫生、乐群等好习惯。”②从具体目标来看，包括如下内容。

> 1. 社会认知，“在日常生活里，显明儿童的各种观念，并增强他的兴趣，以养成社会生活的基础。”③
>
> 2. 社会情感，例如“集体的演习（培养公正、仁爱、和平的态度精神为主）。”“发达适合现代生活的欣赏”。④
>
> 3. 社会行为技能，例如：“身体各部的认识和简易卫生规律（如不吃担上的糖果，不吃杂食，食前必洗手，食后必洗脸，不随地便溺，不随地吐痰，不吃手，不用手挖耳揉眼，早睡早起，爱清洁等）的实践。”⑤

这样的课程目标表述，不仅具有整体系统性，体现了知、情、意、行统一的社会教育目标，同时具有可操作性，便于进行评价。除此以外，张宗麟还主张课程目标应当具有弹性，规定了“最低限度”，并指出“不是固定不变的，还要看学习者当时的生活情形而活用。”⑥

（二）社会化幼稚园课程的内容

课程内容是实现课程目标的手段，主要解决的是“教什么”和“学什么”的问题。张宗麟认为，课程内容来源于生活，来源于“学习者的需要、

①②③④⑤⑥ 张沪编：《张宗麟幼儿教育论集》，湖南教育出版社1985年版，第153、269、270、270、269、137页。

原有经验以及学习者目前生活与将来生活的全部”①。在《幼稚教育》一书中，张宗麟提出：“生活便是教育，整个的社会便是学校”，并且认为这两句话是厘定一切学校课程的纲领。社会课程应该让孩子对“社会现状、进化程序、个人和社会的关系”略略明了，因此，课程内容从范围上涵盖了历史、地理、家庭、职业、卫生、风俗人情、伟人事迹、各国人的生活等。但是，他也强调不是所有的生活经验都可以纳入幼儿的课程。张宗麟确立了幼稚园社会课程的两个依据，即：发展的社会和幼儿的生活。

首先，对于发展的社会，他指出，整个社会分为三个方面：一是过去的历史关系；二是现代的各方面关系；三是影响于未来的情形。因而，一般学校课程（包括幼儿园课程）也要包括这三个方面。幼儿年龄小，社会经验缺乏，所以，幼稚园要把社会这三个方面都做到要耗费很大精力，但可以采用最直接的一些活动，如了解家庭的状况、社会上的职业、食物的来源、生活品的制成、城市和农村的生活等，这些都可以通过幼儿的游戏活动达到使幼儿社会化的目的。

其次，关于幼儿的生活状况，他指出孩子可以领悟任何人生的、物质的以及社会集团的、现代状况的一切，这种种领悟的能力，只有他自己的经验所能给予。要想孩子明了而欣赏一件抽象的、经验里所没有的、别的地方或别种职业的生活、久远的历史，都是不可能的；除非他已经先有了直接生活的概念，从而进一步强调了幼儿园各种课程应以幼儿的社会生活经验为基础。

在陈鹤琴指导下，张宗麟参与编制的“单元制”幼稚园课程，集中体现了利用社会及自然活动的形式，促进幼儿社会性各类能力发展的目的。下面所列出的是根据当时社会情况拟订的几方面活动。

(1) 关于生活卫生、家庭邻里、商店邮局以及其他社会公共设施和

① 张沪编：《张宗麟幼儿教育论集》，湖南教育出版社1985年版，第137页。

名胜古迹等方面。

(2) 日常礼仪的学习。

(3) 节日和纪念日活动。

(4) 身体的认识活动和基本卫生习惯。

(5) 健康和清洁活动。

(6) 各种集体和社团活动。

这些内容都体现出社会课程以良好习惯的养成为核心的特点，这在张宗麟的《社会化的幼稚园课程》一章中表现得更为清楚。他整理出陈鹤琴和张雪门拟定的两张《幼稚生的习惯与技能表》，包括做人的习惯（个人的和社会的）、卫生习惯等几个方面的内容。张宗麟认为，这些内容只是反映了当时中国南方和北方幼稚园社会课程的内容，随着时代的改变，后继的完善过程需遵循以下几个原则进行。

1. 互助与合作的精神。他指出人类正是因为有了这两个方面才能生存和发展。但是互助与合作是有区别的，互助是无条件的，无当时或直接的报酬，如儿童在荡秋千时的相互帮助，就属于这种性质；合作则是有条件的，如儿童在玩搭房子游戏时的相互配合就属于这种性质。从教育的观点来看，前者胜于后者，而两者又都远胜于竞争。

2. 培养儿童具有爱和怜的情感。张宗麟指出爱是有生气的，是双方的，可使被爱者产生力量、培养力量，如亲子间、师生间的爱；怜则是单方面的，如同情弱小和残疾者。从教育的观点来看，前者比后者积极，而两者又都与自私自利相悖。

3. 培养儿童具有顾到别人的思想。张宗麟指出幼儿对“别人”这一概念的理解是不很深切的，他们在活动中往往会自顾自，为此我们要随时教育孩子顾到别人，包括一切玩具与他人共玩、不扰乱秩序、不打断他人说话等。同时，应当培养孩子独立自由的精神，但绝不可使他们养成骄傲和唯我独尊等习气。此外，他认为在教育过程中还应该使幼儿知道生活的来源，懂得尊重劳动者。

（三）社会化幼稚园课程的实施

基于以往的课程实施经验，张宗麟以教育学和心理学两个方面为依据，论述了社会课程实施过程应该注意的问题。课程实施过程中要注意以下三个原则。

第一，“学校教育要与现代的生活打成一片”。① 张宗麟指出，将学校教育与当时的生活相结合是当时的教育趋势。他还援引了桑代克的话：“与其说教育是预备生活，不如说教育就是生活。”②

第二，“个别学习而能互助与合作。”③ 张宗麟指出，为了儿童的心理更好的发展，在组织社会课程的时候应该强调个别学习。但是，“社会不是个人独立无关系的，事情的做成，也不是件件都可以独立干成的。”④ 因此，互助与合作在社会课程的学习中十分重要。

第三，“朋友制。”⑤ 张宗麟提出了教师应该和幼儿建立平等的朋友关系。教师在课程实施过程中只是从旁指导，而不是对幼儿直接下达命令，在活动过程中，教师只是不断地为幼儿提供活动需要的原料，并指导幼儿的活动进程。这个思想借鉴了美国设计教学法和欧洲新学校中对于教师在活动中“角色”定位的思想。

如前所述，张宗麟认为社会课程的核心是幼儿习惯的养成，而“习惯的养成是学习心理学的事情”⑥。所以，在社会课程的实施过程中，他以心理学为依据，着重谈了培养幼儿习惯的方法。

1. 成功与有效。指对于一种行为，如果教师给予了儿童正面反馈，那么儿童在下一次进行这个行为的时候就会更加成功。如：幼儿向教师清楚地报告一件极简单的事情，得到了教师的赞许，那么他第二次遇到同样的事情，就会说得更加清楚。

2. 继续不断的练习。好的习惯的养成是经过不断练习强化的，不是一

①②③④⑤⑥ 张沪编：《张宗麟幼儿教育论集》，湖南教育出版社 1985 年版，第 295、294、295、296、295、297 页。

蹴而就的。例如：吃东西前要洗手的卫生习惯，在没有完全养成的时候，每次必定洗手，绝不能有例外。如果有了例外，便可以把从前所学的减去很多。

3. 兴趣与目的。儿童的兴趣是与儿童“工作”的目的相关的。如果儿童有目的，那么就有兴趣将活动持续下去。

4. 交替反应。这是行为主义心理学的基本观点。张宗麟认为，借鉴这一理论培养幼儿的习惯时，必须注意以下三个条件。

（1）幼儿的健康。对于幼儿来说健康最重要，它影响着幼儿的学习。幼儿在不健康的时候最容易发脾气，最不愿意与人接触，此时幼儿的学习效率很低，而且还容易建立对幼儿产生负面影响的条件反射。

（2）幼儿的生活背景。张宗麟指出，幼儿的生活背景就是发生现在交替反应的原因，如果找到了原因，就可以免去许多教育上的浪费。如对于生物，多数孩子惧怕的原因多半是成人或同伴看到生物惧怕。既然知道了这个根源，第一步就是知道如何做才能消除孩子的恐惧，进而让孩子研究生物，与生物做朋友。

（3）当时的环境。张宗麟指出，学习时的环境适当，学习的效率高，不然就会降低。因此，幼稚园要为幼儿安排适宜的环境，这一环境包括教师、学生以及周围的物质设备。

可见，张宗麟借鉴当时教育学和心理学的研究成果，对幼儿“习惯”问题进行了非常全面深入的论述，为后人研究幼儿习惯问题奠定了坚实的理论和实践基础。

幼稚园课程思想是张宗麟一生智慧的结晶，也是他在陈鹤琴、陶行知的指导下，批判传统幼稚教育，创办符合我国国情的幼稚园过程中长期实践的结果，是有分析地吸取中外教育思想之所长，在中国人民开展轰轰烈烈的反帝反封建斗争中形成和发展的。它的产生有着重要的历史意义，对当前的幼教课程理论与实践，特别是社会领域课程方面，具有重要的借鉴价值。

思考与练习

1. 简述蔡元培、鲁迅关于儿童教育的观点。

2. 试评张雪门的行为课程理论。

3. 试析陶行知生活教育理论的历史意义和现实意义。

4. 略论陈鹤琴对我国幼儿教育的贡献。

5. 试论张宗麟有关幼儿园课程的理论与实践对当前我国幼儿园课程改革的意义。

拓展性阅读导航

1. 田正平主编:《近代西方教育理论在中国的传播》,广东教育出版社1996年版。

本书探讨了近代西方教育理论的传入和我国教育理论形成、发展的历史过程,分析了西方教育理论的传播在我国近代教育发展史上的地位和作用。

2. 陈秀云、陈一飞编:《陈鹤琴全集》,江苏教育出版社2008年版。

本书选编了陈鹤琴各个时期有关幼儿教育理论和实践的主要文章、讲稿和实验报告等,并收录了其论“活教育”和关于儿童心理研究的相关著作。

3. 唐淑等编:《陶行知文集》,江苏教育出版社2008年版。

本书主要收录了有关陶行知学前教育理论和实践的文章、讲稿等,主要包括三大部分的内容:理论篇、诗歌篇和实践篇。

4. 戴自俺主编:《张雪门幼儿教育文集》,北京少年儿童出版社1994年版。

本书收录了张雪门在各个时期有关幼儿教育理论和实践方面的主要著作。

5. 张沪编:《张宗麟幼儿教育论集》,湖南教育出版社1985年版。

本书选编了张宗麟在各个时期有关幼儿教育理论和实践方面的主要著作。

第四章

当代学前教育思想

内容提要

本章介绍了我国当代学前教育思想的形成背景，分析了影响我国当代学前教育思想理论构建的几个重要观念，并梳理了新时期我国学前教育思想的两种实践探索模式，在此基础上提出了建构具有中国特色的学前教育思想体系的目标。

学习目标

1. 了解毛泽东教育思想、邓小平教育思想以及西方学前教育理论对我国当代学前教育思想的重要影响。

2. 明确中国学前教育思想体系构建的理论基础。

3. 理解新时期我国学前教育思想和实践探索的主要模式。

4. 掌握建构具有中国特色的学前教育思想体系的主要内容。

关键词

毛泽东教育思想　邓小平教育思想　西方学前教育理论　儿童观　儿童教育观　学前课程观　学前教师观　幼儿园综合教育　幼儿园素质教育

第一节 当代学前教育思想形成的背景

中华人民共和国成立以后，中国进入了一个与以往社会性质根本不同的新时代。国家的教育性质也发生了根本的变化，马克思主义教育学说、毛泽东教育思想成为教育工作的指导思想，成为中国教育思想的主流。当代中国教育思想发展的过程，可以说就是力图正确理解和运用马克思主义、毛泽东思想来改造和发展教育的过程。马克思主义教育学说、毛泽东教育思想是当代中国教育思想的核心和统帅。邓小平教育思想是毛泽东教育思想在新时期的运用和发展，是当今中国教育的根本指导思想。70 多年来，当代中国教育及教育思想在曲折中发展，在迂回中前进。它一方面在群众性的教育改革和发展的伟大实践中不断地更新与突破；另一方面，又在与世界各国教育思想的交流与沟通中，在对中国传统教育思想的批判与继承中不断地变革与进步。

一、毛泽东教育思想对我国学前教育思想的影响

中华人民共和国成立后，以毛泽东为首的中国共产党在领导全国人民进行社会主义改造和社会主义建设的各个历史阶段中，对教育工作发出了一系列的指示，指引广大教育工作者，沿着社会主义方向，不断前进，为发展和建设中国的社会主义教育事业，培养一大批社会主义建设者和接班人，做出了重要的贡献。

根据《关于建国以来党的若干历史问题的决议》（以下简称《决议》），可将 1949 年到 1966 年这 17 年基本分为两大阶段，一是基本完成社会主义改造的 7 年，一是开始全面建设社会主义的 10 年。在前 7 年中，《决议》又划分了两个阶段，一是中华人民共和国成立后的头三年，一是实现过渡时期总路线阶段。据此，我们也从三个阶段来阐述毛泽东教育思想对我国学前教育思想的影响。

（一）中华人民共和国成立初期毛泽东教育思想对学前教育思想的影响

中华人民共和国成立初期，即1949—1952年这一历史时期，毛泽东提出了一些极为重要的教育观点，明确了中华人民共和国教育的性质和任务，指导了社会主义学前教育思想的改革和建设。

早在《新民主主义论》和《论联合政府》中，毛泽东已阐述了新民主主义文化教育的性质、任务，设想了中华人民共和国成立后文化教育方面应开展的一些工作，指出："中国国民文化和国民教育的宗旨，应当是新民主主义的；就是说，中国应当建立自己的、民族的、科学的、人民大众的新文化和新教育。"1949年颁布的《中国人民政治协商会议共同纲领》（以下简称《共同纲领》），系统地、明确地规定了中华人民共和国教育的性质、任务和教育方法，《共同纲领》有关文化教育政策的规定，是新民主主义时期毛泽东教育思想的继承和发展，是毛泽东在中华人民共和国成立初期的教育思想的集中反映。由于《共同纲领》对文化教育的性质、任务、教育方法做了明确规定，对于人民教育事业的恢复和发展有极大的指导意义，为社会主义学前教育事业发展及思想建设指明了方向。

1949年12月举行的第一次全国教育会议上，确定"教育必须为国家建设服务，教育必须向工农开放"；明确全国教育总方针为：以老解放区新教育经验为基础，吸收旧教育某些有用的经验，特别要借助苏联教育建设的先进经验。这也成为了中华人民共和国成立初期学前教育事业发展及思想建设的总方针。

中华人民共和国成立初期的学前教育事业，在以毛泽东为首的中央人民政府教育部领导下，在学前教育为谁服务、怎样服务的根本问题上，展现了一片新的景象。在1951年8月召开的第一次全国初等教育会议上，讨论并通过的《幼儿园暂行规程（草案）》，规定幼儿园承担着教育幼儿和便利妇女参加社会建设的双重任务，还明确幼儿园教育必须遵循新民主主义教育方针进行，使幼儿的身心获得全面发展。由此，学前教育工作者在中华人民共和国成立初期，对学前教育的方向、任务和教育目的，都有了比较明确的认识。

中华人民共和国成立初期，中央教育部针对当时的学前教育状况进行分析，得出的结论是："幼稚园一般是旧社会的遗产，……应该有计划有步骤地进行改造。"① 依据"教育必须为国家建设服务，教育必须向工农开放"的方针，教育部确定一系列措施，明确幼儿园必须向工农和其他劳动人民子女开门。这是学前教育为国家建设服务、向工农开门迈出的关键性的第一步。

1949 年 6 月，毛泽东在新政治协商会议筹备会上明确地把恢复和发展人民文化教育事业列为工作重点之一。之后，毛泽东提出了学校教育"健康第一，学习第二"的方针。在毛泽东的直接推动下，政务院在 1951 年 8 月颁发了《关于改善各级学校学生健康状况的决定》。据此，中央教育部幼儿教育处处长张逸园在 1951 年 6 月《人民教育》杂志发表的《对幼稚教育工作的几点意见》中提出："新的幼稚园教学原则"是"全面发展"，"是培养学龄前儿童在生理上、意识上、行动上得到正确的成长、发展和变化，使他们的身体、智力、道德习惯及爱美观点等得到全面的发展。"同时，借助苏联理论和老解放区某些经验，教育部制定了两个重要的政策性文件，即《幼儿园暂行规程（草案）》（以下简称《暂行规程》）和《幼儿园暂行教学纲要（草案）》（以下简称《暂行纲要》）。

《暂行规程》中的"教育目标"首先是"培养幼儿基本的卫生习惯，注意其营养，锻炼其体格，保证幼儿身体的正常发育和健康"，使全面发展的教育目标适应幼儿时期健康为首的年龄特点。《暂行纲要》在总则中开宗明义地指出："幼儿园是使幼儿顺利地全面发展的'社会环境'。……它和学校教育的性质不完全同。"

总之，中华人民共和国成立初期的学前教育思想鲜明地突出了新民主主义学前教育方针，体现了学前教育为国家建设服务、向工农开放的特点，对

① 教育部档案室：《关于对幼稚园、托儿所等事业应注意进行改造专题汇集》（原始资料）。

国家经济建设起到了推动作用。

（二）过渡时期总路线阶段毛泽东教育思想对学前教育思想的影响

从1953年初至1956年，在着重实施过渡时期总路线阶段，毛泽东的教育思想比前一阶段有了新的发展。

首先强调教育工作不要脱离党在过渡时期的总路线。毛泽东十分重视贯彻总路线问题，进入1953年后，他更是反复强调，要求各项工作、各条战线都努力贯彻总路线，这自然包括教育工作、教育战线在内。

1953年6月，教育部召开了第二次全国教育工作会议，指出学前教育机构“也要从实际出发，在整顿巩固的基础上有计划、有重点地发展”。1955年1月，国务院发布教育部《关于工矿、企业自办中小学和幼儿园的规定》，形成了过渡时期依据两条腿走路的学前教育办学方针。1956年2月23日《教育部、卫生部、内务部关于托儿所幼儿园几个问题的联合通知》颁发，就托儿所、幼儿园的发展方针及领导问题、培养和训练干部问题，发出了明确的指示。关于托儿所、幼儿园的举办与发展，提出了适当按照“全国规划、加强领导”和“又快、又多、又好、又省”的方针，“积极发展”。在城市中由厂矿、企业、机关、团体、群众举办；在农村中提倡农业生产合作社举办。

依据两条腿走路的办学方针以及当时制定的各项政策，社会各方面举办幼儿园的积极性得到了广泛调动，全国幼儿园得到了迅速发展，有利地支持了过渡时期的生产与建设。但当时毛泽东对完成社会主义改造和实现工业化的速度，估计过于乐观，要求过急了些，致使学前教育的发展一度也出现了“冒进”现象，有发展过快的势头。但是，毛泽东在这一时期提出的使教育工作适应政治、经济改革和发展的需要，却是我们应该永远坚持的立场和观点。

（三）全面建设社会主义时期毛泽东教育思想对学前教育思想的影响

1957年至1966年5月，是为迅速发展社会生产力而探索适合中国国情的社会主义全面建设的时期。这一时期，毛泽东教育思想在内容上更为丰富。

中华人民共和国成立初期，我国根据马克思主义的基本原理，提出要培养全面发展的人。但是在社会上、在实际工作中，对究竟什么是“全面发展”，以及怎样进行全面发展的教育，存在着不同的认识，因而引发了一场全面发展问题的大讨论。1957 年 2 月，毛泽东在《关于正确处理人民内部矛盾的问题》报告中，明确提出了社会主义教育方针：应该是使受教育者在德育、智育、体育等方面都得到发展，成为有社会主义觉悟的有文化的劳动者。这对当时正在讨论的关于人的全面发展的问题给予了明确的界定和正确的导向，也对于学校实施全面发展教育和因材施教，促进学生身心的健康发展，起到了重要的指导作用。1958 年 9 月 19 日，中共中央、国务院发出《关于教育工作的指示》指出了教育工作的方向问题，明确提出党和国家的教育工作方针：“党的教育工作方针，是教育为无产阶级的政治服务，教育与生产劳动相结合，为了实现这个方针，教育工作必须由党来领导。”学前教育也必须贯彻党的教育方针，加强了学前教育为生产服务的措施和对幼儿进行劳动教育的要求。

1958 年，我国进入第三个五年计划发展时期。在 1958 年 1 月中央讨论经济工作的南宁会议上，毛泽东批评了 1956 年的“反冒进”，进而提出了“大跃进”。为响应总路线，教育领域也进入了“大跃进”时代。学前教育“大跃进”主要表现在事业的大发展和以寄宿制为主的办园方针，过早地实现学前教育的社会化和全托化，造成幼儿园教育发展失控局面。故在短时期内（从 1957 年到 1958 年），使幼儿园的数量增加了 41.4 倍，而农村幼儿园增长率高达 78.76 倍。由于“大跃进”和“反右倾”错误及自然灾害的影响，20 世纪 60 年代初，我国国民经济发生严重困难，致使盲目发展起来的幼儿园纷纷解散。直至 1961 年党中央提出国民经济“调整、巩固、充实、提高”的方针，学前教育事业开始有了正常发展的转机。

总之，中华人民共和国成立后 17 年是当代中国教育及教育思想的奠基期。中国社会主义学前教育思想开始产生。学前教育领域确立以毛泽东教育思想为根本指导思想，学前教育必须为国家建设服务，必须向工农开放，努力培养幼儿在体育、智育、德育、美育等方面全面发展。

二、邓小平教育思想对建设有中国特色的学前教育思想的影响

邓小平教育思想是指粉碎“四人帮”后邓小平有关教育工作的一系列指示、论述，是邓小平运用马克思主义原理观察和处理当代中国教育问题的生动体现，是中国共产党在新时期社会主义教育事业深入改革过程中所取得的宝贵经验的科学总结，是新的历史条件下毛泽东教育思想的继承和发展，是建设有中国特色的社会主义教育体系的根本指导思想。

（一）邓小平教育思想的基本内容

1983 年 9 月，邓小平为北京景山学校题词：“教育要面向现代化，面向世界，面向未来”。邓小平用精练的语言，科学地揭示了现代教育发展的必然趋势，指明了教育改革的方向和道路，具有鲜明的时代特征。“三个面向”是邓小平教育思想的精华和核心，是邓小平论述教育问题的出发点和归宿，是我们理解和把握邓小平教育思想的钥匙。邓小平教育思想的主要内容如下。

1. 教育是现代化建设的战略重点

邓小平认为，科学技术是第一生产力，因此，他非常强调教育的战略地位，要求以战略眼光抓教育。党的十二大将教育与科学列为经济发展的三大战略重点之一，邓小平指出搞好教育和科学是其中最为关键的。可见，邓小平关于教育地位的战略性论述具有关键性、急迫性和长远性的特点。

2. 教育必须与国民经济发展的要求相适应

邓小平指出：教育不仅要适应近期需要，而且要预见到远期需要；不仅要适应生产发展的需要，还要估计到现代科学技术发展趋势；要有规划，把教育纳入国民经济与社会发展计划中去；在学校级类、专业结构、课程安排、教材改革、教学手段更新、教育科研等领域都应考虑经济社会发展的条件与要求。

3. 教育要培养“四有”新人

在教育目的问题上，邓小平一方面强调要把毛泽东的教育目的论贯彻到底，贯彻到整个社会的各个方面；另一方面，邓小平又从社会主义现代化建设的实际出发，大力倡导社会主义精神文明建设，认为建设社会主义精神文明，最根本的是要使广大人民有共产主义的理想、有道德、有文化、守纪律，要教育人民成为“四有”人民，教育干部成为“四有”干部。培养“四有”新人是邓小平新时期的教育目的论。

4. 解放思想，加快教育体制改革

关注体制和体制改革，是邓小平一贯的思想作风。关于教育体制，一方面，他坚持普及与提高相结合和“两条腿走路”的思想。另一方面，他针对教育管理存在的种种问题，要求各级党委、政府重视教育，树立服务观念，当好后勤；要建立“少而精”的管理机构，简政放权，严明层级；学校内部党政分开，建立责任制，实行群众民主管理，充分调动师生员工的积极性。邓小平同时还提出要加强学校党的建设，加强思想政治工作，要搞好教育立法，依法治教。

5. 增加教育投入

1977 年后，邓小平多次强调要增加教育投入。他批评那种把经济发展与教育发展对立起来的观点，指出经济发展要靠教育，经济发展又必然会带动教育的发展。教育投入要逐年加重，还应该有一个比例。

邓小平教育思想体系全面、系统、深刻且富有战略性，构成了一个博大精深、富于时代精神和中国特色的教育思想理论体系。它主要是邓小平在中国社会主义现代化建设新的历史时期，根据马克思主义与中国实际相结合的原则提出的关于教育的一系列观点和理论，是邓小平思想的重要组成部分，是毛泽东教育思想在新的历史条件下的继承和发展，是当代中国的马克思主义教育思想理论，也是当代中国学前教育改革和发展的指导思想。

（二）邓小平教育思想对建设有中国特色的学前教育思想的影响

党的十一届三中全会以来，在邓小平教育思想指导下，党和政府颁发了一系列学前教育的方针、政策和法规，大力加强对学前教育的领导和管理。1979 年至 1980 年，针对学前教育事业较多集中于城市，受“四人帮”破坏也最为严重的现实，首先颁发了城市托幼机构的政策性文件，即《城市幼儿园工作条例（试行草案）》和《城市托儿所工作条例（试行草案）》，两个条例对学前教育的方针、目标、内容和制度做了详尽的规定，这对当时较为迅速地恢复幼儿园和托儿所的正常工作秩序起着良好的促进作用，同时有助于学前教育工作者厘清思想、把握方向、分辨是非。1981 年 10 月，教育部颁发的《幼儿园教育纲要（试行草案）》（以下简称《教育纲要》），吸取国内外幼儿生理学、心理学理论，特别是关于幼儿大脑的研究成果，强调教育任务、内容、要求应通过游戏、体育活动、上课、观察、劳动、娱乐和日常生活等教育手段来完成，指明幼儿园要主动争取社会和家庭的支持，以大教育观增强幼儿园教育的社会效应，这些内容的规定使得幼儿园教育有章可循，也将学前教育工作者的教育观念提到了新的高度。1989 年 6 月，国家教育委员会令第 2 号发布了《幼儿园工作规程（试行）》（以下简称《规程》），《规程》在重申 1981 年《教育纲要》基本精神的基础上，强调了保教并重、身心和谐发展、因材施教、以游戏为基本活动等促使学前教育现代化的教育原则，对明确幼儿园的办学思想，加强幼儿园内部的科学管理，提高保育和教育质量无疑起着重要作用。

20 世纪 90 年代初，邓小平同志指出：科学技术是第一生产力，并号召改革开放胆子要大一些，敢于试验。1992 年 7 月，国家教委在《关于深入学习邓小平同志重要讲话的通知》中要求牢固树立以经济建设为中心的思想，使教育更好地为加快经济发展服务。1997 年 7 月，国家教委印发《全国幼儿教育事业“九五”发展目标实施意见》，提出了“九五”期间我国学前教育事业发展的指导思想、总目标、具体目标及措施。

上述国家政策、文件、法规，将儿童的生存、保护和发展与人类未来之间的关系，提高到人口素质基础和未来发展的先决条件的高度，通过对学前教育、初等教育、中等教育、高等教育的学校教育制度的确立，将“从儿童抓起”、培养“四有”新人作为“我国社会主义现代化建设的根本大计”，向全社会提出树立“爱护儿童、教育儿童，为儿童做表率，为儿童办实事”的公民意识的要求，并使学前教育逐步走上法制化、规范化的道路。同时，这些法规与文件对提高保教质量、加强学前教育管理及农村学前教育发展等方面做出了有社会主义特色的规定。

在此背景下，中国学前教育界空前活跃，对传统教育思想的反思、继承和超越，对教育理论的引介、吸收和改造，促成了中国学前教育理论的繁荣与发展。新时期学前教育思想理论的发展表现出如下特点。

一是学前教育学科体系开始形成，并出现了一些新兴学科，包括分支学科、边缘学科和交叉学科。

二是理论研究更为深入，不仅引进和介绍国外理论研究的成果，还借鉴其他学科的理论和方法，如人类学、社会学、生态学、哲学等，学术成果大量涌现。

三是学前教育科学研究方法有较大突破，对研究成果不再只是局限于经验描述和定性分析，而是综合采用调查、对比、验证等各种方法，使定量和定性分析相互结合，同时研究方案的设计、测查工具和表格的制定、测查队伍的培训等也开始采用现代化手段。

四是交流、研讨多，并进入世界学前教育理论圈子。

五是学前教育理论问题得到的关注逐渐增多。

三、国外教育理论的引进与吸收对我国学前教育思想的影响

（一）苏联教育理论对我国学前教育思想的影响

中华人民共和国成立之初，缺乏建设社会主义的经验，当时只有苏联——世界第一个社会主义国家的经验可以借鉴。因此，中共中央提出，要学习苏联的先进经验。1950 年 9 月，苏联学前儿童教育学和学前儿童心理学专家先后在北京师范大学讲学、任教。几十本关于苏联幼儿教育学、幼儿心理学、幼儿卫生学、语言和认识环境、游戏、体育锻炼、三岁前集体教养等内

容的书籍翻译出版，它们成为我国师范院校学前教育专业的主要教学用书，对我国学前教育界影响极大。除此之外，还翻译出版了苏联的《幼儿园教养员工作指南》《我的儿童教育工作经验》等书，教育部并于 1950 年 9 月发出通知，指定这两本书作为当时幼儿园教育的参考书籍。与此同时，在苏联学前教育专家的指导下，教育部于 20 世纪 50 年代初分别颁布了《幼儿园暂行规程（草案）》《幼儿园暂行教学纲要（草案）》。为了更好地指导学前教育的实施，1954 年，教育部委托北京师范大学学前教育教研室编写了《幼儿园教育工作指南（初稿）》，形成了受苏联影响的学前教育思想。

值得注意的是，苏联当时的学前教育理论主要源于凯洛夫、乌申斯基、克鲁普斯卡雅、马卡连柯、维果斯基等人的学说与思想，这些学说与思想在很多方面对中华人民共和国学前教育思想体系的建立、学前教育理论的建设、幼儿园及高师学前教育专业的教材建设等都做出了积极的贡献，尤其是影响了当时中国学前教育思想的发展，形成了一些基本观点。

1. 强调教育在儿童发展过程中的主导作用

苏联学前教育理论辩证地分析了遗传、环境、教育对幼儿发展的不同作用和地位，认为在儿童发展中起主导和决定作用的是教育和教学。因为在教育和教学过程中，目的是让儿童掌握人类积累起来的财富，从而发展儿童的才能，形成儿童的意识、情感、意志、品质、性格和个人行为。苏联学前教育界激烈地反对那种推崇儿童的先天能力和创造力占主导作用的“自由教育”理论。与对遗传的看法相比，苏联学前教育理论更为重视环境的作用。他们反对环境决定论，认为环境是人们生活境遇的总和，其中社会环境在儿童的发展中具有根本的意义。受苏联学前教育理论的影响，我国 20 世纪五六十年代的学前教育思想也特别强调了教育在儿童发展中的主导作用，认为儿童出生时的禀赋并不是既成的知识、观念或见解，也不是性格或某种职业的倾向，而只是潜能，只是发展的前提条件，儿童的发展只有通过教育的力量才能形成与完善。

2. 强调系统知识对儿童智能发展的影响，把“教学”引入学前教育

领域

苏联学前教育理论认为儿童通过直接经验获得的大量知识、掌握的某些技巧和技能，是缺乏组织和没有条理的，对儿童的发展所起的影响比较微弱。因此他们主张不能把儿童的直接经验看成智能发展的主要源泉。他们接受乌申斯基的观点，认为“智慧不外是经过良好组织的知识系统”①。苏联心理学也认为，在人的心理发展中起决定作用的是掌握人类在社会历史进程中积累的经验。这些经验，就是已成为各门学科的系统知识。

3. 主张实施体、智、德、美全面发展的学前教育

20 世纪五六十年代，我国的学前教育主张对儿童实施全面发展的教育，即对儿童实施体育、智育、德育、美育，它是在借鉴苏联的学前教育理论及《幼儿园教养员工作指南》的基础上形成的，而且理论详细地阐述了体、智、德、美四育的意义、内容、任务和主要手段。体育不仅指保护儿童的生命，增强其健康，而且包括培养儿童的文明卫生习惯，发展儿童的基本动作；智育不仅指对儿童传授各种初步知识，培养儿童在掌握知识和从事智力活动过程中的智力，还包括养成儿童的脑力劳动的习惯。苏联学前教育理论认为体、智、德、美四育是相互联系、相互促进的，这些思想鲜明地体现在我国当时的学前教育理论与文件中，所以，在当时中国的学前教育中，对儿童全面发展的教育理念是坚定不移的。

4. 在课程组织实施上要求采用分科教育的模式

由于苏联学前教育十分重视系统知识的传授，幼儿园教育教学中就把儿童需要掌握的知识大致分为几科，根据苏联的《幼儿园教养员工作指南》的规定，这些科目包括体育、国语、认识环境、绘画泥工、音乐教育、计算等。幼儿园正是通过这些知识的传授以及儿童在活动中对这些知识的运用来完成全面发展的教育任务的；也就是说对于教育教学内容的编制采用了分科编制的模式，充分体现各科知识的系统性和逻辑性；并且在具体实施的过程

① [苏] 苏罗金娜著，何清新译：《学前教育学》，人民教育出版社 1960 年版，第 179 页。

中各科内容的教学分别进行。受此影响，我国的学前教育文件详尽地列出了每一科的具体内容、教学要点、方法及实施细则，从而使学科课程及分科教学成为我国学前教学中唯一的模式，直至20世纪80年代依然如此。

5. 重视集体教育

苏联学前教育理论认为："在幼儿园里，儿童应该在同年龄的孩子当中，在集体当中受教育。他们在幼儿园里逐渐养成共同游戏、学习、使用玩具和材料以及互助的习惯。"① 为了使全体儿童领会和掌握知识和技能，使儿童能在生活中应用知识和技能，最合理的是同时把知识和技能传授给他们。因此苏联学前教育理论提出全班儿童都要参加作业，每种作业都应当有助于加强儿童的集体观念，并且每个儿童都要掌握教学大纲规定的内容。

在我国20世纪五六十年代的学前教育中也强调培养儿童的集体主义和友爱精神。《暂行规程》与《暂行纲要》都要求教养员从儿童很小的时候起，就教育他们把个人利益同集体利益结合，利用日常的事实，教育儿童掌控自己的行为，妥当地表达自己的愿望，使自己的行动不违反全体儿童的利益。

上述几个方面大致体现了苏联幼教的特色，也体现了我国20世纪五六十年代学前教育思想的主要内容。

（二）西方学前教育理论的引进与吸收

20世纪80年代中后期以来，国际间的学术交流日益频繁，大量先进的儿童心理理论、教育理论不断涌现，我国学前教育工作者也在学习中不断加以介绍、引进和吸收，这对我国学前教育理论的建设产生了较大的影响。

1. 皮亚杰的儿童认知发展理论对我国的影响

皮亚杰一生的活动都与儿童教育有着直接或间接的联系。他的实验研究和学术成就对20世纪的世界教育发展产生了巨大的影响。20世纪80年代初，我国的学前教育经历了一场以幼儿园课程改革为核心和突破口的改革，对我国学前教育的发展产生了深远的影响。

---

① 俄罗斯联邦教育部学前教育司编，金世柏等译：《幼儿园教养员工作指南》，人民教育出版社1955年版，第5页。

认知发展理论是皮亚杰对儿童心理发生发展实验研究的结晶，对我国学前教育教学的指导作用十分明显，其具体指导和影响表现如下。

第一，教学内容要以儿童认知发展的程度为依据，教师在对儿童施教之前就首先必须鉴别出儿童已经发展到什么水平，然后根据儿童实际达到的运算模式来确定学校的教学内容。

第二，教材内容的编排应该是螺旋式上升的。皮亚杰发现儿童在不断组合、建构知识的过程中，往往喜欢复习过去所建构的内容。为适应儿童的这种学习倾向，在课程编排时就应注意把同一原理、同一内容，依据抽象性、概括性程度的不同，按顺序反复出现于不同结构和层次的教材中，使教材本身也呈现出一种螺旋式上升的趋势，便于儿童对知识进行循序渐进地认知和建构。

第三，教学要让儿童按自己的步调发展，体现个别差异。教师在教学过程中，不仅要根据儿童的年龄阶段，而且要面对儿童认知发展上的先后差异，不能只考虑全班儿童所处的、共同的发展阶段和集体需要，必须根据每个儿童的实际水平和需要提供相应的学习内容和方法，要重视个别儿童的兴趣爱好，按儿童的兴趣需要来教学。他的这些主张是当代我国学前教育教学的最主要依据之一，其最明显的地方在于学前教育中引进了“活动”教育观，主张教师的任务就是给儿童提供能够同化的环境，在活动室中设置各种活动区（角），让儿童通过与环境的相互作用，在活动中主动地获得发展。

皮亚杰的认知发展理论广泛地影响着我国学前教育，如我国这些年来在学前教育领域中所倡导的教育要适龄适度、强调让幼儿在主动的活动中去学习、强调以游戏作为幼儿园的基本活动、强调注重幼儿的活动过程，以及强调为幼儿提供丰富的、多功能的材料等观念，都与皮亚杰的理论有密切的联系。

2. 人本主义教育理论对我国的影响

人本主义是一种以人为主体的学说，人本主义重视自由、人性化、民主开放的精神及强调个人存在的价值。人本主义所影响的层面相当广泛，20世纪80年代末，我国的学前教育理论在其影响下获得进一步发展，主要体现在教育观、儿童观、教师观等方面。

人本主义认为人类的本质有自我成长、自我提升、追求完美生活境界的本能，教育应本着开放民主的观念，使每个个体成为更为完整的人。学前教育也只有当儿童全身心地参与，将认知、情感、社会性以及各部分的经验、体验融合在一起时，才会对儿童具有意义。

人本主义教育主张课程的设计和教学内容都应考虑到儿童本身的个别差异性。在这一理论影响下，我国在 20 世纪八九十年代的学前教育理论中普遍倡导整体性的教育观，注重儿童完整人格的和谐发展。同时，在课程上倡导整合的课程观，反对以分裂的学科知识肢解儿童的整体发展，强调加强不同学科及不同领域之间的联系，使提供给儿童的教学内容整合化。

人本主义教育思想强调教师是儿童学习活动的促进者、鼓励者，也是儿童真诚的、可信赖的、有情感的指导者。受此影响，我国的学前教育界普遍强调幼儿教师不只需要具有专业的幼教知识，同时还应具有人本开放的教育精神，即教师必须能真诚地对待儿童，尊重他们的个别需要，了解他们的个别差异性，同时教师还必须具有敏锐的观察力、灵活的应变能力等。

人本主义教育思想的引入，使得我国的学前教育更加人性化，更利于幼儿全面和谐地发展。

3. 加德纳的多元智能理论对我国的影响

20 世纪 80 年代初期，世界各国教育界已认识到传统教育的消极影响，开始全面深刻地反思所面临的教育危机，并力图寻求提高教育质量的有效途径。加德纳（H. Gardner）的多元智能理论对传统的教育思想提出了挑战，为帮助教育理论和实践工作者进一步认识和发挥每个学生的潜在能力，提供了一个新颖有力的理论依据。加德纳认为，相对于先前的一元智力理论和智力评价理论，多元智能理论能够更准确地描绘和评价人类能力的全貌。他指出，人类智能不应局限于所确认的那几种类型，同时每一种智能还包含有次级智能。每个儿童的发展都是多方面的、多维的，儿童除了言语智能和逻辑—数理智能两种智能外，还有其他六种智能，它们是视觉—空间智能、音乐—节奏智能、身体—运动智能、人际交往智能、自我反省智能、自然观察智能。每个儿童都在不同程度上拥有这八种智能，各种智能在儿童的发展中都具有同等重要的地位与价值，各种智能也只有相互支持、相互促进，才能形成完整的智能结构，才能使人达到更高的智慧，而且也正是这八种智能之间的不同组合才表现出了儿童个体间的差异。所以，对于儿童来讲，只充分发展其中一种智能，是不能看作整体发展的。加德纳关于智力问题的研究结论为我国的学前教育课程改革提供了如下有益启示。

第一，把智力定位为解决问题的能力和生产与创造社会需要的有效产品的能力，为我们今天的课程改革提供了新的支点——我们的课程改革要把培养儿童的实践能力和创造能力放在首要位置。

第二，把智力置于一定的文化环境之中，为我们今天的课程改革提供了新的依据——我们的课程观应该是与时俱进又因地制宜的。

第三，把智力结构看作是多维的和开放的，为我们的课程改革提供了新视角——我们的课程改革应该保证儿童真正意义上的全面发展。

第四，把每一个体的智力结构看作是差异性和个体化的，为我们的课程改革提供了新思路——我们的教育应该保证儿童全面发展的同时，关注并培养儿童的优势智力领域，使我们的教育成为发现差异、因材施教、培养特长、树立自信的教育。

20 世纪 90 年代末期以来，我国已经出现了为数不少的以多元智能理论为指导的幼儿园课程方案，这些课程方案进一步拉近了西方学前教育理论与我国学前教育理论的距离，使东西方的学前教育理论在相互沟通中进一步融合。

另外，还有许多的西方理论，如人类发展生态学理论、复杂思维理论等，都对我国学前教育产生过影响。除此之外，一些优秀的学前教育思想与方案，也对我国当前的学前教育思想产生了影响，如意大利的瑞吉欧方案教学、美国的高瞻课程等。

总之，中华人民共和国成立以来，中国的学前教育从学习苏联的教育思想开始，到改革开放之后，对西方多元化教育理论与思想的引进、吸收，促成了我国学前教育思想的丰富与多样，也使得我国的学前教育思想在广阔的理论视野下，在本土文化的土壤中，逐渐开始构建起具有中国特色的学前教育思想体系。

第二节 当代学前教育思想的理论构建

当代学前教育思想的理论构建与改革，其核心是观念的构建与改革。因为，学前教育中的所有问题都有观念的背景，解决所有的问题，都要首先解决观念问题，如：怎样认识幼儿、幼儿的活动、幼儿的生活、幼儿的游戏；怎样认识环境、课程；怎样认识幼儿与教师的关系；等等。

一、儿童观与儿童教育观

儿童观是人们对儿童的总的看法和基本观点，不同的历史时期有不同内容的儿童观。透过儿童观，我们可以看出一个时代、一种文化对作为个体的人的地位和价值的基本看法。因此，儿童观是人类自我意识中的重要内容，构建面向未来并体现时代精神的儿童观，是人类自我意识发展成熟的表现。可以说，有什么样的儿童观，就会产生什么样的教育观。

（一）面向现代化的儿童观

社会发展进入新世纪，教育的现实要求我们树立科学的儿童观，以新的视角认识儿童、理解儿童。

1. 儿童是人，应当拥有一切基本的人权

儿童是人，是具体的人、现实的人、生长中的人，具有与成人一样的人的一切基本权利，具有独立的人格。儿童是权利主体，这意味着把儿童看作是与成人人格平等、具有相同的社会地位、享有基本人权的、积极主动的、人格独立的人，是拥有权利并能行使自己权利的自由主体。每个儿童均有生命权，儿童自来到人世之日，其生命就受法律的保护，并不为成人或家庭私有，更不能被随意处置。每个儿童还拥有姓名权、国籍权、生存权、发展权、学习权、游戏权、娱乐权、教育权等，这一切都应该得到承认、尊重和保护。

2. 儿童是独立的个体，是自然的存在，应当享有快乐的童年

儿童是发展中的人，是具有无限可能性的人。儿童作为自然界的一部分，是自然存在物，是独立的个体，他们有着不同于成人的生存状态、生命特征和生活方式。对于成人在自然之上所建立的那个人为世界而言，儿童是一个陌生人，他们适应不了成人社会的种种规范和准则，在很多时候，他们有可能是成人社会中既定秩序的破坏者，游戏是他们唯一热衷的活动，一切新奇的地方和物品都被他们当作游戏的场所和材料，即使游戏很难，但也不能改变儿童热爱游戏的天性。

但当今社会，儿童的这种天性正受到挑战，早熟的儿童不断涌现，虽然某些父母、学校以及媒体是儿童成长的主要催促者，但是，究其根源，还是缺乏普遍的对童年期的正确认识，没有把童年期看作是一种截然不同的生命时期。因此，我们必须捍卫童年，还儿童以童年。

3. 儿童是社会中的人，是文化的存在，应当拥有发展的丰富环境

婴儿出生到这个世界上，他首先进入的是自然环境，即自然的遗产中，所有的动物也都如此。但婴儿同时还出生在社会遗产中，这种遗产并不留给某一个人，它是留给全社会的。因此，儿童从出生的第一天起，就生活在一定的社会环境与社会关系之中，每时每刻都要与社会接触，因此儿童是社会中的人，是文化的存在体。文化影响着儿童个体生活的每个侧面，但也允许个人行为保持着一定的独特性；文化感应使得儿童得以成为特定社会文化系统的成员，儿童的成长反过来又影响着文化或社会遗产的进一步发展。

在信息化时代的今天，儿童文化的影响比历史上任何一个时期都要大，相对于父辈，今天的儿童更适应环境的快速变化，儿童已经有能力影响成年人，这种影响改变了两代人之间的代际关系，意味着现代社会正向着两代人

互相学习、共同成长的社会迈进，也孕育了“向孩子学习，与孩子一起成长”的新的儿童观。儿童与成人具有平等的人格，面对一个新的世界，成人与儿童是平等的探索者。这也要求我们的教育能够为儿童设置一种更合理、充分发展的环境与条件，使儿童能够在更丰富的环境中获得发展的机会。

（二）面向儿童发展的教育观

对于成长中的儿童，教育无疑是一个重要的影响因素。教育对人的影响，主要是以提高人类每一代人的生命和生活质量为使命的，也是以儿童的发展为本位的。与此同时，学前教育面对的是身心处于特定发展阶段的特定对象——幼儿，幼儿的身心发展水平决定了学前教育的培养目标、幼儿园的课程、教师的专业特征和教育教学的特征。因此，科学的教育观是建立在儿童发展基础上的。

1. 儿童是主动的学习者

出生伊始，儿童开始了人生最初的主动探索。他们的这种探索，依照大自然的安排，依靠的是自己先天就具有的“有吸收力的心理”，这种“有吸收力的心理”，“仿佛是大自然为了保护儿童免受成人经验的影响而给予能促进儿童发展的内在教师以优先权，在成人的智力能够影响和改变儿童之前，儿童已有机会建构起完整的心理”①。因此，儿童早期的教育和教学应该区别于学校的教育和教学。他们在与环境的互相作用中，会主动吸收和改造周围环境里的各种信息，他们吸收信息就像消化并吸收食物一样，先将信息分解成元素，再按自己的方式将元素进行重新组合或创造。也就是在这个过程中，他们也从无意识到有意识，从未成熟走向成熟，儿童主动地、积极地发展着自己。

与此同时，儿童不仅仅依靠体内的指导方针引领着自己向前发展，儿童先天具有的“有吸收力的心理”，能使儿童在正常的条件下，自动对环境产生一种自发的和主动的学习，这种学习的发生不需要细心的指导、奖励或惩

① ［意］蒙台梭利：《有吸收力的心理》，转引自任代文主译：《蒙台梭利幼儿教育科学方法》，人民教育出版社 2001 年版，第 339 页。

罚，因为它的动机来自于儿童的内部需要。这意味着，成人可以促进，但不能强迫儿童的自发学习。儿童的学习是一个双向建构的过程，即儿童的发展受着他自身因素的影响，但学习对儿童的发展则起着进一步的促进作用。

2. 成人是儿童成长需要的支持者

成人对儿童的影响和作用是不言而喻的。虽然儿童天生具有主动学习的倾向，他们依靠自己“有吸收力的心理”在后天的文化环境中主动地吸取对自己发展有益的“养分”。真正能在儿童的成长过程中给予支持和帮助的成年人，首先要了解儿童，了解他们的发展需要，了解他们在自己构建世界过程中的困难，并在此基础上给予儿童需要的帮助。由此可见，成人是应该与儿童一起成长的，他们之间是相互影响、相互作用、共同适应的。

3. 教师是儿童学习环境的准备者

教师是儿童自由、独立环境的创设者与支持者。教师还是这个有机环境的整体协调者。教师应关注每一名儿童的发展，并且在广泛联系家庭、儿童群体、幼儿园环境、幼儿园其他工作者、社区以及更加广大的社会环境的情况下来开展教育活动，也就是说，教师要在情感、物质、心理等方面为儿童提供一个内容丰富的环境，这个环境应该能为儿童的身体和心理提供有利的支持。

二、学前课程观

课程观是人们对课程的基本看法。具体说来，课程观需要回答课程的本质、课程的价值、课程的要素和结构、课程中人的地位等基本问题。一直以来，关于“课程是什么”，有着种种的见解和讨论，但综观种种观点，主要反映在以下两种观点的论争上。

第一种课程观是知识或学术理性主义课程观。这种课程观把课程视为“学科”，或者把课程视为“知识”，认为课程的价值在于为学生未来生活提供充足的理性准备。即认为课程是儿童为未来成人生活做准备的一种手段，或者是提供具体有用的知识。

第二种课程观是经验或自我实现课程观。这种课程观把课程视为经验，认为课程是促进儿童自我实现的手段。即这种课程观从人的本性出发，强调以人的内在天性为中心来组织课程。

学前教育领域对学前课程实质的认识，经历了从“学科”到“经验”、从重视“教育者”到重视“学习者”的转变。

多年来，我国幼儿园教育曾采用分科课程结构模式，将教育内容分为常识、语言、数学、音乐、美术、体育等学科，建立了幼儿园各科教育内容体系。这种分科课程结构模式，强调课程内容要素的“序列”，注重课程内容要素在时间上的相互关联性，它遵循连续性与顺序性原则，将课程内容要素按其学科特征，组织为由简到繁、由已知到未知、由具体到抽象、由部分到整体的纵向联系体系。这种分科课程内容结构模式，强调课程内容要素从易到难的纵向推进，符合儿童认识规律和学科体系的逻辑顺序，对幼儿发展具有积极的意义。但这种模式过分强调学科内容自身的纵向序列，缺乏对各科内容要素间联系的思考，故各学科界线明显，限制了大量具有现代气息的新知识引入。

20 世纪 80 年代幼儿园课程改革以来，人们改变了对课程的理解和认识，从原来的将课程理解为学科和知识转变为认为课程是动态的活动、幼儿在园的所有活动，开始强调幼儿与环境的相互作用，认为只要能促进幼儿发展的活动，都可以被纳入课程的范围。众多幼儿园进行了综合主题课程等多种模式的探索尝试，强调课程内容要素的“整合”，注重课程内容要素在空间上的相互关联性，力图打破传统学科的界线，采用跨学科的方式，以加强各学科间内容要素的横向联系，有效地克服了课程内容要素的分割。这种整合性课程的提出和实施，赋予了学前课程新的内涵。

1. 以尊重儿童为前提，课程目标和编制适合于儿童的身心发展

为了真正体现儿童在学习活动中的主体地位，幼儿园课程必须建立在儿童真正需要的基础上，必须尊重儿童的特点、兴趣、爱好、动机，换言之，课程必须遵循儿童适合性原则。在这一原则指导下的幼儿园课程必须适合每

一个儿童，而儿童存在个别差异，因此课程应是因人而异的。同时，课程的目标和实施应研究儿童、了解儿童的特点和切实需要，这也是课程编制的前提条件，将之作为课程设计、实施及评价的依据，使得课程目标更趋合理、内容更适合于儿童，同时避免那些在课程实施过程中的过激的做法。另外，课程编制的内容应给儿童提供充分自我表现的机会，鼓励儿童去积极发现和创造，即课程的设计上，应留给儿童和教师足够的时间和空间，让他们可以同构具体的活动形式和内容。

2. 以儿童的社会生活为基石，课程内容与儿童生活及社会现实紧密联系

幼儿园课程在考虑课程的儿童适应性的同时，也强调课程的社会相关性。由于学前儿童身心发展的独特性，学前课程内容不可能像学校课程内容那样有严密的逻辑体系，它更多的是培养幼儿的素质基础，重点在于促进幼儿发展。社会对幼儿的要求应与幼儿的身心发展特点相呼应，并与对学龄儿童的要求区别开来。从这一意义出发，学前课程应尽最大可能地与儿童生活和社会现实相联系，应促使儿童关心周围的人和事，培养儿童对社会的关爱。

3. 顺应综合化发展的时代主流，课程的理论研究走向多学科的整合

现代课程论强调整合的原则，在认知、情感和行为三者相统一的基础上，将知识课程与情意课程整合，这为我们进行学前课程的综合改革提供了理论上的参考。学前课程以促进儿童智力因素与非智力因素协调发展为目标，要实现这一目标，必须将儿童认知、情感、行为等方面的教育紧密结合起来，而建立综合课程正是实现这一结合的有效途径。这种综合就是将课程的目标、内容和实施途径进行整合的过程。在活动目标上，将显目标和隐目标相结合，将主目标与次目标相结合；在课程内容上，将分科的“学科”内容整合成“领域”内容，避免不必要的重复；在课程实施的途径上，将游戏、教学、参观、劳动、娱乐和日常生活等各种活动互相配合，发挥各自的独特作用，进行“优势”互补；在课程实施的过程上，把情感、认知、行为、能力的培养过程互相结合在统一的过程中，以儿童积极体验为中心，将

教育过程的知识性、趣味性、情景性和活动性有机地结合起来，发挥儿童学习的主体性。

4. 强调儿童的个性化发展，课程计划与实施中注意发挥儿童、家长及社区的积极参与作用

学前课程应注重吸收儿童和社区参与课程计划及方案的制定，特别是儿童的主体参与作用。由于参与的每个儿童可能处在不同的需要层次，他们的能力和兴趣也不一样，因此不能强求课程的一致性，即学前课程应该是个性化的。在课程的实施上，要求积极推进小组学习，组织幼儿互相学习，提倡师幼及同伴之间的合作，努力为儿童提供接触不同教师的机会。教师不限于幼儿园的教师，也包括家长和社会上的人士。实际上，学前课程论打破了传统学前教育的局限，体现了大教育的观念。

总之，幼儿园课程走到今天，已超出了传统意义上的狭义的课程理念，秉持一种包括显课程和潜在课程在内的大课程观。我们应该看到，课程内容分化与综合是辩证的统一，是相互渗透、相互转化的，过分强调分化就会导致形而上学，不可能把握事物本质；反之，过分强调综合，则又会陷入空泛、笼统和虚幻的所谓整体观念中，同样无法认识事物的本质。所以在整合的幼儿园课程体系中，应在分科课程即领域课程的基础上建立横向整合的综合课程，即注意课程内容结构的两个不同维度，建立课程内容要素间的经纬关系，在各课程内容同时具有纵向序列和横向整合的特征时，其内容就会相互联系、相互强化，提高课程内容的教育功效。

三、学前教师观

教师观是指对于教师的看法、态度，也包括教师对自身的看法和态度。主要涉及教师劳动的特点、教师的地位和作用、教师的权利和义务、教师的职业品质、教师的成长等内容。教师观在一定程度上受到教育观的影响，也与儿童观有一定的关系，当然也就与社会政治、经济和文化的发展相联系。

学前教师观在不同的时代、社会历史时期有着不同的内容。在社会性学

前教育机构出现的初期，学前教师被认为是看管孩子的保姆，因此只要是正常的人都能胜任，教师的主要工作就是保育，保护幼儿的安全和健康。在这一时期，幼儿园作为家庭的替代性机构，学前教师主要承担着母亲的角色，在这样的观点背后是人们对学前教师专业化的忽视，对教师作用的认识是狭隘的，仅限于养护幼儿的身体，或者仅仅是单向的知识传递者。随着学前教育和学前师范教育的发展，学前教师在当代被看作是学前教育机构中从事教育幼儿事业的专门人员。作为一种社会角色，学前教师需要有专门的机构进行专门职业技能的专业培训，同时，学前教师有一定的行为规范，学前教师不是普通社会成员随便就能代替和胜任的。1999 年，在我国出版的第一部对职业进行科学分类的权威文献《中华人民共和国职业分类大典》中，学前教师属于“从事各级各类教育教学工作的专业人员”。为促进幼儿园教师专业发展，建设高素质幼儿园教师队伍，教育部 2012 年出台了《幼儿园教师专业标准（试行）》(以下简称《专业标准》)，进一步明确幼儿园教师是履行幼儿园教育工作职责的专业人员，需要经过严格的培养与培训，具有良好的职业道德，掌握系统的专业知识和专业技能。《专业标准》是国家对合格幼儿园教师专业素质的基本要求，是幼儿园教师开展保教活动的基本规范，是引领幼儿园教师专业发展的基本准则，是幼儿园教师培养、准入、培训、考核等工作的重要依据。作为“幼儿教育机构的主要人物”的学前教师，是学前教育的主要力量，是学前教育实践活动的实施者。

当代社会正处于一个迅速变革的时代，经济、社会、文化、教育以及社会生活的各方面都在发生重大而深刻的变化。因此，今天我们必须对学前教师原有的基本角色有新的理解，同时补充、赋予学前教师角色新的内涵。

1. 教师是儿童学习的支持者

教师对儿童学习的支持体现在鼓励儿童掌握学习的方法，学会思考、学会求知、学会探索、学会创新，这具体表现在两个主要方面：一是支持儿童独立自主地学习；二是给儿童创造丰富的学习环境。同时，“有准备的”环境既可以是一个自由和独立的游戏环境，有利于儿童可能的生活世界的构建；也可以是一个人际交往的环境，儿童通过与环境中的成人和同伴互动，可以学习和接触到各种文化，有利于儿童现实的生活世界的构建。

2. 教师是儿童发展的促进者

在了解儿童的基础上，教师不仅是教授者，更应成为儿童全面发展的促进者，即促进儿童认知与智能的发展，不仅丰富儿童的知识经验，更要注重培养儿童具有良好的认知风格与创新精神；促进儿童学习的发展，特别是要激发儿童的学习动机，培养儿童的学习兴趣，充分调动儿童的学习积极性，发展自主学习和自我调节的能力；促进儿童情感、社会性和个性的发展，特别是根据现代社会的发展及其对新一代人才素质的要求，培养儿童具有爱心、责任心，具有较强的社会交往能力与合作精神。

3. 教师是幼儿园与家庭、社区的联系者和沟通者

学前教育事业应当由全社会共同承担，学前教师在其中居于重要地位。学前教师除了日常的教育教学职责之外，还必须与家庭、社区合作，指导和帮助家长和社区其他成员的教育活动，充分挖掘和利用家庭和社区的教育资源，引导社会成员参与到学前教育事业中来。

4. 教师是教育实践的研究者

当代社会发展和教育改革要求教师成为教育实践的研究者，教师只有从教育活动的践行者、教育计划的执行者和教育方案的实施者转变为教育实践的研究者，把自己定位在研究者角色上，才能成为教育改革的积极参与者和推动者，才能更好地促进儿童的发展。教师作为研究者与专业研究人员是有所不同的，教师研究者指的是教师是其自身教育教学实践的研究者、反思者，教师的研究更多地体现在他们对自身教育教学实践活动进行科学、理性的反思、考察与分析上。

5. 教师是教育生活的同构者

从教育生活的视角出发，教师被视为与儿童一起创建美好生活的同构者。教师不仅关切儿童当前生活的幸福与快乐，而且关注儿童的未来发展，为他们未来生活奠基。同时，作为与儿童一起建构美好生活的教师，将不再

感到教育是一件“苦差事”，而是把教育视为和儿童共同建立温馨、美好的教育生活的事业。教育的过程既是教师促进儿童成长、发展，为儿童创造美好生活的过程，也是教师自身的心理世界、生活世界不断丰富、充实的过程，是其不断地进行事业、人生的同构的过程。

我国当代逐步构建起来的儿童观与儿童教育观、学前课程观、学前教师观都体现在此期颁发的各项法规政策中。如 1996 年的《幼儿园工作规程》、2001 年的《幼儿园教育指导纲要（试行）》、2012 年的《3—6 岁儿童学习与发展指南》，这些法规都倡导要尊重儿童的发展特点和个性差异，遵循儿童的身心发展规律，教师和家长要搭建适宜儿童发展的平台，以促进儿童自主的、全面的和谐发展。

第三节　新时期学前教育思想的实践探索

改革开放以来，通过对国外先进的教育理论的引进、吸收，以及对我国传统教育思想的扬弃，我国学前教育工作者开始了对学前教育实践的改革探索。其间，有代表性的为“幼儿园综合教育”的理论与实践的研究，同时，“素质教育”思潮对学前教育也产生了重要的影响。

一、“幼儿园综合教育”的理论与实践

（一）幼儿园综合教育思想的提出

幼儿园综合教育思想的提出是在我国改革开放政策的指引下，在学前教育改革的浪潮中产生、发展起来的。20 世纪 70 年代末，由部分学前教育理论工作者和幼儿园实践工作者，合作进行了幼儿园语言、计算、自然常识、音乐美术等各科的专题研究，初步形成了幼儿园各科的教学要求、教材、教法的完整结构。在此基础上，对各科教育在幼儿全面发展中的独特作用及各科教育之间的相互关系进行了深入研究，于 1981 年颁布了《幼儿园教育纲

要（试行草案）》，并据此进行了大量研究，由此拉开了 20 世纪 80 年代学前教育课程改革的帷幕。

南京、北京、上海等地的学者率先对"幼儿园综合教育"问题进行了探讨。这些研究认为，幼小儿童心智发展以及他们对世界的把握基本上都处于混沌的、整体的、未分化的状态，因此分科教学与教育对象的发展是不相适应的；幼儿园分科教学存在许多弊病，例如，各科教学"各自为政"，教学内容有重复、脱节和矛盾的地方，等等。为了去除分科教学的弊端，有的学者强调，学前教育课程应当体现"综合性"，这种综合性体现在三个方面和三个层次①。

三个方面的综合

教育内容的综合以幼儿认识周围自然和社会生活的内容为基础，确定每一阶段的教育内容，以"主题"的形式出现，尽可能将语言、数学、音乐、美术、体育等方面的有关内容结合进去，但不强求综合，各个方面内容各自的系统性仍然保持；教育手段的综合是指各种类别的游戏、上课、劳动、娱乐以及日常生活的活动各有其特殊作用，在运用时尽可能互相配合，发挥各自的独特性；教育过程的综合是指把认知、情感、行为、能力的培养结合在统一的过程中。这三方面的综合是就幼儿园教育过程的整体而言，至于各项具体活动的过程，各有一定的侧重点，为构成统一的整体而发挥各自的作用。

三个层次的综合

主题活动的综合是指各个阶段以某个主题综合各方面的教育，使有关的内容得到有机的组合，由此改变分科教学各成系统分别进行的形式，也改变课内教学单独自成系统的方式，当然这是就各个主题的整体而言，至于各项具体活动，仍有各自的重点。一日活动的综合是指把一

① 赵寄石著：《赵寄石学前教育论稿》，南京师范大学出版社 2001 年版，第 367—368 页。

日的各项活动组成连续的教育过程，不停留在互相分割的各个片段上。个别活动的综合是指每项活动尽可能在各个部分自然的有机联系中进行，既要防止割裂，也要防止强求拼合。

这三个方面和三个层次的综合与幼儿园分科教学模式相比，从组织形式、教育内容到儿童观和教育观都是不同的，幼儿园综合教育更强调教育过程中幼儿的主体地位，更尊重幼儿的学习兴趣和成长的需要，因而是一个进步。由于综合教育的模式较之分科教学模式有许多优点，因此很快在全国范围内得到推广，也成为当下幼儿园主要实施的课程模式。

（二）幼儿园综合教育课程的实践

1983年始，南京师范大学和南京市实验幼儿园合作，率先开展“幼儿园综合教育结构的探讨”实验。1984年，中央教科所与北京市第五幼儿园和崇文区第二幼儿园进行了以常识教育为中心的“幼儿园综合教育”实验。这两项实验首开20世纪80年代我国幼儿园课程整体改革的先河，幼儿园综合教育课程开始了实践研究。

南京师范大学原学前教育研究室与南京市实验幼儿园协作开展综合教育研究，这一研究成为我国20世纪80年代初民间自发的幼儿园课程改革的标志性事件。随后的20多年中，综合教育课程的研究不断深化，其研究历程反映出20世纪80年代以来中国幼教课程改革的演进轨迹。整个协作研究过程分为三个阶段①，系统研究了综合教育课程的设计、实施及评价技术，经过探索、研究、总结和发展，目前已形成了以培养“身心健康、习惯良好、兴趣广泛、思维活跃、个性活泼、主动交往，具有初步自主创新能力、基础素质和谐发展的幼儿”为目标的幼儿园综合教育主题活动的课程体系。

从综合性教育课程的研究发展过程可以看出，综合教育课程是不断发展、不断建构完善的过程，同时也是不断促进幼儿、教师、家长共同发展的

① 周稽裘主编：《从理念到行为——幼儿园教育指导纲要（试行）行动指南》，江苏少年儿童出版社2003年版，第172页。

过程。进入21世纪，我国幼儿园课程改革进入了百花齐放的多元化发展阶段，综合教育课程重视外界环境对幼儿发展的作用，通过幼儿与周围环境、成人及各年龄幼儿间的交往来获取信息和积累经验，倡导课程向儿童经验和生活回归，这些观念对我们今天的课程建设仍具有较强的现实意义。

二、学前教育领域开展的“素质教育”

（一）幼儿园素质教育思想的提出

改革开放以来，“素质教育”思潮对学前教育也产生了重要的影响。“素质教育”的思想大致形成于20世纪80年代中期。“素质教育”的概念是在反对“应试教育”的背景下提出的，但是“素质教育”在对“应试教育”的批判过程中并未停留在“应试教育”的表面，而是进一步认识与批判“应试教育”背后所潜藏的传统的落后的教育观念。也就是说，“素质教育”概念刚提出时，它的对立面是“应试教育”，后来，随着“素质教育”概念的成熟，它的对立面由“应试教育”变成了“传统教育”。①

“素质教育”的研究影响了学前教育，同时，学前教育领域的研究也为“素质教育”思想的进一步发展提供了素材。由于学前教育的对象是幼小儿童，而幼小儿童与成人教育者在主体水平上有质的差别，因而在学前教育领域中，幼儿素质教育具有下列的特征与要求②：

强调个体多方面协同发展，即强调个体全面发展；

强调个体多方面内在的提高；

强调教育的系统性；

强调教育的目的性；

强调面向全体，因人施教；

强调基础的发展，这里的基础不是指教育目的的简单化、浅显化，

---

① 刘晓东、卢乐珍等著：《学前教育学》，江苏教育出版社2004年版，第30页。

② 费广洪：《关于幼儿园素质教育》，载《学前教育研究》1995年第2期，第29—30页。

而是指做人的最基本的要求；

强调发展的能动性。

“素质教育”思潮的实质是促使教育观念从传统向现代化转换。一些学前教育学者乘“素质教育”研究的东风，对幼儿园“素质教育课程”进行了探索。

（二）幼儿园素质教育课程的实践

幼儿园素质教育课程研究是“适应我国国情，提高幼儿素质的实验研究”的核心部分，成果体现在《关于“适应我国国情，提高幼儿素质”的调查研究》(1992)、《谈幼儿园的素质教育》(1994）和《为幼儿奠定良好的素质基础》(1997）中。该课题由史慧中等承担，是我国学前教育“七五”和“八五”重点课题，由“诊断”和“治疗”两阶段来共同构思和设计实施幼儿园素质教育课程，以达到适应我国国情、提高幼儿素质的目的。

幼儿园素质教育课程研究从革新当时学前教育课程中的主要弊端入手，以教育观念变革为核心，积极推进幼儿教育课程变革。该研究把实施幼儿园素质教育课程的焦点放在培养幼儿“学会学习、学会生活和学会做人”的基础性方面，强调幼儿的素质培养以幼儿的发展水平为主线，通过核心经验活动来设计一种符合幼儿发展需要的结构化课程，本着“充实”的原则，对应幼儿的发展阶段，要求充分发挥幼儿在学习过程中的“能动性”，将发展幼儿的和谐人格作为素质教育课程的长期目标。

素质教育课程吸收了我国以往课程（特别是20世纪30年代课程）的优点，从整体性角度出发，课程标准只对幼儿发展水平的最低标准进行具体表述，弱化“类”的特点，让教育者从幼儿身心发展的和谐性、整体性角度来设计活动目标，充分理解和执行《规程》所提出的各方面教育“应互相渗透、有机结合”的要求。它所提供的可操作性目标适合当时我国幼儿教师的水平，且幼儿教师可根据自己的教学水平和现实需要进行内容增删、分解，灵活运用。

素质教育课程本着“创造适合每个儿童的教育”的原则，从每个儿童的各方面发展的原有基础出发来确定个体发展目标。即课程在关注面向全体的同时重视个体全面发展，强调个体的发展特点。教师通过活动来了解儿童、指导儿童，由儿童主动与教师所创设的物质、精神环境相互作用；广泛采用“学科课程”“活动课程”“核心课程”交互结合的“三合一”课程模式；既注重课程目标的结构性、计划性，又注重活动过程中儿童的需要及发展各阶段的重点内容。

素质教育课程的重点在于实施过程，要求教师理解课程目标所确定的幼儿主体性发展和教师素质不断提高的宗旨。强调教育者期望培养的主体性所具有的社会性、能动性、自主性、创造性等特点，与素质培养的社会性、内在性、稳定性、基础性紧密吻合，教师主导作用的基础是对幼儿的理解和尊重，教师应成为幼儿心目中的教育者、协助者、同情者和游戏伙伴的合成体。

从素质教育课程的实施及经验总结、报告来看，幼儿园素质教育课程无固定的课程模式，能根据地区差异和教师特点来广泛实施。其关键在于教育者在了解素质和素质教育精神的基础上，针对地区和幼儿实际情况加以恰当的运用，物质条件差不能成为幼儿素质教育实施的障碍，即素质教育在农村地区和一些条件差的厂矿地区的幼儿园也可以开展，具有一定的普适性。

总之，以幼儿园综合教育课程和素质教育课程研究为代表的学前教育课程实践，其目的在于为更多的幼儿提供受教育的机会及提升学前教育的内涵质量。课程实验成果基本反映了我国当代学前教育的发展动向，也为形成现代化、科学化的中国当代学前教育思想体系奠定了基础。

思考与练习

1. 简述毛泽东教育思想、邓小平教育思想在不同时期对中国当代学前教育思想的影响。

2. 试论苏联学前教育理论对我国20世纪50年代学前教育思想的影响。

3. 试述构建中国当代学前教育基本理论的儿童观与课程观。

4. 简述自己对构建有中国特色的学前教育思想体系的认识。

拓展性阅读导航

1. 王炳照、阎国华主编：《中国教育思想通史》（第八卷），湖南教育出版社1994年版。

本书介绍了当代中国教育及教育思想的发展历程，展示了中国教育思想来源于教育实践，指导教育实践，又受教育实践检验，在教育实践中发展的历史辩证法。

2. 唐淑主编：《中国学前教育史（第三版）》，人民教育出版社2015年版。

本书对我国从远古到当代各历史时期的学前教育实践及影响较大的学前教育理论进行了探讨，揭示了我国学前教育实践和教育思想演变发展的规律。

3. 中国学前教育研究会编：《中华人民共和国幼儿教育重要文献汇编》，北京师范大学出版社1999年版。

本书收集了20世纪下半叶我国学前教育的重要文献，包括法律、法规和政策性文件，领导人报告，讲话和题词，其他有关文件四方面内容。

4. 中国学前教育研究会编：《百年中国幼教（1903—2003）》，教育科学出版社2003年版。

本书通过图文并茂的历史文献汇编和史迹简述，回顾、展示了中国百年幼教的发展历程，探索、研究了中国百年幼教发展的基本规律。全书共分为八个部分：事业发展，儿童生存与保护，教师教育，幼儿园教师，学术研究，香港、澳门、台湾幼儿教育，国际合作与交流。

下篇　外国学前教育思想

第五章

古代学前教育思想

内容提要

从古希腊、古罗马到文艺复兴时期，柏拉图、亚里士多德、昆体良、普鲁塔克、伊拉斯谟、蒙田、康帕内拉、夸美纽斯等思想家、教育家都论述了学前教育问题，他们的思想不仅把古代学前教育理论推向了一个新的高度，而且对后世学前教育的发展产生了深远的影响。

学习目标

1. 了解外国古代学前教育思想的发展。

2. 理解亚里士多德、普鲁塔克、伊拉斯谟、蒙田、康帕内拉的学前教育思想。

3. 掌握柏拉图、昆体良和夸美纽斯的学前教育思想。

关键词

儿童公育　学龄前教育　家庭环境　遵循自然　教育方法　母育学校

第一节　古希腊的学前教育思想

在古代教育实践基础上形成和发展起来的古代希腊教育思想，对人类社会教育的发展产生了十分深远的影响，在西方教育思想发展史上占有极其重要的地位。古希腊哲学家和教育家柏拉图是西方首先提出学前教育的人，他的学前教育思想在外国教育史上具有开创性意义。亚里士多德也对学前教育给予了足够的重视，提出了许多有创见的观点，把古代学前教育理论推向了一个新的高度，对后世产生了很大影响。

一、柏拉图的学前教育思想

柏拉图（Plato，公元前427—前347）是古希腊著名的哲学家、教育家。柏拉图的教育思想，包括学前教育思想，主要反映在其代表作《理想国》中，这本书是一本泛论政治、经济、哲学、伦理和教育的综合性著作，其中以较大篇幅阐述了教育问题，因此它是西方第一部全面深入探讨教育理论的著作。

（一）学前教育思想的理论基础

柏拉图是西方第一个提出并详尽论证了客观唯心主义的人。客观唯心主义是柏拉图全部学说的理论基础和出发点。在柏拉图的整个哲学体系中居于最重要、最核心地位的是“理念论”，这也是他学前教育思想的理论依据和基础。

柏拉图认为，人的感官所感知到的一切事物都是变幻不定的，因此是不真实的；真实存在的东西应该是不动不变的，这就是苏格拉底所说的绝对的永恒不变的概念。柏拉图把这种概念称为“理念”，他认定理念是万物的本原，它外在于并先于感性的个别事物而独立存在。可见，“理念”是柏拉图虚构的一种思想精神境界，是不依靠任何个别事物并先于个别事物而客观存在的精神实在。

柏拉图提出，所有的理念构成了一个客观存在的世界，即理念世界。现实的现象世界是虚幻的、变化无常的、不真实的，仅仅是感觉的对象，而理念世界则是永恒不变的、绝对真实的、不生不灭的。理念世界是现实世界的原型、模型，现实世界的个别具体事物，是理念世界的摹本、副本。柏拉图进一步指出，理念世界有着严格的等级系统。最低级的是具体事物的理念；高一级的是数学或科学方面的理念；再高一级的是艺术和道德方面的理念；最高的理念是善，它处在众理念之上，统御其下的理念，是一切真理的源泉。

以这种理念论为基础，柏拉图对理想的国家学说进行了探讨。柏拉图认为，理想的国家应该是正义的国家，是贤人治理的国家。理想国的公民分为三个阶层：第一等级是造物主用黄金造的，是哲学家，具有智慧的天性，因此是国家的统治者；第二等级是用白银造成的，是军人，具有勇敢的天性，要做辅助者，保卫国家；第三等级是用铁和铜造的，是农民、工商业者，具有节制的天性，要供养哲学家和军人。只要这三个阶层各司其职，安守己位，国家就能达到和谐与正义。

为了实现这样一种理想的国家，柏拉图把教育作为一项重要的战略措施。他认为，理想的国家应该由最好的公民组成，而人们只有受了良好的教育，才能成为“事理通达的人”。特别是实现理想国的关键是由哲学家来治理国家，因此教育更要承担起培养哲学家的重任。柏拉图构思了一种与理想国的政治结构相适应并为之服务的教育体制，这其中就包括学前教育。

（二）论学前教育的重要性

柏拉图认为教育是实现理想国的首要途径，教育是贯穿人一生的大事。为此，他很重视学前教育，主张一切事情都应该慎之于始，教育应该从幼年开始。因为人在幼年时，性格正在形成，任何事情都会留下深刻印象，影响其今后的成长。柏拉图说：“凡事开头最重要，特别是生物。在幼小柔嫩的阶段，最容易接受陶冶，你要把它塑成什么型式，就能塑成什么型式。”①他还强调指出：“一个人从小所受的教育把他往哪里引导，却能决定他后来往哪里走”。②

在柏拉图看来，教育的最高境界是造就哲学家，要由哲学家担任国王，这才能实现理想国。柏拉图所主张的理想的哲学家的品格，也就是他所要培养的理想的人格。这种理想人格，包括有良好的记性、敏于理解、豁达大度、温文尔雅、爱好真理、正义、勇敢、节制。这种理想人格必须从幼年开始培养，且要经过长期的锻炼、考验才能养成。为此，学前教育的任务，应该着重于道德行为的熏陶，以形成良好的品质。要在幼儿的心灵上播下对善与恶认识的最初的种子，引导幼儿恨他所应恨的、爱他所应爱的。在道德熏陶的方法上，柏拉图强调，要利用幼儿善于模仿的天性，让幼儿模仿那些勇敢、节制、虔诚、自由的一类人物，通过这种对正确事物的模仿，逐步培养幼儿良好的道德习惯。

（三）论儿童公育

柏拉图是第一个提出公共学前教育思想的教育家。他主张婚配和育儿都要由国家负责。

柏拉图认为，实现理想国的一个重要保证是共产主义制度。这种共产主义制度只在执政者和军人中施行，柏拉图把执政者和军人又统称为卫国者。他主张，在卫国者中，要废除私有财产，使婚姻成为高尚的事，并取消家庭。执政者要为人民选择婚配，结婚的目的是生子，婚姻一定要保证所生的后代属于优秀的种子。最良的男子配最好的女子，这种配偶越多越好。最不良的男子配最不良的女子，这种配偶越少越好。男女结婚的年龄应有所限制，女子在20～40岁，男子在25～55岁。这是男女身体和精神最为健全的时期，过此时限，身体衰弱，不能产生出优良的后代。不在此年限所生的子女国家不予承认，应当抛弃，同时要受公共舆论的谴责。

①② ［古希腊］柏拉图著，郭斌和、张竹明译：《理想国》，商务印书馆1986年版，第71、140页。

实现理想国的另一重要保证是教育。柏拉图认为教育是立国之本，教育比之立法、理财与充实军备更加关系国本，国家应当把教育当作头等大事，把办各级教育作为国策。因此，学前教育必须由国家统一办理。柏拉图指出，优秀的男女所生的子女属于整个国家，应当由国家在公共场所抚养、教育。不良者的子女则要把他们放置到人们不知道的地方。那些被认定为优良的孩子要送到国家的育婴所，在国家最优秀的女公民监督下，挑选优秀的女仆照管，用摇篮曲、儿歌等对婴儿施加教育影响。有乳的母亲可以去为婴儿喂乳，但绝不应让母亲知道哪一个是自己的子女。儿童满 3 岁后，就要集中到附设于神庙的儿童游戏场，由国家指定专人负责照管、抚养。其结果是所有的父母都不知道谁是自己的子女，所有的子女都不知道谁是自己的父母。人们应把所有年龄相似者视为自己的父母或视为自己的子女。这样，人们彼此之间不是兄弟就是姐妹，不是父母就是子女。

（四）论学前教育内容

柏拉图提出，学前教育的重要内容是唱歌、做游戏、讲故事等。柏拉图认为卫国者的教育应该从幼年的音乐教育开始，唱歌的目的是为了陶冶心灵。他指出，音乐的节奏与乐调有最强烈的力量，能浸入心灵的最深处，儿童如果受到和谐的音乐教育，就可以使心灵得到陶冶，性情得到调和。反之，如果音乐教育不适合，儿童的心灵就会被丑化。因此，要选择欢快、奋发的歌曲给儿童唱，避免让儿童听到忧郁的歌曲，以培养儿童积极向上的精神，养成良好的行为习惯。

柏拉图认为，讲故事的目的是要形成将来的卫国者的良好品质，使儿童长大成人时“知道敬神、敬父母，并且互相友爱”。他非常重视故事内容的选择，因为这对儿童道德品质的形成影响很大。他说：“早年接受的见解总是根深蒂固不容易更改的。因此，……为了培养美德，儿童最初听到的应该是最优美高尚的故事”①。柏拉图主张，要严格审查故事的创作者及其作品，

① ［古希腊］柏拉图著，郭斌和、张竹明译：《理想国》，商务印书馆 1986 年版，第 73 页。

接受那些编得好的故事，拒绝那些编得不好的故事。“我们鼓励母亲和保姆给孩子们讲那些已经审定的故事，用这些故事铸造他们的心灵，比用手去塑造他们的身体还要仔细。”① 柏拉图认为，人们现在所讲的故事大多数必须抛弃，尤其必须痛加谴责的是丑恶的虚假的故事。最荒唐的莫过于把最伟大的神描写得丑恶不堪。不该让儿童听到诸神之间明争暗斗的故事，以及关于大逆不道、想尽方法严惩自己犯了错误的父亲等诸如此类的神话故事。在儿童的故事书里，神的形象应该神圣无疵，英雄人物应该公正无私，这样才有利于培养儿童的美德。

柏拉图很重视游戏在儿童发展中的实际意义，认为游戏是学前教育的一项重要内容。柏拉图的这一思想是教育史上第一次把游戏作为单项的行为类别提出来。在柏拉图看来，儿童的天性是需要游戏的，成人应当满足儿童的这种需求。他甚至认为儿童的游戏关系到政体的稳定，必须对儿童游戏的内容进行很好的安排，使游戏的内容与法律和社会秩序一致。游戏的方式和玩具不应轻易变更，如果经常变换游戏的方式和玩具，就会在儿童心理上造成喜新厌旧、追求奇异的生活方式，甚至追求其他的制度和法律的不好影响，这就会危及这个国家的政体。因此，柏拉图主张要为所有儿童安排同样的游戏，使儿童喜欢相同的玩具，养成相同的爱好。从而使儿童形成固定的行为习惯，养成节制、顺从、公道等美德。这对于保持固有行为规范，稳定社会秩序，是大有好处的。

柏拉图的学前教育思想在外国教育史上具有开创性意义。他提出了教育在治国中的职能，强调了学前教育的重要性；最早提出并系统论述了公共的学前教育体系，指出了故事、唱歌、游戏在幼儿教育中的重要地位及慎选内容等问题。柏拉图的学前教育思想中包含了许多珍贵见解，对后世的学前教育影响非常大。

① [古希腊] 柏拉图著，郭斌和、张竹明译：《理想国》，商务印书馆 1986 年版，第 71 页。

二、亚里士多德的学前教育思想

亚里士多德（Aristotle，公元前 384—前 322）是古希腊一位百科全书式的学者，被马克思称为“古代最伟大的思想家”。《政治学》《伦理学》《逻辑学》是亚里士多德的重要著作，从中可以发现亚里士多德有着非常丰富的学前教育思想。

（一）教育思想的理论基础

亚里士多德对柏拉图的理念论持批评态度，认为这一理论并未能说明事物的原因、本质。他指出，柏拉图的理念与事物无联系，它不是存在于事物之中，而是存在于事物之外。既然理念与事物无必然的联系，那么，理念就不可能是事物的原因和本质，它也不可能在自然界引起运动和变化。

亚里士多德认为，要认识事物，就必须认识物之所以为物的根本原因。他把个别具体存在的事物看作是“质料”和“形式”的统一体。“质料”是构成事物的原料，“形式”是事物的本质；在具体事物中没有无质料的形式，也没有无形式的质料，形式不能和质料割裂开来。例如，铜像是以铜为质料，按一定形式而雕成铜像的。这表明亚里士多德是从发展与变化的观点去看待事物的。

同时，亚里士多德认为形式是主动的，质料是被动的。形式在事物之中，它使事物运动，同时也就实现了事物的目的。形式与目的是一致的，形式的实现就是目的的实现。他认为，任何事物都有其本身所追求的目的，不仅会思考的人有其目的，所有的自然物和人造物都有它们本身的目的。整个宇宙的事物都存在着它本身的目的，低级的事物以较高一级的事物为其发展的目的，最高的目的就是形式的形式、绝对的善，它被万物所渴望、所企求。

以上述观点为指导，亚里士多德把人作为有机世界的一个部分来考察。他认为，一切有机体都是由质料和形式构成，有机体的躯体是质料，有机体的灵魂是形式。灵魂是有机体运动的原因和实质，是其现实和真正的存在。躯体是有机体的工具，灵魂是有机体的目的。凡有生命的地方就有灵魂，灵魂是统一的实体，但它有多种不同的功能，各种不同等级的功能与生命的各种形式相适应。他提出，灵魂可以分为三部分：一是植物的灵魂，这是灵魂中最低级的部分，它主要表现在营养、发育、繁殖、生长等生理方面；二是动物的灵魂，这是灵魂中的中级部分，它主要表现在本能、感觉、情感、欲望等方面；三是理性的灵魂，这是灵魂的高级部分，它主要表现在认识与思维方面。“如果既是营养的，又是感觉的，并且也是理性的，那就是人的灵魂。”① 人的灵魂包含两种成分，一种是非理性灵魂，其功能是本能、感觉、欲望等；一种是理性灵魂，其功能是思维、推理等。

在亚里士多德看来，一般人都包括躯体和灵魂两部分，而灵魂又包含非理性与理性。人的发展进程，应先是躯体，然后是非理性灵魂，最后才是理性灵魂。他说：“首先要注意儿童的身体，挨次而留心他们的情欲境界，然后才及于他们的灵魂。”② 人在婴儿时就开始显露出情感和欲望，婴儿的啼与笑、高兴与愤怒，就是他们的非理性灵魂开始发展的标志。而人的理性的灵魂，则要到以后的岁月，经过教育，才能逐渐得到发展和完善。合理的教育，应遵循人的自然行程：先是体格教育，使其有健康的体魄；然后以情欲的训练为主，养成其良好的习惯；最后才发达他们的理智，使其能过好闲暇的生活，从事于沉思，专心于学问。

① [古希腊] 亚里士多德：《论灵魂》，转引自黑格尔《哲学史讲演录》第二卷，三联书店 1957 年版，第 339 页。

② [古希腊] 亚里士多德著，吴寿彭译：《政治学》，商务印书馆 1983 年版，第 395 页。

（二）论教育与政治的关系

亚里士多德看到了教育与政治的紧密关系，认为教育是国家的头等大事。他大力宣扬斯巴达的经验，指出，斯巴达人重视儿童的教育，使教育成为国家的事业，是值得称颂的。据此，他劝告国家的领导者重视教育，把教育看作国家政权建设的一个方面。他提出领导者必须“首先注意少年人的教育”，强调国家掌管教育，可以“维护这个政体的实力”。① 这是他深入研究斯巴达的历史经验做出的理论概括。

亚里士多德强调创办与管理教育是国家的重要职责。他认为，对城邦的公民应该采取一致的教育方案，指出：“按照当今的情况，教育作为各家的私事，父亲各自照顾其子女，各授予自己认为有益的教诲，这样在实际上是不适宜的。”②在教育由国家统一办理这个问题上，亚里士多德与柏拉图的观点是一致的。

亚里士多德还说明，教育应成为宣传“法治”、对人们进行法治教育的工具。他认为，依法治理国家优于寡头政治。国家的法律是按照理性的要求制定的，而各种法律的内容必须使公民了解，这样，人们才能守法而不会犯上作乱。“法律所以能见成效，全靠公民的服从，而遵守法律的习惯须经长期的培养。”③培养这种自觉守法的习惯，就是教育的任务。

亚里士多德从他的“法治”思想出发，还提出了“教育应由法律规定”，使教育纳入国家法治轨道的主张。在他看来，城邦的政治生活、商业、教育都是根据理性来制定法律的，城邦的公民们遵循法律的规定办事，社会生活、社会教育就能顺利开展，城邦就容易治理好。因此，他要求儿童和其他需要受教育的各种年龄的人都应当受到训练，全城邦公民都应该受同样的教育。教育应订有规则并由城邦办理。亚里士多德特别推崇有些城邦设置从事教化的专门机构，如妇女监护、法律（礼俗）监护、儿童监护、体育训导等项职司。

（三）年龄分期与教育

在西方教育史上，亚里士多德首次提出并论证了教育要与人的自然发展

---

①②③ ［古希腊］亚里士多德著，吴寿彭译：《政治学》，商务印书馆 1983 年版，第 406、406、81 页。

相适应的原则。他遵循儿童的年龄特征，把新生一代的教育分为三个时期。

1. 从出生到7岁，是学龄前教育时期。在这个时期，幼儿主要是在家接受教育，其任务是使其身体正常地发育成长。亚里士多德的这一主张基于他的灵魂论观点，即身体的发展应先于心灵，所以学龄前时期应以身体发育、成长为主，重视婴幼儿的养育。

2. 7岁到14岁，是儿童“进入正规的集体教育”的阶段。教育的任务在于使儿童掌握读、写、算的基本知识与技能，并进行体操训练与音乐教育。

3. 14岁到21岁，这个时期教育的主要任务在于发展学生的理智灵魂。亚里士多德所创办的吕克昂学园正是属于这一时期的教育。

（四）论学前教育

亚里士多德对0—7岁的儿童教育进行了论述。

1. 注重孕妇的保健

为了培养健康的下一代，亚里士多德主张实行优生优育，注重孕妇保健。他要求以法律来规定婚配制度，保证在最宜于生育的年龄生育下一代。已婚夫妇要经常向医生和自然学家请教，学习生育知识。孕妇要注意自己的身体，经常进行运动，但不宜过于劳累。而且孕妇要吃富有营养的食物，保持宁静的情绪。因为“子息的天性多得之于其母，有如植物得之于土壤”①。

2. 注意儿童的营养

亚里士多德特别注意幼儿的营养问题。他认为，婴儿出生以后，食物对他们的体力影响很大，而乳制品的营养最好，应该让婴儿吃一些含乳分多的食物。因此，他要求母亲亲自哺乳，以满足婴儿的营养需要。

3. 锻炼儿童的身体

亚里士多德主张锻炼身体，要求及时地引导幼儿做各种适宜于肢体发育的活动。他认为，让幼儿从小养成耐寒的习性很有必要，幼儿习惯于寒冷，不仅可以促进其体格健壮，而且可以为其长大成人后的入伍从军做准备。所

① 华东师范大学教育系、浙江大学教育系合编：《西方古代教育论著选》，人民教育出版社2001年版，第103页。

以，亚里士多德主张在幼儿的衣着方面，让幼儿穿宽大松软的衣服，但不应穿得过于温暖。凡是在幼儿身上可能培养的习惯，都应该及早开始，然后渐渐加强这些训练。同时，亚里士多德也提出，幼儿的身体锻炼，应该循序渐进，一定要适量，防止幼儿过度疲劳。“因为人类天性应于早年就习惯于所能忍受的锻炼，但其过程应是渐进的。”①

4. 引导儿童游戏

亚里士多德认为，5 岁前儿童的主要活动是游戏和听故事，不能教他们任何功课。他说：“从婴孩期末到 5 岁止的儿童期内，为避免对他们身心的发育有所妨碍，不可教他们任何功课，或从事任何强迫的劳作。”② 儿童游戏要既不流于粗俗和卑鄙，又具有节制，不过于疲劳和兴奋，也不应内含柔靡的情调。故事应由负责儿童教育的官员进行精心的选择。亚里士多德认为，游戏可以为将来做准备，游戏和所讲的故事最好能与将来的工作相联系，是将来应从事的工作的简单模仿。他要求家长对幼儿的游戏要加以组织和引导，使游戏成为幼儿对“自由民”职业的模仿。从 5 岁到 7 岁这个年龄时期，儿童可以旁观人们正在从事的他们将来要从事的工作。

5. 为儿童创设良好的环境

亚里士多德非常强调环境对儿童的感染作用，认为环境对儿童性格的形成至关重要，任何卑鄙的见闻都可能导致不良的习惯。他强调不要使儿童听污秽的语言，一旦轻率地口出恶言，离恶行也就不远了。同样，也不要允许他们看秽亵的图画或戏剧表演。人们对最初接触的事物往往留下深刻的印象。所以，务必使儿童隔离于任何下流的事物，凡能引致邪恶和恶毒性情的各种表演都应加以慎防，不能耳濡目染。立法者要负责在全城邦杜绝一切秽亵的语言，应该规定儿童可以看哪些戏剧。凡不顾禁令，仍然发出秽亵的语言和举动者，必须予以惩处。

---

① 华东师范大学教育系、浙江大学教育系合编：《西方古代教育论著选》，人民教育出版社 2001 年版，第 104 页。

② [古希腊] 亚里士多德著，吴寿彭译：《政治学》，商务印书馆 1983 年版，第 402 页。

亚里士多德依据教育适应自然的思想，首次把 0—7 岁这一教育阶段列入教育体系，使学龄前教育成为青少年整个教育中不可缺少的一环，这一主张具有重要意义。此外，他强调学龄前时期应以养育为主，对游戏在儿童身心发展中的作用进行了高度评价，并意识到环境对于儿童的巨大感染作用，要求为儿童创设一个合乎教育理想的环境。亚里士多德的学前教育思想把古代学前教育理论推向了一个新的高度，对后世产生了很大影响。

第二节 古罗马的学前教育思想

古代罗马教育思想在继承古代希腊教育思想的基础上，又结合古代罗马教育的实践进行了修改和补充，从而反映了古代罗马文化教育的特点。昆体良、普鲁塔克这些古代罗马教育家在自己的教育实践活动的基础上，既吸取了前人的教育经验，又总结了同时代人的教育经验，提出了富有新意的学前教育思想，对后来西方学前教育的发展做出了不小的贡献。

一、昆体良的学前教育思想

昆体良（M. F. Quintilianus，约 35—114）是古代罗马最有成就的教育家。他的著作《雄辩术原理》既是古代希腊以来雄辩术研究成果的集大成者，也是古代教育思想的集大成者，被后人誉为“整个文化教育领域中古代思想的百科全书”。昆体良的学前教育思想主要包含在这本书中。

（一）论教育的作用

昆体良对教育在人的培养中的巨大作用充满了信心，深信人可以通过教育得到发展和完善。他在《雄辩术原理》第1卷第1章中，就开宗明义地劝告做父亲的人：在孩子刚一出生的时候，就要对他寄以最大的希望，相信孩子受教育的可能性。当时，许多人都认为只有少数人生来具有受教育的能力，而大多数人由于悟性鲁钝，对他们的教育是徒劳的。昆体良批评了这种悲观论，指出这是没有根据的："大多数人既能敏捷地思考，又能灵敏地学习，因为此种灵敏是与生俱来的。正如鸟儿生而能飞，马儿生而能跑，野兽生而凶残，唯独人生而具有敏慧而聪颖的理解力。所以，心智的根源也是来自天赋"①。昆体良认为，天生畸形和生而有缺陷的人只是稀有的例外，绝大多数人都是可以培养也必须加以培养的。如果有人没有得到应有的发展，缺少的不是天赋能力而是培养。

昆体良进一步论述了天性与教育的共性问题。他认为，天性是教育的原材料，教育是铸造这个原材料的艺术。没有原材料，艺术无所作为。但是，如果仅仅有天赋才能，而缺少教育，那就不会达到最好。他说："我不是要与自然作对，我认为天赋的善良品质不应受到忽视。但是，我坚决主张要对这种天赋善良品质加以培养，还要补充一些天性所缺少的东西。"②在昆体良看来，艺术的完善更胜于优质的材料。中等的雄辩家得之于天性者更多，而优秀的雄辩家则更多得之于教育。以农业为例，即使精耕细作，也不能使不毛之地土质改良，肥沃的土地未经耕种也能长出有用的产品。但如果在肥沃的土壤上再加以耕耘，就能产出比土地的自然肥力所能产出的更多的产品。

教育是重要的，但教育必须适应自然。昆体良指出："自然如果辅之以精心的培养，就能获得更大的力量。如果引导一个人与自己的自然倾向背道而驰，他就不可能在与他天性不适合的学业中取得成就，他的似乎与生俱来的才能由于受到忽视就会被削弱下去。"③昆体良相信，借助于天性和教育这

①②③ 任钟印选译：《昆体良教育论著选》，人民教育出版社2001年版，第9、89、88页。

两个方面的结合，才能培养出理想的雄辩家。

（二）论教育的目的

昆体良认为，教育的目的就是培养“善良的、精于雄辩的人”，即道德高尚的、在雄辩术的造诣上达到完美之境的雄辩家。而在当时，雄辩家已经失去了过去就国家重大政治问题发表意见的演说家的职能，剩下的主要是在法庭上为诉讼当事人辩护的职能。当时的雄辩术学校也就是培养律师的高等专门学校。因此，昆体良所要培养的雄辩家就是律师。

昆体良认为，培养雄辩家不只是高等学校的任务，而是包括学前教育、初等教育、中等教育和高等教育在内的全部教育工作的共同任务。他强调，雄辩的艺术包括了培养一个雄辩家所需要的一切基本知识，一个未来的雄辩家的培养应从最年幼的时候开始，即引导儿童“从咿呀学语开始，经过初露头角的雄辩家所必需的各个阶段的教育，一直达到雄辩术的顶峰”①。正是从这种认识出发，昆体良突破了他以前的一切雄辩术著作的局限，另辟蹊径。在昆体良以前，凡是论述雄辩术的人，包括古罗马雄辩家西塞罗（M. T. Cicero）在内，几乎全都以一个假定为前提，即假定他们的读者已经在各方面受过完备的教育，他们的任务只是在雄辩术训练方面最后点睛。昆体良则不同，他的《雄辩术原理》突破了高等教育的狭隘界限，进而讨论学前教育、初等教育、中等教育乃至高等教育的全部问题。

昆体良认为，一个理想的雄辩家所应具备的首要条件是具有高尚的道德品质。他提出，一个雄辩家必须是一个善良的人，如果一个雄辩家不去为正义辩护而为罪恶辩护，雄辩术本身就成为有害的东西，教授雄辩术的人将要受到世人的谴责。在昆体良看来，一个有能力而无道德的人较之没有能力的人对社会的危害更大。他说：“如果以雄辩的才能去支持罪恶，那么无论从私人的还是公众的角度看，没有什么东西比雄辩术更有害的了。”② 真正的雄辩家应当是高尚的、值得尊敬的、在德行上无可指责的。

①② 任钟印选译：《昆体良教育论著选》，人民教育出版社 2001 年版，第 5、154 页。

既然雄辩家必须是善良的人，那么雄辩家的学习首要的是培养德行，他必须了解一切有关正义的、值得尊敬的事项。不了解这些，任何人既不能成为善良的人，也不能成为精于雄辩的人。昆体良认为美德可以通过教育来形成，一个人不知道什么叫节制，他就不可能成为自制的人。一个没有研究过什么是公正和善良的人，就不能成为一个公正的人。“不论何人，如果没有洞察人的本性，如果没有通过学习和反省形成自己的道德，他就不可能在演说上臻于尽善尽美之境。”①

（三）论家庭环境与早期教育

昆体良主张人的教育要从摇篮开始，儿童早期教育应在家庭进行，因此他十分重视家庭环境在早期教育中的重要意义。对于保姆、父母和教仆，他都提出了严格的要求。

昆体良认为，首要的事情是慎选保姆。如果可能，孩子的保姆最好是受过教育的妇女。首先应注意的是她们的道德，同时语言也必须正确。因为儿童首先听到的是她们的声音，首先模仿的是她们的言语，保姆会在习惯和言语方面影响婴儿。而人天生地能长久不忘孩提时期的印象，这如同纯白的羊毛一经染上颜色，其色经久不变一样，自幼养成的坏习惯是难以改好的。所以，即使还在婴儿时期，也不要让孩子学会以后不应当学习的用语。

至于孩子的父母，昆体良的理想是他们的教育水准越高越好。在这里，昆体良强调他不是专指父亲而言。他举出许多典型的事例，说明母亲在家庭教育中的重要作用。即使父母本身没有受到良好教育，也不要因此就减少对孩子教育的注意。正因为他们自己的学识少，他们就应该在对孩子成长有益的各种事情方面更加勤勉。

说到教仆，昆体良主张他们应受过良好的教育，或至少应认识到自己在教育上的不足，而不要自以为是、误人子弟。

此外，昆体良很重视家庭环境对儿童道德的影响。他严厉批评当时罗马

① 任钟印选译：《昆体良教育论著选》，人民教育出版社 2001 年版，第 165 页。

上流社会的家庭环境和娇生惯养的溺爱从小就败坏了儿童的道德，指出还在婴儿时期，人们就以娇生惯养败坏孩子的道德。人们称之为溺爱的那种娇弱的教育造成了儿童身体上和精神上一切力量的衰退。在轿椅里长大的人，一旦两脚着地，就得两边有侍者搀扶着。儿童说了下流话，人们还为之高兴，报以微笑和亲吻。正是这样的环境使儿童养成了不良习惯。可怜的孩子在不知道这些事是邪恶时就学会了这些邪恶，于是他们变得放纵、娇气。因此，昆体良对家长发出呼唤：但愿我们自己不去败坏我们孩子的道德！

总之，在当时一般不重视家庭教育和家庭教育中存在严重缺陷的背景下，昆体良力陈家庭教育环境的重要性，显然是可贵的。

（四）论学前教育的意义和内容

按照昆体良的计划，未来雄辩家的培养开始于襁褓之中。他专门讨论了儿童早期教育的重要意义以及学前教育的内容和方法等问题。

1. 学前教育的意义

昆体良明确肯定儿童在7岁以前学习的意义。当时，儿童7岁之前应不应该进行教育，人们的看法不一，有人认为7岁前不应学习，不应进行智育，有人则认为儿童时期没有哪个时间不应学习。但是几乎所有的人都同意7岁前应该进行道德教育。昆体良则大力主张儿童在能说话的前后就应是智育开始的时间。他认为既然许多人公认可以对这个年龄的儿童进行德育，那也就应该能进行智育。而且，7岁以前的教育可以为7岁以后的教育打下良好的基础。尽管7岁前的儿童接受知识的能力有限，但总能逐步地、一点一点地学到一些东西，加起来就可观了。“这样每年取得的点滴进步就增加了总的进步，儿童时代节约下来的时间对于青年时期是有益的。”① 幼儿时期虽然学得不多，却能一生受用。这是因为学习的基础靠记忆，而儿童期的记忆最牢固。他由此得出结论：不要浪费早年的光阴，“凡是儿童要学习的东西，就应该早点开始学，不应过迟地才开始学习”②。但是，主张早期记忆，

① 任钟印选译：《昆体良教育论著选》，人民教育出版社2001年版，第14页。
② 滕大春主编：《外国教育通史》（第一卷），山东教育出版社1989年版，第360页。

并不等于期望儿童成为早熟的超常儿童。在才能的早熟方面，昆体良基本上持否定态度，他认为“早熟的才能鲜有结好果者”①。

2. 学前教育的内容

在学前教育的内容方面，昆体良主张教儿童认识字母、书写和阅读。昆体良在历史上第一次提出了双语教育问题，这里的双语是希腊语和拉丁语。由于罗马的学问发源于希腊，所以他希望孩子最好先学习希腊语，奠定一定基础后，接下来再学习罗马通用语言拉丁语，然后两种语言的学习齐头并进。昆体良详细讨论了语言学习的具体方法。认识字母应同时教形状和名称，可以将有字母的象牙人像给孩子玩；当儿童开始摹写字母的形状时，可将字母尽可能正确地刻在木板上，指导孩子用铁笔沿着笔画的沟纹去写，这样就不会出错误了。昆体良强调书法的重要性，认为“它是获得根基深厚的专业特长的源泉之一”②。写得太慢，会延碍思维；写得太快，粗糙而错乱的字迹不能阅读。昆体良提出阅读应当首先要求正确，然后才要求连贯。在很长一段时间内要读得很慢，直到通过练习读得迅速而又准确。初学时，读得太快会给儿童的阅读造成很多难以逾越的障碍，由此产生口吃、中断和重复，使儿童力不从心，一旦出现错误，他们就会对已经学会的东西也失去信心。但是，为了使儿童发音更完善，口齿更清晰，对于这个年龄的孩子，也可以要求他们以最快的速度朗读由许多音节组成的难字、难句和一些拗口的句子。应在幼年时期就注意纠正儿童发音上的错误，以免变成难改的积习。

3. 学前教育的方法

在谈到学前儿童的教学方法时，昆体良提醒教师或父母应注意两点：（1）最要紧的是特别当心不要让儿童在还不能热爱学习的时候就厌恶学习，以致在儿童时代过去以后，还对初次尝过的苦心有余悸。（2）要使最初的教育成为一种娱乐。要向学生提出问题，对他们的回答予以赞扬，决不要让他

① 滕大春主编：《外国教育通史》（第一卷），山东教育出版社 1989 年版，第 360 页。
② 任钟印选译：《昆体良教育论著选》，人民教育出版社 2001 年版，第 16 页。

们以不知道为快乐；有时要让孩子比赛，用那个年龄所珍视的奖励去鼓励他们在竞赛中获胜。

因此，昆体良提出了防止儿童疲劳过度、劳逸结合的宝贵意见，主张学习与休息相间。“对于一切儿童都应当允许他们有些休息，这不仅仅是因为没有什么东西能经受持久的劳累，而且因为专心致志的学习有赖于学生的意愿，而意愿是不能通过强制得到的。”① 如果儿童的精力因休息而得到恢复，他就能以更旺盛的精力和更清晰的头脑进行学习。昆体良十分重视儿童的游戏活动。他认为，游戏是儿童天性活泼的标志，“那种总是迟钝麻木、没精打采的、甚至对那个年龄所应有的激动也漠然、无动于衷的学生，我是不能指望他能热心学习的”②。同时，在游戏中，儿童的道德品质也能毫无保留地照本来面目表现出来，教师可以及时给予教育。有些娱乐还有助于发展敏锐的智力。要紧的问题是应当给休息规定一个限度，否则，不让儿童休息，就会使他厌恶学习，而过度放纵的休息容易养成懒惰的习惯。

昆体良反复告诫要防止儿童学习负担过重，认为越出儿童智力之上的东西是不能进入他的头脑的。他举例说：“正如紧口瓶子不能容受一下子大量流进的液体，却能为慢慢地甚至一滴一滴灌进的液体所填满，所以我们也必须仔细考察学生的接受能力。他们远远不能理解的东西是不能进入他们的头脑的，因为头脑还没有成熟到能容受它们。”③

昆体良竭力反对儿童教育中的体罚现象。他认为体罚是一种残忍的行为，是一种凌辱；如果孩子的倾向卑劣不能以申斥纠正，他对体罚也会习以为常；如果经常正面告诫，在课业上严加督促，体罚就没有必要；幼年时使用体罚，一旦到了青年期，恐吓失去了作用，而他又有更困难的功课要学习的时候，就更难于驾驭；体罚造成儿童心情压抑、沮丧和消沉。所以昆体良抗议说：“对于如此纤弱、如此无力抗拒虐待的幼儿，任何人都不允许滥用

①②③ 任钟印选译：《昆体良教育论著选》，人民教育出版社 2001 年版，第 26、26、23 页。

权威。”①

昆体良还论述了因材施教的思想，要求教师必须仔细地观察儿童，了解儿童的能力和天赋素质，从而根据儿童不同的性格特点采取不同的教育方法，长善救失。要善于使每个人在他最有才能的方面得到进步，扬长避短。“教学要能培植各人的天赋特长，要沿着学生的自然倾向最有效地发展他的能力。”②

昆体良是古代罗马的一位杰出的教育家，他的《雄辩术原理》是古代西方第一部系统的教育理论著作，代表了欧洲古代教育理论发展的最高成就。他重视早期教育，对幼儿学习抱有充分的信心的观点，以及他提出的注意幼儿语言的纯洁性、慎选保育人员、反对体罚等见解，均给后人以重要影响。

二、普鲁塔克的学前教育思想

普鲁塔克（Plutarch，约 46—120 年）是古代罗马帝国初期的历史学家、伦理学家和教育家。普鲁塔克的著作经后人编辑成二本，一是《希腊罗马名人传》，由 50 多篇传记组成，为研究古希腊和罗马历史提供了重要资料；一是《道德论集》，包括论文及杂著 60 多篇，题材广泛，涉及教育、哲学、伦理、宗教、政治、文学、自然科学等，《论儿童教育》是其中的重要专论，集中体现了他的学前教育思想。

①② 任钟印选译：《昆体良教育论著选》，人民教育出版社 2001 年版，第 27、88 页。

（一）论天性与教育

普鲁塔克认为，教育的根本目的是使人趋向善良。而要在儿童的教育中完成“德性”培养的任务，就必须使天性、理智和应用这三件事协调一致。他所说的“天性”是指人的天赋，“理智”是指学习，“应用”是指练习。他强调说：“天性如果不通过教导加以完善，就是不实之华；教导如果无天性之助，就是残缺不全；练习如果没有这两者的帮助，就不能完全达到目的。”① 普鲁塔克把天性比作土壤，把教育者比作农夫，把所教的合理的概念和原理比作种子。只要这三者相互结合，协调一致，就能取得良好的教育效果，使儿童的心灵完善。

在天性和教育两者之中，普鲁塔克更为重视教育的力量。他说：“正如良好的天赋能力可能由于怠惰而遭毁坏，迂缓迟钝的天赋能力也可以由教育而得到改善。”②疏懒的学生不能获得理解最简易的事物的能力，勤奋的学生却能克服最大的困难。许多事例表明，努力和勤奋具有强大的力量和成功的效果。正所谓滴水不断，能穿坚石；只要功夫深，铁棒磨成绣花针。“即使努力与天性相反，努力所产生的结果也比天性本身产生的结果要大得多。”③

（二）论早期教育的重要性

普鲁塔克认为孩提时期，是人的可塑性最大的时期，极易受外来影响，因而早期教育对一个人的一生起着特别重要的作用。“儿童时代是柔嫩的、容易铸造成各种类型的人。而且，当儿童的灵魂还软弱易感的时候，容易接受进入心灵的任何事物的印象；但一旦他们长大以后，像一块坚硬的东西一样，它就难以改变了。”④正如印章之盖在松软的蜡板上，儿童的头脑也很容易接受外面的影响。

所以，普鲁塔克非常赞同柏拉图有关慎选故事材料的主张，即在幼儿时代，不要不加选择地把各种故事都讲给儿童听，否则，他们的头脑就有因此而充满各种愚蠢而邪恶的观念的危险。

---

①②③④ 任钟印选译：《昆体良教育论著选》，人民教育出版社 2001 年版，第 243、244、244、244 页。

（三）论早期教育的内容

普鲁塔克认为，对自由民儿童必须实施德育、智育和体育，以便使他们成为品德高尚、学识渊博、身体健康的人，成为罗马的优秀公民。

1. 论德育

普鲁塔克十分重视儿童的道德教育。关于德育的内容，普鲁塔克认为应该对儿童进行有关行为准则的教育，特别是要杜绝儿童讲粗话以及撒谎。普鲁塔克援引了德谟克利特的道德名言："言语是行动的影子"，主张采取适当的措施以杜绝儿童讲粗话，使他们谈吐得体、合乎礼仪。同时，还要使儿童养成说话诚实的习惯。普鲁塔克指出，撒谎是不真实和好虚荣的表现，是最惹人看不起的，只有卑贱的灵魂才会动辄撒谎。

在德育的方法中，普鲁塔克反对采用体罚，提倡批评与表扬。他认为，德育的最妥善的办法是用鼓励和理性去引导儿童，使他们从事高尚的活动。鞭打只会给儿童带来害怕和痛苦，使其不寒而栗。而批评与表扬则是好的方法。表扬可使儿童从善，批评可防止他们行恶。但表扬与批评要运用得当，而且应交替使用。当儿童自以为了不起时，教师要通过批评，使其感到惭愧，然后再通过表扬，使他们重新振作起来。在表扬时，切不可使他们忘乎所以。因为过度的表扬，容易使儿童自高自大、目空一切。

2. 论智育

普鲁塔克认为，儿童必须学习和掌握知识。他强调说："在我们所拥有的一切事物中，惟有学问才是不朽的、神圣的。"① 在他看来，财富、荣誉、美丽、健康等事物都会随着时间的流逝而衰退，只有知识，即使是人到了垂暮之年还在增长。谁要取得成就或者获得幸福，就一定要有知识。而知识当中最有价值的是哲学，因为它对人生最有意义，能给人以最大益处。普鲁塔克认为，学习哲学可以使人获得有关高尚与耻辱、正义与非正义方面的知识；可以教会人懂得：敬奉神祇、孝敬父母、尊重长辈、遵守法律、服从上

① 任钟印选译：《昆体良教育论著选》，人民教育出版社 2001 年版，第 247 页。

司、爱护朋友、尊敬妇女、慈爱儿童等。“最重要的是，处顺境时不要过分洋洋自得，处逆境时不要过分垂头丧气；既不要享乐无度，也不要狂怒。”①

在谈到如何使儿童掌握各种普通知识问题时，普鲁塔克提出，家长和教师应该注意三点：一是让儿童学习知识，要考虑他们的接受能力。有的父母对儿童要求太高，效果反而不好。因为“当他们过于急切地想在各种学问上把他们的孩子提高到远远超出同龄孩子的水平之上的时候，他们给孩子提出太难太重而无法完成的功课，孩子由此灰心丧气；再加上其他不恰当的做法，结果就造成孩子对学习本身产生厌恶”②。二是儿童的学习要循序渐进，“从一点一滴的学习来丰富我们自己的智慧”③。三是注意锻炼儿童的记忆力。普鲁塔克强调说：“学校中的记忆力锻炼不仅对学问的成就有极大的帮助，而且对人生的一切行动都有极大帮助。”④因为人的记忆力就如学问的仓库，它对于学问的作用甚于一切。所以，教师要运用各种方法培养儿童的记忆力。

3. 论体育

普鲁塔克认为，必须重视儿童的身体锻炼。因为儿童进行体育锻炼，有助于他们养成良好的姿势，增强他们的体力。“老年时期的活力是基于童年时代的健全体魄。”⑤所以，正如在晴朗的天气就要为水手准备好暴风雨到来时所需的一切东西，我们在儿童时期就要为老年时期的身体做好准备，不致于到了老年疾病缠身。但是，儿童应该珍惜自己的体力，身体锻炼要适度，注意劳逸结合，“不要使力量枯竭以至无力从事学习”⑥。

至于儿童体育的内容，在普鲁塔克看来，主要是练习投掷标枪、射箭和捕猎，接受军事训练。只有这样，才能使儿童具有强健的体魄、熟练的军事技艺，成为训练有素的士兵。为此，普鲁塔克还提出，送儿童到体操学校，对儿童体育训练的要求一定要严格，因为人习惯了优越的生活是不能适应作战要求的。

---

①②③④⑤⑥ 任钟印选译：《昆体良教育论著选》，人民教育出版社 2001 年版，第 251、253—254、256、255、252、252 页。

（四）论教育者的言传身教

普鲁塔克认为教育在人的性格形成中，可以发挥巨大的作用，而决定教育能否正常发挥其效能，决定教育性质是好还是坏的，则是教育者。根据罗马的社会现实，普鲁塔克认为教育者应包括父母、奶妈、游伴、教仆、教师。

父母是天然的教育者，应担当起教育子女的责任。做父亲的要能起到教育者的作用，首先要能以身作则，成为子女行为的榜样。因此，做父亲的要随时检点自己的品行。一个道德败坏的父亲，将给子女以很坏的影响，不仅影响其道德行为，而且挫伤其心灵，使他们在他人面前感到有一种洗刷不完的耻辱，这种耻辱甚至会伴随其一生。普鲁塔克一再告诫做父亲的要使自己成为子女良好品行的一面镜子，不做不光彩的事，不说粗鲁的话；如果做父亲的过着糟糕的生活，又有何面目去教训自己的儿子呢！

做母亲的要亲自教育子女，子女在婴儿期，尤须母亲的亲自抚育、亲自哺乳。原因很简单，母亲对婴儿的爱是深沉而真挚的，奶妈和女佣的爱无论如何都抵不上母亲的爱；母亲是发自内心的爱，而奶妈、女佣的爱则是被迫的，“她们是为了钱而爱孩子的”。因此，有可能的话，母亲应尽力照看自己的孩子。如果因为身体虚弱或其他原因，不得不请奶妈，则对奶妈、女佣的选择要慎重，首先要挑选性格好的。奶妈应当请希腊人，因为希腊人有着高度发达的文化传统，希腊妇女也会受到希腊文化传统的熏陶，所以她们的性格更为优越。

游伴也应慎为选择，其标准与上述奶妈的选择一样，应该选择具有好品质的奴隶充当孩子的游伴，也以希腊人为宜，这样，孩子才不致受“野蛮人”或性格低下的人的影响，沾染他们的恶习。

儿童年龄稍长，则要为他挑选合适的教仆或教师。普鲁塔克指出，当时有一些奴隶主在为自己的孩子选择教仆时采取了一种极荒唐的做法，他们总是把孩子交托给他们所信任的但却不适于做随从或教师的人，这些人有的是照料农场、船只的奴隶，有的是充任管家职务的奴隶，有的身为奴隶但却从事放高利贷的勾当，这些人多半好吃懒做、酗酒成性，对自己所从事的工作一窍不通。普鲁塔克认为要挑选的教师必须在生活上洁身自好，在行为上无懈可击，在经验上无与匹敌。

普鲁塔克在吸收苏格拉底、柏拉图等的教育学说的基础上，结合罗马帝国的实际，提出了自己的教育思想。他的教育观是以培养有德性的人作为教育目的的，这是一种把哲学思考、文雅举止和政治家的风度结合在一起的教育理想。因此，它为文艺复兴时期的人文主义者们所欢迎。17、18 世纪的英国作家、哲学家，法国启蒙运动的领袖们也都从普鲁塔克那里吸取营养。"普鲁塔克深刻地影响了 18 世纪的英国和法国的自由主义者以及美国的缔造者们，他影响了德国浪漫主义运动，并且主要以间接的路线继续影响着德国的思想一直到今天。"①

第三节　文艺复兴时期的学前教育思想

在中世纪基督教神学的严密禁锢下，古希腊罗马的文化被埋没了近千年。至 14 世纪，欧洲的人文主义者点燃了呼唤人性解放的火炬，掀起了欧洲历史上著名的文艺复兴运动，使古希腊、古罗马的文化艺术重新放射出耀眼的光芒，把欧洲的学术文化思想推向了一个空前繁荣的时代。由此，西方学前教育思想的发展史上出现了崭新的一页。

以人文主义思想为指导，文艺复兴时期的人文主义教育家和思想家，对中世纪性恶论的儿童观进行了批判，反对把儿童看成是被原罪污染的有待赎罪的羔羊；认为儿童是自然的生物，应当得到成人的悉心关怀、照顾；强调儿童是独立存在的个体，必须尊重儿童、了解儿童。他们重新提出了身心全面发展的培养目标和塑造新人的教育理想，重视教育培养人的作用，提倡教育的施行应根据儿童身心发展的年龄特征。

---

①［英］罗素著，何兆武、李约瑟译：《西方哲学史》（上卷），商务印书馆 1986 年版，第 139 页。

一、伊拉斯谟的学前教育思想

伊拉斯谟（D. Erasmus，1466—1536）是16世纪早期著名的人文主义学者和杰出的教育家。伊拉斯谟撰写了大量著作，其中有许多是论述教育问题的。如《一个基督教王子的教育》是一部专门探讨如何造就明君的著作，其中不少地方涉及学前教育。《论童蒙的自由教育》是一本重要的学前教育著作，探讨了学前教育的诸多问题。

（一）论教育的作用

伊拉斯谟毕生从事教育活动和著述，其目标是为了启迪人们的智慧，提高人们的审美情趣，净化人们的灵魂，倡导人们普遍联合、和平。伊拉斯谟认为，要实现这个目标，其主要手段就是给人们以合理的教育。在他看来，教育对促进人类文明进步，巩固社会和平与安定，都具有极为重要的作用。他说："一个国家的主要希望，在于它对青年的适当教育"，有了合适的教育制度，"就不需要很多法律或惩罚，因为人民将自愿地遵循正义的道路"。①

同时，对一个人来说，同样需要通过教育才能使其成为人。伊拉斯谟认为，个人发展应依赖于三个因素：第一，自然，即天赋能力和人获得成就的自然动力；第二，训练，即学生所能得到的细心而熟练的教育和指导；第三，实践，即学生的能力可以接受的自由练习。在这三个因素中，训练是关键。伊拉斯谟强调说："自然本性没有巧妙的训练必然是不完善的，而实践

① 华东师范大学教育系、浙江大学教育系选编：《西方古代教育论著选》，人民教育出版社2001年版，第224页。

缺乏训练所提供的方法必然会导致毫无希望的失败。”① 一个人必须接受理性的训练，发展其智慧，完善其道德，才能消除其对社会、对人类的危害，与他人和睦相处。伊拉斯谟指出：“人如果不通过哲学的理性教育和对语言的学习，将是一种比牲畜还要低下的造物，这是毫无疑问的。我们可以看到没有一种野兽比一个被他的野心或欲望、愤怒或妒忌、或者没有法律的约束而驱使其忽此忽彼的人更野蛮、更有害。”②

（二）论早期教育的意义

伊拉斯谟基于对个人发展因素的研究，主张儿童的教育要从早期开始，甚至从襁褓时期，趁儿童思想尚未形成之际，使他们的心灵充满有益的思想。他认为儿童的幼年时期，还只是与低级动物区别开来，一切都还处在有待成熟的过程中，稳定的习惯还很少。他们喜欢模仿，容易接受良好的范例而养成善行，也容易接受不好的习惯的影响而变坏。因此，他要求人们应及早地注意给儿童以良好范例的影响。他说：“道德的种子必须播种在他精神的处女地，以便随着年龄和经验日益增长，它们会逐渐生长和成熟，在整个生命的过程中植根。从来没有什么东西像在早年学习的东西那样根深蒂固。”③

所以，伊拉斯谟把关注儿童的早期教育看作是最重要的事情，主张通过合理的教育来发展儿童的自然能力、训练儿童的智慧，培养儿童良好的行为习惯。他要求父母对儿童的教育尽心竭力，把教育儿童视为自己的社会义务。伊拉斯谟告诫道：“你生儿育女，不是只为你自己，而是为国家；不是只为国家，而是为上帝。”④ 他相信，儿童从父母那里得到的良好训练，将为未来的教育打下坚实的基础。同时，伊拉斯谟还强调国家和教会对儿童的教育也负有相应的责任。他主张，整顿教育是政府的责任，国家和教会应提

① 单中惠主编：《西方教育思想史》，山西人民出版社 1996 年版，第 90 页。

② 赵祥麟主编：《外国教育家评传》（第 1 卷），上海教育出版社 2002 年版，第 227 页。

③ 华东师范大学教育系、浙江大学教育系选编：《西方古代教育论著选》，人民教育出版社 2001 年版，第 204 页。

④ [英] 博伊德、金合著，任宝祥、关元训主译：《西方教育史》，人民教育出版社 1985 年版，第 177 页。

供充足的、合格的教师，来促进教育事业。

（三）论儿童教育方法

伊拉斯谟从教材的选择与编排、儿童学习主动性的激发、教师在儿童学习过程中的指导手段的运用、良好环境的创设等方面，对儿童教育方法进行了阐述。

伊拉斯谟主张，对儿童的教育应从学说话开始，拉丁语是一种活的语言，应在儿童的日常生活中联系有趣的事情学习，还可以采用问答、对话等方式学习语言。他的《对话集》就是这种主张的体现，是为师生学习语言提供的教学用书。

为了使儿童的心灵受到良好的熏陶，伊拉斯谟主张为儿童慎选合适的伴侣，儿童“只能与品德优良、谦虚谨慎的孩子交朋友”，远远避开“顽童、不肯悔改的酒鬼和讲下流话的人，特别是那些拍马屁的人”，因为和这些人在一起，“除了享受、娱乐、傲慢、自大、贪婪、闹气和残暴以外，他听不到什么东西，学不到什么东西，吸收不到什么东西”。①

伊拉斯谟认为教育的开展要考虑儿童的身心特征，照顾儿童的个别差异。教师在施教时，首要任务就是仔细观察、掌握孩子的性情，然后有的放矢，采取相应措施。教师如果发现了孩子的弱点，就应该用优良的理论和适当的教导教化他，设法将其引上正路；如果发现了孩子的长处，就应扬长避短，因势利导。同样的内容，因孩子年龄不同，要采用不同的教育方式。当“他的学生还是一个小孩时，他可以通过有趣的故事、令人愉快的寓言和巧妙的比喻引进他的教导。当他年龄稍长时，他可以直接地教他相同的东西”②。

伊拉斯谟主张对于幼小的儿童，应该利用箴言、有趣的故事、寓言、游戏等方式，教他们读、写、画，使其乐而向学。伊拉斯谟认为，箴言能够帮助孩子养成良好的道德品质，因此必须要向孩子传授箴言，“时而用暗示，时而用寓言，时而用类推，时而用榜样，时而用格言，时而用谚语。这些箴言应该雕刻在戒指上，画在图画中，挂在花圈上”，并且要适合孩子的年龄，用使孩

①② 华东师范大学教育系、浙江大学教育系选编：《西方古代教育论著选》，人民教育出版社 2001 年版，第 206、209 页。

子感兴趣的方法，经常摆在孩子面前。① 在给孩子讲完寓言故事后，教师要及时指出其中富有教育性的寓意。比如讲了《伊索寓言》中狮子和老鼠的故事，教师就要教导孩子不要看不起人，应当热诚地设法通过仁慈得到人心。

伊拉斯谟提出学习事物应先于学习文字，主张在教育中借助直观教具来教学，以引起儿童的学习兴趣。他曾列举一位教师采用一幅“飞龙斗象”的图画进行教学的例子，提出这是一种很有教育价值的学习材料。他批评有的人为了吸引儿童的兴趣，而把一些荒谬的谜语、精灵和恶魔的故事、愚蠢的传说等毫无教育价值的材料灌输给儿童，不仅浪费了儿童的宝贵时间和精力，而且对儿童的成长十分有害。

伊拉斯谟认为，对儿童的爱应该成为一种教育的手段。儿童会通过对教师的爱达到对学习的爱，教师能否深受儿童爱戴乃是至关重要的。因此他强烈反对惩罚学生，特别是反对当时教育界流行的鞭打等体罚手段，提倡教师要关心、热爱学生。他要求教师不要把幼小儿童视为小大人，他告诫教师：“记住，你的学生还是一个小孩，而你自己也曾经是一个小孩。”② 教师在教育儿童时，必须采取中庸之道。教师应该相当严厉，对孩子有威慑力；但又对孩子有友好的了解，以减缓其威严。教师应给孩子表扬，但表扬要合理、得当。教师对孩子的批评应秘密进行，并且态度要和蔼。这样，教师将能在孩子的心目中形成严而不厉、敬而不畏、可亲可敬的形象，能在孩子们的成长过程中产生积极的影响。

伊拉斯谟承袭柏拉图、昆体良等教育家的思想，适应社会发展的需要，提出了人文主义的学前教育思想，给后世的教育家以重要影响。而且，伊拉斯谟是教育史上继昆体良之后，把教育方法提高到重要地位而予以研究的少数教育家之一。他关于学前教育方法的观点，虽然没有形成体系，但却是经验的结晶，在当时是十分新颖的，直至今日仍具有借鉴价值。

---

① 华东师范大学教育系、浙江大学教育系选编：《西方古代教育论著选》，人民教育出版社 2001 年版，第 207 页。

② 赵祥麟主编：《外国教育家评传》（第 1 卷），上海教育出版社 2002 年版，第 234 页。

二、蒙田的学前教育思想

蒙田（M. E. Montaigne，1533—1592）是法国16世纪后期文艺复兴时代的人文主义者、散文家和教育思想家。其主要著作为《散文集》（或译《随笔集》），包括107篇文章，内容庞杂，包罗万象，是享誉世界的文学名著。其中有一些是论及教育问题的，如《论学究气》《论儿童教育》《我谴责教育上的一切体罚》等。

（一）论教育目的

蒙田所憧憬的教育目标是培养新人，即“完全的绅士”。完全的绅士不是学术型人才，而是事业型人才；不是饱学之士，而是实干家。“在饱学之士当中要比在大多数人中看到为数更多的傻瓜头脑，……他们不会利用知识，不会从中获益。”① 蒙田希望“塑造和教育出一个有才能的、有本事的人，而不是一个空虚的学者”②，这种能干的青年绅士“把学问不看作知识的虚饰，而看作生活的法律，他服从他自己，实行他所订的法律”③。

完全的绅士是身心两方面和谐发展的人。蒙田主张教育要兼顾人的心智和身体，“只使他的心智健全是不够的，还必须增强他的体力，如果心智得不到体力的支持，就要受到过分的压力”④。蒙田现身说法，以他自身为例：他患有气喘病，体质柔弱易感，他认为这对他的心智活动是“一个沉重的负担”。古希腊哲学家柏拉图曾说过：心智与身体决不能一个得到训练，而另

① ［法］蒙田著，陈晓燕选译：《人生随笔》，浙江人民出版社1987年版，第134页。

②③④ 华东师范大学教育系、浙江大学教育系选编：《西方古代教育论著选》，人民教育出版社2001年版，第375、399、380页。

一个没有训练，两者同样需要指导，好像两匹马配合起来合力拉车一般。蒙田赞同柏拉图的观点，他说："我们所训练的，不是心智，也不是身体，而是一个人，我们决不能把两者分开。"①

蒙田认为，在教育工作中，知识的传授和品德的形成二者比较，前者较易，而后者较难。知与行二者比较，行更重要。他批评某些人文主义者过分注重人文学科而忽视实际能力的培养。他主张既要培养受教育者的文化素质，使其成为有学识的人；又要顾及实践能力的锻炼，培养擅于行动的人。在蒙田看来，一个人认识世界、获取科学知识固属要务，但是身体力行，把拥有的知识付诸行动，则是更为重要的。人们"在科学上是伟大的，那么他们在行动上就更要伟大"②。

（二）教育应顺应儿童的天性

蒙田认为，人类的学问中最困难而又最重要的一门就是儿童的教育。因为儿童天性的征兆无确定的踪迹可寻，性情多变，指望无定，希望虚幻，前途可疑，即使是富有才智的教师也很难把握儿童的心性，做出确定的判断，要将儿童教育成人，实是一项困难、艰巨的工作。蒙田不无感慨地说："在农业方面，播种和种植以前，而且就是种植本身，所必需的劳力是非常确定而又轻易的，但是，当所播的种子和所种的作物已经成活，在它成熟以前，就需要花很多劳力和有各种工序。所以，在人类，生之者易，但是，既生之后，要把他们教育成人，该有多少悉心的养护、多少辛勤的培育和多少疑惧每天在等待着家长和教师呵！"③

蒙田指出，生活中有一些不明智的教师，他们疏于研究儿童的天性，执教时往往和儿童的天性背道而驰；这些人经常花很多的时间去和儿童谈论他们的天性所不喜爱的东西，企图按主观意志控制儿童心智的发展，其结果，他们的教育工作总是事倍功半。蒙田认为，作为教育者，如果不了解儿童的天性，是不可能教育好儿童的。所以，尽管有很多困难，教育者也应该顺应儿童心性

①②③ 华东师范大学教育系、浙江大学教育系选编：《西方古代教育论著选》，人民教育出版社 2001 年版，395、354、373 页。

的自然倾向，给予儿童合理的指导，教他们学习最好的、最有用的东西。

（三）论幼儿教育方法

对于幼儿教育方法，蒙田提出了许多富有新意的主张。

蒙田反对娇生惯养，主张不能让孩子“挨紧抚抱、娇养溺爱，使其在父母的膝上长大”①。他认为，父母天生就慈爱子女，总是不能、也不想制止、纠正或惩罚他们孩子的过错；当看到孩子因学习而流汗或吃苦，就会感到心疼和忧虑。“但是，如果要孩子长成一个有能力的、老练的或者诚实的人，上述情况是无法避免的，在他年轻的时候不能有所姑息”。②

蒙田反对死记硬背。他认为，死记硬背并不能得到完善的知识，而只是把别人要求记住的东西保持在记忆里罢了。仅仅进行书本学习是贫乏的。他告诫道：“不要孩子多背诵功课，而是要他行动。他应该在行动中复习功课。”③蒙田对旧的经院主义教育进行了尖锐的批评。他称经院学者是一群“驮着书的驴”，只是训练儿童的记忆而没有发展其智力和良心，不让儿童接触自然，不给儿童独立活动的自由，把儿童变成一个奴性和胆怯的人。在经院主义呆读死记的教学下，儿童“辛苦劳动、勤奋工作，只是去充塞自己的记忆，而理解力和良心却任其空虚。就像鸟儿到处飞着啄食谷粒，没有尝一下就去哺喂它们的小鸟一样；同样，我们的学究从书本中拾取知识，永远停留在嘴唇上，只是为了吐出来，传播四方”④。

蒙田强调培养儿童的理解力，主张让儿童深入理解所学的知识，拥为己有。他引用希腊喜剧作家埃毕卡沫斯（Epicharmus）的话说：“理解力能看清一切，听到一切；理解给一切带来益处，它安排一切，推动、统帅和管理一切。所有其他的东西都只是盲目的、没有知觉的、没有灵魂的。”⑤蒙田认为：“仅仅把知识拴在心灵上是不够的，应该融合到心灵中去；不应只是把心灵着一下色，而是必须把它染透。”⑥

蒙田强调练习的重要性。他指出，要想学习跳舞，不能只是站在旁边看

①②③④⑤⑥ 华东师范大学教育系、浙江大学教育系选编：《西方古代教育论著选》，人民教育出版社 2001 年版，第 380、380、399、356、378、362 页。

舞蹈演员如何跳，而自己却不去练习。要训练儿童的心智，就必须给儿童运用心智的机会。蒙田甚至认为，无论哪种动作或事物都足以代替书本。他说："一个男孩子的有趣的把戏，一个小侍者的无赖的诡计，一个仆从的愚蠢的行为，在餐桌上或交游中开着玩笑或者当真讲的一番废话，甚至都可以成为运用我们心智的新事物。"①

蒙田认为旅行是一种受教育的重要方式。在他看来，和人们交谈往来，到国外去旅行，以及观察奇异的式样等活动，都是非常需要的。主要的目的是研究当地人民的性情、举止和风俗，知道怎样"和别人的机智摩擦一番而使自己的机智犀利起来"②。因此，蒙田主张儿童从婴儿时期就出国旅行，在旅行中接受教育。

（四）对教师的要求

蒙田十分重视教师的作用。他认为，儿童的教育和成长得当与否，完全在于导师的选择。因此，在为孩子选择导师时要非常小心谨慎。蒙田说："我宁愿推荐一位心神镇静、稳健的导师，而不愿推荐一位头脑塞得满满的人。"③为孩子选择的教师应当是一个有智慧、有判断能力、习惯文雅和举止谦逊的人，而不是一个空空洞洞、只有书本知识的人。

蒙田要求教师在施教时采用新的方法。他批评传统的教师在"学生的耳边喋喋不休，学生好像向漏斗里灌东西似地听他们讲课，而且，学生的任务仅仅在于复述他所学过的东西"④。蒙田主张，教师应该按照他所教育的孩子的能力施教，使孩子的能力表现出来，让孩子对许多东西都学一点，然后独立地做出选择和区别，有时候给他开条路，有时候要让他自己去开路。教师应该让孩子有谈话的机会，给孩子独立活动的自由，教师的过多限制往往会窒息孩子的能力成长。

蒙田认为，教师必须了解孩子，在教育过程中善于掌握分寸，若教师不顾分寸，就常会坏事。教师"要懂得如何支持儿童的行动，在多大程度是屈

①②③④ 华东师范大学教育系、浙江大学教育系选编：《西方古代教育论著选》，人民教育出版社 2001 年版，第 379、379、375、375 页。

从他们的行动，又该如何指导他们的行动，这是一种高贵的精神的标志，也是一种坚毅的精神的结果”①。

蒙田还要求教师正确评价儿童的学习情况。他认为，教师不仅应该让儿童能复述他讲课的内容，而且还要让儿童懂得所学知识的意义和实质，“在判断学生的收获时，不是用他的记忆来证明，而是用他的生活来证明”②。教师应该看儿童是否能用自己的话去表达所学到的知识，并能运用自如，从而来判断儿童是否学习进步。

蒙田是文艺复兴后期的一位激进的人文主义者。尽管他没有参加过教育实践活动，却以其凌厉的巨笔捅戮了当时封建教育的种种毒痈。虽然他没有系统的教育专著，却在其散文中处处写下了教育思想的名言警句，为后世教育理论的发展奠定了基础。

三、康帕内拉的学前教育思想

康帕内拉（T. Campanella，1568—1639）是文艺复兴晚期意大利著名的思想家、爱国者以及早期空想社会主义者。在其代表作《太阳城》一书中，康帕内拉从批判封建制度和私有制的罪恶出发，描述了一个立足于科学和社会平等的理想社会，即“太阳城”。他将组织教育与安排生产相提并论，看成是国家的两件大事，主张国家办教育、普及教育，以及男女教育平等。在其有关教育的构想中，学前教育占有特殊的地位。

①② 华东师范大学教育系、浙江大学教育系选编：《西方古代教育论著选》，人民教育出版社 2001 年版，第 376、376 页。

（一）优生与胎教

受柏拉图等前人的影响，康帕内拉在书中大力倡导优生与胎教。按照他的设想，太阳城是一个共和国，最高权力掌握在祭司手中，祭司就是太阳，是世俗和宗教界的首脑。太阳下面设三个领导人：威力、智慧和爱。威力掌管军事；智慧掌管艺术、手工业和各种科学部门；爱掌管农业、畜牧业、物质分配、生育和教育。为了优生优育，爱要监督两性的结合，改良人种，做好优生准备。康帕内拉指出，在太阳城中，“体格匀称和美貌的女子，只同性格匀称和健壮的男子结合”；此外，胖男配瘦女，瘦男配胖女，性格暴躁者配性格温和者，以便互补。他还对男女结婚的最佳年龄、妇女受孕的合适时机，以及受孕前双方的准备工作等都做了详细探讨，其目的就是生育健康的后代，“以便后代成为最优秀的人物”①。

康帕内拉主张，妇女在受孕后，只能做些轻微的工作，使胎儿易于吸收母体的营养而生长健壮，同时也可以加强母体本身。此外，要“根据医生的指示，只发给他们维护健康的食物。”②

（二）儿童公育

与太阳城中所实行的财产公有制相适应，康帕内拉认为，生育后代和教育后代不是个人的事，而是关系到国家利益的大事，是国家繁荣的必备条件。所以，儿童的教养、教育是国家的事业，管理后代的教育事业是国家负责人的神圣职责。根据这种观点，他认为，太阳城人的婴儿哺乳期为 2 年，断奶后就应进入国立幼儿教育机关，分别交给国家指定的男教师或女教师抚育，和其他儿童在一起游戏和学习。国家对儿童的抚养教育一直到成年。因此，在太阳城，教育事业是由国家办理的，而且普及教育是从学龄前开始的。康帕内拉的这一思想同柏拉图、莫尔的思想是一致的。

关于儿童教育的内容，康帕内拉指出：“孩子们二三岁时就在房屋墙壁的周围游玩，并学习和读念字母。他们分为 4 组，由 4 位领导他们的、有学

①② ［意］康帕内拉著，陈大维等译：《太阳城》，商务印书馆 1995 年版，第 18—19、20 页。

问的、最受尊敬的老人来照管。”① 儿童稍长，就身着鲜艳漂亮的服装，在教师的指导下，学习体操、跑步、掷铁饼和做游戏，努力使四肢得到匀称发展；此外，还要在一种轻松的气氛中，学习字母、看图，并根据图画等直观方式认识历史及学习各种语言。当儿童 7 岁时，要令他们跣头光足、锻炼体力，同时开始学习科学知识。并且，将儿童送到各类作坊去见习鞋匠、铁匠、木匠、面包师及画匠等的工作。教师应认真观察，以便了解每个孩子的志向、兴趣。儿童从 8 岁开始，就要一边学习较为系统的、抽象的科学文化知识，一边从事自己喜爱的生产劳动，即各种手工业、农业、畜牧业等。

在儿童教育方法方面，康帕内拉一再强调直观教学。他批判经院主义学校那种脱离实际的教条主义的教学，提出了直观教学原则，以提高教学效果。他为不同年龄阶段的儿童设计了与他们程度相适应的图画和图表。例如，为幼儿教育阶段的儿童画有字母表，以及认识周围环境和日常生活中出现的事物用的花草树木、鸟兽鱼虫、雨雪雷电的图画等。总之，在太阳城各个城区的内外城墙上都悬挂着美丽的图表，它们几乎包括了各门学科的内容，还有各种手工业及其工具、各种科学和武器的发明者、各种历史人物的画像等。康帕内拉十分乐观地估计了这种直观教学法的极佳效果。他说：“太阳城有许多教师负责讲授这些绘画的意义，因此，儿童在 10 岁以前就能毫不费力地、轻松地通过直观教学法来掌握各种科学的基本知识了。”②

康帕内拉对于他所渴求的没有私有财产、没有压迫和剥削、人人参加劳动的共产主义社会应如何对儿童进行教育，提出了许多可贵的设想。他在继柏拉图之后，鲜明地提出国家有责任使所有幼儿都得到平等的养护和教育，并试图通过公共的幼儿教育机构，由专家对幼儿进行集体养护和教育。这些设想对后来的空想社会主义教育思想具有深远的影响。

①② ［意］康帕内拉著，陈大维等译：《太阳城》，商务印书馆 1995 年版，第 12、9 页。

四、夸美纽斯的学前教育思想

夸美纽斯（J. A. Comenius，1592—1670）是17世纪捷克教育家。他在教育史上是一位里程碑式的人物，写下了人类历史上第一部系统的、专门的教育理论著作。夸美纽斯堪称欧洲封建社会的最后一位教育家，同时也是资产阶级新时期的最初一位教育家。他继承了前人特别是文艺复兴时期以来人文主义教育的成果，总结了当时进步教育的实际经验，作为一位具有远见卓识的教育革新家，提出了一套系统、全面和新的教育理论，从而为近现代资产阶级教育理论体系奠定了基础，在世界教育的发展上做出了不可磨灭的贡献。

夸美纽斯的学前教育思想主要体现在他的两本著作中。1633年出版的《母育学校》是世界上第一部论述学前教育的专著。美国教育家孟禄评价此书"是母亲教育启蒙（智慧发蒙）期儿童的指南。但是在这本珍奇古老的书中，人们找到的不仅是母亲教育儿童的指南，而且也是所有教师和一切担负着培养儿童这一崇高神圣使命的人们的指南"①。1658年出版的《世界图解》是世界上第一本依据直观原则编写的课本，也是一本教给儿童基本知识的带有插图的百科全书。该书出版后，由于图文并茂、生动有趣、富于启迪，盛行于西欧各国达两个世纪之久。

① ［捷］夸美纽斯：《母育学校》，转引自任钟印选编：《夸美纽斯教育论著选》，人民教育出版社2005年版，第7页。

（一）学前教育思想的基础

1. 人文主义儿童观

夸美纽斯生活在文艺复兴运动的鼎盛时期，深受人文主义思想的影响，形成了人文主义儿童观。

西欧中世纪，在天主教会和世俗封建主的专横统治下，人们对待人生的态度是悲观、消极的。儿童被看作是生来就有罪的，需要不断地受苦难以赎罪，因此儿童没有童年的快乐，有的只是个性受压抑、身体受摧残。文艺复兴运动兴起后，人们重新估价人的能力，有了新的认识，改变了对儿童的观念。人文主义者从人性论出发，反对束缚和压抑儿童身心，主张为儿童提供身心发展的条件；并把儿童当作世界上最珍贵的宝物来加以赞美，把儿童看作是未来新社会的开拓者而寄予殷切期望。

受这种思想影响，夸美纽斯提出了与传统的“原罪”说完全不同的儿童观。他把儿童比作是上帝的种子，认为儿童是清白无罪的，是无价之宝。他批评不尊重儿童的人就是不尊重上帝，强调儿童比金银、珍宝弥足珍贵，因为金银都无生命，儿童却是上帝的生气勃勃的现象；金银是过眼烟云，儿童却是永远不灭的遗产；金银是公共之物，儿童却是上帝指定给父母的独特财产；儿童永远在上帝的保护之下；由于上帝爱儿童，常常宽恕父母，使之免遭灾难；儿童正像一面镜子，人们可以从中“注视谦虚、有礼、亲切、和谐以及其他基督徒的品德”①。

2. 重视早期教育

正因为儿童是“无价之宝”，夸美纽斯非常重视早期教育。他认为，一切都有赖于开端，早期教育是儿童以后教育的基础，抓好早期教育，可以防止儿童沾染不良习惯，预防人类的堕落。儿童就像是嫩芽，在其身心形成的最早时期，应该给予恰当的教育。“任何人在幼年时代播下什么样的种子，

---

① ［捷］夸美纽斯：《母育学校》，转引自任钟印选编：《夸美纽斯教育论著选》，人民教育出版社 2005 年版，第 17 页。

那他老年就要收获那样的果实，诚如谚语所说：‘幼年的追求就是老年的爱好’。”①

为此，夸美纽斯要求父母承担起教育子女的义务，要认真地、亲切地、坚持不懈地尽其义务。他指出，人们从古代希腊起就建立了一定的教育制度，由专人教育儿童。在那里，教与学成为吸引儿童的令人愉快的事情。但是现在，这种景象已经消失，学校变成了折磨儿童的地方，教师素质极差，他们把棍棒和皮鞭当作制服儿童的唯一法宝。上帝既已将教育儿童的责任交托给父母，他们就应该承担起这一重任，不付出劳动而能将儿童教养成人是不可想象的。

夸美纽斯指出，为人父母者在教育子女时，“首先应该注意的，应是属于灵魂方面的。由于这是人的主要的部分，所以我们应尽一切可能华美地把它装饰起来。其次是注意身体，使其成为一个适合于并且值得做那永远不灭的灵魂的居所”②。人比其他动物更重要，人不能像其他动物一样，只注意外部的装饰和养护，而更应该注意的是人的灵魂，必须通过教育培养美好的灵魂。因此，父母应为其幼小子女在虔敬、德行和智慧三方面奠定基础。

3. 遵循自然

从哥白尼开始，欧洲自然科学逐渐从神学中解放出来。到 17 世纪，各种新科学迅速发展，天文学、力学、地理学、气象学、生物学上等所取得的一系列科学成就，促进了近代自然科学体系的形成，也推动了许多国家和地区的教育发展。自然科学的辉煌成就，在教育界产生了很大影响，促使人们去了解自然、研究自然，并促进了人们对儿童心理、生理特征的研究，从而使自然崇拜思潮蓬勃发展起来。

夸美纽斯虽然具有浓厚的宗教信仰，笃信上帝是万事万物的创造者和主宰，但他受时代影响，也重视自然科学，相信大自然的存在及其威力，相信人的积极创造能力。与他同时代的英国唯物主义哲学家培根提出了“知识就

①② ［捷］夸美纽斯：《母育学校》，转引自任钟印选编：《夸美纽斯教育论著选》，人民教育出版社 2005 年版，第 24、19 页。

是力量”的著名论断，强调感觉是一切知识的源泉，自然和物质是研究的对象。夸美纽斯接受了这一观点，提倡感觉是认识的第一步，主张物质在先、意识在后。因此，他认为在学前教育阶段，教育的主要媒介是感官知觉，而视觉又是其中主要之一，应该把每门学科中最主要的事物的图像教给儿童。为此，他编写了《世界图解》。此外，夸美纽斯还吸收了笛卡尔（R. Descartes）、莱布尼兹（G. W. Leibniz）等的自然科学思想，提出了要以儿童发展和学习规律为基础来开展教学。总之，重视自然科学、遵循儿童自然发展规律的观点贯穿在夸美纽斯的学前教育思想中。

（二）学前教育的目的、机构

夸美纽斯第一次从普及教育的角度，以及儿童心理发展的连续性和阶段性的角度，提出了学前教育的目的。

夸美纽斯主张社会上各个阶层的人都有权享受教育。他要求，所有儿童，不论贫富、贵贱、性别，都应当受到教育。教育必须从幼年开始，而且应该按照自然之道进行。为此，夸美纽斯设计了一个统一的学校系统，根据儿童的身心发展顺序，把儿童从出生到 24 岁的成长分为四个阶段，为婴幼儿期、儿童期、少年期、青年期，各为 6 年；与之相应的教育机构是母育学校、国语学校、拉丁语学校和大学 4 级学制。每一个发展阶段及相应教育机构都有自己的专门的教育任务，同时，它们之间又存在联系，前一阶段是为后一阶段打基础的，后一阶段是前一阶段合乎逻辑的发展，最终实现教育所要达到的最高目的。

母育学校是这一学校系统的第一个必不可少的阶段。这一阶段教育的主要目的是为儿童奠定体力、智慧和道德发展的最初基础。夸美纽斯说：“简言之，幼年儿童必须受教育，其目的有三：(1) 信仰与虔敬；(2) 德行的端正；(3) 语言和艺术的知识。”①

在夸美纽斯看来，母育学校不是普通的学校，而是以 0—6 岁婴幼儿为

---

① ［捷］夸美纽斯：《母育学校》，转引自任钟印选编：《夸美纽斯教育论著选》，人民教育出版社 2005 年版，第 20 页。

对象的、由母亲进行的一种家庭教育。因此，家庭是孩子的第一所学校，母亲是孩子的第一任教师。这种以家庭为教育机构的学前教育，范围狭小，忽视了幼儿的社会教育。到17世纪60年代，夸美纽斯提倡建立以4—6岁幼儿为对象的、半公立学校性质的“最初的共同学校”。他认为，这种学校可称为“诚实的妇女之家”，是为邻近的孩子们开设的，在那里，孩子们在这些妇女的监督下，相互交往、共同游戏，培养良好的习惯和信仰。这种学校可以说是幼儿园的雏形。

（三）学前教育的内容与方法

为了使儿童在身体、智慧和道德方面得到初步发展，成为身心和谐发展的新人，夸美纽斯提出母育学校要对儿童实施全面的教育。

1. 体育

夸美纽斯认为健康的精神寓于健康的身体。父母必须为儿童的身体健康付出辛勤的劳动。他提出以下要求。

(1) 注重孕妇保健。妇女从怀孕时起就应该注意自身生理和心理的养护。要节制饮食，注意营养，从事轻松的活动；约束自己的感情，保持愉快、舒畅的情绪，避免突然的恐惧及过度的愤怒、怨恨和伤感。这样能使生育的幼儿有明快、开朗的性格，否则可能养育一个不健康的婴儿，甚至可能导致死胎。

(2) 注重孩子的护理。孩子出生后，应该由母亲亲自抚养，特别重要的是用母亲的乳汁哺育，不可将婴儿交给他人代养。哺乳是上帝和自然赋予母亲的应做的事，是对孩子爱的体现。母亲不应该因为害怕失去匀称、优美的形体，而不尽照顾子女的责任。拒绝哺乳其子女的人是冒犯母性尊荣的，违背了自然和上帝的意旨，对婴儿本身也极为有害。

(3) 注重孩子的营养。婴儿断奶后，要给婴儿多食用富含自然营养的食品，如面包、奶油、菜羹、肉酱、蔬菜，避免烈酒及各种辛辣的食物或调料。不能让孩子习惯于服用药品。

(4) 制定合理的生活制度。要让孩子得到有节制的睡眠。经常的游戏娱乐和运动也是必要的，孩子活动愈多，身心的发展愈快，睡眠和消化也就愈好。要使孩子养成遵守一定规律的习惯，这将有利于他们的健康并成为今后行为规范化的基础。

（5）细心保护孩子的健康。“儿童比黄金更为珍贵，但是比玻璃还脆弱。”① 孩子的骨骼还没有成型，身体异常脆弱，因此父母在抱、牵、背、放、包扎孩子时，要特别谨慎，不能使他们受到伤害。当孩子开始学走路时，要注意周围的环境，力避各种可能的危险。此外，还要注意孩子的衣着。

夸美纽斯强烈反对中世纪“肉体是灵魂的监狱”的宗教神学思想，坚信身体是灵魂的基础，在学前教育史上系统论述了幼儿体育问题，有一定的科学性，但有些论述仍然没有脱离其自身的宗教局限性。

2. 智育

在西方学前教育思想史上，夸美纽斯第一个为6岁以下儿童的智育提出了一个广泛而详细的教学大纲，包括光学、天文学、地理学、历史学、自然、家务、政治学、辩证法、算术、几何、音乐、语言等知识，要给儿童以百科全书式的启蒙教育。强调“必须在人的身上播下一切知识的种子。我们希望他在一生的旅程中用这些知识装备起来”②。

母育学校的智育内容是夸美纽斯根据自己的泛智教育思想提出的。泛智教育是夸美纽斯终身奋斗、为之探索的重要问题之一，其要旨是要求人应掌握一切有用的知识，把一切有用的知识教给一切人。夸美纽斯尊崇百科全书式的知识，即主张学习“天上、地上、水里、地心深处、人的灵魂与肉体中、圣书上、手艺、经济、国家生活、教会，以及生与死及永恒本身中的万事万物”，要使学生掌握“必要的知识，懂得万事的原因，懂得正确地运用

① ［捷］夸美纽斯：《母育学校》，转引自任钟印选编：《夸美纽斯教育论著选》，人民教育出版社2005年版，第35页。

② ［捷］夸美纽斯著，任钟印译：《大教学论·教学法解析》，人民教育出版社2006年版，第237页。

一切知识和挽救的办法”。① 他主张把泛智的教育内容按圆周式排列方式，分配到各级学校中去。在母育学校里所进行的泛智教育是启蒙性质的，主要是为儿童奠定学习各门科学知识的最初步的基础。

夸美纽斯指出，儿童在人生的头 6 年，应掌握的知识有以下各类。

(1) 各类自然事物：如雨雪风霜、花草树木、牛马禽鸟及自己身体各部分的名称。

(2) 各类自然科学常识：在光学方面，知道何为光明、黑暗；在天文学方面，能辨别日月星辰及其运动；在地理学方面，知道周边的城市、乡村、山川、河流、森林、牧场等；在机械学方面，了解不同方式的运动，如放下、抬起、旋转等；在算术方面，能数到 60，理解何为偶数、奇数，能做 10 以内的加减；在几何学方面，能对大小、厚薄、长短等多种几何形体进行比较，了解度量衡的名称等；在物理学方面，知道什么是火、空气和土，并且会说出雨、雪、冰、铅、铁等名称；等等。

(3) 各类社会科学知识：在年代学方面，知道早、中、晚、年、月、周、日、小时及春、夏、秋、冬的概况；在历史学方面，知道最近发生的事情；在政治学方面，知道君主、议员、行政官员的概念，应当对谁服从、对谁尊敬；在经济学方面，知道在何时何地应穿何种衣服、各类家庭物品及生产物品的用途。

(4) 音乐知识：包括学习唱歌，分辨各种打击乐器、和弦，背唱圣诗，得到音乐的陶冶。

(5) 语言：为了发展儿童的语言，必须先教儿童清楚准确地发出字母、音节和单词的声音，然后说出他们在家中所见的以及作业用的一切东西的名称。母育学校除了培养幼儿正确使用本族语言说话的技能外，还应打下发展思维的基础。

(6) 绘画写字：适合在四五岁时开始，可用粉笔练习画点、线、勾、

---

① [捷] 夸美纽斯：《泛智学校》，转引自任钟印选编：《夸美纽斯教育论著选》，人民教育出版社 2005 年版，第 240 页。

圆。幼儿习惯了拿粉笔写字母，以后可以减轻小学教师的气力。

夸美纽斯对幼儿的教学方法及合适的教育时机也进行了讨论，提出以下要求。

（1）教育幼儿应尽早开始。如父母怀抱婴儿时就可以向他们说："看啊，那儿有一匹马、一只鸟"等。

（2）可通过大人与孩子的对话进行。如教儿童正确说出自己身体各器官的名称和用途，父母问："这是什么?"儿童答："耳朵。"父母再问："你用耳朵干什么?"儿童答："我听。"

（3）可随机进行。如儿童抬头看到光亮，就是获得光学知识的开端。

（4）可通过游戏进行。如可通过游戏来发展语言。

（5）尽量利用寓言、动物故事等来教育幼儿，这样不仅丰富了知识，而且有助于道德的发展。

（6）考虑个别差异，避免强求一律，不能套用正规学校的教学模式。

（7）循序渐进。如幼儿两三岁时，可以让他们分辨日月星辰；四五岁时，教他们理解日月的升降、月圆月缺的含义；六岁时，理解冬夏昼夜短长的交替。

（8）注重直观。在幼儿阶段，教育的主要媒介是感官知觉，其中最主要的一种是视觉，所以要把各门学问中最重要的事物以图像形式呈现给儿童，包括物理学、光学、天文学、几何学等知识；每张图画上端写出它所代表的物体的名称，帮助儿童阅读。这一方法具体体现在夸美纽斯编绘的《世界图解》中。

夸美纽斯重视知识的作用，为儿童提出了一种广泛的常识教育。同时，根据 6 岁以前儿童的特征，教给儿童的是一些有关他们周围的自然界和社会生活的基本观念和生动印象，符合儿童的认识能力。这有一定的合理性和进步意义，但也是难以实现的，因为这对作为教师的父母提出了较高的要求，一般的父母是不具备这些广泛的知识和恰当的教学方法的。

3. 德育

夸美纽斯认为，在幼儿生活的头几年，是形成良好德行的最佳时期。有什么样的播种，就会有什么样的收获；成长时若未受过管教，长大就会缺乏德行。夸美纽斯批评有些思想浅薄的父母，对儿童过于溺爱，听之任之，甚至容忍儿女干各种坏事，还以“他还是个孩子”作为口实加以原谅。这样的父母实在是愚不可及，因为儿童生下来不是要做一头小牛或一匹小驴，而是要成为一个有理性的人。不明智的父母娇惯孩子，孩子以后不仅不会尊敬他们，反而会成为他们的困扰。

夸美纽斯赞同柏拉图、亚里士多德的观点，认为睿智、节制、勇敢、公正是最基本、最重要的德行。除了这些主要的德行以外，夸美纽斯认为还要培养儿童的谦虚、顺从、同情心、整洁、准确、礼貌、敬老、爱劳动、诚实、耐心等美德。其中，夸美纽斯特别强调节制和俭朴，他认为节制、俭朴是“健康和生活的基础，和其他一切品德的根本”①，应该列为首位。夸美纽斯非常鄙视懒惰，称它为“撒旦的蒲团”。认为当一个人饱食终日、无所事事时，就会想入非非，进而做出不道德的行为。因此要给儿童以充分的活动，用各种方法训练儿童勤勉地从事各项劳动，不要让其有闲散的时候。

在德育的方法上，夸美纽斯提出了如下意见。

（1）树立良好的榜样：由于上帝已经在儿童天性中播下了模仿的种子，儿童最富有模仿别人的愿望，因此示范十分重要。整个家庭都必须注意节制、清洁、尊敬长辈、相互关心、诚实等，为儿童树立良好的榜样。这样自然地无需多费口舌或打骂，儿童通过模仿就能养成良好的德行。

（2）教导：教导是榜样的补充。如果示范对儿童没有收到充分的效果时，跟儿童谈话，增加教导是必要和适当的，可以对儿童在行为规范上加以劝告或命令。

（3）惩罚：惩罚有两种，即斥责和体罚。当儿童的行为实在不像样时，要加以斥责，但斥责应该是明智地，而不是用威吓来打击儿童；在斥责无效

① ［捷］夸美纽斯：《母育学校》，转引自任钟印选编：《夸美纽斯教育论著选》，人民教育出版社 2005 年版，第 54 页。

时，才用鞭打或掌击。惩罚的目的是使儿童有所畏惧、有所反省，并加以检点。

夸美纽斯的德育思想反映了当时新兴资产阶级积极向上、奋发进取的精神。他强调从幼年开始就培养儿童的良好品德，这一观念有着重要意义。

4. 游戏与活动

夸美纽斯是西方教育史上第一个从幼儿的年龄特征来论述游戏的教育家。柏拉图从政治与德育方面来论述游戏，认为儿童的游戏和政治的稳定与否有着密切关系，提出防止儿童由于对游戏方式的喜新厌旧，进而发展成为对国家的制度有不同要求，危及国家的稳定。夸美纽斯则更多地注意游戏与儿童天性之间实际存在的内在联系。

夸美纽斯指出，儿童天性好动，血气旺盛，不能静止，所以对儿童不应该加以限制，而应该让他们常常有事可做，像蚂蚁一样不停地忙碌。凡是儿童喜欢玩的东西，只要没有害处，那么就应让他们玩到满意为止，而不应该阻止他们。通过活动，可使儿童自得其乐，并可增进他们的身体健康、精神活泼、肢体敏捷。不让儿童活动，反而会损害他们的身心。

在夸美纽斯看来，游戏是最适合儿童的活动方式。儿童游戏时，其精神专注于某种事物，自然本身在激发他们去做事。用此手段，儿童可受到一种积极生活的锻炼而没有任何困难。但这并不是说儿童的父母可以让儿童自由玩耍，自己却袖手旁观，他们也应该积极行动起来，尽可能地为儿童提供各种玩具，帮助和指导儿童游戏，甚至直接参与游戏。

夸美纽斯还指出，儿童活动时喜欢模仿大人所做之事，成人对此不应该干预。但由于真正的工具或物品，如刀、斧、玻璃等，可能会给儿童带来危险，所以必须找一些可代替的玩具，如小的铁刀、木剑、小车等，儿童也可以用自己喜欢的泥土、木片或石头搭盖小房子，以显示他们初步的建筑水平。

夸美纽斯关于儿童游戏的重要性和方式的论述，具有重要意义。这些思想反映出夸美纽斯对幼儿身心发展规律有了正确认识，并影响了以后的教育家，如福禄培尔、蒙台梭利等人的教育思想。

5. 进入公共学校的准备

夸美纽斯还谈到了母育学校与小学的衔接问题。他认为儿童在6岁以前入小学是不适宜的，一方面是因为幼儿需要更多的监护和照顾，另一方面是因为幼儿大脑还没有发育稳固。但6岁以后，儿童就可以入学受教育了。“6岁以后的儿童，若非把他们立即送入学校受较高一级的教育，他们将会始终如一地变为有害无利的懒散，而最终将变得像一匹‘野驴驹’。另外，还会有令人更担心的事发生，就是从那不注意的懒散中沾染恶习，这会像一种毒草一样，以后是很难连根拔掉的。”① 夸美纽斯认为，儿童能够进入公共学校的能力标志是：该儿童是否真正获得在母育学校所应学会的东西；该儿童对问题是否有注意辨别、判断的能力；该儿童是否有进一步学习的要求和愿望。

夸美纽斯指出，父母没有准备就把孩子送往学校是不智之举，学校教师会为这样的孩子所困扰。更为糟糕的是一些父母做了错误的准备。这些父母用儿童对教师和学校的恐惧来惊吓、刺激儿童，其结果使儿童沮丧，对学校和教师持有憎恶和恐惧的情绪。他指出，正确的准备应当为如下表现。

第一，在儿童接近入学的时候，父母应当以快乐的心情尽力鼓舞儿童，好像节日和收获季节快到时那样，要告诉儿童入学获得学问是何等美好的事情。

第二，父母应当努力激发儿童对于未来教师的信心和爱戴。要“告诉儿童，教师是一个出众的人，知道许多事情，对儿童和气而且喜欢孩子们；同时也应向儿童讲明教师惩罚某些儿童虽然是真实的，但这只是那些不听话和顽劣的儿童”②。

夸美纽斯以一位教育家的敏锐，注意到了学前教育阶段与小学教育阶段

---

①② [捷] 夸美纽斯：《母育学校》，转引自任钟印选编：《夸美纽斯教育论著选》，人民教育出版社2005年版，第69、72—73页。

的衔接问题，他的一些见解至今仍有启发意义。

夸美纽斯生活在欧洲从封建社会向资本主义社会过渡的历史大变革时期。他从新兴资产阶级的立场出发，以大胆革新的精神论述了幼儿教育的意义、内容和方法，提出了比较系统的新的学前教育理论，在人类幼儿教育发展史上建立了不可磨灭的功绩。夸美纽斯的幼儿教育思想中，充满了人文主义、民主主义的精神，他摆脱了中世纪天主教散布的“原罪说”，无限热爱和尊重儿童。西方教育史上，在夸美纽斯之前，还没有一个教育家像他那样对儿童倾注了全部的爱。他希望每一个母亲都在身体、智慧、道德等各方面给予自己的子女以充分的教育，为他们的健康成长打下坚实的基础。夸美纽斯总结了人类长期以来的儿童教育的经验，并力图从近代科学所能达到的水平进行论述。虽然由于宗教观的限制，他的教育思想还不尽完善，但他关于学前教育的许多见解在一定程度上反映了学前教育的客观规律。总之，夸美纽斯确立了近代学前教育思想的基础，给 18、19 世纪欧洲学前教育思想和制度带来了极大的影响。

思考与练习

1. 简述柏拉图的学前教育思想。
2. 简述亚里士多德学前教育思想的基本内容。
3. 简述昆体良的学前教育思想。
4. 简述伊拉斯谟有关幼儿教育方法的思想。
5. 试述夸美纽斯学前教育思想的基本内容，并对其历史地位进行评价。

拓展性阅读导航

1. 杨汉麟、周采著：《外国幼儿教育史》，广西教育出版社 1998 年版。

本书按照时间顺序，遵循制度与思想并重的原则，对国外古代、近代、现代的学前教育制度发展史及各个阶段的学前教育思想进行了全面、系统的阐述。

2. 单中惠主编：《西方教育思想史》，山西人民出版社1996年版。

本书循着历史的轨迹对各种西方教育思想进行了考察，论述了西方教育思想的产生背景、内容、特点、主要代表人物以及影响，并进行了适当的分析和评价。

第六章

近代学前教育思想

内容提要

17世纪到19世纪末这一时期，出现了许多著名的教育家，对教育理论和教育实践的发展做出了重要的贡献，主要有洛克、卢梭、裴斯泰洛齐、福禄培尔、欧文、赫尔巴特等人。这些著名的教育家及其教育理论，不仅对学龄儿童的教育问题进行了深入的研究和探讨，而且不同程度地论述了学龄前儿童的教育问题。洛克、卢梭、裴斯泰洛齐、赫尔巴特等人的儿童教育思想中，有很多对近现代学前教育理论和实践有积极影响的主张和观点。欧文以他的"性格形成学说"为理论依据，创立了世界上第一个学前教育机构"欧文幼儿学校"。福禄培尔创立了第一个以"幼儿园"命名的学前教育机构，同时创立了一整套学前教育理论，推动了世界学前教育的发展。

学习目标

1. 了解外国近代学前教育思想的发展脉络。

2. 理解外国近代主要学前教育思想流派的特征。

3. 掌握洛克、卢梭、裴斯泰洛齐、福禄培尔、欧文、赫尔巴特的教育思想。

关键词

绅士教育　自然教育　和谐教育　福禄培尔幼儿园　欧文幼儿学校

性格形成学说　教育心理学化　儿童管理　学科课程体系

第一节　唯实论和自然主义学前教育思想

唯实论教育思想是西方教育由古代向近现代转换过程中的一种重要的教育思想，其实质是强调现实生活、强调经世致用、强调新知识和新方法，充溢着一种入世、求实的现实主义精神，反映了社会进步对教育的客观要求。唯实论教育思想产生于文艺复兴后期，一些人文主义教育家的思想中已蕴含唯实论思想的萌芽，如伊拉斯谟、蒙田、培根。唯实论思想的鼎盛期是在17世纪，其主要代表人物是洛克。立足现实、服务现实、讲求实效成为17世纪社会对教育的首要要求。唯实论思想的基本特点是面向现实、面向生活，即面向17世纪的社会现实和社会生活。唯实论的精髓是现实主义，这是与中世纪崇信上帝的宗教主义、与文艺复兴崇信古人的古典主义最根本的区别。教育的视角、视点已从渺茫的天国、从遥远的古代转向活生生的现实生活。因此，唯实论有其广泛的社会基础，它对当时和之后的教育实践产生了强有力的影响。

自然主义教育思想发源于古希腊，形成于文艺复兴时期，兴盛于18世纪，延续至19世纪，并对现代西方教育理论与教育实践具有重要影响。教育上的自然主义思想一般分为两类：客观自然主义和主观自然主义。前者以夸美纽斯为代表，要求以客观存在的自然为基础，适应自然发展的顺序和规律而实施教育；后者以卢梭、裴斯泰洛齐、福禄培尔等人为代表，主张发展儿童主观中的自然本性。这二者在很多方面是相互包容的，其划分并不是绝对的。客观自然主义兴盛于17世纪，主观自然主义则兴盛于18世纪。亚里士多德是自然主义的开山之祖，他的自然主义教育观是自然主义教育思想的萌芽。夸美纽斯自然适应性原则的提出，是自然主义教育思想真正形成和诞生的标志。夸美纽斯的教育思想是对文艺复兴时期人文主义教育思想中的自然主义教育观念的概括和总结，标志着自然主义，尤其是客观自然主义教育思想的形成。卢梭是主观自然主义教育思想的典型代表。他提倡服从自然法则、顺应儿童身心自然发展的“自然教育”。按照儿童天性自然发展的特点实施教育是贯穿卢梭教育思想的主线。与夸美纽斯不同的是，卢梭认为尊重儿童的天性并不需要通过引证外部自然，而是直接深入到对教育的主体——儿童内在本质特征的探讨。可以说主观自然主义是对客观自然主义的超越。裴斯泰洛齐是处于18世纪与19世纪之交的自然主义教育家，他将自然主义教育思想推进了一步，提出教育心理学化思想，深化了自然主义教育理论。福禄培尔是深受裴斯泰洛齐影响的一位自然主义教育家，他将自然主义思想直接应用于学前教育。自然主义教育思想在不同时代、不同时期，在不同的教育家那里有不同的理论特色。

自然主义教育思想的特征概括起来主要有以下几个方面。

1. 自然主义教育家积极寻求教育的规律，为教育理论的科学化奠定了必要的基础。

2. 自然主义教育思想高扬儿童的价值，确立了儿童的主体性地位。

3. 自然主义教育家努力探求教学的原则和方法，初步形成了完整、系统的教学原则体系和各科教学法体系，为教学理论的发展奠定了坚实的基础。

虽然每个自然主义教育家的教育思想都各有特色，但由于他们各自往往都以个人有限的经验作为其教育理论的依据，缺乏对前人和同时代人教育经验与教育理论的广泛总结和相互吸收，从而使一些自然主义教育家的理论具有片面性和局限性。

一、洛克的儿童教育思想

洛克（J. Locke，1632—1704）是英国17世纪著名的哲学家、政治家和教育家，是唯实论教育思想的主要代表人物。洛克的哲学代表作《人类理解论》是欧洲哲学史上第一部专门论述认识论的巨著。他的教育代表作《教育漫话》，是继夸美纽斯《大教学论》之后的又一本教育经典著作。

洛克深入细致地观察、了解他所处的英国的绅士世界，从而形成了自己的绅士教育理论。洛克的绅士教育思想集中表现在《教育漫话》这本书里。洛克在担任沙夫兹别利伯爵家的家庭教师时，积累了一定的教育实践经验，后来他在流亡荷兰期间，又担任朋友爱德华·葛拉克的儿子的家庭教师，并与爱德华多次通信讨论关于贵族和大资产阶级子弟的教育问题。1693年，他在这些书信的基础上，结合自己的教学经验，写成了这本《教育漫话》。在这本书中，洛克详细阐明了自己的教育观点，提出了他的关于绅士教育的思想体系。此书一问世就产生了很大的影响，对当时英国上层社会子弟的教育起了重要的推动作用。后来这本书还被译成法文和德文，因而对卢梭、对法国唯物主义者以及德国泛爱主义教育运动的代表人物巴西多的教育观的形成都有直接的影响。

（一）论教育作用、教育目的和教育形式

1. 论教育作用

洛克从反对天赋观点的“白板说”出发，极为重视教育的作用。洛克认为人的观念并不是与生俱来的，观念出现前，人心只是一块“白板”，是没有任何特征的一张白纸。他反对先天观念的存在，认为全部观念都依赖于后天的经验。由此他又认为，既然观念不是先天的，那么儿童就在本质上有别

于成人。儿童刚出生时没有观念，只有当儿童在自己生长的环境中不断地从外界吸收经验而成长起来时，他的精神世界中才充满了各种观念，而父母和教师就是使儿童的精神得以成长的决定者。儿童观念的形成和完善的过程就是受教育的过程。因此洛克认为，教育在形成人的过程中起着非常重要的作用。他在《教育漫话》这本书的一开始就指出："我认为，可以这样说：我们日常所见到的人中，他们是行为端庄或品质邪恶，是有用或无能，十分之九都由他们的教育所决定。人与人之所以千差万别，均仰仗教育之功。"①可见，洛克把教育在人的发展中的作用提到很高的地位。

2. 论教育目的

洛克提出教育的目的就是培养绅士，对洛克来说，教育是"绅士的行业"，只有上等阶级才可能"轻松而闲暇"地学习科学和其他知识。他认为只有从上等阶级中才可能培养出人民的领袖和政治、道德的管理者，让他们受到适当的教育之后，就可以迅速使社会其他阶级有条理起来。

洛克提出，培养的绅士应当是有德行、有智慧、懂礼仪、有学问的人。具体来说，所谓"德行"，就是要求他们具有上层社会所承认的道德思想与行为，如品性优良、拥护君主立宪政体、虔敬上帝、热爱真理、友好待人等。洛克认为，教育的第一个也是最重要的目的就是培养笃信宗教而且道德品质优秀的人。德行之后是"智慧"，就是说在处理个人事务、履行社会职责时要聪明、睿智、判断准确，并有预见性。第三个品质是"良好的礼仪"，即遵守英国传统的生活作风。一个绅士应当既尊重他人，又注意自尊，在各种社交场合都具有高贵的、文明的礼貌和仪态。第四个品质是"有学问"，这是指绅士应该具有多方面的知识。除了以上几方面之外，洛克还提出绅士也应当具有强健的身体。

总的来说，洛克的主张是：教育就是要培养有德行、有能力又具有良好礼仪的绅士。洛克认为，这种绅士教育要从儿童幼年时就开始进行，使儿童

---

① [英] 约翰·洛克著，杨汉麟译：《教育漫话》（全译·注释本），人民教育出版社2006年版，第7页。

及早形成以上几方面的品质。洛克以培养绅士为目的的教育相对于中世纪的教育来说，是有进步意义的。中世纪的教育注重的是培养僧侣，是脱离现实的教育；洛克所提倡的教育则是注重培养适应资产阶级政治需要，既能管理国家、又善于处理各种事务的有用人才，这比中世纪的教育进了一步。

3. 论教育形式

洛克在谈论教育的作用和目的的同时，还谈到教育的形式问题。他主张采取家庭教育的形式，而不赞成学校教育。

他认为，绅士教育最适于在家庭中进行，主张聘请家庭教师。他认为学校环境是不利于绅士教育的，他站在上层统治阶级的立场上提出几点理由。

第一，社会上"到处流行着粗野和邪恶"，儿童到学校去就容易染上恶习，失去"纯洁"。

第二，学校里学生人数多，教师不能全面地照顾到儿童，这对儿童的发展不利。

第三，学校对儿童滥施体罚，有碍儿童身心健康发展。

洛克认为，当时学校里学生成分复杂，水平参差不齐，缺乏教养，而且学校里也缺少道德教育和礼仪培养，这对于绅士的培养是不利的。由此，洛克推断学校教育弊多利少，提出由家庭教育来取代学校教育，建议把绅士教育的全部事业交给有很好修养的家庭教师去进行。

洛克这种否定学校的议论，完全是为上层统治阶级的子弟考虑的。在他的观念中，劳动人民的子弟只配进那些设备简陋、质量低劣的学校去学习简单的读、写、算的知识，而上层社会的子弟如果混在中间，必然要受到不良影响。这暴露了他思想中资产阶级保守性的一面。洛克的这一思想也奠定了欧洲双轨学制的基础。

（二）论儿童教育的内容和方法

在教育内容上，洛克把教育分为德、智、体三个部分，这三部分的划分在西方教育史上还是第一次。洛克对教育内容的论述，带有明显的资产阶级功利主义的色彩。在《教育漫话》中，洛克对儿童的体育、德育和智育都有论述，其中不乏独到而精辟的见解。

1. 论儿童的体育

《教育漫话》开篇第一句话就是“对于人世幸福状态的一种简洁而充分的描绘是：健康的精神寓于健康的身体”①。它的意思是说，一个绅士要使自己的事业获得成功，达到个人幸福的目的，就必须要有强健的体魄。洛克从小身体不好，他一生中花了许多时间旅行以增强体质，正是因为这一原因，才促使他对体育非常重视。在西方教育史上，洛克是第一个提出并详细论述儿童体育问题的教育家。洛克特别强调通过体育锻炼来培养绅士的意志，尤其是“忍耐劳苦”的精神。为此，他以医学知识为依据，拟定了一个使未来绅士保持健康体魄的具体计划，主要内容有以下三个方面。

(1) 培养儿童“忍受艰辛、疲乏”的精神

洛克认为，儿童的身体有很大的适应性，只要从小注意锻炼，身体就能适应任何环境。洛克反对父母溺爱孩子，他指出：“大多数儿童的身体都因娇生惯养及溺爱之故而遭到戕贼，至少也受到损伤。”② 有的父母把孩子从小就养得很娇气，总是怕孩子冻着，衣服穿得很多，被子盖得厚厚的、暖暖的，鞋子也垫上厚厚的底，这样看来是爱护孩子，实际上却损害了孩子的身体，使他们变得很脆弱，没有一点抵抗寒冷的能力，稍微一吹风就生病。他指出：“应该当心的第一件事是：无论冬夏，儿童的穿着都不可过暖。”③洛克还分析说：“我们出生时，面孔的娇嫩并不在身体其他部分之下，后来由于锻炼，才使之能经受风寒。”④他进而得出结论：“我们的身体的确是能承受一切的，只要从小养成习惯。”⑤洛克认为，儿童应该多过露天生活，冬天尽量少烤火，要能忍受冬天的严寒，父母也不要给孩子穿很厚重的衣服和鞋子，甚至要让孩子练习赤脚走路，洗冷水浴，这样做的目的就是为了从小培

---

① [英] 约翰·洛克著，杨汉麟译：《教育漫话》（全译·注释本），人民教育出版社2006年版，第7页。

②③④⑤ [英] 约翰·洛克著，傅任敢译：《教育漫话》，人民教育出版社1985年版，第25页。

养儿童具有“忍受艰辛、疲乏”的精神，这种精神正是身体强健的主要标准。

（2）养成儿童良好的生活习惯

洛克主张，儿童的生活应该有规律，用餐、睡眠、休息、学习、游戏、体育锻炼都要定时，他还提出儿童的大便也需定时，他建议儿童每天早餐以后应按时大便，以避免形成“便秘”的毛病，他认为便秘对儿童身体很有害处，医治起来也很困难。同时，他反对给儿童穿紧身的衣服，认为紧身衣服往往使胸部不适、呼吸短促，影响儿童心肺的正常发育。他主张儿童的饮食要清淡，少食油腻的肉类食品，并禁止儿童喝酒或烈性的饮料。他认为，儿童最好的食物是牛奶、粥、面包、蔬菜和水果。洛克还主张要给儿童充足的睡眠时间，他说：“只有睡眠是儿童可以充分享受的；只有睡眠最能增进儿童的生长与健康。”① 但是同时他又反对儿童睡懒觉，要求儿童养成早起的习惯，认为早起是最有益于健康的。

（3）加强身体锻炼

在洛克看来，要保持儿童身体健康强壮，最重要的是要通过各种体育活动来锻炼儿童的身体，让儿童多呼吸新鲜空气、多运动（如游泳、旅行等），由此来增强儿童的体质，增强免疫力。他认为，预防儿童疾病的最有效的手段就是加强儿童的身体锻炼，而不是凭借任何药物。他提出：“除非是到了万不得已，绝对需要的时候”②，才请医生、吃药，他认为父母用药物为儿童预防疾病的做法，是有害于儿童身体健康的。

洛克把体育看作是全部绅士教育的基础，他的关于儿童健康教育的理论，在当时是系统而崭新的理论，是对经院主义教育反对身体锻炼思想的有力批判，其中有不少积极合理的见解。洛克的体育思想对以后卢梭自然教育理论的形成也有一定的影响。

2. 论儿童的道德教育

在洛克的绅士教育理论体系中，道德可以说是最重要的内容，他用了大

---

①② ［英］约翰·洛克著，傅任敢译：《教育漫话》，人民教育出版社 1985 年版，第 37、41 页。

量的篇幅来论述儿童的道德教育。

洛克认为，在绅士的各种品质中，德行是最不可以缺少的，一个人如果没有德行，那么他在今生和来世都得不到幸福。而有德行的人，在社会上更容易功成名就。在这里，他用资产阶级功利主义的观点论述了培养德行的重要性。洛克提出，道德教育的主要内容就是培养儿童坚强的意志和性格，以及养成遵守道德纪律的习惯。所谓坚强的意志和性格，就是要培养儿童能够随时用理智驾驭和支配自己，克制自己不正当的欲望和坏脾气，使自己的行为顺从“理性”的指导，养成“自我克制”的能力。所谓养成遵守道德纪律的习惯，这主要是指礼仪方面，即要通晓上流社会的人情世故，行为得体，待人接物礼貌周全等。洛克还阐述了品德和礼仪之间的相互关系，他认为，品德是一个人内在的东西，而礼仪相对于品德来说则是一种装饰。好的礼仪（如得体适度的举止、自如的谈吐等）可以把一个人的美好的品德衬托得更突出。他做了这样一个比喻：品德加上礼仪，就像钻石经过琢磨生出光彩来，更能让人喜爱一样。由此可见，洛克对于绅士的仪表是非常看重的。

在道德教育的方法上，洛克提出了一些在当时来说有进步意义的主张。

（1）及早教育

洛克提出，在儿童很小的时候就要进行道德教育，因为儿童时期是一个人精神最纤弱、最容易支配的时候，此时儿童缺乏克制和管束自己欲望的能力，如果这个时期放纵儿童的过失不加以管教，就容易使儿童形成坏的习惯，以后再要改正过来就很困难了。因此，洛克极力主张“在子女极小的时候早早加以管教”①，从小培养孩子克制欲望的能力。洛克还主张在日常生活中定下规则，凡是儿童不该得到的东西、不该做的事情，无论他们怎样纠缠、怎样哭闹，都不可给予、不予允许。在这方面，父母不能娇惯孩子，一旦规则定下来之后，就得严格遵守。当然，对于儿童的合理要求还是要给予满足的。洛克也反对把儿童管教得太严，他认为这样很可能引起儿童精神沮

① ［英］约翰·洛克著，傅任敢译：《教育漫话》，人民教育出版社1985年版，第49页。

丧，失去活力。

(2) 说理教育

为了培养儿童服从理智、克制欲望、遵守约束的能力，洛克主张进行说理教育。他认为对儿童来说，温和地说理要比强制命令容易接受得多，效果要好得多，因此他认定“说理是对待儿童的真正办法”。同时他又提出，在进行说理教育时，要考虑到所说的理与儿童的年龄相适应，不能超出他们的理解能力，不要讲一些他们不理解的空泛的理论，道理要讲得“明白晓畅”，适合儿童的思想水平，使他们乐于接受，以达到让他们明辨是非的目的。他还特别提出，在对儿童讲道理时，要用“极少的极明白的措辞”，以便让儿童真正理解。另外，在说理时还要态度镇定，举止温和，使他们感到你的要求是合理的，对他们是有益的。

(3) 榜样教育

洛克认为，榜样在儿童道德教育中的作用尤其重要，因为儿童的举止大部分都是模仿得来的，榜样在儿童心中能够留下深刻的印象，对儿童具有潜移默化的影响。他指出，对于儿童来说，最容易也是最有效的教育方法就是把他们应该做或不应该做的事情的榜样摆在他们面前，并加以语言上的指导，告诉他们什么是善良、什么是邪恶，什么是美、什么是丑，再由儿童自己去选择模仿的对象。洛克特别提醒父母要注意孩子游戏伙伴的选择，尽量远离那些没有教养、德行不好的伙伴，避免从他们那里学到不良的言行。同时，为父母、导师者，也应以身作则，规定孩子不准做的事，自己也绝对不要做，以免给孩子提供违反规定的借口。

(4) 实际练习

洛克还重视道德练习的方法，他主张对儿童进行实际的道德行为的训练，认为要养成儿童的某种行为习惯，不能光靠死记规则和说教，而应当利用一切机会进行道德行为的练习。只有经过反复的练习，才可能在儿童身上形成牢固的习惯。洛克还指出，父母、导师在指导儿童进行实际练习时，要和颜悦色地去劝导，而不是声色俱厉地责备。

（5）奖励和惩罚

在对儿童进行教育时，洛克还注意到奖励和惩罚的作用。在奖励的方式上，他提倡实行精神奖励。在洛克看来，尊重儿童，当众赞扬儿童的良好行为，使儿童“觉得自己是有名誉的人”，这才是对儿童正确的奖励方式。他反对“用儿童心爱的事物去奖励儿童”，如用钱币、漂亮的衣服和甘美的食物等，他认为这样做会养成儿童贪婪、奢侈的恶习。另外，给予儿童自由，让他自由地活动，这也是奖励的可行方法之一。洛克主张尽量避免对孩子的惩罚，特别是鞭挞用得越少越好。他说：“鞭挞或呵斥是应该谨慎地避免的”。[①] 因为惩罚如果用得太多，成了家常便饭，就会丧失它的效力，孩子在这样频繁的惩罚之下，不会再有什么羞耻心，除了伤及孩子的皮肉之外，没有其他任何作用。而且在这个过程中，孩子对父母的尊敬会越来越少，父母的威信会逐渐丧失。所以，洛克强调，对孩子少用惩罚，如果必须要用的话，那就要充分起到它的作用，鞭挞并不是目的，而是为了让孩子认识到自己的错误，以后不再重犯。他又说：“倘若儿童的过错里没有倔强的气质，或者任性嚣张的成分，严酷的鞭挞根本就无需采用。在改正他们因意志薄弱、疏忽善忘或是漫不经心所生的过失时，和蔼或严肃的劝戒就足矣，他们需要求助于外力的，不过如此而已。”[②] 另外，洛克还提到，父母在惩罚、责备孩子的时候，应避免外人在场，以维护孩子的自尊心，不使孩子难堪。

总之，在道德教育的方法上，洛克的见解反映了他多年担任家庭教师的实际经验，具有一定的合理因素。

3. 论儿童的智育

洛克认为，智育没有德育重要，智育是为培养好的德行服务的。智育的任务是教授给儿童各种文化知识和技艺，并促使其智力得到发展，成为有文化修养的绅士。

---

① ［英］约翰·洛克著，傅任敢译：《教育漫话》，人民教育出版社 1985 年版，第 57 页。

② ［英］约翰·洛克著，杨汉麟译：《教育漫话》（全译·注释本），人民教育出版社 2006 年版，第 80 页。

（1）智育内容

洛克在考虑最适于培养绅士的课程时，提出要遵循两个原则：一是有用性原则，二是多样性原则。洛克从资产阶级功利主义的立场出发，主张只有被肯定了是有用的知识才能教给儿童，教与学的重点都应放在最被现实生活所需要，也是最常用的知识上。洛克思想中另一个课程设置原则是多样性。他认为，必须避免未来绅士知识体系的狭窄和僵化，应让儿童广泛地学习各方面的知识。

洛克在《教育漫话》一书中对儿童的游戏和玩具也提出了自己的看法。他指出儿童非常喜欢自由自在的游戏活动，成人对此要最大限度地予以满足。他还强调父母和教师要从儿童身心发展的角度对儿童的游戏加以指导，通过游戏来培养儿童好的品质。比如在给儿童选择玩具的时候，不要总是给他们买那些价格昂贵、精巧易损坏的成品玩具，如此只会纵容儿童变得越来越虚荣和贪婪。而应该多给他们一些自然界中、生活中常见的小物品，如一粒圆润的石子、一张纸、一串钥匙等，这样做可以培养儿童节俭的品质。洛克还特别强调要经常让儿童自己动手制作玩具。他说："他们的玩具要自己做，至少也得自己努力试着去做……这就可以使他们习惯于依靠自己的努力去获取自己所需要的事物，他们就可以学得克制、专心、勤奋、思考、策划和节俭等品质；这种种品质对于他们日后长大成人的时候不无裨益……"①

（2）教与学的方法

洛克在论述学习内容的同时，还详细而具体地论述了教与学的方法，对教学问题提出了一些积极的、很有价值的意见，主要有以下几个方面。

①要注意培养儿童形成爱好知识和尊重知识的精神。洛克认为，教师的工作并不在于"要将世上可以知道的事物尽量教给学生，而在使学生热爱知识、尊重知识"②。要让儿童感觉到学好知识是一件光荣的事情，这样儿童就会自觉自愿地、高兴地去学习，而不需要教师强迫他学习了。

---

①② [英] 约翰·洛克著，傅任敢译：《教育漫话》，人民教育出版社 1985 年版，第 135—136、193 页。

②要注意鼓励和引导儿童的好奇心。洛克认为，求知欲的产生就是从好奇心开始的，因此对儿童的好奇心“应该小心地加以鼓励”，而不是抑制。他分析说，儿童有求知的好奇心，他们对陌生的事物总喜欢问个为什么，这时候父母和教师就要满足他们的好奇心，一方面要耐心地听取他们的问题，和善地答复他们的问题，另一方面要抓住时机进行启发诱导，培养他们的学习兴趣。他说：“儿童学习任何事情的最佳时机是他们兴致高涨、一心向往的时候”①，这时候就“应该小心地抓住他们资质与性向的有利时机”来传授知识，发展心智，培养他们“具有进取的气概”，鼓励他们多提问题。②

③采用实物教学的方法。洛克主张在教学活动中应采用实物教学的方法，使儿童确切地掌握知识，获得关于事物的鲜明印象。比如，学习地理知识，就要通过地球仪和地图等实物教具来帮助学生学习。

④把学习和娱乐结合起来。洛克还提到对年龄小的孩子施教时要注意寓学习于游戏之中，把学习变成一种娱乐，这样既符合幼儿的心理特点，又能取得良好的教学效果。洛克根据儿童喜欢游戏的特点，提出对幼儿施教时，可以采用游戏的方法。例如，教幼儿认识英文字母时，就可以做一个有多个面的象牙球，在上面粘上 A、B、C、D 等全部字母，然后像掷骰子一样掷出 A 或者 B，这样在玩的同时也就认识了字母。

洛克所提出的这些教学方法，在当时是有进步意义的，是与当时经院主义教育那种脱离实际、不考虑儿童身心发展特点和年龄特征、扼杀儿童主动思维、不重视培养儿童求知方法的教学活动相对立的。

洛克儿童教育思想的特点是：①有关儿童教育的内容非常丰富，包括体育、德育和智育，其中有很多精辟的见解；②十分重视儿童的身心发展特点，并要求在此基础上选择使用适当的教育方法；③主张儿童的教育应通过家庭教育的形式来进行，父母和教师在家庭教育中起主导作用。

洛克是西方教育史上的一个重要人物，他的绅士教育思想对近代资产阶

---

①② ［英］约翰·洛克著，傅任敢译：《教育漫话》，人民教育出版社 1985 年版，第 76、75 页。

级各国教育实践和教育理论的发展都有极大的影响。他首次提出了一个包括德、智、体三育在内的初步的教育理论体系。从洛克对道德教育、体育和智育的论述方面也可以看出他的反封建、反经院主义教育之处，其中还有不少是对教育规律的总结。比如：他提出，在德育中要注意训练儿童的意志，培养儿童良好的行为习惯；强调在教学中要考虑儿童的年龄特征，发展儿童的思维能力，主张传授给学生范围广泛并且实用的知识。特别是在三育过程中，注重对儿童的实际训练，做到理论与实践相结合。总而言之，洛克的绅士教育思想体系中有大量合理的因素，特别是他提出的那些好的教育方法是我们应该肯定与继承的。但是，洛克作为资产阶级的教育家，不可避免地带有阶级的局限。比如：他低估学校教育的价值，又过于注重"礼仪"的培养，这些都带有较强的保守性。他的整个教育思想体系代表着资产阶级的利益，从教育目的到教育内容的规定，无一不是为资产阶级服务的，有明显的资产阶级功利主义色彩。所以，我们在继承和发展他的合理思想时，也要对他的思想给予历史地分析和批判。

二、卢梭的自然教育思想

卢梭（J. J. Rousseau，1712—1778）是18世纪法国杰出的启蒙思想家和教育家。他的教育代表作《爱弥儿——论教育》，在近代教育史上居于十分重要的地位。

1762年，卢梭发表了教育哲理小说《爱弥儿——论教育》，这部书是卢梭经过20年的思考，用了3年的时间写成的，它是卢梭自己认为最满意、最系统的一部著作。在这本书里，卢梭通过对他所设想的教育对象"爱弥儿"进行教育的过程来反对封建教育制度，阐述他的自然教育思想。该书激烈地批判了当时社会的黑暗和封建传统文化的腐败，反对戕害儿童自然本性的教育制度和教育方法，提出了一套适应儿童天性自然发展的教育程序。由于这本书直接把矛头指向天主教会和封建专制统治，在它问世以后便被天主教会和统治者视为眼中钉，不仅被列为禁书，还遭到焚毁，卢梭也被迫逃往国外，直到 1770 年才得到赦令重返巴黎。1778 年，卢梭于贫病交迫之中逝世，终年 66 岁。

（一）论教育作用和教育目的

卢梭首先强调了教育对人的发展的作用，他说："我们生来是软弱的，所以我们需要力量；我们生来是一无所有的，所以需要帮助；我们生来是愚昧的，所以需要判断的能力。我们在出生的时候所没有的东西，我们在长大的时候所需要的东西，全都要由教育赐与我们。"① 卢梭认为，人的教育来自于三个方面：自然的教育、人的教育和事物的教育。"自然的教育"是指遵循受教育者的身心发展潜能进行的教育；"人的教育"是指教育者对受教育者所施加的有意识、有目的的指导作用；"事物的教育"是指周围环境对于受教育者的影响。卢梭分析说："在这三种不同的教育中，自然的教育完全是不能由我们决定的，事物的教育只是在有些方面才能够由我们决定。只有人的教育才是我们能够真正地加以控制的。"② 卢梭指出，这三种教育力量必须协调统一才能达到教育的目的，而只有"人的教育"和"事物的教育"服从于"自然的教育"，才能做到真正的协调统一。由此他提出，真正的教育应当是顺应儿童天性发展的教育，即自然教育。卢梭自然教育的思想反对在教育中压抑儿童的天性，干涉和限制儿童身心的自由发展，因而具有强烈的反封建性。在西方教育思想史上，卢梭第一次明确提出教育应从人的自然本性出发，使人得到充分的、自由的发展的思想。

关于自然教育的目的，卢梭认为，自然教育的目的就是要培养自然人（或自由人），即天性得到自由发展的人，其主要特征是具有独立自主性。这

①② ［法］卢梭著，李平沤译：《爱弥儿——论教育》，商务印书馆 1978 年版，第 7 页。

种人无论在任何时候，都能把自己的自然感情放在第一位，绝不压抑自己的自然本性；并且能依靠自己的劳动过独立的生活。卢梭认为，只有靠自己的劳动、自食其力的人才是真正自由、独立的人。在《爱弥儿》一书中，他对自然人进行过这样的描述："从我的门下出去，我承认，他既不是文官，也不是武人，也不是僧侣；他首先是人：一个人应该怎样做人，他就知道怎样做人，他在紧急关头，而且不论对谁，都能尽到做人的本分。"① 卢梭认为，封建教育只会把儿童培养成为小霸王或小奴隶，要么是残忍的、专横的，要么就是怯懦的、顺从的；而只有顺应儿童本性的教育才能培养出自然人，这种教育才是最理想的教育。卢梭进而认为，在现实社会中，确切地说在上层社会中是无法实现这一理想的。因此，他提出当儿童一出生就把他送到远离城市的乡村中去实施自然教育，即在自然的怀抱中接受教育，他认为大自然本身就是儿童最好的教师。

卢梭自然教育的核心思想是：强调对儿童进行教育必须遵循自然的要求，顺应儿童的自然本性，即顺应儿童身心自然发展的特点进行教育。他反对成人按照自己的意志强迫儿童接受教育，干涉、限制儿童的自由发展。他要求把儿童在教育中的被动地位变为主动地位，教师要多给儿童以自由，尊重儿童的天性，使儿童真正成为教育上的主人。

卢梭的自然教育理论是建立在他的天性哲学基础之上的。他的天性哲学的一个根本原则就是：人的本质是自由的，即每个人生来就是自由的，自由是人所具有的可贵的天性。另外，"理性"和"良心"（或称"善良"）也是人生来具有的天性。他认为，人的天性是善良的，在人的心灵中根本没有什么生来就有的邪恶，他说："出自造物主之手的东西，都是好的，而一到了人的手里，就全变坏了。"② 人的天性也是这样，人们所有的坏的行为都是由于后天的环境而产生的，要想去除腐败的社会对人类天性的摧残，就要建立一种顺应人的天性发展的新的社会制度，这就是资本主义制度。可见卢梭是

①② ［法］卢梭著，李平沤译：《爱弥儿——论教育》，商务印书馆 1978 年版，第 13、5 页。

站在资产阶级的立场上来反对封建专制制度和作为封建制度精神支柱的天主教会的。他的哲学观体现在他的教育思想上，就是教育应以培养自然人、自由人为目的，教育必须遵循自然的要求，顺应人的自然本性，使教育与人的身心发展的各个阶段相一致。卢梭特别强调，教育应以天性为师，而不以人为师，应使教育对象成为天性所造就的人，而不是人所造就的人。因而他呼吁教师要研究儿童、了解儿童，要尊重儿童、关怀儿童，教师应该是儿童天性发展的辅助者，应该是儿童信任与热爱的对象，而绝不该成为儿童天性的敌人，绝不该高高在上地成为儿童的压迫者。

（二）论儿童的年龄分期及各个年龄阶段的教育

卢梭按照儿童年龄发展的自然进程，把儿童受教育的时期划分为四个阶段，并提出对不同年龄阶段的儿童实施教育的原则、内容和方法。这四个阶段分别是：0—2 岁婴儿期的教育，以身体的养护为主；2—12 岁儿童期的教育，以体育锻炼和感官训练为主；12—15 岁青春期的教育，以知识教育和劳动教育为主；15—20 岁青年期的教育，以道德教育和宗教教育为主。这里我们主要介绍前两个时期的教育。

1. 论儿童身体的养护和锻炼

卢梭认为，0—2 岁婴儿时期的教育，主要是让儿童的四肢和各个器官得到自然发展，保证儿童的身体健康，锻炼和增强儿童的体质。他特别强调，这一时期的教育要适应儿童身体的自然发育，对此他提出许多建设性的主张。

他主张儿童的食品最好是简单而清淡的，婴幼儿要多吃些水果、蔬菜，少吃油腻食物，而且婴幼儿食品忌单一，以免造成儿童偏食，他主张养成儿童吃简单、清淡食物的习惯。他还特别提到要注意使儿童保持自然的饮食习惯，他说："你不拘把什么东西给儿童吃，假如你要使他们惯于吃简单的饮食，你当让他们尽量地吃、跑和玩耍；你将确实知道由于如此办法，他们永不会吃得过多，不会消化不良。但是假如你总使他们挨饿，那么，一旦他们设法逃避了你的注意，他们就要尽量地利用机会了。他们将会一直吃得患了病，将会狼吞虎咽直到不能再吃为止。”① 他进一步分析说：“我们因为要对食欲加上各种规律，如同抑制、限制、控制、增减等，而不听其自然，食欲就过分强烈。”②

在婴幼儿着装方面，卢梭指出，为了适应儿童身体的自然发育，一定要给儿童穿宽松的衣服。他特别提到，切忌用襁褓捆缚婴儿的四肢，认为这样做剥夺了儿童的自由，有碍于婴儿身躯的自由舒展，阻滞了血液循环，这对儿童的发育是有害的，他说：“凡是襁褓包裹孩子的地方，到处都可看到驼背的、瘸腿的、膝盖内弯的、患佝偻病的、患脊骨炎的，以及各种各样畸形的人。”③ 卢梭认为这种不合自然的习惯甚至还会影响儿童的脾气和性格，使他们一生下来就产生痛苦的感觉，“他们比戴着手铐脚镣的犯人还要难过”④，于是他们挣扎，他们愤怒地号哭，于是形成了坏脾气。卢梭认为这都是因为残酷的束缚所造成的，他要求改变这种错误的做法，建议用松软的法兰绒被子包裹婴儿，以便其四肢能自由活动。卢梭还指出，婴幼儿不宜穿戴过多，不要给他们裹头、戴帽，应让他们尽早地适应寒冷的天气，习惯于暴露在寒冷的空气中，以养成适应天气变化的能力。卢梭还主张儿童的衣装要朴素，反对儿童穿华丽的服装。他认为华丽的服装是最不舒适的服装，会使儿童受到束缚，受到压抑，会使儿童失去自由和愉快。他指出，最平凡舒适的，并使儿童感觉最自如的服装，永远是儿童最喜爱的。

卢梭还对婴幼儿的睡眠问题进行了合理的论述。他认为儿童的睡眠时间一定要充足，因为儿童好动，活动量很大，而睡眠可以补偿活动的消耗。他赞成洛克的看法，认为儿童的睡眠应当服从规律，即“日出而起”“日没而眠”。他说，这是最卫生的方法。但是他又提出，还需要对儿童的睡眠施以另一种适当的训练，也就是“超升于”那种自然规律之上，“他必须能够睡

①② 滕大春著：《卢梭教育思想述评》，人民教育出版社 1984 年版，第 79—80 页。

③④ [法] 卢梭著，李平沤译：《爱弥儿——论教育》，商务印书馆 1978 年版，第 16 页。

眠迟而起身早，忽而被人唤醒或彻夜挺坐而不生病”①。他主要是强调应训练儿童的身体适应各种情况。卢梭还提出，给儿童准备的床褥不可过于温暖和舒适，他反对让儿童睡在鸭绒被之中，他认为被子盖得太暖，对儿童身体有害而无益。他说：“儿童应该惯于在不舒适的床上睡眠，这是一种最好的办法。”②

可以看出，卢梭有关儿童身体发育和养护的论述，很多地方借鉴了洛克的体育观点。

卢梭还提到，自由人的培养要从婴幼儿时期就开始。孩子刚生下来的时候，由于身体虚弱、缺乏能力，经常以哭声来表示自己的要求，这时候孩子主要是依赖于成人的照顾。随着年龄的增长，如果成人不注意提防的话，孩子的这种依赖性很容易形成习惯，不仅是依赖人，而且还会命令人、使唤人。因此，卢梭指出，为了把孩子培养成为能够用自己的劳动养活自己的独立自由的人，就要从婴儿时期起培养他凡事尽可能地依靠自己、自己照顾自己的习惯。在日常生活中，要让孩子自己多动手做事，比如自己吃饭、自己穿衣、自己大小便等，而不是让别人替他做这些事。还要让孩子及早明白一个道理，既不命令人，因为他不是谁的主人；也不命令东西，因为东西是不听他的命令的。只有这样，才能使他习惯于把自己的欲望限制在力所能及的范围内，而不是指望别人替他去实现那些超过自己实际能力的欲望。

2. 论儿童的感觉教育

卢梭认为，2—12岁这个阶段，儿童的语言有所发展，但是理智还没有开发，因此教育的重点应放在儿童的感觉发展方面，他认为这个时期主要是进行感觉教育。卢梭从其哲学的认识论出发，非常强调人的感觉经验的作用，他认为，感觉经验是理性发达的凭借，要培养人的理性，必须充实人的感觉经验。他又认为，儿童的感觉必须要通过教育才能够发达。在这里，他强调了感觉教育的重要性。卢梭指出，在人们身上首先成熟的官能是各种感

---

①② 滕大春著：《卢梭教育思想述评》，人民教育出版社1984年版，第83、84页。

觉器官，因此应该首先训练的也是感官。卢梭强调，训练感官并非仅仅是单纯地使用感官，重要的是通过训练学会怎样去感受、怎样去看、怎样去听等。感觉教育的重要作用在于它有助于儿童智力的开发，能激发儿童的智慧。可以说，感觉教育是儿童智力发展的先决条件。但是，感觉教育必须要以体育（即儿童的体格锻炼）作为基础。

卢梭从多方面肯定了儿童身体锻炼的重要价值。他认为不论是从将来生活的需要出发，还是从当前的爱好出发，儿童都是应该从小就进行身体锻炼的。他分析说，儿童自幼就应养成抵抗自然灾患的本领，要能够抵抗疾病和各种各样的疾苦，而这种本领的养成，必须通过坚持不懈的身体锻炼才能够达到。他还分析说，儿童的天性是爱好活动的，因此对于身体锻炼，儿童是乐于接受的。卢梭强调，对儿童来说，身体锻炼是具有现实的和未来的多种价值的。所以，他主张从幼年起便对儿童进行严格的身体训练，养成健壮的体格，能经受各种苦痛。他极力提倡儿童参加跳跃、舞蹈、爬树、登山、游泳、竞走、打球等活动，认为这些活动不仅能够使儿童体格强壮，而且可以培养儿童的勇气和胆量。卢梭也同洛克一样，反对对儿童娇生惯养，反对溺爱儿童。他主张要多训练儿童忍受痛苦，他以爱弥儿为例分析说："我并不煞费苦心去防止爱弥儿弄伤自己；反之，假如他永远不伤着自己，假如他长大了还未习于苦痛，我反倒觉得懊恼。忍受痛苦是他最主要的功课，也是对他最有用的功课。"① 他反对家长对孩子身体的过分保护和过分担忧，他说："有的儿童被各种装备维护着，以致年龄较大时受痛苦所威胁，既无勇气，又无经验，一被针刺便以为是被杀了，见一滴血便晕眩了，这种装备有什么益处呢?"②他主张当孩子跌倒了，或流了鼻血，或弄伤了手指时，家长不要表现出过于惊慌的样子，以免使儿童"更觉骇怕和更加神经紧张"③。应该表现得若无其事，使儿童很快地安静下来，卢梭认为这是一种训练儿童忍受苦痛，培养儿童勇气的很好的办法。他说："这样的时机恰是儿童锻炼勇敢的第一课，因为担当轻微痛苦而无畏惧之情，就能使人逐渐地担当较为巨大

①②③ 滕大春著：《卢梭教育思想述评》，人民教育出版社 1984 年版，第 86 页。

的痛苦了。”① 他的分析是有一定道理的。

在此基础上，卢梭又进一步提出了对儿童如何进行感觉教育的问题。

在西方教育史上，卢梭是第一位详细地论述如何训练儿童感官的教育家。他认为，这个年龄阶段的儿童在认识上只能接受形象，而不能形成概念，即还没有达到理智的阶段，因此必须首先训练儿童的各种感觉器官，丰富儿童的感性经验。在触觉、视觉、听觉、味觉和嗅觉这几种感觉中，卢梭特别重视发展儿童的触觉和视觉。他说：“这两种感觉的用途是最经常和最重要的，它们的训练方法可做他种感觉训练的实例。”②他认为，在人的各种感觉发展中，触觉发展得较早，而且可靠性也比其他感觉高，通过触觉，儿童可以获得关于事物的形状、硬度、温度、大小、轻重等更准确的观念，因此应尽可能地多给儿童发展触觉的机会。他主张，在日常生活和游戏中，应采用以触觉代替视觉和听觉的方法来锻炼儿童的触觉。比如：在黑暗的夜间，即视觉完全不起作用的情况下开展游戏活动，如在黑屋子里击掌，通过空气的回旋流动来感觉自己所在的位置；还可以夜晚在水中乘船，由吹到脸上的风来感觉行驶的方向和风势的缓急。他主张通过这样的活动来全面和充分运用儿童的触觉，并且训练儿童在黑暗中行路和分辨事物。而且他还主张让儿童养成经常夜间活动的习惯，这样可以培养他们的勇气和胆量。另外还可以用触觉代替听觉的方法来训练儿童的触觉，比如让儿童把手放在琴上，由琴木的震动来分辨声音的高低。

除了触觉训练以外，卢梭还主张通过图画、几何形体和制图来训练儿童的视觉，培养其观察力；通过唱歌和听有节奏、有旋律的声音来发展儿童的听觉；而对于儿童的味觉和嗅觉，卢梭认为不必特别训练，而应顺其自然地发展。为了丰富和发展儿童的各种感觉，卢梭曾反复强调，在日常生活和游戏中，要尽可能地让儿童利用各种感官，并且还要尽量多地让儿童参加户外自由活动，以便使他们在活动中获得感性知识和塑造高尚的品德。

---

①② 滕大春著：《卢梭教育思想述评》，人民教育出版社 1984 年版，第 87、98 页。

卢梭的感觉教育论很多方面是合理的，如将感觉教育作为儿童智力开发的先决条件，认为儿童的感觉只有受到正当的训练之后才会得以充分发展，由此主张加强对儿童的各种感觉的训练等。但是，他的理论中也存在着缺点和错误，如过分强调对儿童的感觉教育，而忽略了儿童期的知识教育。我们知道，正确的做法应该是把感觉教育和知识教育结合起来进行，绝不能离开学习具体的知识而孤立地培养感觉能力。而卢梭恰恰是将这两者割裂开来，这是错误的。

另外，卢梭还提到，2—12 岁这个阶段的教育，重点不在于知识教育和道德教育，而是要防止儿童沾染上不良习气。他认为这个阶段是人生最危险的时期，即罪恶滋生期，所以要特别地防范儿童的不良行为，净化其灵魂。他认为心灵应当敏锐，但心思却闲置不用，通过让儿童多听、多看来为其将来的知识学习做准备。所以他认为，这个阶段主要是获取感性知识的过程。在教育方法上，卢梭提倡“自然后果法”，他不赞成洛克那种“和儿童讲理论”的做法，他反对进行道德说教，同时也反对实施体罚，而主张以儿童的行为所产生的自然后果去惩罚他，使儿童从自己的行为后果中得到自然教育。他分析说，当孩子弄坏了某种东西以后，成人千万不要忙着给他换新的，而要让他感到缺少这件东西的不方便，只有这样他才会爱惜东西，不再随便破坏。卢梭还举例说，如果儿童打破了房间的窗子，那么就不要急着找人来修好，而让他昼夜都受风吹，甚至着凉受寒，这样他就会很深刻地记住这个教训。卢梭分析说，这样做的目的是为了让儿童明白“这些惩罚正是他们不良行为的自然后果”①。他们须领受自然的惩罚，此后便会修正自己的行为。

卢梭在书中还分析了如何用这种自然后果法来改正儿童撒谎的毛病，他认为，当成人发现孩子撒谎时，不要去斥责、处罚他们，而是要让他们明白：“如果撒谎，则谎言的种种不良后果都要落在他们的头上，例如，即使说的是真话，也没有人相信；即使没有做什么事情，也要被别人不由分辩地

① [法] 卢梭著，李平沤译：《爱弥儿——论教育》，商务印书馆 1978 年版，第 109 页。

指责说干了坏事。”① 卢梭反对封建教育的方法，尤其是反对体罚儿童，他的“自然后果法”有其积极合理的方面，但是这种方法并不是在任何情况下都适用的。

卢梭关于知识教育和劳动教育方面的论述，虽然是针对 12 岁以后的青少年的，但是对学龄前儿童的教育也有一些启发。卢梭指出，知识教育的目的是促使儿童理性的发展，让儿童学会如何独立地学习，并且培养他们对各种学问的兴趣。他在《爱弥儿——论教育》中，以爱弥儿为例分析说：“我的目的不是教给他各种各样的知识，而是教他怎样在需要的时候取得知识，是教他准确地估计知识的价值，是教他爱真理胜于一切。”②这样的知识教育，其结果是：爱弥儿具有了较强的获得知识的能力。“他心思开朗，头脑聪敏，能够临机应变；……他虽然不是一个学识渊博的人，但至少是一个善于学习的人。……他能够明白他所做的一切有什么用处，能够明白他为什么相信他所知道的种种事物”③。关于知识教育的内容，卢梭要求让儿童学习实用的知识和与儿童个人经验相关的知识，从而使他们了解自然的变化和社会人生的意义。卢梭最推崇的一本书，就是《鲁滨逊漂流记》，他认为这是最适宜儿童的读物，能使儿童从中学会在大自然中生存的本领。

卢梭反对死板的书本教学，反对封建教育中的古典文科知识和宗教知识的传授。在教学方法上，他反对死记硬背和强迫灌输知识，而主张实物教学，要求从大自然现象中学习知识，要求儿童独立地观察事物，独立地思考问题，他认为只有用这样的方法才能培养出自然人来。卢梭的知识教育理论是对封建教育的全面声讨，具有强烈的反封建性。卢梭还主张在知识教育的同时进行劳动教育。他认为，劳动教育是非常必要的，特别是手工劳动尤为重要。他主张通过手工劳动使儿童学习一技之长，从而可以不依靠他人独立生活，真正成为一个独立自主的人。卢梭为爱弥儿挑选了一种手工劳动技能，即细木工活，他认为这种劳动不但需要体力，而且还需要智慧，可以使

①②③［法］卢梭著，李平沤译：《爱弥儿——论教育》，商务印书馆 1978 年版，第 109、283、283 页。

儿童的体力和智力都得到发展。他认为爱弥儿掌握了这门手艺以后，便能自食其力，从而达到真正的自由和独立。

卢梭关于儿童年龄分期及各个年龄阶段教育的思想有较大的主观臆断性，缺乏严格的科学依据，因而没有阐明儿童发展的客观规律，而且还过分强调儿童各生长阶段的身心发展特性，把体育、感觉教育、知识教育和道德教育割裂开来，分别集中在某一个阶段进行，这是不科学的，具有机械主义倾向。但是，他要求根据儿童身心发展特点进行教育的思想，无疑具有巨大的积极意义。而且在各个阶段教育中所提到的一些具体的教育内容和方法有很多合理的方面。

卢梭作为资产阶级启蒙思想家，勇敢地对当时欧洲的封建没落思想进行揭露和批判，并且旗帜鲜明地表明了他的民主教育思想。他的自然教育思想的提出，在当时给人耳目一新的感觉，是当时最具进步性的教育理论。他在自然教育理论中提出，通过教育培养自然人，教育要顺应儿童的天性发展，把儿童作为教育的主体，这些思想具有很强的反封建性，反映了新兴资产阶级的要求。另外，他从教育内容和教育方法上对封建教育进行了全面的声讨，主张改革封建的教育，建立以发展儿童天性为目的的资产阶级的新教育。卢梭的教育思想对欧美近现代教育理论的发展产生了重要影响，很多教育家都从他的自然教育理论中得到启发，在此基础上形成了自己的教育观点，如裴斯泰洛齐、福禄培尔、杜威等。但是，卢梭的教育理论也有其局限性，在理论和实践方面存在一定的矛盾，如：片面强调教育要顺应自然，把儿童的天性过分理想化，在教育的年龄分期方面缺乏科学依据，过分强调儿童的个人生活经验，过分强调感觉教育，而忽视理论知识的学习，等等。而最根本的缺陷是：卢梭还没有认识到教育首先要受到社会政治、经济等方面因素的制约和影响，而是一味强调通过教育来改变社会，可以说这是资产阶级教育家的通病。卢梭只用人性来解释人的发展，来解释教育的必要性和可能性，将人性与社会性对立起来，忽视了教育的社会制约性，对教育的社会本质缺乏深刻的揭示。

三、裴斯泰洛齐的和谐教育思想

裴斯泰洛齐（J. H. Pestalozzi，1746—1827），是18世纪末、19世纪初瑞士著名的资产阶级民主教育家。他一生致力于发展贫民教育，希望通过教育来改变人民的贫困状况，虽然最终他的教育理想没有能够实现，但是他丰富的教育理论和实践为我们留下了宝贵的遗产，至今仍然对我们有很多启发。

（一）教育实践活动

1774年，裴斯泰洛齐在自己的家乡涅伊霍夫开办了一所孤儿院（也称“贫儿之家”），他先后收容了50名6—18岁的乞丐、孤儿和流浪儿童。在这些孩子当中，有许多人已经习惯于乞讨、偷窃和游荡生活。裴斯泰洛齐就像是一位慈祥的父亲，在慈爱的气氛中教养这些孩子，他为孩子们提供衣食，教给他们读、写、算的知识，还教他们种植、纺纱、织布、缝纫等劳动技能，使他们能够自食其力，逐步以自己的力量来克服贫困。裴斯泰洛齐开办的这个孤儿院就像是一个大家庭，其目的就是为了拯救贫困儿童，使他们的穷苦状况得到改善。“贫儿之家”并不是单纯的慈善救济机构，而是培养儿童的能力和精神面貌的场所，裴斯泰洛齐力图把它办成教育与生产劳动相结合的机构，他希望通过文化知识教育和农业、手工业技术教育，把儿童培养成为有知识、有能力以及有高尚的道德品质的人。经过短短几个月的时间，这些贫苦儿童就有了明显的转变，他们开始乐于劳动和学习，这证明了裴斯泰洛齐的教育实验是成功的。但是由于经济困难，这所孤儿院于1780年被迫停办。从 1780 年至 1797 年，裴斯泰洛齐把自己的教育理想和教育改革方面的探索以论文和小说的形式写出来，他的教育小说《林哈德和葛笃德》（又名《贤伉俪》）就是这一时期写出来的。此书是裴斯泰洛齐的主要教育著作，他在书中阐述了社会和教育的关系，表达了他通过教育改良社会的思想，体现了他资产阶级的民主教育观。

1798 年，瑞士爆发了资产阶级革命，裴斯泰洛齐被资产阶级新政府派去承担斯坦兹孤儿院的管理和领导工作。斯坦兹孤儿院共收容了 80 名 5—10 岁的儿童，这些孩子刚进来的时候，健康和道德状况都很差，一个个面黄肌瘦、破衣破裤，而且他们身上还带有不少恶习，如打架、偷窃、赌博等。但是，裴斯泰洛齐却对这些孩子抱着无限的希望，他以赤诚的爱温暖、滋润孩子们的心，教孩子们懂得做人的尊严。他把孤儿院办成一个大家庭，并努力探索合理的教育方法，裴斯泰洛齐把多年孕育的教育理想在斯坦兹孤儿院进行试验，他的学校教育家庭化、教育与生产劳动相结合、教育心理学化等重要的教育思想和教育原则，都在斯坦兹孤儿院的教育实验中得到进一步深化和发展。

斯坦兹孤儿院的教育有两方面内容最为突出。（1）实施爱的教育，激发儿童的良心，培养儿童善良的情感和团结友爱、互助合作的精神，使孤儿院的教育和生活家庭化；（2）实施劳动教育，根据儿童的年龄特点，组织儿童从事手工和农业劳动，使他们受到多方面的劳动训练，促进他们的体力、智力和道德的发展，从而获得生活所必需的劳动技能。斯坦兹孤儿院的教育方法也比较先进，教学和教育工作注意从观察入手，将生动、直观的事例和教师的榜样作为最好的教育手段，即坚持教育教学直观化的原则。另外，在教育过程中还注意尊重儿童的个性和人格，发展儿童的自主精神，鼓励他们在生活中进行自我服务，自己管理自己。经过几个月的时间，裴斯泰洛齐在斯坦兹孤儿院的教育工作取得了良好的效果，孩子们在健康和道德方面都得到了改善，他们变得活泼聪明、诚实善良，生活得十分幸福和快乐。由于战争的原因，1799 年，斯坦兹孤儿院被迫关闭。

1800 年，裴斯泰洛齐应朋友的请求到布格多夫城创办一所小学，在此他把全部精力放到初等教育改革的探索上，确立了“教育心理学化”的思想。在教育史上，裴斯泰洛齐首次明确提出“教育心理学化”的口号。他的这一思想开了时代的先河，被后人所吸收，对儿童教育和儿童心理学的研究起了积极的推动作用。他强调把教学建立在心理学的基础上，要求一切教学必须按照儿童心理的发展而进行，从对事物的直接观察开始。在教授语言、算术、地理、历史、图画、唱歌、体操等课程时，均采用直观教学法。裴斯泰洛齐在布格多夫城初等学校的教育获得了巨大成功，他通过实施自然教育、心理化教育取得了良好的实际效果，使儿童身心得到了和谐发展。这所小学被视作欧洲近代初等学校的开端，在国内外引起广泛的注意，很多有识之士都纷纷前来参观学习。这些人中包括德国著名教育家赫尔巴特，他对裴斯泰洛齐的教学成就给予很高的评价和理论分析，他吸收了裴斯泰洛齐的“教育心理学化”的思想，并在此基础上有所发展。

1801 年，裴斯泰洛齐建立起著名的布格多夫学院，在这里，他的“教育心理学化”思想得到进一步的实施并逐步完善。裴斯泰洛齐在布格多夫学院进行教学实践活动的同时，还发表了不少文章和著作，如《葛笃德怎样教育她的子女》《母亲读物》等。这些著作是他自己的教育实践经验的总结，比较全面地阐述了教学原则和教学方法等方面的问题。1805 年，裴斯泰洛齐带着布格多夫学院的一些教师和学生迁到伊佛东城，建立了包括小学部、中学部、师范部在内的伊佛东学院，在这里继续实践他的教育理想。伊佛东学院持续了 20 年，这是裴斯泰洛齐一生事业的辉煌时期，这所学校于 1825 年停办。此后，裴斯泰洛齐回到家乡涅伊霍夫，完成了他的最后一本著作《天鹅之歌》。1827 年，裴斯泰洛齐逝世。

（二）论教育作用和教育目的

裴斯泰洛齐坚信：通过教育可以消除贫困，改造社会。这是他的教育理想和信念，因而他对于劳动人民受教育问题极为关心。他严厉地批评了当时不平等的教育制度，把这种制度比作是一座高楼大厦：大厦的上层宽敞明亮，但居住的人很少，住在中层的人多一些了，却因缺少楼梯无法升入上层，而绝大多数人都居住在下层漆黑的洞穴里，不能享受到阳光和新鲜空气。裴斯泰洛齐对这种大多数人无权受教育的现象非常不满，他要求改变这种不公平不合理的等级教育，主张建立一种民主的教育制度，使社会各个阶级的儿童都受到一种合理的、符合他们实际需要的教育。

他提出受教育应该是每一个人的权利。他认为，每一个人生下来就具有"天赋的能力"。也就是说，每一个人都具有一些自然赋予的潜在的力量和才能，这些力量和才能都具有渴望发展的倾向，比如眼睛要看、耳朵要听、脚要走路、头脑要思想、心灵要信仰和爱等。这些体力和智力都是与生俱来的，是潜在于人体内的先天能力。裴斯泰洛齐认为，只有通过教育才能使这些先天能力发挥出来，也只有通过教育才能实现人的充分和谐的发展。他提出，教育的目的就是促进人的一切天赋能力的和谐发展，培养身心和谐发展的人。他主张通过教育去发展人的天性，去形成完善的人。他说，教育的目的就是"在于发展各人天赋的内在力量，使其经过锻炼，使人能尽其才，能在社会上达到他应有的地位"①。在这里，他把儿童的发展唯心地理解为"生来就潜藏在儿童身上的天赋能力"的发展，并认为这种能力本身就具有要求发展的倾向，教育的作用也就在于努力去激发和促进儿童天赋能力的发展。

裴斯泰洛齐吸收了卢梭自然教育理论的主要精神，他特别强调教育要适应自然，按照儿童的天性及其发展顺序来进行教育。他指出：儿童天赋力量和才能有其自然发展的规律，教育必须适应儿童的天性，即教育要与儿童的自然发展的规律相一致。他认为，只有牢固地建立在儿童自然发展基础上的教育，才能达到它预期的目的。裴斯泰洛齐的教育活动正是本着这一自然适应性原则进行的。裴斯泰洛齐重视教育对儿童天性的发展，与以前抑制儿童天性的封建教育相比较具有进步意义。但是，他把教育目的全部归结为发展

---

① [瑞士] 裴斯泰洛齐：《林哈德和葛笃德》，转引自张焕庭主编：《西方资产阶级教育论著选》，人民教育出版社 1979 年版，第 173 页。

儿童的“天赋能力”，不了解教育目的的社会制约性，这是他思想的缺陷所在。而且他仅仅本着个人善良的愿望来为劳动人民争取受教育的权利，却并没有找出劳动者被剥夺教育权的主要原因，即还不能够理解：只有变革不平等的社会制度，才能真正实现教育上的平等。在这个问题上，裴斯泰洛齐同卢梭一样没有考虑到社会环境因素对教育的影响。

（三）论爱的教育

为了培养身心和谐发展的完人，裴斯泰洛齐提出实施和谐发展的教育内容，包括德育、智育、体育和劳动教育。裴斯泰洛齐把道德教育放在重要的地位，他认为在人的各种能力的和谐发展中，道德力量是领先的，一个人能否幸福，是否平安，主要就是看他本人的道德力量发展得如何，因此道德教育应是整个教育体系的关键，他主张把道德教育作为家庭教育和学校教育的主要内容。道德教育的目标就是使儿童具有博爱的精神，即爱全人类和爱上帝，因此就要对儿童进行爱的教育。道德教育的任务，就在于发展儿童积极的爱。在裴斯泰洛齐看来，道德教育就是“爱”的教育。

裴斯泰洛齐从资产阶级人道主义的思想出发，认为“爱”是一种原始的能力，一种基本的感情，它只需在一定的条件下加以适当的指导、进行适当的训练，就可以发挥其效力。因此，它是人类发展的动力、起源、中心和终结。他进而认为，无论哪种形式的教育，只要是以爱的思想感情为前提，并把这种爱的情感贯穿始终，那么这种教育一定能够顺利地进行。如果没有爱的情感，一切教育也就难以取得成效。这种爱的情感是通过母亲与孩子、教师与孩子之间的信任和爱表现出来的。

爱的教育贯穿在裴斯泰洛齐的全部教育观点和教育活动之中，在他的教育实践中始终充满着深厚的爱的思想感情。他热爱儿童，尊重儿童，他在涅伊霍夫和斯坦兹孤儿院的工作中战胜重重困难，靠的就是对儿童、对教育事业赤诚的爱。他对儿童充满了信任和友爱，忧儿童之忧、乐儿童之乐，以父亲般的深厚感情教育儿童，使儿童的道德、智慧和身体都得到较大的发展。裴斯泰洛齐在与友人谈斯坦兹经验的信中写道：“从早到晚，我一个人和他们在一起，是我的双手，供给他们身体的和心灵的一切需要。他们都是直接从我这里得到必要的帮助、安慰和教学。他们的双手被我握着，我的眼睛凝视着他们的眼睛。”① “我们一同哭泣，一同欢笑……他们生病，我在他们身边；他们健康的时候，我也在他们身边；他们睡觉的时候，我也在他们身边。我最后一个睡觉，第一个起身。”② “我决心使我的孩子们在一天中没有一分钟不从我面部和我的嘴唇知道我的心是他们的，他们的幸福就是我的幸福，他们的欢乐就是我的欢乐。”③ 这些就是裴斯泰洛齐所提倡的“爱的精神”的真实写照。他还在信中分析说：“人易于接受善的东西，孩子乐于听从善的东西。”④ 因此“第一件要做的事，就是要赢得孩子们的信任的热情”⑤。他确实成功地做到了这一点。裴斯泰洛齐还用这样无尽的爱的情感感染和影响着儿童，他自己就是一个很好的教育榜样，孩子们从他那里学会了自尊自爱，同时也学会了尊重和爱他人，更重要的是还学会了善良、公正地对待他人，同情他人的痛苦和不幸，随时随地帮助有困难的人。这些良好品质的形成对于孩子的一生都是有益的。

裴斯泰洛齐还提出了在家庭教育和学校教育中如何实施爱的教育问题。他提议，在家庭中父母要给予孩子充分的母爱和父爱，而且从孩子刚出生时就要体现出来。裴斯泰洛齐曾为人们描绘了一幅家庭生活的动人画面，在这个画面中，母亲喂奶，父亲递给面包，其家庭气氛和谐而安祥。他指出，孩子正是从母亲喂奶、父亲递给面包这些具体动作中体会到深厚的母爱和父爱的，于是在孩子心中萌发出“爱的种子”。这里，裴斯泰洛齐特别强调母亲在培养儿童爱的情感中的作用，他分析说，母亲往往是出于一种动物本能的力量而精心照顾自己的孩子，喂养他、爱抚他、保护他、帮助他，逗他高兴，使他感到满足，在这个过程中，孩子就会不知不觉地爱母亲、信任母亲、感激和服从母亲，爱的情感便由此而萌发出来。裴斯泰洛齐说：“服从

①②③④⑤［瑞士］裴斯泰洛齐：《与友人谈斯坦兹经验的信》，转引自张焕庭主编：《西方资产阶级教育论著选》，人民教育出版社 1979 年版，第 198、198—199、197—198、198、198 页。

和爱、感激和信任交织在一起，发展着良心的萌芽。”① 他又进一步分析说：“因为爱、感激、信任和服从的情感的产生，是母亲和孩子之间本能的情感的吻合的结果，所以这些萌发了的情感的进一步发展便是人类崇高的艺术!”②故而，他主张把母爱精神引进学校，使爱的教育进一步深化。他提出，在学校里，教师应该像慈祥的母亲一样热爱儿童，教导儿童，教师应当与儿童共同生活，产生深厚的思想感情，并通过良好的示范作用，全心全意地以母爱精神去感化儿童。教师要像母亲那样经常从儿童的眼睛、嘴唇、面部去判断他们心灵中最微小的变化，全面关心儿童的生活、学习，精心塑造“儿童的心智”。裴斯泰洛齐的这种观点是值得我们重视和借鉴的。裴斯泰洛齐特别指出，无论是在家庭还是在学校，用母爱精神教育儿童决不是无原则的一味的慈爱，而是需要把慈爱和威严结合起来，才能塑造一个“完善的人”。所谓的威严，就是当发现孩子身上存在恶习时，绝不能迁就，而要坚决制止，并彻底根除。裴斯泰洛齐是教育史上实施爱的教育的典范，他关于爱的教育的主张给后人以很多启示。

与这种爱的教育相联系的是宗教教育。裴斯泰洛齐认为，儿童应当完全顺从上帝的旨意，这才是爱的最高表现，认为把人性和神性结合起来，才可能产生纯真的道德情感，这种道德情感有别于动物式的利己主义情感，是最高级的情感，人人拥有了这种道德情感，社会也就可以得到改善了。裴斯泰洛齐对于宗教和道德问题的看法，反映了他的唯心主义世界观和阶级的局限性，他实际上是想用人性来感化统治阶级，这是做不到的，其宣传也是消极的。

（四）论家庭教育

裴斯泰洛齐非常重视儿童的家庭教育，他从三个方面来说明家庭教育的重要性。第一，母亲在儿童教育中占据着重要地位。裴斯泰洛齐把母亲看作是孩子的天然教养员，母亲拥有对孩子的最初教育权，教育孩子是母亲的天

①② [瑞士] 裴斯泰洛齐：《与友人谈斯坦兹经验的信》，转引自张焕庭主编：《西方资产阶级教育论著选》，人民教育出版社 1979 年版，第 193、194 页。

职。他指出，儿童最初的教育都是从母亲那里得到的，比如说，爱的教育和宗教教育。裴斯泰洛齐曾论述过儿童是怎样从母亲那里得到关于上帝的认识的，他在书中写道：母亲把孩子更紧地贴近自己的胸怀，深情地对他说："孩子，当你不再需要我的时候，当我不能再庇护你的时候，有一个上帝是你需要的，他会把你抱过去。当我不能再给你欢乐与幸福的时候，上帝为你准备了欢乐和幸福。"① 这样在孩子的心里就出现了"一种神圣的情感，一种信仰的欲望，使他超越了他自己。当他听到他母亲提到上帝的时候，他就感到欢乐"②。裴斯泰洛齐认为，母亲和孩子之间的爱和信赖的关系是教育的必要条件。第二，父母最了解自己的孩子，他们知道自己孩子的个性和能力，所以在孩子的教育方面最有发言权，也最适宜进行遵循自然的教育。第三，教育应从摇篮开始，应从儿童生下来的时候开始，因为人的潜在的力量和才能从他诞生的时刻起就需要培育发展，这样也就使得家庭教育显得格外重要了。

总的来说，裴斯泰洛齐把家庭教育看作是实现他的教育目标的一个重要途径，他认为家庭教育是最能体现教育适应自然原则的，即家庭教育能够追随儿童的天性，能够很好地促进儿童潜在的力量和才能的发展。裴斯泰洛齐还要求把家庭教育作为整个教育体系的基础，他甚至提倡学校教育和社会教育都要以家庭教育为榜样。他在教育实践中也是这样做的，他领导的斯坦兹孤儿院，就始终像一个大家庭，呈现出一幅家庭生活的图景。

裴斯泰洛齐对家庭教育的内容和方法也做了规定。他提出家庭教育的内容同学校教育内容一样，包括四个方面：体育、德育、智育和劳动教育。裴斯泰洛齐的重要贡献还在于，他力图探索出一套符合儿童心理特点的，并使每个家庭的母亲都可以运用的简化教学法，从而使每个家庭都有可能对儿童实施初等教育。

裴斯泰洛齐要求把家庭教育列入教育体系，并强调家庭教育的重要性以

①② [瑞士] 裴斯泰洛齐：《葛笃德怎样教育她的子女》，转引自张焕庭主编：《西方资产阶级教育论著选》，人民教育出版社 1979 年版，第 194 页。

及在儿童教育中的作用，这些都是正确的。但是他过分强调家庭教育，主张其他形式的教育都要以家庭教育为榜样，甚至设想用家庭教育取代学校教育，这显然是片面的。

（五）论要素教育

前面提到的在家庭教育中运用的简化教学法，实际上就是一种要素教育。有关要素教育的理论是裴斯泰洛齐教育理论的精华所在，是他的教学理论的核心。

裴斯泰洛齐认为教育过程必须从一些最简单的因素开始，逐渐转向复杂的因素。德育、智育、体育和劳动教育，不同的方面有不同的要素，各育都能找到一定的最简单的要素作为实施教育的起点。比如，体育和劳动教育的要素都是儿童身体关节的活动，在进行体育训练和劳动时，就要先对儿童进行关节活动训练。裴斯泰洛齐建议做母亲的要及早注意儿童的关节活动，并有意识地加以训练，在此基础上发展儿童的体力和劳动能力。所谓关节活动训练，主要就是训练儿童使用其手和脚的实际活动能力，包括儿童日常生活中的各种最简单的动作，如走、跑、跳、抓握、投掷、推拉等，这些基本动作结合起来，构成复杂的动作。这些动作要素，按照一定的程序加以训练，不仅能锻炼儿童的身体，全面发展儿童的体力，而且还可以训练儿童的劳动技能，培养儿童爱劳动的精神。

道德教育最简单的要素是儿童对母亲的爱，以这个要素为起点，使儿童逐渐扩展对其他人的爱，最初爱自己的父母，进而爱兄弟姐妹，然后扩展到爱上帝、爱全人类，从而上升到“博爱”境界。裴斯泰洛齐认为，儿童最初对母亲的爱，是在母爱的基础上逐渐发展起来的。孩子受到母亲的爱抚、照顾，感到愉快、满足，于是“爱的种子就在孩子心里发展起来了”①，儿童由对母亲的热爱进而又产生了对母亲的尊敬、信任和服从。裴斯泰洛齐在这里将母子关系进行这样明确的剖析，实际目的是为了说明儿童的道德要素是

① ［瑞士］裴斯泰洛齐：《葛笃德怎样教育她的子女》，转引自张焕庭主编：《西方资产阶级教育论著选》，人民教育出版社 1979 年版，第 193 页。

怎样产生的，并且提醒母亲要小心翼翼地爱护儿童那脆弱的道德萌芽。也就是说，做母亲的要多给孩子一些母爱，要亲切、温柔地对待他，要多对他微笑，多给他一些爱抚，照顾好他。如果一个做母亲的疏忽自己的职责，甚至根本不爱自己的孩子，那么她的孩子也不会爱她、尊重她、依赖她，而且更严重的是，将来这个孩子有可能不会去爱任何人，也不会去关心任何人，更不会信任任何人，这个世界对他来说非常灰暗，“博爱”的境界离他更是遥远。这就是缺乏母爱造成的结果。可见，母爱在儿童道德品质形成过程中的作用是巨大的，是不容忽视的。裴斯泰洛齐认为，道德教育的最高目标是培养儿童爱全人类、爱上帝，而这需要从最基本的要素开始，即从爱自己的母亲开始。

智育的要素就是“对事物产生一种最初的印象”。而儿童在对事物产生最初的印象时，往往是对事物的形状、数目和名称三个基本点产生较强的印象，即只要抓住了这三个要素来培养儿童的能力，就可以发展儿童的想象力、观察力和思维能力。裴斯泰洛齐认为，儿童对数、形、词的认识是智力活动的萌芽。因此，他认为教给儿童记数、学习语言、辨别形状，是知识教育的关键。

要素教育论的提出，说明裴斯泰洛齐已经看到了教学与儿童心理发展的关系。他根据“教育心理学化”原则，认为教育必须适应儿童的天性，与儿童体力和智力的自然发展顺序相协调，一切教学都要从最简单的要素开始，逐步提高儿童的认识水平。从这一理论的社会意义上来讲，要素教育的方法简单易行，每一个孩子的母亲都可以运用要素在家庭里实施教育。如此，广大贫苦家庭的儿童不进学校同样也可以有学习、受教育的机会，这样就有助于初等教育的普及，从而实现裴斯泰洛齐的“人人受教育”的理想。所以说，要素教育理论集中体现了裴斯泰洛齐教育民主化的要求。

裴斯泰洛齐的儿童教育思想深受卢梭自然教育思想的影响，但在某些方面比卢梭的思想更为深刻。裴斯泰洛齐的贡献是明显的，他始终以贫苦儿童为教育对象，提倡实施爱的教育、家庭教育和要素教育，他为贫苦儿童的教育献出了自己毕生的精力。他努力探求教学的原则和方法，初步形成了完整、系统的教学原则体系和各科教学法体系，为教学理论的发展奠定了坚实的基础。当然，由于阶级和历史的局限性，在裴斯泰洛齐的教育思想中，也存在一些唯心主义的、错误的东西，应该予以扬弃。

四、福禄培尔的幼儿园教育理论

弗里德里奇·福禄培尔（F. Froebel，1782—1852）是德国19世纪著名的幼儿教育家，他的主要贡献是创立了世界上最早的以“幼儿园”命名的学前教育机构，同时创立了一整套学前教育理论，推动了德国以及世界学前教育的发展，故后人称他为“幼儿教育之父”。

（一）教育实践活动

福禄培尔出身于德国一个牧师家庭，从小受到浓厚的宗教影响。由于很早就失去了母亲的温暖和爱，他的童年生活非常孤独寂寞。这样的生活环境使他深刻地体会到母爱和家庭对儿童的重要意义。

1816年，福禄培尔在自己的家乡图林根建立了一所学校，即“德国普通教养院”，开始在此实验自己的教育理想，按照裴斯泰洛齐的教育原则办学。1826年，他的教育著作《人的教育》面世，集中反映了他这一时期的教育思想。1836年，福禄培尔开始专门从事幼儿的教育工作。他计划建立一个“以自我教育为主的直观教学的设施”，以区别于以往的幼儿学校。他认为，不应当把学前教育机构办成学校，孩子们在里面不应该接受学校式的教育，即学前教育不应采用学校教育的方式，而应采用保证幼儿自由发展的教育方法，以儿童的自由活动、自我教育为主，以直观教学为主。福禄培尔的这一主张，后来成为他的幼儿园教育理论的基本思想。1837 年，他在德国勃兰根堡开办了一所学龄前儿童教育机构，即“儿童活动学校”。又于 1840 年将它正式命名为“幼儿园”，招收 3—7 岁的幼儿实施教育。

福禄培尔创办的幼儿园是世界上第一所以“幼儿园”来命名的学前教育机构。从此，福禄培尔便积极地从事领导幼儿园的工作。在幼儿园教育过程中，他研究幼儿园的教学方法，并开办讲习班对幼儿园教师进行培训，还从理论上论证开办幼儿园的必要性。也就是在幼儿园的工作中，他形成了一整套的学前教育理论体系。在福禄培尔的倡导下，德国的幼儿园迅速发展起来，而且还影响到其他国家，在世界范围内形成了福禄培尔幼儿园运动。

福禄培尔重要的教育著作有《人的教育》《慈母曲及唱歌游戏集》《幼儿园教育学》等。

（二）论教育目的和教育原则

福禄培尔教育思想的哲学基础是德国的唯心主义哲学。福禄培尔深受德国谢林、费希特等人哲学思想的影响，认为宇宙万物是由上帝创造的，上帝主宰着一切，上帝是宇宙万物的本源。他试图用“球体法则”的原理来说明“上帝是万物的统一体”这一思想，他认为圆球是自然的原始形状，是上帝力量最简单的本质表现，上帝处于圆球的中心，以相等的力量从中心向周围方向发生作用。在这个以上帝为中心的统一体中，世界、自然和人都是上帝精神的体现，都受上帝的制约。他特别强调说，人作为一种理智生物，与石头、植物、动物一样，同样是上帝的创造物，因此应服从于同一条发展规律，具有一切事物共同的本质，即上帝精神。

福禄培尔从这种唯心主义观点出发，进一步认为，“上帝的本源”是全部生活和全部教育的出发点，教育的目的就是唤起和发展埋藏在人体内部的“上帝的本源”，把人身上潜在着的上帝精神表现出来，而教育的作用就在于激发和推动这一过程的实现。这样，福禄培尔就在他的教育学体系中注入了神秘主义的色彩。

福禄培尔还进一步论述了教育原则，主要有以下两点。

1. 发展的原则

福禄培尔受到谢林思想的影响，认为宇宙万物都是在无限发展着的，因此人也是在连续不断地发展的，他主张，不能把人及其人性看作是“一种已经充分发展的和完全形成的、一种已经固定和静止的东西”，而应当看作是“一种经久不断地成长着的、发展着的、永远地活着的东西，永远朝着以无限性和永恒性为基础的目标，从发展和训练的一个阶段向另一个阶段前进的东西”。① 福禄培尔还从整体联系的观点出发，特别强调人的各个发展阶段之间的连续性，他反对把各个发展阶段孤立起来看待，而主张应看到各个阶段之间的联系，他认为人的发展过程就是“从一个阶段向另一个阶段上升”的过程。他进而指出，人类的教育活动就应当按照儿童的本性，连续、协调地促使他们在各方面得到发展。

2. 教育适应自然的原则

福禄培尔接受了裴斯泰洛齐对教育适应自然原则的解释，并且还赋予其神秘主义色彩。根据裴斯泰洛齐的观点，福禄培尔把教育适应自然的原则理解为适应潜藏在人体中的力量和才能的自我发展，而这种力量和才能的发展是“上帝的本源”的表现。他还把教育适应自然原则理解为“追随本源”，即追随儿童的天性。他认为儿童的活动受本能的制约。他把儿童的本能分为四种，即活动的本能、认识的本能、艺术的本能和宗教的本能。其中活动的本能是最重要的，是最能表现“上帝的本源”的。他认为，人只有在活动中才能充分表现出人的内在本质。他进而提出，教育要追随活动的本能，就是要唤起和发展儿童的积极性、创造性和自动性（所谓“自动”，就是自我活动或自发活动）。福禄培尔提出的这一点是非常有价值的，他的一些具体的教育观点都是在此基础上产生的。

---

① 赵祥麟主编：《外国教育家评传》（第2卷），上海教育出版社1992年版，第137页。

（三）论学前教育的作用和幼儿园教育的任务

福禄培尔非常重视学前教育在人的发展中的作用。他认为，幼儿时期是人生的一个最重要的阶段，这个时期儿童的生活方式和所受的教育将影响他的一生。比如：有的人勤奋，有的人懒惰；有的人敏锐，有的人迟钝；有的人优柔寡断，有的人办事果断；等等。人与人之所以有这些不同，关键是由于他在幼儿时期的不同经历所造成的。他指出，如果幼儿期教育不当，阻碍了儿童的本性和各种天赋潜能的发展，那必将对儿童以后的教育、发展带来极大的困难，它所造成的不良后果，在以后的教育和生活中往往需要做出极大的努力才能弥补，有的努力甚至还收效甚微。正因为福禄培尔把幼儿期看作人的发展的一个极其重要的阶段，所以他要求把学前教育作为人的教育过程中的一个重要部分，把学前教育看作是人的真正教育的开始，是儿童以后各个阶段的教育和发展的基础。因此，福禄培尔竭力呼吁父母和其他教育工作者重视这个时期的教育，以便使儿童的本性、各种天赋潜能得以顺利发展和表现出来。

福禄培尔还接受了裴斯泰洛齐的见解，十分强调家庭和父母对儿童教育的作用。他指出，人的幼儿时期的教育主要是依靠父母亲和家庭来进行的，这就需要做父母的具备一定的教育知识。福禄培尔看到当时德国社会中有很多家庭的生活环境并不利于幼儿的发展与教育，多数儿童的父母既没有足够的时间去照管、教育自己的孩子，也缺乏对儿童进行照管、教育的训练。他们一般不太了解幼儿本性发展的倾向和规律，也不清楚幼儿教育的任务、内容和方法。因此，在实践中或是延误了教育时机，或是违背了幼儿本性发展倾向，以致阻碍、破坏了儿童本性的正常发展，使天赋潜能得不到顺利的表现而造成终生的遗憾。鉴于此，福禄培尔提出要建立学前教育的专门机构——幼儿园，对幼儿实施社会的公共教育，由训练有素的幼儿教师承担教育职责，让儿童在其中自由地生长，就像植物生长一样。

他把幼儿园比作是一座大花园，把幼儿比作花草树木，把教师比作园丁，“园丁”须关怀、爱护幼儿，具有母爱精神，他认为幼儿在“园丁”的精心培育下，一定会健康成长的。另外，福禄培尔创办幼儿园还有一个目的，就是为了给家庭教育提供一些帮助。具体做法是：由训练有素的“园丁”为缺乏教育知识的父母提供幼儿教育内容和方法上的指导，以帮助家庭和父母对其子女进行合理的养护和教育。实际上，幼儿园是作为家庭教育的一个榜样而存在的。福禄培尔从基督教的民主平等思想出发，认为幼儿园应该是为所有的学前儿童设置的保育机构，不应由家长的社会地位和家庭经济状况来决定儿童是否可以入园。福禄培尔非常赞赏幼儿园里那种不同社会地位、不同家庭经济背景的儿童融合在一起游戏、生活和活动的情景，他认为这才是幼儿园的本来面目。福禄培尔的这一思想是进步的，他力图促进学前儿童教育的普及。从这里也可以看到，福禄培尔对裴斯泰洛齐民主教育观的吸收。

福禄培尔提出了幼儿园教育的任务，主要有以下三个方面。

1. 保护儿童身体和精神的健康成长。具体地说，就是通过游戏、唱歌、作业、娱乐等生动活泼的活动，增强幼儿的体质，促进幼儿各种感觉器官和语言的发展；扩大幼儿对周围生活的认识，激发其创造性、积极性和自觉性；对幼儿进行初步的道德教育和宗教教育，培养他们初步的道德观念和行为习惯，如笃信上帝、服从、忍耐等。这些主要是为儿童进入初等学校和迎接未来的生活做好准备。

2. 培养训练有素的幼儿教师。一是为家庭训练照管孩子的保育人员；二是为其他学前教育机构训练幼儿教育工作者。培养出来的这些人，都要了解幼儿的本性发展规律，并掌握有关养护、教育的知识。

3. 推广幼儿教育经验。负责向家庭和社会介绍合适的儿童玩具、儿童游戏，以及合适的游戏手段、游戏内容和游戏方法。

福禄培尔重视人的早期教育，倡导发展幼儿园，实施集体的公共教育，这些都是他对学前教育发展所做出的贡献，在教育史上具有不可磨灭的功绩。

（四）论游戏及“恩物”

福禄培尔阐述了游戏对于儿童发展的重要意义。他认为，游戏在学前教育体系中占有独特的地位，它既是组成儿童生活的一个重要方面，也是学前教育中一个主要的教育手段。儿童的生活离不开游戏，游戏不仅可以使儿童内心的冲动得以表现，使儿童感到兴奋、愉快、幸福，而且还能促进儿童身体和感官的发展，提高他们认识自然和社会的能力。另外，游戏还能预示儿童未来能力的发展倾向。福禄培尔还认为，在游戏过程中最能表现出儿童的积极性、主动性和创造性。这些观点都是正确的。但是，福禄培尔又从神秘的宗教观出发，把游戏解释为是儿童内部本能的表现，即儿童通过游戏来表现其内在的“上帝的本源”，这显然是错误的。

福禄培尔在高度评价游戏在学前儿童教育中的重要作用的同时，还制定了一个完整的游戏体系，力图使儿童通过游戏活动来发展认识能力、创造力、想象力和体力，并培养良好的道德品质。他制定的儿童游戏体系将游戏分为两大类：第一类是活动性游戏，即儿童对自然及周围生活中事物的模仿，如模仿“小河流水”，模仿“磨坊”和“旅行”等。第二类是精神性游戏，就是运用他设计的玩具（即“恩物”）进行游戏。

“恩物”是福禄培尔为幼儿设计的一系列玩具，供幼儿游戏时使用。之所以叫“恩物”，按照福禄培尔的理解，这些玩具都是上帝恩赐给儿童用来发展儿童各方面能力的，是上帝的恩赐物。福禄培尔力图以“恩物”来发展儿童的认识能力和创造性，训练他们手的活动技能。“恩物”通常有六种。

第一种是 6 只用柔软的羊毛绒结成的彩色小球，一共有红、绿、青、黄、橙、紫 6 种颜色，借此来发展幼儿辨别基本颜色的能力，帮助幼儿认识各种颜色和数目。成人还可以前后、上下、左右地摆动小球，以发展幼儿的空间观念。再就是用小球与幼儿做游戏，比如将球藏起来表示“没有”，将球拿出来表示“有”，借以发展幼儿的肯定和否定观念。

第二种恩物是木制的球体、立方体和圆柱体。使用这种材料进行活动，可以帮助幼儿认识物体的形状，认识几种几何形体。

第三种是由 8 个同样大小的小立方体组成的 1 个大立方体。

第四、五、六种恩物都是 1 个大立方体，可以分别分割成大小和数目不等的小立方体、长方体、长方板以及小的三角形板。

后四种恩物不仅向幼儿显示了更多样的几何形体，还有助于幼儿认识部分和整体的关系。福禄培尔认为，这一套可以分割与组合的恩物，是幼儿镶拼各种图形和搭造各种建筑模型的良好材料，这种活动对发展幼儿的认识能力、想象力和创造力是有益的。

“恩物”是福禄培尔对幼儿教育的一个重要贡献，他的“恩物”作为幼儿玩具在世界范围内被广泛流传，但由于“恩物”被赋予神秘主义色彩，因而在一定程度上影响了它的进一步推广。

福禄培尔把游戏视为促进幼儿全面发展的最好活动，因而他强调幼儿家长要允许幼儿自由地、尽情地游戏，不要加以干涉。他恳切地呼吁：“母亲啊，培养儿童游戏的能力吧！父亲啊，保卫和指导儿童的游戏吧！”① 他的这一见解是非常正确的。

（五）论幼儿园教育的其他内容

福禄培尔还为幼儿园确定了一种教育活动形式——作业，通过作业对幼儿进行初步的教学。作业和“恩物”关系十分密切，作业是运用恩物所提供的观念来开展活动，将恩物的知识运用于实践。作业的种类很多，有绘画、纸工（编纸、折纸、剪纸）、用小木棒或小环拼图、串联小球、刺绣等。因为作业活动需要较多的技能和技巧，所以必须在学会恩物游戏后才能做。福禄培尔认为，通过作业活动，不仅可以扩大幼儿对于多种图形的认识，而且可以帮助幼儿认识点、线和平面，并练习使用它们去组成整体。作业活动可以使恩物知识得以巩固。

在福禄培尔为幼儿园规定的作业中，还包括一些劳动作业，如初步的自我服务、照料植物等。他主张为幼儿开辟一小块劳动园地，组织幼儿进行栽种，他认为，让幼儿在自然环境中进行观察和活动，对幼儿的发展是有益的，能促使幼儿热爱自然、亲近自然，并发展其创造能力。

福禄培尔还提到，无论在游戏还是作业的过程中，成年人要注意结合所使用的各种材料发展幼儿的语言。成年人不仅要经常与幼儿谈话，而且还要

① ［德］福禄培尔：《人的教育》，转引自张焕庭主编：《西方资产阶级教育论著选》，人民教育出版社 1979 年版，第 323 页。

不断增加新的谈话内容。他认为，歌曲、朗诵、故事以及游戏对儿童语言的发展具有重要意义。福禄培尔主张把讲寓言故事和歌唱作为幼儿园的教育手段。他认为，凡是儿童“脑子里模糊地理解的东西，凡是使他满怀欢乐的东西”，他们都渴望能够用语言表达出来，特别是用歌曲唱出来，幼儿“在歌唱中感到一种真正新的生命”①。健康、活泼、优美的儿童歌曲不仅可以激发幼儿的欢乐情绪，鼓舞其积极向前的勇气，陶冶其善良的情感，而且还有助于幼儿语言的发展。因此，福禄培尔对幼儿唱歌教学极为关注，并进行深入的研究。他编辑了专门的幼儿教育教材，供家长和幼儿园教学使用。

福禄培尔创立了幼儿园教育体系，使学前教育成为教育领域中的一个重要分支和独立部门，标志着学前教育机构的作用开始由“看管”转向“教育”，通过幼儿园的教育促使儿童的身体和精神的健康成长。福禄培尔创建的学前教育理论体系，对许多资本主义国家学前教育的发展都有很大的影响。直到 20 世纪初，他所创立的学前教育理论仍然在学前教育方面具有权威性。但是，由于他的教育理论是建立在其唯心主义哲学基础之上的，因此不可避免地带有神秘主义和形式主义倾向。

第二节 空想社会主义和主知主义学前教育思想

空想社会主义思想经历了 16 世纪至 18 世纪的发展，到 19 世纪发展到最高阶段。其代表人物是法国的圣西门、傅立叶和英国的罗伯特·欧文。空想社会主义思想产生于资本主义大工业迅速发展和资本主义社会制度已经确立的时期，它尖锐地揭露并批判了资本对劳动者的残酷剥削，并提出诸多有积极意义的结论，如消灭城乡对立、消灭小私有制的家庭、消灭雇佣劳动制等。但是，这些社会主义理想只是这些思想家们从头脑里想出来的“计划”，

① ［德］福禄培尔：《人的教育》，转引自张焕庭主编：《西方资产阶级教育论著选》，人民教育出版社 1979 年版，第 332 页。

而不是现实斗争的必然产物，他们寄希望于在不触动原有社会制度的前提下，通过人性的改善而获得合理、幸福的生活。因此这一理论体系是一种历史唯心主义的社会观，具有鲜明的空想特征。空想社会主义者在教育问题上也提出许多在当时极有进步性的见解，并对一些重要的教育问题做了深刻而有意义的探讨，尤其是欧文的教育活动与教育思想具有更为显著的意义。

主知主义（或称主智主义，Intellectualism）是西方近代教育发展进程中产生的一种重要的教育思想。赫尔巴特是这一教育思想流派中最主要的代表人物。主知主义发端于17世纪，19世纪趋于鼎盛，成为支配欧美教育发展的一种主导力量。主知主义教育思想深刻体现了西方近代社会、文化和教育发展的基本趋势和根本精神。它强调知识以及与此相关的智力、智慧和理性的价值，主张把传授知识和发展理智作为教育和教学过程的基础与目的，注重探讨传授知识的有效方法和途径，重视研究选择、编制知识内容的基本原则和具体方式。主知主义不仅直接推动了西方近代教育理论研究的深化，促进了人们对教育现象及其本质的认识的丰富与拓展，而且还广泛、深刻地影响了欧美各国近代教育制度的确立和教育实践的发展进程。

一、欧文的“性格形成”理论

罗伯特·欧文（R. Owen，1771—1858）是19世纪英国空想社会主义思想家和教育家，他于1816年创办的新兰纳克幼儿学校，是英国也是世界上最早的幼儿教育机构。在英国19世纪前期的幼儿学校运动中，以欧文的幼儿学校最为重要。欧文幼儿学校的产生为英国近代幼儿教育的发展开了先河。

（一）教育实践活动

1800年，欧文接管了苏格兰的新兰纳克纺织厂，欧文既是这家拥有2000名工人的大纱厂的经理，同时又是该厂的股东。当时厂里工人的生活非常悲惨，他们每天的劳动时间长达14个小时，而且工资低微，居住条件十分恶劣，居住空间狭窄，生活设备简陋匮乏。在这种拥挤贫困的环境中生活，人们的性格是畸形的，贫困导致了他们粗野、无知、道德堕落，时有打架、酗酒、盗窃的事情发生。这种环境，也给幼小的孩子们的性格带来恶劣的影响，从小造成他们心理压抑、性格扭曲。欧文认为这些不合理的性格都是罪恶的环境造成的，要改变人的性格，首先就要改变环境。他说："人可以经过教育而培养成任何一种情感和习惯，或任何一种性格"①，"教育人，就是培养他的性格"②。

在欧文看来，只要通过良好的教育，就能改变人的思想，培养良好的性格；就可以消除资本主义社会的罪恶，改变资本主义制度，"新道德世界"就会实现。他所说的"合理的性格"，即在感情、思想和行为上变成有理性的人。欧文把人的性格看作是环境的产物，他的这一"性格形成学说"，为其丰富的教育实践活动奠定了理论基础。欧文从接管新兰纳克纺织厂那一天开始，便着手改变工厂环境，进行了一系列的改革试验。比如他将工人的劳动时间缩短为10.5小时，提高工人的工资，兴建比较舒适的工人住宅。欧文还特别重视新兰纳克工人及其子女的教育问题，他希望通过实施教育来改变环境，通过给工人及其子女一定的教育来培养和发展他们的"理性"，形成合理的性格，再由他们来促进周围环境的改变，最终形成合理的社会制度。经过欧文改造后的新兰纳克纺织厂，工人们的性格发生了巨大的变化："从懒惰、肮脏、嗜酒、愚蠢和不道德变成了非常勤勉、不饮酒、积极、清

---

①② 赵祥麟主编：《外国教育家评传》（第2卷），上海教育出版社1992年版，第202页。

洁和有道德”①，经过陶冶馆教育的儿童都具有良好的举止和仪态。新兰纳克成了模范工厂区，各地的工厂主、社会活动家纷纷前来参观，欧文成了英国最有名望的慈善家。

欧文在改造新兰纳克纺织厂的过程中，主要的教育措施有如下几点。

1. 为2—5岁儿童设立幼儿游戏场，接收刚会走路的幼儿，请热爱孩子的青年女子担任幼儿保姆，帮助幼儿发展体格和好的品德。

2. 为5—10岁的儿童提供免费入小学学习的条件。

3. 为10岁以上的童工、青工设立业余学习班。

4. 为成人举办实用知识讲座。等等。

1816年，欧文将以上各种教育形式加以合并，使之成为一个统一的教育机构，正式命名为“新兰纳克性格陶冶馆”（也称“性格形成学院”），而幼儿学校就是其中的一个部门。幼儿学校招收1—6岁的幼儿，分两部分：1—3岁儿童为一部分，3—6岁儿童为一部分。但实际上幼儿学校是以3—6岁儿童的保育和教育为中心的，1816年共招收3—6岁儿童200多名。

欧文在他的代表作《新社会观，或论人类性格的形成》一书中，对为什么要设置幼儿学校作了阐述，他分析了三个方面的原因：一是由于工人阶级居住条件恶劣，狭小的空间和简陋的家庭设备不利于孩子的成长；二是孩子的父母们为生活所迫，忙于赚钱养家，很少有时间、精力考虑子女的教养和教育；三是由于父母的无知，完全不懂如何对待孩子，在养护和教育孩子方面没有正确的方法，不利于孩子性格的形成，也不利于孩子身体的发育。例如，有的母亲由于无知，为了让孩子安静老实一点，给孩子喝用鸦片制成的叫做“神威强心剂”的药水，最后使孩子悲惨地死去。正是基于以上三方面原因，欧文提出建立幼儿学校的必要性，主张通过幼儿学校的教育，给幼儿打下合理的性格基础。欧文认为，孩子的性格在入小学前基本成型，所以学

① 王天一等编著：《外国教育史》（上册），北京师范大学出版社1993年版，第361页。

龄前教育重要的一点就是促进儿童健康性格的形成。他明确地指出，幼儿学校的教育目的就是为形成儿童合理的性格奠定基础。总的来说，欧文是为了使工人阶级家庭的幼儿摆脱不良的生活环境，培养他们合理的性格而开办幼儿学校的。

（二）教育内容和教育方法

欧文幼儿学校非常重视幼儿的智育和道德教育。在智育方面，他提倡发展儿童的“推理能力”，即认识事物和理解事物的能力。还提倡让儿童学习实际有用的知识，反对把儿童束缚于书本知识，要求顺从儿童的兴趣爱好，让他们多去认识周围的事物，这些事物是他们所处环境里最有用的、也是最有必要了解的事物。

欧文提倡开放的教学形式，在他的幼儿学校里没有固定的室内活动时间，他说：“只要是天气和幼儿学校孩子们的体力允许，就应该让他们在户外的新鲜空气中玩耍。在游戏场里玩够了，再把他们带到教室里，由教师向他们展示和说明一些他们能够理解的、有用的事物。”① 在幼儿学校里，教师经常带孩子们到户外去活动，使孩子们对果园、田地、森林里的一切都产生浓厚的兴趣和亲切感。欧文要求幼儿教师要善于发现孩子们感兴趣的事物，并及时地将这些事物教给他们，他希望孩子们能把教学当作一种娱乐或游戏，能喜欢教学，喜欢学习知识。

欧文还提倡实物教学，在幼儿学校里，教室的墙上贴了各种动物图画，还有地图，教室里还经常放一些从花园里、田野里和树林里采集来的实物标本，供直观教学使用，从而增强了孩子们的学习兴趣。

游戏场是欧文幼儿学校的重要设施，它是幼儿户外活动的主要场所。为了给幼儿遮挡烈日和风雨，欧文还给游戏场搭了一个棚子。幼儿学校还有供儿童娱乐的房间和教室，其中有一间是专供舞蹈和唱歌用的教室。

在道德教育方面，欧文提出，幼儿学校道德教育的主要任务就是养成幼

① 梅根悟主编：《世界幼儿教育史》（上册），吉林人民出版社 1986 年版，第 87 页。

儿遵守纪律的习惯，培养他们与小伙伴友好相处，要求任何孩子都不能伤害游戏伙伴。为了让孩子做到这一点，还要求教师向幼儿说明理由，让他们明白个人的幸福是和团体的幸福、他人的幸福不可分割的，也就是说，建立在别人痛苦之上的欢乐、幸福不会是真正的欢乐、幸福。

幼儿学校除了进行智育和道德教育之外，还开展舞蹈、音乐和军事训练活动。欧文认为，舞蹈、音乐和军事训练，往往能创造一种对形成合理性格有利的“优越环境”，使孩子们精神愉悦、身体健康，培养他们对美的感受，并形成服从和守秩序的习惯。

在教育方法方面，欧文要求幼儿教师要以人道主义的态度对待孩子。他对那些非人道地对待孩子的做法进行了严厉的谴责，他特别反对责骂或惩罚儿童，认为惩罚儿童就像是在孩子的食物里下毒药一样，是不可饶恕的。他要求，在幼儿学校里，教师无论有什么样的理由，都决不允许打孩子；无论面对怎样调皮捣蛋的孩子，都不允许使用诸如威胁和咒骂这样的惩罚手段，他要求教师始终如一地以和蔼的语调、表情、词语和行为，对待所有的儿童。

欧文从性格形成的观点出发，非常重视幼儿教育，他把幼儿教育看作是国民教育中最重要的一个部分，是为社会改良服务的，他的幼儿学校的兴办就是这种思想的具体化。他尝试把工人阶级的孩子放到最好的教育环境里，通过集体合作的游戏、实物教学、教师的人道主义态度等教育形式和手段，来促使他们合理性格的形成。

欧文的幼儿学校在世界幼儿教育史上占有重要的地位，它被公认为是世界上第一所幼儿教育机构，为近代幼儿教育的发展开了先河。但是，由于欧文将发展教育的希望寄托在统治者身上，并试图仅仅通过教育来改造社会，因此他的思想和实践有一定的局限性。

二、赫尔巴特的儿童教育思想

赫尔巴特（J. F. Herbart，1776—1841）是德国近代著名的哲学家、心理学家和教育家。他一生致力于建立科学的教育学体系。他明确提出教育学是一门科学，建立教育学学科不能仅仅依赖于以往的经验和习惯，而应当具有哲学、伦理学和心理学的基础，应建立在科学的基础之上。他要求把哲学作为整个教育学的指导方向，用伦理学来决定教育的目的，在心理学基础上建立教育方法论。在西方教育史上，赫尔巴特被誉为“科学教育学的奠基人”。但是，由于他的唯心主义、形而上学的哲学和心理学观点，使他并没有真正达到建立科学的教育学的目的。

赫尔巴特一生著作很多，教育方面的主要著作有：《普通教育学》《教育学讲授纲要》《裴斯泰洛齐的直观教学ABC》《裴斯泰洛齐教学方法批判》等。《普通教育学》是赫尔巴特的教育代表作，它是西方最早的以“教育学”来命名的教育专著，这本书奠定了赫尔巴特在教育史上的重要地位。

（一）儿童教育思想的理论基础

赫尔巴特主要的教育理论是建立在他的哲学、心理学和伦理学思想基础上的。他的哲学观又是其心理学和伦理学思想的基础。赫尔巴特的心理学思想是其教育学的最重要的理论基础。“观念”是其心理学的核心概念，他把观念看作是人的先天认识能力对事物现象感知所产生的结果，观念是人的心理活动的基本内容。他认为，人在感知事物时会形成一个又一个的观念，观念之间具有相互吸引和相互排斥的作用，这样也就形成了人的各种心理活动。当人们意识领域之内的观念相互吸引、融洽结合时，就表现为心情愉快；而观念和观念相互抵触、排斥的时候，则表现为痛苦、不愉快。他认为所有的心理活动，如情感、意志、记忆、思维、注意、兴趣等，都是在观念的相互作用的基础上形成的。因此，他把人的所有心理活动都看作是观念活动的结果。那么观念的活动是怎样形成心理活动的呢？他进一步分析：在观念活动中通过力量大小的较量来保存清晰的观念，舍弃模糊的观念，但是被舍弃的模糊观念只是暂时被排斥在意识领域之外（或“意识阈限”之下），暂时不出现，而等待着一个新的观念的到来，等待着重新被组合，而成为意识领域之内（即“意识阈限”之上）的观念。保存在人的意识领域之内的观念，往往表现为人的各种心理活动。赫尔巴特进而提出，教学的作用就是要加强观念的清晰度，并促进观念的结合，从而发展思维能力。

赫尔巴特在他的心理学思想中，还提出一个“统觉作用”的概念，即人的意识之中已有的观念对新形成的观念具有统合、吸收的作用，也就是在原有的经验基础上形成新观念的过程。“统觉作用”运用到教学上就是用旧知识体系理解新知识，再重新排列组合成为一个新的知识体系。他认为“统觉作用”是形成正确的教学方法的基础，好的教学方法都是以此为基础产生的。

“兴趣”也是其心理学思想中的一个重要概念，他认为对某事物有了兴趣，就是在心理上对此事物形成了高度注意，有了兴趣才会对事物主动，有了兴趣也才会产生欲望和意志，所以在教学中要注意培养学生的兴趣。

由此我们可以看到，赫尔巴特力图把心理学和教育学结合起来研究，使裴斯泰洛齐的“教育心理学化”思想得到了进一步的发展。但是，赫尔巴特的心理学还属于思辨心理学，较接近于哲学，还没有达到实验心理学的水平，他的许多结论并未得到实验检验，有许多脱离实际、凭空想象的成分，所以不能正确地、唯物地来解释人的心理活动。尽管如此，赫尔巴特的心理学思想在心理学发展史上仍占有重要地位。

赫尔巴特的伦理道德观是保守、落后的。他认为，凡是不违反现存国家统治制度的行为、思想就是道德的；反之，则是不道德的。他提出五种道德观念（即“五道念”），认为这五种道德观念是人类生活的目标，也是教育的目标。这五种道德观念如下所述。

(1)“内心自由”观念。要求人们在进行任何一种活动时，思想和行为不矛盾，其行为完全是出于内心的需要，即思想和行为完全一致。

(2)“完善”观念。当思想和行为产生矛盾时，要求用完善的道德观念来约束自己，依靠理智使自己的行为完善起来。

(3)“仁慈”观念。当“完善”的观念仍然不能解决思想与行为之间的矛盾时，就要依靠“仁慈”观念去解决，即要求个人意志同他人意志和谐一致，对他人抱有善意，尽量避免与人冲突，以求得社会安定。

(4)“正义”观念。一旦人与人之间的冲突发生，就要用“正义”观念来约束自己，做到遵纪守法，不侵犯他人利益。

(5)“公正或报偿”观念。要求用“公正”的观念对待破坏社会秩序的行为，即对恶的行为加以惩罚，对善的行为加以奖励。

赫尔巴特认为，只要人们达到了这五种道德观念，人生就会尽善尽美。他要求人们自觉自愿地服从这五种道德观念，任何时候都能用“五道念”来激励和约束自己，控制内心的欲望，保持内心的平静，而这就需要通过教育来达到这一目的。

（二）论教育目的

赫尔巴持认为，教育的最高目的就是“道德”，他把教育所要达到的目标集中于道德培养方面。他说：“教育的唯一工作与全部工作可以总结在这一概念之中——道德。道德普遍地被认为是人类的最高目的，因此也是教育的最高目的。”① 按照他的观点，教育目的是和道德教育的目标等同的，就是通过教育使儿童清晰地理解和掌握五种道德观念，培养儿童明辨是非的能力，训练他们的意志力，使之成为具有完善的道德品格的人。赫尔巴特把教育的这一目的称为“必要的目的”，它贯穿于整个教育过程之中。除此之外，

① ［德］赫尔巴特：《论世界的美的启示为教育的主要工作》，转引自张焕庭主编：《西方资产阶级教育论著选》，人民教育出版社 1979 年版，第 259—260 页。

教育还有一种“可能的目的”，即与每个人未来的职业有关的目的，这一目的是因人而异的。在这里，赫尔巴特把教育目的分为两个部分，他更看重的是前者。他认为，教育的真正目的是必要的目的，即道德的目的，这是每一个人都必须达到的目的。可见，在赫尔巴特的教育思想中，道德教育是最根本最首要的任务，整个教育都是围绕着培养完善的人这一目的进行的。

（三）论儿童管理

赫尔巴特把教育过程分为三个阶段：管理、教学和训育。赫尔巴特认为，在教育过程中应当管理先行。他把对儿童的管理看作是整个教育过程的前提，是教学必不可少的条件。管理的目的是要克服儿童“天生的野性”，为教育教学工作的顺利进行创造良好的外部秩序。他认为，如果不先抓好管理这一环节，后面的教学工作就无法进行，因为儿童生来就有不服管束的本性，行为盲目冲动，经常会扰乱成人的计划，这种“自然本性”如不及早加以管束，势必会影响到后面的教育教学工作。赫尔巴特反对教育一味地顺应儿童的自然本性。他说：“把人交给‘自然’，甚至于把人引向‘自然’，并在‘自然’中锻炼只是一件蠢事。”① 他主张要对儿童的自然本性加以约束，主要就是通过管理的手段来约束儿童身上的“野性”，限制其发展，所以在给予儿童知识和道德教育之前，应当先给予他一定的管理，使儿童养成服从秩序的习惯。在赫尔巴特看来，管理也是实现教育总目的的强有力的手段。

赫尔巴特除了在理论上论述了管理在教育中的地位和作用外，还提出了一整套具体的管理方法。归纳起来主要有以下四种。

1. 课业

赫尔巴特认为，最有效的管理方法莫过于课业本身，如果课业本身没有组织好，儿童就会空闲、懒散，就会到处惹是生非。他强调，无论什么时候都要使儿童有事情做，空闲和懒散最容易导致儿童做坏事和不受约束。他提议课外要多让儿童参加手工劳动和野外活动，如果能利用做事的手段使儿童

① ［德］赫尔巴特：《普通教育学》，转引自张焕庭主编：《西方资产阶级教育论著选》，人民教育出版社 1979 年版，第 278 页。

学习有利于将来教养的东西，那就更为理想了。

2. 威胁

赫尔巴特认为，威胁是一种带有强制性的手段，由家长或教师向儿童宣布一些确实而具体的命令和禁则，并设置惩罚记录本，专门记载儿童的过失。赫尔巴特在书中还分析了威胁方法的弊端，他说："运用威胁，使一切管理有触及两种暗礁之一的危险：一方面有些本性顽强的儿童，蔑视一切威胁，敢于做任何事情以实现他们的意志；另一方面有更多的儿童，本性软弱，不能承受威胁，恐惧反而会助长欲望的发展。两种结果，或此或彼是不可避免的。"① 赫尔巴特认为使用威胁的办法并不是都能收到预期的效果，如有些天性倔强的儿童对威胁毫不在乎，他们仍然不断违反禁令。对此，赫尔巴特又提出，不要单纯地采用威胁的办法，必须把它同其他方法结合起来。

3. 监督

赫尔巴特指出，对于那些威胁方法不起作用的儿童，就需要用监督的方法，即将他们严格控制在父母和教师的监督之下，一发现过失就马上纠正。他指出，监督的方法在儿童幼年时期是极为有效的。因为儿童控制自己行为的能力较差，经常不能遵守成人的规定，所以需要在监督之下时时给予其督促。赫尔巴特同时又指出了使用监督的方法所存在的问题。他分析说："在经常监督的压力之下成长的人们，不能希望他们多才多艺，不能希望他们有创造的能力，不能希望他们有果敢的精神，不能希望他们有自信的行为。"② 赫尔巴特提醒人们一定要监督得适当，不可监督过严，否则会造成许多不良后果，如逃避、产生欺骗行为等。

4. 惩罚

赫尔巴特认为，如果儿童出现恶劣行为，就必须加以惩罚，包括体罚、剥夺自由、禁止用餐、关禁闭室和站墙角等。他指出，在前几种方法不奏效

①② [德] 赫尔巴特：《普通教育学》，转引自张焕庭主编：《西方资产阶级教育论著选》，人民教育出版社 1979 年版，第 268、269 页。

的情况下，要果断地使用惩罚。

另外，赫尔巴特还把父母和教师的威信以及对儿童的爱，作为管理儿童的辅助方法，这是为了克服前几种方法带来的消极后果。“爱”就是通过与儿童情感的交融，自然而然地将爱施于儿童身上，一旦取得儿童的信任后，便可以不露痕迹地对他们加以控制、管理，以情感的力量感化他们，使他们的思想感情与自己接近。他还认为，儿童的爱是无常的，需要经常地巩固、强化爱的作用，从而更好地达到管理的目的。可见，赫尔巴特主张的对儿童施加爱的目的还是为了对儿童进行管理。

赫尔巴特重视管理在教育中的重要地位和作用，这是有积极意义的。他主张建立严明的规章制度，安排丰富而紧凑的儿童生活，注意教育者对儿童的爱等，也有一定的合理因素。但是，他对儿童的整个管理是立足于维持社会的现存秩序，这在当时是保守的；他把管理和道德教育机械地分开，这也是错误的；而且他把儿童仅仅看成是被动地受管理的对象，而没有看到儿童的主动性，这也是片面的；他提出的体罚办法更是落后的和反科学的。他的管理方法曾经被德国和其他国家的学校广泛采用，运用于学校管理方面。

（四）论教学

赫尔巴特把教学看作是整个教育过程的核心。他认为一个人虽然能够从周围环境，从与人交往中获得自然知识、社会知识，但是这些知识是不系统的，必须通过教学来给予补充，通过教材、课堂、教师来使知识系统化，这便形成了传统教学的特点，即以教材、课堂、教师这三者为中心来开展教学活动。因此赫尔巴特也被称为“传统教学的鼻祖”。

1.“教育性教学”原则

赫尔巴特在论述教学问题时，提出了“教育性教学”的原则。他说：“教学如果没有进行道德教育，只是一种没有目的的手段，道德教育（或者品格教育）如果没有教学，就是一种失去了手段的目的。”① 以此来说明教

① 王天一等编著：《外国教育史》（上册），北京师范大学出版社1993年版，第324页。

学与道德教育的关系。他把教学作为进行道德教育的最主要和最基本的手段。他认为，没有教学就没有道德教育，道德教育只有通过教学活动才能系统地进行；反过来说，凡是教学活动都是要发生教育作用的，或是说，没有一种教学是不带教育性的。他说："我想不到有任何'无教学的教育'，正如在相反方面，我不承认有任何'无教育的教学'。"① 在这里，赫尔巴特论述了教学同训育的关系，这也是他之所以这样重视教学活动的原因。

赫尔巴特认为，教学的目的有两种：一种是终极目的，另一种是一般目的。教学的终极目的是同总的教育目的相一致的，即通过教育、教学把儿童培养成为具有完善的道德品质的人。教学的一般目的是培养儿童多方面的兴趣，掌握多方面的知识，促使儿童多方面能力的和谐发展。

2. 学科课程体系

赫尔巴特说："教学须在个人身上培养多方面性。"② 他本着在教学中发展儿童多方面兴趣的原则，提出了一个具体的课程体系，这个课程体系是以儿童的兴趣为基础的。他把儿童的兴趣分为两大类六个方面，并且根据六个方面的兴趣设置了相应的学科。

(1) 经验的兴趣，即通过观察外界事物了解事物性质的兴趣；相应地开设物理、化学、地理等科目。

(2) 思辨的兴趣，即探索事物规律的兴趣；开设数学、逻辑学、文法等科目。

(3) 审美的兴趣，即对事物进行评价判断的兴趣；开设音乐、美术等科目。

(4) 同情的兴趣，即了解人与人之间关系的兴趣；主要设置语言学科。

(5) 社会的兴趣，即了解人与社会的关系的兴趣；开设历史、政治、法

---

① [德] 赫尔巴特：《普通教育学》，转引自张焕庭主编：《西方资产阶级教育论著选》，人民教育出版社 1979 年版，第 267 页。

② [德] 赫尔巴特：《教育学讲义纲要》，转引自张焕庭主编：《西方资产阶级教育论著选》，人民教育出版社 1979 年版，第 304 页。

律等学科。

(6) 宗教的兴趣，即了解人与神的关系的兴趣；开设神学课程。

在这六种兴趣中，前三种是了解自然现象的兴趣，为第一类；后三种是了解社会与人的兴趣，为第二类。赫尔巴特这种结合儿童心理发展需要来设立学科的思想，在当时具有进步意义，使课程设置有所依据。但是，赫尔巴特这种课程论思想也存在严重缺陷，主要有以下几个方面的问题。

(1) 他把课程设置仅仅建立在对儿童心理发展需要研究的基础上，而忽视了其他方面的因素，例如社会生活的需要、科学知识发展水平，以及学生的接受能力等，这是不科学的。

(2) 他所依据的心理基础仅仅是少数贵族儿童的心理发展状态，因此他所提出的学科课程体系必然是德国古典人文学科的翻版，是脱离生活实际的。

(3) 他在其课程体系中，给予宗教神学一定的地位，这是其思想保守性的反映。

3. 形式阶段教学法

赫尔巴特以其观念心理学为基础，特别是依据"统觉作用"原理把教学过程分为四个阶段，每一个阶段由于观念活动的状态不同，儿童所表现出来的心理活动也就不同，因此需要教师根据儿童不同的心理活动来确定不同的教学任务，采取不同的教学方法。这四个阶段如下。

(1) 明了阶段。这个阶段主要是让学生清楚明了地感知新知识，教师通过一些感知材料来帮助学生获得新观念。所采用的方法是叙述法。

(2) 联想阶段。这个阶段主要是把所获得的观念与旧的观念联系起来，形成新的知识体系。所采用的方法是分析法。

(3) 系统阶段。这个阶段主要是在教师的指导下对知识进行归纳总结，使之系统化。采用综合的方法。

(4) 方法阶段。这一阶段主要是通过学生自己的练习，使知识得以巩固。采取应用的方法。

赫尔巴特的这一教学法，后来被他的学生发展成为“五段教学法”，即把教学分为预备、提示、联系、总结、应用五个阶段。五段教学法被广泛地运用于教学实践活动中，在欧美各国学校里长时间流行，并且也影响到我国20世纪初的学校教学活动。

赫尔巴特的这一教学法存在如下合理性。

（1）注意在儿童心理活动的基础上规定教学活动。

（2）所设计的几个阶段容易掌握，其方法运用起来比较轻松。

（3）有助于系统知识的传授和掌握。

赫尔巴特这一教学法的缺陷主要有如下方面。

（1）过分强调教师的教而忽视了学生的学，使学生处于消极的被灌输的地位，抑制了学生主动性和创造性的发挥。

（2）教师也容易被几个阶段所束缚，限制了教师教学的灵活性。

（3）按照观念活动来划分四个阶段，没有考虑到教学方法的制定还要受到其他因素的影响，如教材、学科特点、儿童的年龄特征等。

（五）论训育

训育，即道德训练。在赫尔巴特的教育体系中，德育问题占据重要地位，并贯穿始终。赫尔巴特认为，德育的出发点是向学生灌输五种道德观念，让学生学习和理解其内容，再由观念形成意志，由意志陶冶性格，最终形成完善的道德性格，至此完成教育的全过程。

赫尔巴特认为，道德教育的最佳效果是使学生将“五道念”上升为自己的愿望和要求，成为一种个人意愿，从而自觉自愿地服从“五道念”，无论何时何地都能用它来激励、约束自己，控制内心欲望，使内心保持宁静和明朗。在这里，赫尔巴特一方面特别强调学生的自我教育，另一方面也强调完善的道德性格的形成主要依赖于实际训练，将在教学中形成的道德观念转化为行为。

赫尔巴特认为，道德训练主要有如下两种方法。

（1）陶冶。对儿童心理施加影响，这种影响是持续的，是缓慢渗透的，从而形成一种激励儿童心灵的力量，促进其道德性格的形成。

(2) 有秩序的健康生活。他认为，健康生活是进行完善性格训练的基础，要求给学生安排合理化的、有规律的生活秩序，以使学生形成良好的健康状况。另外，他还提到教师的人格力量在道德训练中的作用，他要求教师要耐心宽容地对待学生，要冷静地进行劝导，保持愉快的教育气氛。他认为训育可以对严厉的管理和紧张的教学起缓解作用。

（六）论学前儿童教育

赫尔巴特在他晚年的著作《教育学讲授纲要》中曾专门论述了0—8岁婴幼儿的教育问题。他分成两个阶段来论述：0—3岁为一个阶段；4—8岁为一个阶段。

1. 0—3岁儿童的教育

他认为0—3岁这个阶段教育的最主要的任务是照料儿童的身体，因为这个时期儿童的生命是很脆弱的，必须精心照顾他们。他提到，成人应为儿童提供安全的活动场所，以供儿童进行四肢活动的练习，并有助于儿童对事物的观察。

赫尔巴特提倡对3岁前儿童及时地实施智育，他认为这个年龄阶段的儿童具有巨大的潜力，完全可以进行智育活动，但他也提到，在进行智育时，应根据儿童的健康状况而定，也就是说不能给儿童过多的负担，不能对其身体造成损害。赫尔巴特认为这个阶段的智育，主要是以感官教育和语言教学为主，在这两方面他提出了一些具体的建议，如：成人应为儿童感官的发展提供一些感性材料，特别是要多提供一些促进视觉和听觉发展的材料；还应注意不要给儿童过分强烈的感官刺激，以免造成儿童器官的损伤；应及早地对儿童进行语言教学，而且要认真细致地进行，成人在讲话时要注意避免不正确的语言表达方式和儿童不能理解的内容，以防止对儿童的语言发展造成不良的影响；等等。

关于这个阶段的德育，赫尔巴特指出其主要任务是要防止儿童养成任性的毛病，要训练他服从成人的管理。赫尔巴特认为，对儿童的管理工作必须及早进行，以免养成儿童任性妄为的坏习惯。他提出成人不应听从儿童的摆布，他还提出要经常让儿童感到自己无能为力，感到成人有力量，这样他们才会自觉地服从成人的管理。

2. 4—8 岁儿童的教育

关于 4—8 岁这个阶段儿童的教育，赫尔巴特主要强调德育和智育两个方面。

在德育方面，他要求对这个阶段的儿童继续加强管理，要彻底消灭其任性的毛病，还要防止其他坏习惯的产生。他主张让儿童过集体生活，不给儿童独处的机会，让他们在集体生活中受到严格的纪律的约束，这样可以有效地避免坏习惯的滋生。赫尔巴特还要求在这个阶段培养儿童合理的生活习惯，使他学会克制自己的欲望，约束自己的行为，以促使其道德观念的形成。另外，赫尔巴特也提到要给予儿童一些自由，使他们能有机会发表自己的意见。

在智育方面，赫尔巴特主张这个阶段应进行初步的教学活动。他指出这个时期虽然儿童稳定注意的时间还比较短，但是却不能对此忽略，应充分利用稳定注意的时间，对幼儿进行初步的综合教学，教学内容包括数数、组合、观察学习、计算、阅读、绘画、书写等，以此增长儿童各方面的知识。赫尔巴特还要求通过教学来促进儿童智力的发展，注意儿童综合思维形式的培养。他还对教学方法提出了一些合理化的建议，如以下两个方面。

（1）鼓励儿童提问题。他认为，儿童在获得新经验的过程中，常会提出各种各样的问题，这些问题往往很天真幼稚，而且没有目的性，但是教师却应该认真对待，要及时而彻底地回答儿童提出的问题，因为这样可以鼓励儿童，提高儿童的学习兴趣，并使他们不断地积累知识，为以后的教学工作打下基础。

（2）寓教学于游戏之中。他主张对幼儿进行的教学活动，其中有一部分应以游戏的方式来进行，目的是为了使儿童对学习感兴趣。他正确地指出，教师应尽量避免使教学成为让儿童反感的事物。

赫尔巴特的教育理论在欧洲近代教育思想史上占有重要地位，他的儿童教育思想是非常丰富的，他对教育科学的发展做出了杰出贡献，他的教育思想的很多方面至今仍然有一定的价值，特别是他的教学理论部分。例如，教育性教学原则、主张知识教育和道德教育的结合、系统知识的传授等，都具有一定的合理性。但是，他的教育理论在认识论和方法论上都存在着机械主义和形式主义的倾向。比如，在教学活动中忽视儿童的主动性，对儿童采取严格的管理方法，教学内容和教学方法中存在不少片面性的观点等。

思考与练习

1. 简述洛克的道德教育思想。
2. 评述卢梭的感觉教育论。
3. 简述裴斯泰洛齐的家庭教育思想。
4. 评述福禄培尔的游戏理论。
5. 简述欧文的性格形成理论。
6. 评述赫尔巴特的儿童管理思想。

拓展性阅读导航

1. 赵祥麟主编：《外国教育家评传》（1、2卷），上海教育出版社1992年版。

本书以评传的体裁，把古代、近代一些外国教育家的生平活动和教育思想生动地呈现出来，并对人物的教育思想进行实事求是的评价。

2. 张斌贤、褚宏启著：《西方教育思想史》，四川教育出版社1994年版。

本书较为系统地阐述了西方教育思想在从古代希腊到20世纪七八十年代这两千多年间的发生、发展和演变的基本过程。

第七章

现代学前教育思想

内容提要

现代学前教育思想非常丰富，许多现代教育家对学前儿童的教育问题都有过较深入的研究，其中比较有代表性的人物是：蒙台梭利、杜威、克鲁普斯卡雅、马卡连柯。他们的学前教育理论对其本国乃至世界学前教育实践的发展都起过积极的指导和推动作用。现代学前教育思想与前一时期比较起来，不仅有着深厚的理论基础，而且更加注重对儿童身心发展方面的研究。

学习目标

1. 了解欧洲新教育运动和美国进步教育运动中的重要教育实验。
2. 掌握蒙台梭利、杜威学前教育思想的基本内容。
3. 掌握克鲁普斯卡雅、马卡连柯学前教育思想的基本内容。

关键词

阿博茨霍尔姆学校　隐修学校　昆西教学法　设计教学法　道尔顿制　蒙台梭利教学法　儿童中心主义　从做中学　全面发展　集体教育

第一节 新教育运动和进步教育运动中的学前教育思想

新教育运动（或称新学校运动），是指 19 世纪末 20 世纪前期在西欧一些国家相继展开的、旨在改造传统学校和建立新型学校的教育革新运动。新教育运动适应了 19 世纪末 20 世纪初西欧社会发展所引起的改革现行教育制度的客观需要，从多方面抨击旧的教育体制和教育理论，致力于建立符合现代社会要求的新型学校，并在借鉴现代科学研究成果的基础上，提出了较完整和丰富的教育理论，从而引起了教育思想和教育价值观念的巨大变化。就其对现代世界教育的广泛和深远的影响而言，新教育运动与美国进步主义教育运动一起，共同构成了现代教育的开端。

新教育运动从产生、发展到衰落的几十年历史，大致可分为三个主要阶段。

1. 从 19 世纪末到第一次世界大战前，这是新教育运动的发生阶段。

2. 从第一次世界大战到第二次世界大战前，为新教育运动的发展和兴盛阶段。

3. 从第二次世界大战开始，新教育运动逐步走向衰落。

新教育运动在西欧各国得到广泛的开展，先后涌现了一大批著名的新教育家，产生了各种形式的新学校。在新教育运动中产生了一大批重要的教育改革实验，比较具有代表性的有：雷迪的阿博茨霍尔姆学校；德可乐利的隐修学校；蒙台梭利的“儿童之家”；等等。这些实验不仅提供了一种明显不同于传统学校的学校模式，而且为新教育思想和理论的形成，创造了直接的前提。这些教育家教育思想的共同点可以概括如下。

1. 猛烈抨击旧式传统教育死读书本、脱离生活实际以及压制儿童个性自由发展的实际与理论，提倡注重儿童的自由发展。

2. 主张以培养适应现代社会需要的、完全人格的“新人”为新教育、新学校的目的。

3. 主张新教育应注重全面教育，着重开设现代社会所需要的科学和知识课程，并注重手工、劳动的教学。

4. 重视对儿童进行美的陶冶。

5. 在教育教学的原则和方法方面，强调尊重儿童的自由，注重儿童的兴趣，注重应用直观、启发、思维训练等方法进行教学。

进步教育（也称“进步主义教育运动”）是指美国产生于19世纪末并持续到20世纪50年代的一种教育改革思潮。进步教育是进步主义运动的一部分。进步主义运动是19世纪在美国兴起的广泛的社会改良运动，旨在反对工业社会的政治经济弊病。进步主义者们力求同时改革教育和社会事务。他们揭露了公立学校中存在的各种严重问题，试图通过改革使学校教育适应美国社会的新的需要。进步主义教育是在许多教育家反对那种过于形式主义的传统教育的过程中产生和发展起来的。它是由实用主义哲学思想应用于教育而形成的一派教育主张。进步主义教育理论源于卢梭、裴斯泰洛齐和福禄培尔等人的教育思想，并深受现代科学尤其是生物科学和进化论的影响。杜威的教育理论对进步教育运动产生了很大的影响。

美国进步教育运动的发展大致经历了四个阶段：兴起（19世纪末至1918年）、成型（1918至1929年）、转折（1929至1943年）和衰落（1943至1957年）。1919年，美国进步教育协会成立；1920年，协会提出了进步教育的七项原则或纲领；1924年，协会创办《进步教育》杂志，向读者介绍欧洲的教育革新和美国的进步教育实验。1929年的经济大萧条严重影响了美国进步教育运动的发展，它使进步教育运动发生转向，此前强调儿童中心和个人的自由发展，此后则更加意识到学校的社会职能。1944年，美国的进步教育运动进入衰落阶段，这一年，美国进步教育协会更名为“美国教育联谊会”，成为欧洲新教育联谊会的一个分支。1953年，协会解散。1957年，《进步教育》杂志停办，标志着美国教育史上一个时代的结束。

一、新教育运动和进步教育运动中的重要教育实验

（一）雷迪的阿博茨霍尔姆学校

英国教育家雷迪（C. Reddie，1858—1932）于1889年创办的阿博茨霍尔姆（Abbotsholme）学校是新教育运动中的第一所新学校，它标志着新教育运动的兴起，阿博茨霍尔姆学校对于新教育运动的发展发挥了重要的推动作用。由于这个原因，雷迪被誉为“新教育之父”。

雷迪对英国现行学校教育特别是公学的教育状况极为不满。他认为现行的公学教育与日常生活的实际需要相脱节，公学以古典人文学科为核心的课程体系不能适应现代科学发展的要求，公学对比赛和竞争的重视不利于社会合作精神的培养，公学对智力训练上的注重易导致学生发展的片面性。基于这种认识，雷迪致力于建立一种新型的公学，这就是阿博茨霍尔姆学校。

雷迪创办阿博茨霍尔姆学校的根本目的是提供一种适应现代社会要求的全面教育，以培养新型的统治人才。他明确指出，阿博茨霍尔姆学校的任务是提供“一种完全现代的、合乎人的情理特点的且能适应社会‘领导阶级’需要的全面教育”①。这种“全面教育”要能促进学生的全面发展，包括良好的身体和心理的健康发展。雷迪曾对教育目的做过如卜表述：“我们的目的是造就人类一切能力的圆满发展。儿童要变成一个完人，使他能成就一切生活的目的。要达到我们这个日的，学校不应成为一块人工造成的地方，专靠书本为媒，而不与生活相通连。学校应成为一个真实的、实际的、儿童能在该处发现自己的小世界。只有理论是不够的，同时必须有实际。理论与实际这两个元素应同存在学校里，正如它们常在我们身旁。否则儿童将来必至走进一个于他极为新奇的世界，他就会在这里失掉他的一切应付本领。……因此，我们要训练儿童的能力、智力和体力，以及手工的技巧与敏捷。”②

① 杨汉麟主编：《外国教育实验史》，人民教育出版社2005年版，第380页。

② 王天一等编著：《外国教育史》（下册），北京师范大学出版社1993年版，第223—224页。

用一句话来概括，雷迪所要培养的是符合资本主义发展需要的、手脑并用、全面发展，能够自由应付困难的开拓者、领导者。为了实现这个教育目的，雷迪在学校环境、教学内容、教学组织和教学方法等方面，采取了一系列新的措施。

阿博茨霍尔姆学校位于英国德比郡一个风景秀丽的小镇，校园占地133英亩，并附有农场、牧场、果园、手工工场、运动场，作为学生学习知识及劳动的基地。这是一所男子寄宿学校，招收11—18岁的男生。学校建设之初只是一片荒芜之地，雷迪让这些男孩子们逐步开辟道路，建造校舍，修筑运动场。可以说，学生就是学校的创造者。按照雷迪的想法，这种艰苦的、富有创造性的生活有助于培养全面发展的、未来社会所需要的开拓者、领导者。

阿博茨霍尔姆学校采取寄宿制，学生每天的生活分为三个部分：上午，学生以学习知识为主；下午，主要从事体育活动和户外活动；晚上，进行娱乐和艺术活动。雷迪为学校生活、教学活动和学生生活制定了三项基本原则：领导、合作、和谐。雷迪强调在师生之间、学生之间、学校与社区之间，建立一种真诚的信赖关系。他主张学校的一切课程和活动都体现“全面的和协调的”原则，学校的一切活动都致力于使学生学会怎样生活、怎样合作及怎样领导。

阿博茨霍尔姆学校的课程主要包括五个部分。

（1）手工劳动和体育。雷迪把体育和手工劳动看作是学校生活的“主要元素”。学校每周有三个下午用于手工劳动，两个下午用于体育活动。雷迪要求学生在广阔的校园内进行手工劳动和体育活动。学生们自己修筑球场、建造实习工厂、栽花、种草、植树。这种重视实际手工操作活动的学校在当时的学校教育实践中的确是一种新的创造。

（2）艺术课程。开设了美术、音乐、手工等课程，学校尤其重视音乐课，使学生养成对音乐的鉴赏力和歌唱、表演技能。

（3）文学和智力方面的课程。此课程不同于公学古典课程，其中包括英语、法语、德语、物理学、化学、生物学、历史和地理等科目。学校虽然也开设拉丁语和希腊语，但处于次要的辅助科目的位置。

(4) 社会教育。为了培养学生的合作精神，学校鼓励学生从事各种形式的社交活动，如鼓励在晚上和周末举办社交娱乐活动，鼓励俱乐部活动和戏剧音乐演出，鼓励协同作业计划等。

(5) 道德和宗教教育。雷迪为改革传统的宗教和道德教育方式，在阿博茨霍尔姆学校进行了新的尝试。他主张宗教与道德教育的基本原则是通俗易懂，非教条、非宗教偏见。他在学校创造具有自己特点的礼拜仪式，还将重点放在宗教与道德教育同日常实际生活之间的联系上，注重实际磨练。

雷迪强调这五种课程之间的相互联系，以促使学生的“知识、能力和技术”的协调发展。他还强调知识的学习与现实生活、与学生活动的相互联系。

阿博茨霍尔姆学校的教育实验获得极大成功，对英国乃至欧洲各国的学校教育都产生了重要影响，它的办学模式、课程设置、教学组织和教学方法都具有一些明显不同于传统学校的新特点。当时很多教育家都纷纷到阿博茨霍尔姆学校来参观，回去后仿效办起这样的新学校，如 1893 年英国教育家巴德利（J. H. Badley）按照阿博茨霍尔姆学校的样式，在英国南部苏塞克斯郡建立了贝达尔斯（Bedales）学校。德国教育家李茨、法国社会学家狄摩林回国后分别创办了德国和法国的第一所新学校。

（二）德可乐利的隐修学校

比利时教育家德可乐利（O. Decroly，1871—1932）一生致力于“新教育”“新学校”的创建工作，他于 1907 年初在布鲁塞尔近郊创办了驰名世界的“隐修学校”（又称“德可乐利学校”或“生活学校”），实践“新教育”的教育原则。

学校初建时只招收 4—15 岁学生，后来延伸至 18 岁，学校由此成为从幼儿园直到中学的完整的儿童教育机构。学校的环境很美好，在这里，“儿童呼吸纯净的空气，住在明亮的房子里，或在阳光普照、景色明媚的花园里，他们在草坪上欢乐地跳跳蹦蹦，或者沿着小径奔跑直到跑得气喘吁吁为止。在阳光下放了许多张睡椅，供人安静地休息或午睡。到处都是供玩赏的动物：猫、狗、羊、龟、鸟……这些动物与家禽、兔子和栽培植物一样得到精心照料。大自然从各方面环绕着他们……”①。在如此美好的自然环境中，儿童的身心愉悦健康成长。

隐修学校并不是传统意义上的教育和教学机构，而是一个实验室、一个工场。学校附设活动室、实验室和车间，使儿童可以从事各种活动和作业。通过这些实际的活动，使儿童的学习与日常生活紧密地结合起来。德可乐利认为，学校应当首先关心生活，应当为现代社会培养能够从事各项工作和具有解决实际问题能力的新人。隐修学校以发展儿童的发现精神、个人经验、解决实际问题的能力以及从事各项活动为宗旨。为此，学校必须与社会保持密切的联系，使儿童了解现实的社会生活，认识自己所处的自然环境和社会环境，懂得现代生产的基本状况。只有这样，新学校才能真正具有活力，使儿童健全地发展。他说：“学校如能使儿童为现代生活做准备，那么，它即可达到普通教育目的；学校如能在实践上使儿童接触一般生活，尤其是社会生活，那么，学校的这种准备即能成功。”②

在德可乐利看来，教育就是要发展儿童的创造力、想象力和观察力，培养儿童专心工作和合作的精神。德可乐利指出，传统学校过于强调专业知识的学习，使学生把大部分时间和精力花在知识的获得上，没有自我表现的机会，学生因而成了被动接受知识的机器，其结果是，学生不仅没有很好地尊重知识，反而对学习活动充满厌倦。

德可乐利把儿童的需要和兴趣当作教育的出发点和目的。他全面地论述了兴趣及其在教育中的意义。他从生物学和心理学的角度出发，把儿童的需要和兴趣相联系。他指出，儿童有四种基本需要：营养的需要、保护

①② 张斌贤、褚宏启等著：《西方教育思想史》，四川教育出版社 1994 年版，第 567、592 页。

自己不受自然力伤害的需要、自卫的需要、工作及活动的需要。与这四种需要相对应，人有四种兴趣：对食物的兴趣、对寻求保护自己的基本要素的兴趣、对防备敌人的兴趣、对个人或团体工作（活动）的兴趣。德可乐利认为，在儿童的心理活动中，兴趣具有非常重要的作用，他说："兴趣是一个水闸，用它开启注意的水库，并使注意有了方向。它也是一种刺激，脑力依赖它而冲出。"① 德可乐利认为，儿童的兴趣是通过对社会和自然环境的认识而满足的。既然如此，旨在促进儿童认识的教育和教学活动，必须以儿童的兴趣为中心，从儿童的兴趣出发，设置和编制课程，建构教学过程。德可乐利根据心理学的研究成果，提出了教学的三个步骤：（1）从兴趣引发感觉经验；（2）通过联系形成和发展观念；（3）用具体或抽象的表达方式进行实验和解释。这三个步骤可以简化为：观察、联想和表达。

隐修学校以儿童的兴趣为中心设置的课程主要分为三类。

1. 以多方面兴趣为中心的课程。这是为一、二年级编制的课程，包括：关于寒冷的课题；关于自我保护、免遭危害的课题；关于认识天体的课题；等等。

2. 以单一兴趣为中心的课程。这类课程从三年级开始采用，主要是由教师负责编制。这种课程是按下列需要编制的，如：饮食、卫生、衣着、居处；采石开矿，建造房舍及制造工具；开辟道路，交通运输；等等。

3. 儿童自动组织的课程。儿童从四年级开始可以在教师的指导下自己编制课程，他们根据自己的认识或心理过程编制学习某个具体知识的程序。例如，他们根据观察、联想、表达的心理程序，可以比较轻松地在短时间内拟出"植物"这一课题的提纲，然后交给教师补充修改。

隐修学校每天的教育由三部分组成。

1. 早晨从读、写、算作业开始，采用德可乐利创造的"视觉意象法"，进行书面语言和口头语言的练习。"视觉意象法"体现了德可乐利的教学整

① 张斌贤、褚宏启等著：《西方教育思想史》，四川教育出版社 1994 年版，第 589 页。

体化思想。他要求在阅读的初级阶段，应该利用观察、联想、表达的整体化心理程序进行教学，德可乐利把这种以心理学为依据的阅读方法称为“视觉意象法”。他认为，阅读是一种视觉作用，视觉比听觉更为客观和具体，能给人以正确的概念。他要求改变传统的阅读方法，不是先学字母、字音、单词，而是直接学习整句话。用“视觉意象法”学习整句的儿童，阅读起来就会比用传统方法学习的儿童快得多。这种方法使阅读方法简单化，提高了阅读教学的效率。

2. 随后进行以兴趣为中心的教学活动，这是学校教学的主要部分。

3. 下午学生从事他们所喜爱的手工劳动或学习外语。

德可乐利结合其创办隐修学校的实践，进一步从理论上阐明了学校组织的原则和方法。他认为，一所学校招收的学生人数不宜过多，应实行男女同校。他主张建立家长委员会，让学生家长参与学校工作的管理。他强调学校应当使学生学会自律、自治，并努力发展学生的团体精神，学校可以经常举行各种形式的团体活动，举办演讲会，并鼓励学生积极主动地参与、发挥创造精神。德可乐利主张实行“分组教学”。他认为，应当根据儿童的生理年龄和心理年龄，对儿童进行分组，每组人数在 20—25 人。他虽然也接受了传统的班级授课制的形式，但强调教室不应只是学习和教学的场所，而且应成为儿童活动、交流的地方。

德可乐利主张隐修学校通过“单元教学”（也称整体化教学）的形式进行教育与教学。他反对传统旧教育中的呆板的、学习科目互相隔离的、不重视儿童心理特征的分科教学制度，认为教学设计应依据两个方面：一是儿童个人，一是儿童所处的环境。他要求把儿童的本能需要，诸如营养、防卫能力、娱乐活动等与他身边的家庭、学校、社会等环境，以及天文、地理、动植物等知识联系起来，对儿童进行综合的而不是分科的教学，并在教学中发展儿童对认识事物的“整体化”的兴趣。他认为，儿童兴趣的核心不在于对单个事物的了解，而在于对事物整体上的认识。

德可乐利以“兴趣中心”和“整体化教学”为核心的教育实践与理

论，在20世纪初新教育运动的发展中影响广泛，许多国家的教育家访问他的隐修学校，学习他的教育教学新方法。德可乐利创立的教学法曾被世界许多国家的小学和学前教育机构所采用，直到现在，还在一些国家产生影响。

（三）帕克的“昆西教学法”

帕克（P. W. Parker，1837—1902）是美国进步教育运动的先驱者，被杜威称为“进步主义教育运动的奠基人”“进步教育之父”。1875至1880年，帕克任马萨诸塞州昆西市公立学校督学，领导和主持了昆西学校实验，第一次把他的进步主义教育思想付诸实践。他的教育代表作有《关于教育学的谈话》和《关于教学的谈话》。

帕克的教育革新措施以“昆西教学法”或“昆西制度”著称。其主要特征如下。

1. 强调儿童应处于学校教育的中心。

2. 重视学校的社会功能。

3. 主张学校课程应尽可能与实践活动相联系。

4. 强调培养儿童自我探索和创造的精神。

其具体做法如下。

1. 课程

在昆西学校实验中，帕克最初着手的是课程改革。在语文课方面，他取消学校固定的教学科目，如拼音、阅读、文法和书法等，而是让教师自己设计教材，或者选择报刊杂志上那些生动有趣的内容作教材，以代替那些枯燥陈旧的教科书。在算术课上，帕克指导教师从实物或直观教具入手，结合儿童的日常生活来教儿童掌握数量关系，摈弃过去那种从抽象的原理规则出发学习数学的做法。学习历史时，不是让儿童背诵那些历史久远的人物事迹，而是要求教师把重点放在“训练儿童掌握大工业发展的历史”，使儿童能更好地了解目前所处的工业社会。学习地理时，则是结合到附近郊游和实地考察来进行，使儿童了解人与自然环境的密切关系。同时他还增设手工和绘画课，引导儿童练习手的表达能力和艺术欣赏力。

经过帕克的初步改革后，昆西学校不再要求学生静听和呆读死记，而是通过直观教具、实物观察、活动描述和理解意义等方法来学习。

2. 教学方法

帕克主张以儿童的兴趣为基础，通过活动来学习知识。例如，他指导教师在课堂上把学生分成若干小组进行活动，还常常带领学生到野外去观察自然。帕克认为，儿童有兴趣地从活动中学习比强迫灌输更有力量。昆西学校十分注重激发儿童对各种活动的兴趣，并重视自然观察、旅行活动、手工劳动、艺术以及体育活动等，如利用学生的表演兴趣来组织各种活动，让学生自编自演小剧本，举办音乐会。帕克还反对教育中的体罚和惩诫等手段，认为这将损害儿童善良的天性，是教师的无能和失职，是违背自然的。他提出学校应该克服各种歧视和偏见，建立合作民主的气氛，教师与学生、学生与学生之间应该互相交流、互相帮助和互相学习。他指出，儿童在活动中的互相学习是最好的学习，从其他同学那里学到的东西比从教师那里学到的东西还多。

帕克在昆西学校所推行的一系列教育和教学改革，在 19 世纪末的美国教育界引起广泛的关注，人们形容帕克把美国教育“关闭的窗猛地打开了，把那可以复苏儿童麻木精神的新鲜空气带进屋来”①。帕克反对旧学校的种种陋习，要求热爱儿童，深刻理解儿童的本性，相信儿童具有发展的潜力，要求关注儿童和儿童的利益，强调发展儿童的主动性和创造性，还提倡培养儿童的社会意识和合作精神，主张在学校建立一种民主融洽的学习气氛。他的这些思想对后来的进步主义教育家影响很大。

（四）克伯屈的设计教学法

克伯屈（W. H. Kilpatrick，1871—1965）是美国进步主义教育家，他一生致力于对杜威的教育哲学进行解释。克伯屈曾说过这样一段话：“我可能

---

① 赵祥麟主编：《外国教育家评传》（第 2 卷），上海教育出版社 1992 年版，第 456 页。

总只不过是杜威哲学的解释者，也许我能做的是把它系统化，并加以组织，融合其他人的著作，然后多多少少促其发展。”① 杜威的兴趣主要集中在教育哲学上，而克伯屈的兴趣主要集中在学习理论上，他在杜威的实用主义教育理论的基础上提出了通过设计和解决问题来学习的方法，即“设计教学法”。1918 年，克伯屈因发表《设计教学法》一文而在国内外赢得很大声誉，被称为“设计教学法之父”。克伯屈通过设计教学法把杜威的教育哲学具体化、程序化，使其具有可操作性，使普通教师都能接受进步教育的观点，并应用于课堂教学，从而扩大了杜威实用主义教育理论和进步教育的影响。

“设计教学法”是克伯屈教育哲学的实践体现，他主张放弃固定的课程体制，取消分科教学，取消现有的教科书，把学生有目的的活动作为所设计的学习单元。克伯屈强调有目的的活动是设计教学法的核心，儿童自动的、自发的、有目的的学习是设计教学法的本质。“设计”实质上就是从儿童的生活出发对活动或者说某一行为的设计，对活动过程中刺激与反应的全面安排。关于什么是“设计”，克伯屈曾举了一个非常著名的例子：假设一个女孩准备做一条裙子，她自己设计裙子的式样，并且自己缝纫。克伯屈认为，这就是一个典型的设计。他说：“我把‘设计’这个名称用来指这种有目的的活动，而把重点放在有目的这个字眼上”② “做裙子”就是目的，这个目的一旦形成，就会支配着以后的每一步行动，包括买布料和裁剪，而且这个女孩还必须全心全意认真地去做，才能够成功。

根据杜威的“思维五步法”，克伯屈提出了设计教学法的四个步骤：(1) 决定目的；(2) 制定计划；(3) 实施计划；(4) 评判结果。克伯屈强调儿童在整个设计教学活动中的地位，要求儿童尽可能自己从事每个步骤，认为只有这样，儿童才会全身心地投入到活动中去。所有的工作都由儿童自己来做，由他们自己找材料，自己研究。但是，这并不意味着否定教师的作

①② 赵祥麟主编：《外国教育家评传》（第 2 卷），上海教育出版社 1992 年版，第 802、793 页。

用。在实施设计教学法时，教师应当自始至终帮助儿童确立活动的每一个步骤。教师的任务在于利用环境，激发儿童的学习动机，决定目的的选择，指导儿童制订计划，帮助儿童选择恰当的材料。在设计教学活动中，教师应当给予儿童充分的自由，其作用是鼓励、引导儿童，而不是发号施令，强迫儿童接受自己的安排。但是设计教学法并不主张放弃教师的控制，因为儿童容易犯错，有时会滥用教师给予的自由，为所欲为，所以需要指导，有时必须制止儿童的行为，从而把活动引向正确的方向。

设计教学法在美国得到迅速传播。到20世纪30年代，对西欧和亚洲很多国家的学校教育都产生了广泛的影响。设计教学法尊重儿童，使儿童成为学习的主人，充分发挥了儿童的主动性和积极性，培养了儿童的自信心；力求使教学符合儿童的心理发展规律，在一定程度上提高了儿童的学习效率；注重培养儿童的合作精神和尊重他人的习惯；培养了儿童的责任心以及运用知识解决问题的能力；加强了教学与儿童实际生活的联系。但由于强调根据儿童的经验组织教学，设计教学法实施的结果，必然导致系统知识学习的削弱。

（五）帕克赫斯特的道尔顿制

帕克赫斯特（H. Parkhurst，1887—1973）是美国进步主义教育家，道尔顿制的创始人。1920年，她应邀去马萨诸塞州道尔顿市的道尔顿中学，实施一项名为“道尔顿实验室计划”的教育革新计划，一般简称“道尔顿制”或“道尔顿计划”。

道尔顿制是一种个别教学制度，它是针对传统的班级授课制的弊端而产生的。帕克赫斯特批评班级授课制使学生处于被动地位，学生的个别差异得不到应有的照顾。她做了以下的改革。

1. 在学校里废除课堂教学，废除课程和年级制，代之以“作业承包合同”，也称“学习工作契约”。

2. 将各教室改为各科作业室或实验室，按学科的性质陈列参考用书和实验仪器，供学生使用。各作业室配有该科教师一人，负责指导学生。

3. 用“表格法”来了解学生的学习进度，既可增强学生的动力，也可使学生管理简单化。

作业承包合同是教师预先拟定好的，规定学生在一定时间内必须完成的作业纲要。作业承包合同根据学生学习的不同程度而定，例如，可把相同的学习内容分为三种水平的指定作业：（1）低等，只包括本知识点的基本内容，适合能力较差的学生使用；（2）中等，适宜于能力中等的大部分学生使用；（3）高等，指定让能力最强的学生使用。一旦选定后，即学生接受教师的作业承包合同之后，就开始进行独立的个体化学习了。学习内容、学习方法和学习时间都由学生自己预先计划，教师不会随便干涉，学生只要在规定的时间内达到教师给定的教学目标即可。

道尔顿制要求“一日应有一日的计划，一星期应当有一星期的预算，一月应有一月的大概规定，一年亦有一年的总估计，这就是计划的真意义”①。道尔顿制赋予学习计划以重大意义。它不仅使学生在学习过程中认识时间的价值，养成节约和珍惜时间、充分利用时间的良好习惯，而且还可以让学生在自学过程中了解自己的学习能力的大小、学习速度的快慢，从而发展判断力，提高自学能力，实现自我教育的目的。

20 世纪 20 年代，道尔顿制在许多国家，如英国、苏联流行一时，产生过较大影响。帕克赫斯特还曾到亚洲一些国家（如日本、中国等）介绍其方法。道尔顿制的可取之处在于：丰富和扩大了当时教育改革的内容；重视学生独立自主精神的培养；为重新看待教师的地位和作用开创了一个新的思路。道尔顿制存在的问题是：过于强调个别差异；过高估计教师的能力；教师工作量加大（重复劳动过多）；高估了学生的自觉性，在实施时容易导致放任自流；教学秩序容易混乱；无法给学生提供一个良好的学习环境。

---

① 杨汉麟主编：《外国教育实验史》，人民教育出版社 2005 年版，第 353 页。

二、蒙台梭利教学法

蒙台梭利（M. Montessori，1870—1952）是欧洲“新教育”运动的重要代表人物，也是继福禄培尔之后的又一位杰出的幼儿教育家。

（一）教育实践活动

蒙台梭利出身于意大利的一个军人家庭。她中学毕业后决定学医，当时意大利很少有女子学医，因此她的决定遭到家庭的反对，但是她坚持进了罗马大学医学院。在罗马大学医学院学习期间，由于家庭断绝了经济资助，生活很困难，她不得不靠奖学金和兼做家庭教师来完成学业。她于 1896 年以优异成绩毕业，成为意大利历史上第一位女医学博士。

毕业之后，蒙台梭利被罗马大学聘为该校附属精神病诊所的助理医生，主要治疗对象是一些智力有缺陷的儿童。经过一段时间的实践，蒙台梭利得出这样的结论：儿童智力缺陷主要是教育问题，而不是医学问题。她进而把这种观点广为宣传，号召人们关心这些孩子，给他们提供合适的教育机会。她的主张在社会上引起强烈的反响，不久教育部长任命她为国立特殊儿童学校的校长。在任职期间，蒙台梭利以极大的热情投入到对特殊儿童的教育工作中，她的辛勤劳动取得了明显的效果：许多智力有缺陷的儿童在国家考试时达到甚至超过同年龄正常儿童的水平。此时，蒙台梭利又开始进一步思考这样一个问题：非正常儿童经过合适的教育可以达到正常儿童的水平，那么正常儿童经过合适的教育以后，一定能达到更高的水平。于是从 1901 年开始，蒙台梭利决定投身于正常儿童教育这个广阔的研究领域，她把研究方向选定在幼儿教育方面，着重研究 3—6 岁儿童的教育问题。

1907 年初，蒙台梭利在罗马贫民区开办了一所招收 3—6 岁贫民儿童的幼儿学校，并命名为“儿童之家”。儿童之家不收费，但“约法三章”，比如：要求家长每天按时接送孩子、遵守时间；家长要同儿童之家密切配合，教育好孩子；家长要经常把孩子在家里的表现报告给校方；等等。在儿童之家，蒙台梭利将最初用于智力有缺陷儿童的教育方法进行适当修改后运用于正常儿童，同样取得了很大的成功，并引起国内外人士的广泛注意。

1909 年，她出版了一本《适用于儿童之家的幼儿教育的科学方法》（也译为《蒙台梭利教学法》）。她在书中总结了自己在儿童之家的实践经验，全面阐述了自己的教育观点和方法。该书出版后影响很大，被译成二十多种文字，慕名前来参观儿童之家的人络绎不绝。为了进一步扩大影响，也为了满足各方面的需要，1919 年后，蒙台梭利在不少国家开设了每期半年的国际训练课程班，亲自传授她的教育方法，受训人员有时达到四五千人。学员学成后，大力宣传蒙台梭利的方法，由此形成的蒙台梭利运动进一步扩大到世界范围。蒙台梭利于 1912 年和 1915 年两次访问美国，备受欢迎。1913 年，“美国蒙台梭利教育协会”宣布成立。在美国，以蒙台梭利名字命名，并采用蒙台梭利教学法的学校一度达 2000 多所，杜威还在《明日之学校》中介绍了蒙台梭利的方法。1916 年以后，由于美国一些教育家同蒙台梭利持不同的观点，其理论逐渐被冷落。蒙台梭利晚年仍到各国巡回演讲，指导教育工作，呼吁通过教育来改造世界，促进世界和平。

蒙台梭利的主要著作除了《蒙台梭利教学法》以外，还有《教育人类学》《高级蒙台梭利方法》《童年的秘密》等。

（二）论教育目的和教育原则

蒙台梭利对卢梭的教育理论有比较深入的研究，她接受了卢梭的自然教育思想，对旧式学校和家庭教育压抑儿童个性的做法给予猛烈的抨击。

她指出，旧式教育忽视了儿童发展的内在力量，硬是把成人思想、要求强加给儿童，对儿童横加干涉，压抑了儿童的本性，窒息了儿童创造力的发展。而在旧式学校中最普遍的做法就是把儿童束缚在课桌椅上，儿童就像是被钉子固定的蝴蝶标本一样，这给儿童的身体、心灵都带来极大的痛苦，且不利于儿童智力的发展，她在书中这样写道："儿童是在学校里工作的。他们被关在学校里，和奴隶一般，受到社会强加的痛苦。儿童长时间的伏案读书写字，使他们的胸膛受压而变得狭小，容易患肺病。他们的脊柱同样由于姿势不正而弯曲；他们的眼睛由于长时间在光线不足的情况下学习而变成近视。由于长时间关在狭小、闭塞的屋子里，整个身体被毁坏，好像被窒息了。"① 她又进一步分析说："儿童所受的痛苦不只是身体上的，在智力活动方面也遭受痛苦。学习是强制性的，充满了厌倦和恐惧，儿童的心智疲劳了，他们的神经系统倦竭了。他们变得懒散、沮丧、沉默、耽于恶习，对自己失去信心，毫无童年时期的快乐可爱的景象。"② 她发自内心地喊出："不幸的儿童！受压迫的儿童！"③ 她大声疾呼："今天，整个社会必须关心儿童，注意到儿童的重要性，……必须为儿童建设世界，并承认儿童的社会权利。"④ 她要求彻底改变旧式教育那种压抑儿童本性、限制儿童自由活动的做法。

蒙台梭利指出："我们的教育目的，一般地说是双重的，即生物的和社会的。从生物学角度来讲，我们希望帮助个人自然地发展，从社会学角度来讲，我们的目的是使个体对环境做好准备。"⑤ 尽管蒙台梭利同时强调两个方面的目的，但从她的基本思想来看，重心是在"生物学"方面的目的。她认为，在儿童身上存在着一种强烈的、天赋的内在潜力，它规定和制约着儿童的成长与发展。这种内在潜力的不断展现，构成了儿童的发展。而儿童的生命力则是通过自发冲动表现出来的。这种自发冲动的外在形式就是自由活

①②③④ [意] 蒙台梭利：《童年的秘密》，转引自王承绪、赵祥麟编译：《西方现代教育论著选》，人民教育出版社 2001 年版，第 86、86、86、90 页。

⑤ 张斌贤、褚宏启等著：《西方教育思想史》，四川教育出版社 1994 年版，第 578 页。

动。由于这个原因，在儿童的发展和对儿童的教育中，自由活动就具有至关重要的作用。蒙台梭利主张，教育者应当为儿童创造一个自由活动的环境，使儿童根据自己的内在需要从事各种活动，选择各项作业。只有在自由的活动中，儿童才能真正体验到自己的力量，从而获得不断发展的强大动力。她提倡新教育应让儿童过一种自然、自由的生活，成人尽量少去干扰儿童，而让儿童充分地自由活动。她要求新教育应本着自由的原则进行，要重视儿童发展的内在力量，在儿童的自由活动中，促使其潜在能力得以提高。

（三）论教育环境

蒙台梭利建议兴办新型的学校教育，为儿童的身心发展提供一个良好的环境。她说："必须注意为儿童期设置一个适当的世界和一个适当的环境，这是一个绝对迫切的需要。"① 她接着又说："让我们努力准备一个环境，在这个环境中，我们将尽量不用我们的监督和教学去干扰儿童。我们必须相信，这个环境愈适合儿童的需要，教师的活动就愈为有限。"②

蒙台梭利在她的"儿童之家"里精心设计了下面的环境。

> "儿童之家"有专门为儿童设计的活动室和休息室。为了有利于儿童的自由活动，活动室和花园相连，儿童可以自由地在花园中玩耍，随时都可以自由地进出活动室，室内的桌椅也很轻巧，可以按儿童的意愿随便动，还可以搬到花园里去。
>
> 活动室是"儿童之家"的最重要场所，各个活动室里都放置一个矮柜，里面放有许多种教具，供儿童自由选择，随意取用。墙上挂着黑板，儿童可以在上面绘画、写字，墙上还贴着儿童喜爱的各种图片，并经常更换内容。活动室的一个角落还铺有地毯，儿童可在地毯上活动。

在这样的环境中，儿童愉快地活动着，活动的内容包括运动、手工、唱

①② ［意］蒙台梭利：《儿童教育》，转引自王承绪、赵祥麟编译：《西方现代教育论著选》，人民教育出版社 2001 年版，第 95 页。

歌、照料动植物、各种感官训练和知识学习等。“儿童之家”甚至连课程安排也打破了多少分钟为一节课的规定，以强调个人学习和个别活动，希望在儿童的自由活动中排除成人强加给儿童的影响，让儿童在自由活动中体验到自己的力量，从而促使他们自觉地发展，并使这种自我力量的认识成为他们进一步发展的动力。蒙台梭利认为，教育的作用就在于帮助儿童内在力量的发展，教育者必须信任儿童内在的、潜在的力量。她说：教育的任务就是“使每个儿童的潜能在一个有准备的环境中都能得到自我发展的自由”①。

蒙台梭利认为，儿童的内在潜能是在环境的刺激、帮助下发展起来的，是个体和环境之间相互作用的结果。她指出，旧式教育只包括教育者和儿童两个因素，而忽视了环境的作用。新式教育应当包括教师、环境和儿童三个因素，三者之间彼此都应发生作用，而这个环境是个“有准备的环境”，即通过成人的帮助，提供给儿童一个适合其发展的环境。

具体到如何为儿童准备教育环境的问题，蒙台梭利认为，对于新生婴儿来说，最好的环境就是父母本身，因为儿童这一时期最需要“营养”与“爱”，要求与父母相处。蒙台梭利的这一观点，也是针对当时不少贫民家庭对孩子照顾不周而提出来的。对于 3 岁以上的儿童，蒙台梭利则主张为他们提供一个能激发其活动动机的预备环境。她根据“儿童之家”的经验，对“有准备的环境”提出了以下的标准和要求。

1. 必须是有规律、有秩序的生活环境。
2. 能提供美观、实用，对儿童有吸引力的生活设备和用具。
3. 能丰富儿童的生活印象。
4. 能为儿童提供感官训练的教材或教具，促进儿童的智力发展。
5. 能让儿童独立地活动，自然地表现，并意识到自己的力量。
6. 能引导儿童形成一定的行为规范。

---

① 杨汉麟、周采著：《外国幼儿教育史》，广西教育出版社 1993 年版，第 249 页。

蒙台梭利的“儿童之家”就是按照这种标准和要求来设置的。

(四) 论自由和纪律的关系

蒙台梭利还谈到自由和纪律的关系问题。她说：“自由与纪律是同一事物不可分离的部分——就像一枚铜币的两面一样。”① 她认为，给儿童以极大的活动权利，并不意味着儿童可以随心所欲、恣意妄为。在蒙台梭利看来，自由和纪律并不是完全对立的，她认为“自由”不是放纵，纪律应该是一种主动的纪律，不是强迫形成的。她指出，当儿童在自由活动中专心于某一件事、某一种活动时，当他们专注于表现自己的个性时，他们就是在形成自己的良好纪律。她说，正如儿童的天性酷爱自由一样，他们的心智本来是趋向纪律与秩序的。因此，自由活动不仅是儿童发展的重要条件，也是形成良好纪律的重要方式。她认为儿童一旦从活动中获得乐趣，便会专注自己的活动，儿童之间就没有了争吵，良好的纪律就体现出来了。

由此可见，活动之所以能促进纪律的形成，根本上是由活动的性质、特点决定的。因为儿童天生有一种活动的欲望，喜欢摆弄物品，喜欢操作教具，而这种自由活动能使儿童从中得到满足和乐趣。比如有一次，蒙台梭利看到一个 3 岁左右的小女孩正在做感觉练习，她把大小不同的木制圆柱放进相应的孔洞中去，这一动作反复了 40 多次，但小女孩毫不厌倦，仍专心致志，甚至蒙台梭利在活动室弹奏钢琴，也未对她产生影响。蒙台梭利同卢梭一样，反对用“说理”的方法去规范儿童的行为，她认为幼儿处于这一时期，成人的说教是不会奏效的。此外，用强制命令和规范去束缚儿童，会压抑儿童的个性，也是违反自由原则的。她主张通过自由活动的方式让儿童自觉地形成纪律，她明确地指出：“纪律必须通过自由而来。”②

① 张斌贤、褚宏启等著：《西方教育思想史》，四川教育出版社 1994 年版，第 587 页。

② [意] 蒙台梭利著，任代文主译校：《蒙台梭利幼儿教育科学方法》，人民教育出版社 2001 年版，第 112 页。

（五）论感官教育

蒙台梭利非常重视幼儿的感官训练和智力培养，这是“儿童之家”的重要特色，也是蒙台梭利教学法的一大特点。她在《蒙台梭利教学法》一书中，用很大篇幅论述了感官教育。

蒙台梭利首先强调了感官教育的重要性。

1. 幼儿正处在各种感觉的敏感期，这时加强相应的教育，可以不失时机地使感官得到最充分的发展。她认为，儿童 2—4 岁是视觉、听觉和触觉的敏感期，2—6 岁是良好行为规范的敏感期，应该在这些敏感期内加强训练，以取得良好的教育效果，达到事半功倍的目的。她认为，在敏感期内，儿童心灵所吸收的东西在他们的整个一生都能保存着，如果某一方面疏忽了，错过了敏感期，将来弥补起来会很困难。

2. 感官训练是形成认识能力的第一道大门，通过感官训练，可以使抽象的东西具体化、精确化，有利于发展幼儿对事物的观察力和辨别力。所以，只有通过感官的训练，才可能使智力得到发展。蒙台梭利认为，感觉是人与环境接触的唯一途径，是观察力的组成部分。不仅如此，感觉还是各种高级心理能力（分析、判断、比较）的基础，因此感觉训练是“智力发展的第一步”。

从这种认识出发，蒙台梭利非常重视感官教育。为了使儿童的感官得到最充分的发展，她在“儿童之家”里对儿童进行了各种感官训练。她设计了一套“感官练习材料”（亦称“蒙台梭利练习材料”），让儿童通过操作教具，达到训练感官的目的。这套“感官练习材料”包括训练听觉、视觉、嗅觉、触觉等感觉能力的材料，其中以触觉为主。她认为，幼儿常以触觉代替视觉和听觉，即常以触觉来认识事物，因此要重视触觉的训练。在“儿童之家”里，训练触觉的材料很丰富，有滑度触觉、温度触觉、重量触觉、实体触觉等方面的训练材料，即把触觉训练具体分为对冷热的感知、对轻重的感知和对厚薄大小的感知等。

蒙台梭利的这套感觉练习材料有以下几个特点。

1. 按照用途分为不同的种类，每一类分别训练某一种感觉。

2. 各种材料使用时，要求尽可能地排除其他感官的干扰，以使所训练的感官得到的印象尽可能地纯正、清晰。比如，在训练儿童的触觉时，让儿童将眼睛蒙上或把儿童带入暗室，然后再操作训练触觉的教具，这样做是为了排除视觉的干扰。

3. 教具有控制、纠正错误的功能。蒙台梭利一再强调这些感官训练的教具是提供给儿童自己做的，可以通过幼儿自己操作、尝试错误，而达到“自我教育”的目的。如有一套训练视觉感知能力的教具：在一块木板上有10个大小不等的孔，每个孔对应着一个圆柱体，每个圆柱体直径只差1毫米，要求幼儿正确地把混放在一起的圆柱体放进相应的孔中。儿童通过反复练习，不断比较，并纠正视觉感知错误，使其视觉感知能力的精确性和敏锐性得到训练和提高。蒙台梭利说：“人之所以成人，不是因为教师的教，而是因为他自己的做。”① 这话是很有道理的。

蒙台梭利的感官教育思想和实践，有很多值得我们参考和借鉴之处。例如她强调对儿童进行感官训练，这是符合人的认识发展规律的。而且她所设计的训练材料，也是符合儿童的年龄特点的，让儿童通过对注意、比较和判断的练习，使感官趋于敏锐。这套感官训练材料活动性强，容易引起儿童的兴趣和好奇心，有助于促进儿童智力的发展。

但是，蒙台梭利的感官教育也有其不足之处，主要有两点：（1）她的感觉训练是孤立地进行的，她孤立地训练儿童的各种感官，某个活动只用来专门练习某种特定的感觉，割裂了各种感觉之间的内在联系；（2）其感官教育采取的方法有机械、呆板、枯燥乏味倾向，儿童长期利用感官教具进行训练，容易受到操作顺序的束缚，不利于儿童想象力和创造力的培养。

---

① 杨汉麟、周采著：《外国幼儿教育史》，广西教育出版社1993年版，第258页。

（六）论儿童的日常生活技能训练和游戏

蒙台梭利在强调感觉教育的基础上，还要求重视儿童的日常生活技能的训练。蒙台梭利十分强调儿童个人经验的作用，出于这种考虑，在她的儿童之家中，实际生活技能的练习占有非常重要的地位。在儿童之家里，有不少练习是和儿童的日常生活技能有关的，如：练习走路、正确的呼吸、讲话、读书等；学会料理自己的生活，如穿脱衣服、洗手、刷牙等；对大一点的孩子进行有关家庭或学校生活事务劳动的训练，如洗餐具、擦地板、分食物、整理房间等。在蒙台梭利看来，日常生活技能的训练，不仅有利于促进儿童的体力和各种能力的协调发展，也是培养儿童独立人格的重要手段。

蒙台梭利明确地反对儿童的游戏。她认为，在儿童生活中游戏没有什么重要性，游戏是琐碎的，只是闲暇时的娱乐。她对福禄培尔鼓励儿童从事游戏的理论进行了批评，认为游戏只能在儿童心灵上创设一种幻景，而不能提供同社会的真实接触。她把“玩具”列为儿童不喜欢的东西，而以“材料”（或教具）代替之。在这里，蒙台梭利错误地把重视现实世界的需要同想象活动对立起来，忽视对儿童想象力的培养。

继福禄培尔之后，蒙台梭利的教育思想和教育活动，进一步发展了学前教育的理论和实践，具有世界性的影响。她的教育思想还反映了新教育的要求，对20世纪初兴起的新教育运动起了推进作用。但是由于她的唯心主义观点的局限，以及其教育方法上带有机械的和形式主义的性质，致使其教育理论未能形成科学的学前教育理论体系。其教育思想也有较大的缺陷，如：过分强调感官训练而轻视儿童思维能力的发展；过分强调儿童所谓的自由活动，而在理论上贬低了教师的作用，特别是在学前教育中过分强调自由活动是不切实际的，忽略了儿童自我控制能力差，需要成人适当的管束、引导这一实际情况。

三、杜威的"儿童中心"思想

杜威（J. Dewey，1859—1952）是美国著名的哲学家和教育家，美国实用主义教育理论的创始人。他的教育理论对当时美国的进步主义教育运动有重要影响。

杜威出生于美国佛蒙特州柏林顿市的一个小商人家庭。8 岁时进入一所地区小学学习，接受传统教育，这段经历为他后来批判传统教育提供了很好的素材。他 16 岁时进入佛蒙特大学学习。在大学学习期间，他对赫胥黎（T. H. Huxley）的生物进化论思想产生了兴趣，并进而开始了对哲学问题的思考。1879 年，从佛蒙特大学毕业后，杜威在宾夕法尼亚州石油城的一所中学里教了两年书，主要教授拉丁文、代数和自然科学。1881 年，杜威回到佛蒙特州，在一所乡村学校担任教师，所教科目庞杂。1882 年，杜威进入约翰·霍普金斯大学学习研究生课程，在这里所学到的各方面知识为他理论体系的形成奠定了坚实的基础，而且这所学校独特的学术气氛也影响着杜威，使他对创造性研究产生浓厚的兴趣。在此期间他受到哲学家皮尔斯（C. S. Pierce）和心理学家霍尔（G. S. Hall）的影响，但对杜威影响最大的还是黑格尔哲学的忠实信徒莫里斯（G. S. Morris），他把杜威的兴趣最终引向哲学研究。

从 1884 年起，杜威在密执安大学担任哲学教授，一直到 1894 年，这期间他的哲学思想开始成熟起来。1894 年，杜威应聘到芝加哥大学任哲学教授，并担任了哲学、心理学和教育学系主任，讲授哲学、伦理学、心理学和教育学等方面的一系列课程。1896 年，他创办了“芝加哥大学实验学校”（也称“杜威学校”），对教学问题进行了实验研究。芝加哥实验学校的教育教学活动不仅使杜威已形成的教育理论在此得以检验，而且还为杜威新的教育理论的产生起了奠基作用。芝加哥实验学校存在了 8 年，于 1903 年停办。芝加哥实验学校的教育经验和理论集中地反映在他于 1899 年出版的《学校与社会》一书中。1904 年，杜威辞去了芝加哥大学的工作，到哥伦比亚大学任哲学教授，直到 1930 年退休。在此期间，他曾到日本、中国、土耳其、墨西哥和苏联等国进行教育考察和演讲，扩大了杜威教育理论在世界范围内的影响。1919 年，杜威来到中国宣传他的教育主张，他的实用主义教育理论得以在中国广泛传播，在一定程度上影响了中国教育的发展。我国一些著名的教育家，如陶行知、陈鹤琴等，都不同程度地从他的思想中吸取了合理的方面，加以改造和发展，并在此基础上形成了自己具有特色的教育理论。

杜威一生写了许多教育著作和论文。他的主要教育著作有《我的教育信条》《学校与社会》《儿童与课程》《民主主义与教育》《经验与教育》《今日之教育》《人的问题》等，其中，《民主主义与教育》是杜威实用主义教育思想的最系统和最集中的阐述，它作为美国进步主义教育运动的指导纲领，影响深远，同时它也是世界教育史上的一本经典著作。

（一）“儿童中心”思想的理论基础

1. 实用主义哲学

实用主义哲学是杜威教育理论的首要理论基础。实用主义是在美国的特定历史条件下形成和发展起来的一种主观唯心主义哲学，它的主要代表人物是皮尔斯、詹姆士和杜威。皮尔斯是实用主义哲学的创始人，他于 1878 年在《我们怎样使观念明确》一文中，最早阐述了实用主义哲学的基本思想。概括他的思想，可以集中为一个观点，即“存在就是有用”，这是一种明显的主观唯心主义观点。其后，美国哥伦比亚大学哲学、心理学和生理学教授詹姆士于1907年出版了《实用主义——一些旧思想方法的新名称》一书，继承并发展了皮尔斯的观点，在皮尔斯“存在就是有用”的基础上，又进一步提出“有用就是真理”。詹姆士使实用主义哲学进一步通俗化了。

杜威将皮尔斯和詹姆士的实用主义哲学观点全盘吸收，并有新的发展：他强调哲学作为思维的工具的作用。他把哲学看作是人们用来适应环境、整理经验的一种工具。他认为，哲学必须要与人们的实际生活发生联系，必须要以促进社会和政治的发展为目的。但是怎样才能实现这一理想呢？杜威想到了使哲学与教育紧密结合起来，以此来发挥哲学的最大推动作用。他分析说，只有通过教育活动，使实用主义哲学所宣扬的世界观和方法论深入人心，普遍地使人们接受，才能够发挥哲学的最大效用。这样，杜威便创造性地把实用主义哲学应用到了教育上。

在杜威的教育哲学中，有一个最重要的概念就是“经验”。杜威认为经验是人的有机体与环境相互作用的结果，所谓相互作用，就是说有机体不仅是被动地适应环境，而且对环境起着作用。在这里，他把人（经验的主体）和环境（经验的客体）都包括在“经验”这个概念之中，并把它们看成是同一过程的两个方面，相互联系，以致合而为一。在杜威看来，通过人和环境的相互作用，人所认识的只能是主观的经验世界，而不是离开人的经验而独立存在的物质世界。由此，他就提出，存在即被经验，在他看来，人的主观经验是客观世界存在的基本前提，或者说，没有主体的存在，也就无所谓客体的存在。他认为，自然界所存在的一切都是“被经验到的东西”，自然离不开人的经验，他反对把自然设想成完全是物质的。这是明显的主观唯心主义经验论。根据这种经验论，杜威曾给教育下了一个定义：教育就是“经验的改造或重新组织”。他认为，一切学习都来自于经验；教育必须从经验，即始终从个人的实际生活的经验出发。

2.“社会个人主义”社会观

杜威的教育理论同时又是以他的社会学观点作为理论基础的。杜威从资产阶级人性论的观点出发，并接受了19世纪实证主义者的庸俗进化论的社会学思想，把人类社会看作是个人的结合的产物，他把个人与社会的关系比喻成字母与字句的关系，他说："字母拼合成字句，个人连合成社会。"① 他认为社会就是由具有原始本性（如本能、习惯等）的个人组合而成的，也可以说，社会就是人性的组合。他进而分析说，社会的进步依赖于人性的改造，而人性的改造又依赖于教育，由此，他就提出教育在促进社会进步方面具有重要的意义，他主张通过教育去激起人的智慧，发展人性，从而达到改良社会的目的，他把教育看作是社会发展的基本途径，可用于反对阶级斗争、开展社会革命。另外，在杜威的社会观里还强调，个人的发展在于适应社会环境的需要，也就是说个人必须要服务于社会，而从教育这个角度来看，这一观点即表示通过对个人的教育来达到改良社会的要求。

3. 生物化的本能论心理学

生物化的本能论心理学是杜威教育思想的又一重要理论依据。杜威继承了詹姆士的生物本能论的心理学观点，把心理理解为本能的活动，把人的情绪、习惯、冲动等生物性的本能作为心理的基本内容。他把心理看成是生物化本能活动的产物，而否定了心理是客观世界在人的头脑中的反映。杜威认为，心理活动的实质在于有机体出于一种本能的需要，而采取一定的行动来适应环境，从而满足自己的需要。这种心理学的特点就是把心理活动完全生物学化，认为心理活动主要是由生理需要（即本能）来决定的。另外，这种心理学还有一个特点就是注重心理学的实用效能，比如，詹姆士和杜威都认为心理学的研究对象在于研究意识的机能或功能，而反对仅仅研究意识的内容。所以，这种心理学也叫"机能主义心理学"。杜威把这种生物化本能论的心理学作为他的教育教学理论的心理学依据。他提出，教育的任务就是要按照儿童本能生长的不同阶段，提供适当的材料，组织各种活动，以有利于儿童本能的表现和发展。于是，杜威就把教育生物学化了。

① 王天一等编著：《外国教育史》（下册），北京师范大学出版社 1993 年版，第 201 页。

杜威的哲学、社会学以及心理学观点之间又有一定的联系，相互渗透。杜威把它们作为其教育体系的理论基础，从而加强了其教育理论的深度。

（二）论教育本质

杜威从不同的角度，多方面地论述了教育本质问题。他提出了三个重要论点来对教育本质进行概括，这就是："教育即生长""教育即生活""教育即经验的连续不断的改造"。他还从心理学、社会学、哲学角度分别对这些观点进行了论证。

1. 教育即生长

杜威从其生物化本能论的心理学出发，认为教育就是促进儿童本能生长的过程，即教育的本质和作用就是促使儿童的本能生长。在《明日之学校》中，杜威提出："教育不是把外面的东西强迫儿童或青年去吸收，而是须要使人类'与生俱来'的能力得以生长。"① 在《民主主义与教育》中，他更为明确地提出："教育即是生长，除它自身之外，并没有别的目的，我们如要度量学校教育的价值，要看它能否创造继续不断的生长欲望，能否供给方法，使这种欲望得以生长。"②

在强调教育在儿童本能生长方面的本质作用这一认识的基础上，杜威提出了著名的"儿童中心主义"的思想，这是他实用主义教育理论的基本原则，这一思想成为他的教育理论甚至整个现代派教育理论中的一个核心要求。杜威认为，传统教育的最大缺点就是从"上面"或"外面"对儿童施以强迫教育，让儿童学习成人的经验，忽视儿童内在的本能需要，使教育成为一种外来的压力。杜威在批判传统教育弊病的基础上，明确提出以儿童为教育中心的响亮口号。他分析说，在传统教育中"学校的重心是在儿童之外，在教师、在教科书以及在其他你所高兴的任何地方，惟独不在儿童自己即时

①② 王天一等编著：《外国教育史》（下册），北京师范大学出版社 1993 年版，第 205 页。

的本能和活动之中”。[①] 他提出，书本、教师本应是为儿童服务的，而在传统教育中这种关系却颠倒了，学生被书本、教师牵着鼻子走。杜威竭力反对传统教育的这些弊端，主张把教育的重心转移到儿童方面来，使儿童成为教育的主宰。他声称：“现在我们教育中将引起的改变是重心的转移。这是一种变革，这是一种革命，这是和哥白尼把天文学的中心从地球转到太阳一样的那种革命。这里，儿童变成了太阳，而教育的一切措施则围绕着他们转动，儿童是中心，教育的措施便围绕他们而组织起来。”[②]

杜威强调，在教育过程中要重视儿童的本能活动，并把它们作为教育的出发点。他分析说，儿童生来就潜存着四种本能，分别表现为四种活动：语言和社会的本能及其活动；制作的本能及其活动；研究和探索的本能及其活动；艺术的本能及其活动。他认为，教育应该尊重儿童的本能及其活动，教育的任务就在于为儿童本能的生长和儿童活动的开展创造条件。这种论述，在反对传统教育长期把儿童置于被动地位，限制儿童的个性发展，忽视儿童自身的需要等方面，有其积极的意义，不仅击中了传统教育的要害，而且还阐明了儿童在教育教学过程中应有的主动地位这一规律性的问题。

杜威的“儿童中心主义”思想是对卢梭自然教育理论精髓的继承和发展，他在卢梭“尊重儿童的天性，并促进儿童天性自由发展”的思想基础上，提出“教育要以儿童为中心”这一响亮的口号，对传统教育的弊端进行了深入的批判，在教育领域掀起了一场深刻的革命，其影响非常广泛和持久，对我们今天教育理论和实践的改革仍具有一定的现实意义。当然，“儿童中心主义”思想也存在一定的问题，它的主要缺陷在于：它是杜威在其生物化的本能论心理学基础上提出来的，是在把人的心理活动看成是生物化本能活动的产物，完全否定社会实践对人的心理发展的作用这一前提下提出来的，因而是不科学的。杜威一味强调教育要顺应并促进儿童心理本能的发展，要以儿童为中心，却忽略了社会因素对教育的制约性。

---

①② ［美］杜威：《学校与社会》，转引自赵祥麟、王承绪编译：《杜威教育论著选》，华东师范大学出版社 1981 年版，第 31、32 页。

2. 教育即生活

在“教育即生长”这一观点的基础上，杜威又从他的社会学观点出发，提出教育的本质即是生活。他指出，儿童的本能生长总是在生活过程中展开的，或者说生活就是生长的社会性表现。他说：“生活即是发展；发展、生长，即是生活。”① 按照他的分析，既然“教育即生长”成立，那么“教育即生活”也就容易理解了。在杜威看来，最好的教育就是“从生活中学习”，学校教育应该利用儿童现有的生活作为其学习的主要内容。他反对斯宾塞把教育看作是为儿童未来生活做准备的主张，他认为，教育就是儿童现在生活的过程，而不是未来生活的准备，因此要把教育与儿童眼前的生活结合起来，教儿童学会适应眼前的生活环境。由此可见，“教育即生活”的观点与杜威的通过教育改良社会的社会学观点是相互联系的，也可以说他是从其社会观角度来进一步论述教育本质问题的。

根据“教育即生活”的观点，杜威又提出“学校即社会”的思想。他要求把学校办成“一个小型的社会、一个雏形的社会”②，以便从中培养出能完全适应眼前社会生活的人，这是杜威社会个人主义观点的具体表现。杜威的“教育即生活”“学校即社会”的观点，主要是出于他的政治目的，希望把年轻人培养成能服务于现代资本主义社会的人，但其中也有一定的积极因素存在，如要求学校教育应与社会实际相联系，反对学校完全脱离实际生活等。

3. 教育即经验的连续不断的改造

这一观点是以杜威的主观唯心主义经验论的哲学理论为基础提出来的。在杜威看来，既然经验是世界的基础，因此教育也就是通过儿童自身的活动去获得各种直接经验的过程。教育的主要任务并不是教给儿童既有的科学知识，而是要让儿童在活动中自己去获取经验。在这里，杜威把儿童的“求

---

① 王天一等编著：《外国教育史》（下册），北京师范大学出版社 1993 年版，第 207 页。

② ［美］杜威：《学校与社会》，转引自赵祥麟、王承绪编译：《杜威教育论著选》，华东师范大学出版社 1981 年版，第 21 页。

知”和“知识”本身混淆了，实质上就是夸大个人的主观经验，抹煞知识的客观性和真理性。杜威认为，人的最初经验来源于“先天的能力”与环境的相互作用，但在人的一生中要不断地经历、改变各种事物，在活动中不断获得新的经验，这些新的经验增加到原有的经验上，就会对原有经验进行不断地改组和改造。杜威认为，教育要帮助儿童进行经验的改组、改造。这里有两方面的意义：一是通过教育去增加儿童的经验；二是通过教育去提高儿童指导后来经验过程的能力。

按照杜威的观点，在教育过程中儿童经验的获得要依靠儿童自身的活动去达到，由此他又提出另一个教育基本原则——“从做中学”，并把它作为教学理论的中心原则。

杜威关于教育本质的论述虽然有一些合理的见解，但从根本上来说是唯心主义的。他在论述教育的本质这一问题时，忽视了教育的社会基础和教育的阶级性，没有能正确地阐明教育在促进社会发展和人的发展方面的重要作用。

（三）论教育目的

杜威在他的哲学和教育理论中，明显地承认教育目的的存在。虽然他说过“教育本身并无目的。只是人，即家长和教师等，才有目的”①。从表面上看，这是一种“教育无目的论”，杜威似乎否定教育有其目的，而实际上在杜威的心目中，教育是有目的的。杜威提出，教育只是一种过程，除这一过程自身发展以外，教育是没有目的的，或者说只有“教育过程以内”的目的，而无“教育过程以外”的目的。他所说的“教育过程以内”的目的，是指由儿童的本能、冲动、兴趣所决定的具体教育过程就是教育目的，实际上杜威是将“生长”作为其教育的目的，他说，教育就是生长，在它自身以外，没有别的目的。杜威主张以生长为教育的目的，其主要意图在于反对外在因素对儿童发展的压制，在于要求教育尊重儿童的需要和兴趣，使儿童从教育本身中、从生长过程中得到乐趣。

---

①［美］杜威：《民主主义与教育》，转引自赵祥麟、王承绪编译：《杜威教育论著选》，华东师范大学出版社 1981 年版，第 170 页。

杜威把由社会、政治需要所决定的教育目的看作是“教育过程以外”的目的，把它看作是一种外在的、虚构的目的。他反对这种外在的、固定的、终极的教育目的，认为外在的教育目的不能顾及儿童的兴趣和需要；固定的目的不具有灵活性，不能适应变化了的具体情况；终极的目的是一种理论上的虚构。他明确提出：“教育过程在它自身以外无目的；它就是它自己的目的。”① 又说：“教育的过程和目的是完全相同的东西。”“如要在教育之外另立一个任何目的，例如，给它一个目标和标准，便会剥夺教育过程中的许多意义，并导致我们在处理儿童问题时依赖虚构的和外在的刺激。”② 可见，杜威的“教育无目的论”只是对于脱离儿童实际而由成人决定教育目的的旧教育的纠正，并非根本放弃教育目的。而且在杜威的后期著作中，也谈到了“为什么样的社会培养什么样的人”的问题，《民主主义与教育》中所集中论证的就是教育应符合和满足民主社会的要求，促进儿童的生长、生活和经验改造，从而为民主社会培养所需要的人才。

（四）论教学

在教学理论上，杜威提出了“从做中学”这一基本原则。他在论述教学中的一些主要问题时（如教学过程、课程、教学组织形式等），都是从“从做中学”的要求出发的。

杜威所说的“从做中学”，实际上也就是“从活动中学”“从经验中学”。他认为，儿童应该从自身的活动中进行学习；教学应该从学生的经验和活动出发。杜威提出“从做中学”的理论是以其主观唯心主义经验论作为理论基础的。他认为，儿童是在自己的活动中去求取经验、获得知识的，获取直接经验就是获得知识。学的过程也就是做的过程，要在做的过程中发展儿童本身的需要，他认为儿童所获得的知识应当总是同他本身的活动相联系的。

---

① ［美］杜威：《民主主义与教育》，转引自赵祥麟、王承绪编译：《杜威教育论著选》，华东师范大学出版社 1981 年版，第 154 页。

② ［美］杜威：《我的教育信条》，转引自赵祥麟、王承绪编译：《杜威教育论著选》，华东师范大学出版社 1981 年版，第 8 页。

杜威的“从做中学”理论也是在他批判传统的学校教育弊端的基础上提出来的。杜威曾对传统教学进行了全面的否定，他指出，传统教学的最大弊端就是强迫儿童学习那些成人为之安排好的书本知识。他分析说，传统教学中所使用的教材和教法都是依据以往社会文化的成果以及成人的经验而编排和设置的，与儿童自身的需要没有联系，严重脱离了儿童个人的生活与经验，儿童学习的过程只是被动地接受知识的过程。他批评这种教学是“三中心”的教学，即以前人知识、课堂讲授和教师作用为中心，而惟独忽略了真正的中心，即儿童本身的活动。杜威要求现代学校要用活动教学来完全取代传统教学，用活动课程取代学科课程。

杜威指出，活动教学的主要特点是：(1) 以表现和培养儿童的个性为主，即教学中注意培养儿童的创造性思维能力；(2) 以儿童自由活动的形式进行；(3) 儿童从自己的活动、自身经验中学习；(4) 教学从儿童当前的实际需要出发，也就是说儿童需要学习什么，教学就要适时地提供给他们这方面的知识，一切都要从儿童的需要出发。总而言之，活动教学要以儿童的活动为中心，注重儿童的主动性和创造性的发挥。

杜威又进一步论述了在活动教学中课程与教材的问题、教学组织形式的问题、教学过程几个步骤的问题等。

1. 论课程与教材

杜威反对以既有知识为主要内容编写系统教材，而且也反对用这种教材所组成的学科课程教学。他认为，让学生学习各种各样的学科课程，虽然可以学到系统知识，但这样做的最大缺陷是把儿童同实际生活割裂开来了，这样必然会阻碍儿童的本能生长。他认为，让儿童学习系统教材，无异于是学习前人的符号积累，从而远离了儿童个人的生活经验，使儿童学不到处理实际问题的方法。杜威的基本倾向是反对传统教育中的分科教学，反对现成的、孤立于学生经验之外提供的知识。他要求把课程与教材恢复到它被从中抽象出来的原来的经验，即把课程和教材建立在儿童现在的生活经验的基础上。儿童本身的活动就是课程，也是教材。他甚至提出要使儿童的学习“循着历史上人类的进步足迹前进”，“把人类历史发展过程重演一番”。①

关于学校课程的主要内容，杜威认为，那就是各种不同形式的主动作业，如园艺、纺织、烹饪、木工、铁工、缝纫等手工训练活动。在这种活动课程中，学校教育者要不断地为儿童提供各种活动材料，即给儿童提供一种活动情境，儿童使用这些材料进行操作，确切地说是运用这些材料进行能够体现每个儿童个性的具有创造性的活动，这是一个创造性的思维活动过程。在这个过程中，由儿童自己发现问题，再由他们去寻找解决问题的方法，知识也就在“做”中获得了。杜威认为，这样获得的知识完全是通过儿童的自身体验得来的，是绝对的直接经验。对儿童来说，只有这样的知识才是最准确无误、最有价值的，而且也是记忆最深的。

在杜威所创办的芝加哥实验学校里，可以看到他精心设计的课程和教材在各个方面进行的具体实验。实验学校的全部课程是由各种不同形式的主动作业表现出来的。在《学校与社会》一书中，杜威对实验学校儿童的各种作业活动做了极其生动具体的描述，例如让儿童过原始人的游牧生活，像原始人一样借助简单的工具建造草屋、打猎、捕鱼等。杜威说：“我要指出的一点，就是这样可给儿童很多机会从事真正的学习，很多机会去探究，最终获得知识。”②他希望儿童“从对原始人及其活动的兴趣，扩展到更广阔的现实世界”。③他分析说：“我认为，这样做的结果完全证明一个信念：儿童在一年内从事这种工作（每周共5小时）中获得的关于科学、地理和人类学方面的知识，远远超过他们从那些自称以知识为目的的教学中，仅仅从被指定学习的固定课本中获得的知识。”④

杜威关于课程与教材的认识和实验，是对传统教育脱离社会实际与儿童身心发展条件而设置课程和编写教材的反其道而行之，他关于课程与教材改革的见解有其合理性的、符合客观要求的一面，但是他过分夸大了儿童直接经验的作用，并且试图以活动课程完全取代学科课程，全面否定传统教育所

①②③④［美］杜威：《学校与社会》，转引自赵祥麟、王承绪编译：《杜威教育论著选》，华东师范大学出版社1981年版，第22、39、39、40页。

使用的教材，这是片面的、不科学的。

这里把杜威的活动课程论同赫尔巴特的学科课程论做一比较。

活动课程论

主张一切学习都来自于经验，打破严格的学科界限，要求通过经验的增长，有步骤地扩充学习单元和组织教材，在活动中进行学习。

优点：能较好地照顾到学生的兴趣和爱好，密切与实际生活的联系，重视学生学习的主动性和创造性。

缺点：忽视教育中关键性的社会目标，不利于传授人类文化遗产，无法给予学生系统的文化科学知识。

学科课程论

主张以学科知识为中心，按知识的逻辑编排课程。

优点：重视教学内容的系统性、基础性。

缺点：容易脱离学生的兴趣和生活实际。

2. 论教学组织形式

杜威还本着“从做中学”的原则，对传统的教学组织形式进行了全新的改造。他反对传统的班级授课形式，认为课堂里的桌椅按几何图形一行行地整齐排列着，只是供儿童“静听的”，不利于儿童的活动，这样的排列不仅在形体上束缚了儿童，而且更严重的是束缚了儿童的思想，使儿童只能被动地接受知识的灌输。他指出，儿童之所以厌恶学校，厌恶学习，完全是由于学校的气氛太令儿童感到压抑，比如狭窄的课桌、繁重的课业、默默静听等，都是儿童所不喜欢的。杜威主张开展室外活动，设置活动教室。他提议，教学活动应尽量在室外进行，让儿童多接触自然，多接触社会。如果教学活动必须在室内进行，也不要设置固定课桌椅，应允许儿童自由地选择座位。在教室里应该有能让儿童充分活动的地方，并备有适合儿童活动所需要的各种材料和工具，让儿童在制作的活动中学习。

3. 论教学方法和步骤

杜威根据自己对人的思维步骤的分析，提出了教学过程的五个步骤。

（1）教师给学生准备一种真实的经验的情境，并给予一些暗示，使学生在暗示中产生要了解某个方面问题的兴趣。教师在给予各种暗示时，应依据儿童的本能需要和既有经验。

（2）学生在情境中产生一个真实的问题，作为引起思维的刺激物。教师要给学生提供足够的资料，使学生得以对付在情境中产生的问题。

（3）学生从资料的应用中产生对解决疑难问题的思考和假设。

（4）学生自己负责把设想出来的解决问题的方法加以整理和排列。

（5）为了验证这些假设的价值，学生要根据这些假设亲自动手去做，在做的过程中，自己去发现这些假设的真实性和有效性。

杜威这一“教学五步法”的产生是建立在对传统教学方法批判的基础上的，他针对传统教学中只考虑教师的教，而忽视学生的学，提出了研究“怎样学”的问题。他的“教学五步法”的可取之处在于：在教学中重视学生的能动性活动，重视学生的独立思考，特别是整个教学围绕着学生的兴趣进行，这种方法有利于锻炼学生解决问题的能力。但是，由于杜威的“教学五步法”理论的基础是其主观唯心主义的经验论，因此在这样的教学步骤下，学生获得的只是主观经验的重新组合，以及养成怎样去获得主观经验的习惯，这是它的弊端所在。

总的来说，杜威提出的以“从做中学”为核心的活动教学体系有其合理的一面，它改变了传统教学的僵死状态，为学校教学注入了新的活力，有利于培养开拓型人才。但是，由于杜威过分强调活动课程和儿童的直接经验，甚至提出一切知识都要由儿童亲自实践去获得，这是不符合教学规律的，也浪费了儿童的学习精力和时间，必然导致学习质量和效率的下降。美国几十年学校教育中奉行杜威的教学理论所产生的教育质量下降的结果也证实了这一点。

（五）论学龄前儿童的教育

杜威的很多著作中都涉及学前教育的问题，他对学龄前儿童的教育也有很精辟的论述，主要有以下几个方面的内容。

1. 论婴幼儿期的重要性

杜威反对把婴幼儿看作是无知、无能的，他认为婴幼儿身上蕴藏着学习和成长的潜能，有巨大的可塑性。他明确指出，幼儿期是一个很重要的时期，是人生打基础的阶段，为人一生的事业、爱好、习惯等方面打下基础，会影响到人一生的发展，因此应当重视对这个阶段儿童的研究和教育。他主张对儿童的教育要从一出生就开始，他强调了人生最初几年接受教育的重要性，他认为最初的学习可为以后的发展奠定良好的基础。

2. 论学前教育的内容和方法

杜威提出，学龄前儿童的教育内容主要就是游戏活动。杜威十分重视游戏在学龄前儿童教育中的作用，他认为，“儿童对于游戏有一种天生的欲望”①，儿童是非常喜爱游戏的，因为游戏最能体现其活动本能。他指出游戏也有助于儿童的身心健康发展，能够促进儿童道德和智力的成长，比如可以通过游戏发展儿童的社会合作意识，因为游戏往往是在集体中进行的，需要大家共同合作来完成游戏，由此就形成了一种相互配合、共同工作的意识和习惯。杜威分析说：“任何时代任何人，对于儿童的教育，尤其是对年幼儿童的教育，无不在很大程度上依赖于游戏和娱乐。”② 他要求教育者要为儿童的游戏创造良好的条件，通过游戏活动促进儿童的本能生长。

关于游戏的内容，杜威指出，为儿童安排的游戏应当符合儿童的本能和兴趣需要，同时要依据儿童的年龄特征。杜威还指出，幼儿的兴趣和经验，主要是来自于与他们有切身关系的事物，教育者应该抓住这个特点进行引导，比如幼儿对“洋娃娃”有着浓厚的兴趣，教育者就可以由此入手，引导幼儿去做很多事情，如学习给洋娃娃缝制衣服、配置生活用品等，在这个过程中就训练了幼儿的动手操作能力、自助能力，并培养了幼儿解决实际问题

---

① 杨汉麟、周采著：《外国幼儿教育史》，广西教育出版社1993年版，第233页。

② 周采、杨汉麟主编：《外国学前教育史》，北京师范大学出版社1999年版，第288页。

的能力。

除了游戏以外，杜威还主张从儿童的兴趣和需要出发来组织其他活动课程，如折纸、照料植物、讲故事、唱歌、戏剧表演、制作玩具等。杜威还对幼儿的文化学习问题提出了自己的看法，他并不完全反对幼儿学习书写和阅读，他认为书写和阅读是儿童必须学会使用的工具，但是他强调一定要遵循儿童的身心发展特点来施教，反对过早地让幼儿学习文化，过多地占用幼儿宝贵的时间。他提出，除非幼儿有了学习书写和阅读的需求，否则就不要特别去安排这些内容，以免给幼儿造成紧张和疲劳。杜威的这一观点是针对当时学前教育中过于偏重智育的倾向而提出来的，他要求尊重儿童的天性，依据儿童的身心发展特点安排教学内容，有其积极的意义，对我们今天的教育实践仍有一定的启发作用。

第二节　苏联社会主义学前教育思想

苏联社会主义教育理论的发展，大体上经历了三个阶段。

第一个阶段是从“十月革命”开始到20世纪30年代中期，这是对以马克思主义为基础的社会主义教育理论的探索时期，其主要代表人物是克鲁普斯卡雅、马卡连柯。

第二个阶段是从20世纪30年代中期到50年代后期，这是苏联社会主义教育理论初步形成时期。这一时期的主要代表人物是凯洛夫。

第三阶段是从20世纪50年代后期以来，代表人物是苏霍姆林斯基、赞科夫等人，他们对教育理论中的重要问题做了更为深入的探讨，对现代教育教学与发展等问题进行了现代化的科学实验与理论论证。

第一个阶段可以称为探索时期，这是因为，这一时期，作为新的社会主义的教育理论体系还未在苏联发展成型，还没有形成完整的理论体系，克鲁普斯卡雅和马卡连柯的教育理论主要是在道德教育、劳动教育和集体教育方面着重予以探讨，而对教育理论中的一些重要问题（如教学问题）还没来得及进行探讨或探讨得还不够深入。这一时期的苏联学前教育理论是在苏联学前教育制度建立的过程中，在同各种理论体系和观点的斗争中逐渐形成的。受当时的一些教育理论，如“自由教育论”“儿童学”“学校消亡论”“实用主义”等的影响，在学前教育方面也出现了一些错误的观点，如认为幼儿园教育工作应本着自由的原则进行，新社会更应该让儿童“自由”行动，反对学校纪律，也反对进行纪律教育。苏联教育家克鲁普斯卡雅和马卡连柯同这些错误的观点进行了长期的斗争，他们在创立苏联学前教育理论方面做出了重要的贡献。

一、克鲁普斯卡雅的全面发展的教育思想

娜·康·克鲁普斯卡雅（Н. К. Крупская，1869—1939）是苏联著名的教育家，她为建立苏联学前教育的理论与实践体系做出了卓越的贡献。

她出生于俄国彼得堡的一个没落贵族家庭，20岁时进入彼得堡别斯图日夫高等女子学校读书，开始接触革命活动，接触马克思主义思想。1891年她到彼得堡的斯摩棱斯克工人夜校当教师，在工人中进行革命宣传，组织工人运动，并在列宁的指导下深入学习马克思主义的经典著作。1896年，她因组织彼得堡纺织工人罢工而被沙皇政府逮捕流放。流放期间，她写出了

著作《女工》（1899 年），这也是俄国第一部用马克思主义观点阐述妇女问题的专著。在这部书的第三章，克鲁普斯卡雅首次谈到妇女与儿童的教育问题。

在流放期满后，她侨居国外进行教育考察活动，研究了欧洲一些国家的教育，并对夸美纽斯、卢梭、裴斯泰洛齐等著名教育家的教育思想进行了研究。在考察研究的基础上，于 1917 年出版了她的教育代表作《国民教育与民主主义》。此书是第一次用马克思主义的观点来研究教育学和教育史，全书的重点是论述劳动教育和综合技术教育的理论与实践问题。“十月革命”后，克鲁普斯卡雅主要负责教育改革工作。可以说，苏联 20 世纪二三十年代的教育发展与克鲁普斯卡雅的努力是分不开的，她对苏联学校的建设、学前教育、苏联教育学的发展都做出了巨大贡献。克鲁普斯卡雅一生著述颇丰，先后曾发表的教育论文、评论等就有 1600 余篇，1957—1963 年，苏联教育科学院编辑出版了《克鲁普斯卡雅教育文集》，共计 11 卷。

克鲁普斯卡雅非常重视学前教育，她早在《女工》这本书里就发表了很多关于学前教育问题的意见。“十月革命”胜利后，她号召要广泛发展学前教育，并积极地投身到学前教育事业中去，她曾领导教育人民委员部学前教育处的工作，主持制定了发展学前教育的各种政策文件，其中包括《幼儿园规程》《幼儿园教养员工作指南》等。她还撰写了很多论述学前教育问题的文章，其中有《论儿童的学前教育》《论学前儿童的玩具》《要更加重视学前教育工作》《在学前教育工作者大会上的演说》等，大力宣传学前教育的重要性。

（一）论学前教育的重要性

“十月革命”以后，克鲁普斯卡雅曾多次通过演讲和发表文章来宣传学前教育的重要性，她呼吁整个社会都来关心儿童的健康成长，号召人民群众积极支持学前教育事业。她提议国家要依靠社会力量多开办一些学前教育机构，要尽可能地使劳动者的子女都能接受学前教育。

克鲁普斯卡雅主要从三个方面阐述学前教育的重要意义。

第一，她把发展学前教育同国家的建设事业联系在一起。她提出，社会主义建设需要妇女也参加生产劳动，而这势必会影响到对儿童的照顾，而设立公共的学前教育机构，就可以解决这一问题。因此，她要求努力发展学前教育事业，大力开办多种形式的学前教育机构，以适应社会主义建设事业的需要。

第二，她从重视儿童早期教育的角度来阐述学前教育的重要性。她认为，儿童的教育应及早开始，儿童期所获得的知识和能力会使儿童终身受益。她号召人们要关心儿童，要重视学前期的教育，要为儿童提供良好的受教育场所。

第三，她从培养共产主义新人的角度，强调学前教育的重要意义。她认为对儿童进行共产主义教育，需要借助于公共的学前教育机构来进行，由这些机构对儿童进行德、智、体几方面全面发展的教育，使儿童健康成长。

克鲁普斯卡雅在充分肯定学前教育的重要性的同时，也提醒人们不要忽视家庭教育的作用。她认为家庭中的亲子之情也很重要，父母对儿童的成长有很大的影响，她主张学前教育和家庭教育两方面互相配合，学前教育机构要注意加强与家庭的联系，做好与幼儿家长的沟通工作。她还要求学前教育工作者帮助和指导家庭教育，向幼儿家长宣传教育孩子的知识和经验。

（二）论学前教育的内容和方法

克鲁普斯卡雅根据马克思列宁主义的基本观点，深刻地研究了社会主义国家学前教育的问题。她在欧洲参观过瑞士的幼儿园和法国的“保育学校”，她认为，那些资产阶级的学前教育机关，从儿童很小的时候起就尽量把他们培养成为俯首听命的人，压抑、摧残儿童的创造力，她说：“在这里，儿童不能玩，不能唱，一动不动地坐在凳子上，他们在这里被分隔开，手边没有任何材料”①。她认为这种学前教育机关是不会给儿童任何乐趣的，这与苏

① ［苏］克鲁普斯卡雅：《“学前教育”一文摘要》，转引自《克鲁普斯卡雅教育文选》，人民教育出版社 1959 年版，第 389 页。

联的学前教育机关是有天壤之别的。她分析说："资产阶级的学前机构绝不培养儿童的思维能力和独立自主精神。它们只会千方百计摧残儿童。而我们却要大力发扬儿童的独立自主精神，让他们更多地具备这种精神，善于观察周围的生活，更加成熟地对待生活。"① 苏联的社会主义学前教育机关对儿童进行德、智、体等方面全面发展的教育，培养活泼快乐的、独立自主的、全面发展的共产主义新人。克鲁普斯卡雅进而对学前教育中的体育、德育、智育以及游戏和玩具等方面提出了自己的意见。

1. 论幼儿体育

克鲁普斯卡雅认为，幼儿园最重要的任务之一，就是关心儿童的身体健康，培养"健康的一代人"。因此幼儿园必须合理地安排和组织幼儿的生活，要有各种保健措施，要给幼儿提供富于营养、合乎卫生要求的食品，还要注意幼儿食品应简单、清淡，忌油腻。克鲁普斯卡雅说："儿童的饮食问题也是一个最重要的问题。"②她要求学前教育工作者要真正从儿童的健康出发，注意这一问题。

克鲁普斯卡雅还提到，为了保护及增进儿童的身体健康，还需要充分利用自然条件，如设置儿童室外活动场地，让幼儿多进行户外活动，多呼吸新鲜空气，使他们的身体得到锻炼。另外，还要注意养成儿童良好的卫生习惯，饮食起居要有规律，要经常洗手，保持清洁等。

2. 论幼儿德育

克鲁普斯卡雅认为，幼儿园的另一项重要任务就是为幼儿奠定共产主义道德的基础，她强调："要从小把他们培养成社会活动家，培养他们的同志情谊、男女小孩的友爱、各民族儿童之间的友爱，培养他们的坚强意志、对周围生活和对劳动与学习的兴趣。"③ 克鲁普斯卡雅尤其重视集体主义思想

---

①② [苏] 克鲁普斯卡雅：《论儿童的学前教育》，转引自卫道治译：《克鲁普斯卡雅教育文选》（下卷），人民教育出版社 2006 年版，第 394、391 页。

③ [苏] 克鲁普斯卡雅：《在学前教育工作者大会上的演说》，转引自《克鲁普斯卡雅教育文选》，人民教育出版社 1959 年版，第 417 页。

的教育，她把集体主义教育看作是幼儿园德育的核心，主张从小培养儿童集体主义情感和对劳动、对学习、对周围生活的正确态度和兴趣，让儿童从小就学会同大家在一起友好地生活。她说："我们要把儿童从小培养成集体主义者，也就是说，要把他们培养成善于从事集体工作、适应集体生活的人。"① 克鲁普斯卡雅特别重视儿童在共同游戏和作业中的团结，她认为这种团结对于儿童过好集体生活十分重要，这种团结能使儿童感到幼儿园亲切，促使他们愿意到幼儿园来。她还说："幼儿园也应该让儿童享受到与别的儿童交往的乐趣以及同志情谊的乐趣。""幼儿园要多给儿童一些乐趣，以便儿童回忆起在幼儿园时就感到很光明温暖。"②

关于道德教育的方法，克鲁普斯卡雅反对道德说教和形式主义的做法，如在幼儿园里张贴宣传画和标语，或让幼儿死记硬背标语口号等，她主张在对幼儿进行道德教育时要考虑到幼儿的年龄特征，可以采取游戏的方式来进行，比如通过集体游戏培养儿童彼此友爱、相互关心的集体主义精神。

3. 论幼儿智育

克鲁普斯卡雅认为，学前阶段是儿童智力发展的重要阶段，这个阶段主要是对儿童进行感官训练，培养儿童的观察力，激发儿童的求知欲，鼓励儿童去认识周围世界，扩大眼界，充实他们的生活经验，培养他们对各方面事物的兴趣。

克鲁普斯卡雅要求幼儿园教师要多鼓励幼儿用自己的视觉、听觉、触觉去认识客观世界，并且学会用动作、语言、面部表情来正确地表达自己获得的印象，使他们的思维能力有所发展。还可以让儿童用黏土、铅笔、纸张和各种建筑材料从事创造性的活动，从而发展儿童的创造能力。克鲁普斯卡雅还要求幼儿园教师学会研究、了解儿童，要能"钻到儿童肺腑里去"，知道

---

① ［苏］克鲁普斯卡雅：《论儿童的学前教育》，转引自卫道治译《克鲁普斯卡雅教育文选》（下卷），人民教育出版社 2006 年版，第 392 页。

② ［苏］克鲁普斯卡雅：《"学前教育"一文摘要》，转引自《克鲁普斯卡雅教育文选》，人民教育出版社 1959 年版，第 389 页。

如何去正确引导他们观察和了解自然与社会环境，唤起他们的求知欲，并培养他们独立自主的精神。克鲁普斯卡雅认为，把儿童培养成为独立自主的人，这一点非常重要，这关系到儿童是否“能比较成熟地对待生活”。她要求在学习活动中要多给儿童一些发展主动性的机会，让儿童从自己的活动中去学习。由此可以看到，克鲁普斯卡雅的教育观点中也有对西方进步主义教育思想吸收的方面。

4. 论游戏和玩具

克鲁普斯卡雅对游戏也有精辟的见解。她认为，游戏在幼儿园是一种重要的教育形式，游戏在儿童教育中具有重要意义，主要体现在以下几个方面。

(1) 对儿童来说，游戏往往是最实际的学习。游戏是儿童生活的基础，儿童通过游戏去辨别颜色、形状和重量，去熟悉事物，游戏成为他们认识周围世界的手段，他们通过游戏形成对生活的正确观念，形成集体生活的习惯。

(2) 游戏能够增强儿童的体质，发展肌肉和感官，培养儿童动作的协调性。

(3) 可以在游戏中培养儿童的集体主义精神，巩固儿童间的友谊，并在游戏中使儿童形成遵守纪律的习惯。

克鲁普斯卡雅还要求，在游戏过程中，游戏内容的组织要考虑到社会主义的教育任务，逐渐把游戏纳入学习和生活的轨道；另外，游戏还要考虑到儿童的兴趣。她特别提倡创造性的游戏活动，即由儿童自己规定游戏的内容和目标，她认为这种游戏形式可以使儿童的主动性得到发展。

克鲁普斯卡雅还对儿童的玩具提出了自己的看法。她说：“最需要玩具的是学前期的儿童。他们需要大量价廉物美的玩具。”① 她提出，制作、选择儿童玩具要从儿童的喜好、需要出发，在深入了解儿童的基础上，结

① [苏] 克鲁普斯卡雅：《论学前儿童的玩具》，转引自《克鲁普斯卡雅教育文选》，人民教育出版社 1959 年版，第 395 页。

合儿童的年龄特点来设计和选择，她说："我们谈论儿童玩具这一问题时，不能从成人喜欢什么玩具的观点出发。我们应该从儿童喜欢什么玩具和需要什么玩具的观点出发来对待儿童玩具的问题。"① 她还反对在玩具的装潢上过于下功夫，她认为，玩具"重要的是朴素大方、价廉物美"②。她要求加强玩具的实用性，多设计一些能够启发儿童智力的玩具，比如一些能帮助儿童发展触觉、听觉和认识能力的软球、积木、石板、石笔、各种音响器具等。克鲁普斯卡雅说："评价一个玩具的价值，应该看这个玩具是否有助于研究周围的生活，是否有助于发挥儿童的积极性和主动性。"③ 克鲁普斯卡雅还提到，对年龄稍大些的孩子来说，简单的玩具已不能满足他们的要求，应及时给他们提供一些有助于他们了解周围现实生活的材料和事物，如反映各国各地风土人情的图片，带他们去儿童剧院看木偶戏表演，给他们提供纸和彩色铅笔让他们学习画画，多安排集体游戏活动等。克鲁普斯卡雅特别强调，成年人在为儿童提供玩具时，一定要仔细地研究儿童的年龄特征，所提供的玩具要真正能被儿童所喜爱，并有助于儿童的成长和发展。克鲁普斯卡雅关于游戏和玩具的见解，有许多合理的方面。

克鲁普斯卡雅的学前教育理论为"十月革命"后苏联社会主义学前教育体系的形成奠定了基础，对苏联社会主义学前教育的发展起了很大的推动作用。

二、马卡连柯的集体教育和家庭教育思想

安东·谢苗诺维奇·马卡连柯（А. С. Макаренко，1888—1939）是苏联20世纪二三十年代著名的教育理论家和教育实践家。他的教育理论是他创

①② [苏] 克鲁普斯卡雅：《论学前儿童的玩具》，转引自《克鲁普斯卡雅教育文选》，人民教育出版社1959年版，第395、398页。

③ 赵祥麟主编：《外国教育家评传》（第3卷），上海教育出版社1992年版，第491页。

造性教育实践经验的总结。他在教育理论和教育实践中成功地运用马克思主义辩证唯物主义原理，着重探讨了集体教育、纪律教育、劳动教育和家庭教育等问题，他的具有独创性的教育理论，是从他的创造性的教育实践中总结出来的。他关于集体教育在儿童全面发展中的作用、家庭教育的重要性、游戏的教育意义等思想，在苏联学前教育理论中占有重要地位。马卡连柯反对自由教育论，他强调在建设社会主义的过程中，不能没有集体，也不能没有纪律，对青少年一代绝不能放任自流，必须加强纪律教育。

“十月革命”以后，马卡连柯拥护苏维埃政权，投入到教育改革中，当时主要面临着对孤儿和违法犯罪儿童的教育问题。战争中留下的孤儿较多，他们在生活上无人照顾，思想和行为上也沾染上一些不良习气。“十月革命”以后，苏维埃政府开办了一些劳动公社、儿童之家（工学团）来解决这些孩子的教养问题，马卡连柯就被派去开办这类教育机构。出于对高尔基的崇敬和爱戴，马卡连柯把他所领导的工学团命名为“高尔基工学团”。马卡连柯在高尔基工学团工作了 8 年，后来又接任捷尔任斯基公社的领导工作，也是 8 年。在这连续 16 年的时间里，马卡连柯把全部精力和心血倾注于高尔基工学团和捷尔任斯基公社，倾注于千百个流浪儿和少年违法者的教育和再教育的工作中。这两个教育机构先后收容了 3000 多名流浪儿和违法青少年，他们中的绝大多数都被教育和改造成对社会有用的人。

马卡连柯从 1925 年开始写作，他写的第一本书是《教育诗篇》，这本书可以说是他在高尔基工学团工作的总结。他在这本书里主要叙述了他创造性地在高尔基工学团进行集体教育和劳动教育的过程。这本书为人们提供了用共产主义思想教育新人的经验。以后马卡连柯又把捷尔任斯基公社的工作写进了《塔上旗》。这两部著作是马卡连柯教育实践活动的真实写照，反映了工学团和公社的整个教育过程。此外，马卡连柯还写了《父母必读》《儿童教育讲座》等书。20世纪50年代初，苏联教育科学院出版了《马卡连柯全集》，1958年我国将该书翻译出版。

（一）论教育目的

马卡连柯以辩证唯物主义观点论述了教育目的这一根本性的问题。马卡连柯非常强调教育目的的社会主义性和时代性，他指出，教育工作的目的和任务是随着社会政治经济的变化而变化的，必须敏感地细心地倾听时代的声音，了解社会的需要，不能脱离社会的要求抽象地理解教育目的。他说，教育目的“是从我们社会的需要、从苏维埃人民的意向、从我们革命的目的和任务以及我们的斗争的目的和任务里产生的”，“我们必须培养我们社会所需要的人才”①。他明确地指出，共产主义的教育目的与任务是和社会主义革命和建设的总任务联系在一起的，苏维埃的教育就是要培养有文化的劳动者。马卡连柯对当时流行的“儿童学”企图不问政治、脱离社会、单纯从生物学中得出教育目的的错误理论进行了批判。

马卡连柯在强调教育目的的社会性的同时，也谈到人的个性发展，他要求把教育目的的社会需要和个性发展需要结合在一起。他指出：“广泛抽象的人无论多么完整，可是人们在某种程度上毕竟是品种非常不同的教育材料，因此被我们出产的‘产品’也必定是多种多样的。……忽视人的多样性和硬把教育的任务问题放进对所有的人都适用的一句话里面，那会是不可思议的粗枝大叶。”② 教育目的的多样性不仅是由于人的个性发展的多样性，而且还是出于社会对各种各样人才的需要，所以应该防止整齐划一，把一切人都“硬套进一个标准的模型里”的倾向。他指出，要解决这一多样性问题，就必须要求教师有丰富的个性，根据自己的个性品质、爱好和能力，引

① 赵祥麟主编：《外国教育家评传》（第3卷），上海教育出版社1992年版，第587—588页。

② 滕大春主编：《外国教育通史》（第5卷），山东教育出版社1993年版，第141页。

导学生个性朝着适合于社会所需要的方向发展。他认为教师应当把自己的学生“教育成真正有教养的苏维埃人、劳动者，这样的劳动者从教育机关出去以后就是一个有用、有技术、有学识、有政治修养和高尚道德的身心健全的公民”①，实际上就是要培养德智体美劳全面发展的新人。

（二）论集体教育

马卡连柯全部教育活动是通过他的集体教育、劳动教育、纪律教育和家庭教育体系完成的。而集体教育理论是他实践活动的主线，即集体教育不仅是一种教育体系，而且是教育的手段和方法。马卡连柯认为，教育工作的主要方式就是集体教育。

马卡连柯认为，在社会主义社会中，个人与社会是统一的，而不是对立的。从大范围来讲，社会主义本身就是一个大集体，各个小集体要服从于这个大集体。从各个人的生活目的和性质来讲，都是和集体利益分不开的。即在社会主义社会里，每一个人是不能离开集体而单独存在的。同时，每一个人的创造和力量也只有在集体中才能得以充分的发挥。所以，社会主义社会的人首先应是集体主义者，社会主义社会的教育就是要对人进行集体教育。马卡连柯反对从生物学和超阶级的角度来谈集体这一概念，他认为，只有基于社会主义原则构成的社会统一体才是集体。集体是基于目的一致、行动一致结合起来的有组织的劳动集团。马卡连柯所理解的集体是社会主义整体中的一个部分，他认为只有在社会主义条件下才会有真正的集体。

马卡连柯集体教育理论的核心思想是“通过集体、在集体中和为了集体”。他进一步对这一核心思想做了分析。

1. 集体是教育的目的。马卡连柯认为，向集体的全体成员提出集体的目的，是组织这一集体的方法。教育工作的艺术，就在于把学校教育的目标转化为集体自身努力争取的现实的目的。

① 赵祥麟主编：《外国教育家评传》（第3卷），上海教育出版社1992年版，第588页。

2. 集体是教育的手段。马卡连柯认为要想使学生养成一个集体主义者的良好习惯，除了通过集体生活与活动的锻炼外，别无他途。他说，集体就是这种锻炼的健身房。因此，通过集体去组织活动以锻炼学生，就成为最基本的教育手段。

3. 集体是教育的主体。马卡连柯认为，集体具有两重性，既是教育的客体，又是教育的主体。当集体由教育的客体向教育的主体转化时，它就显示出集体的力量和教育作用。因此，教师应尊重集体，处理好教师的作用与集体的作用之间的关系。

马卡连柯指出，集体的形成本身是一个很艰巨的过程。他总结了集体形成的三个阶段。

1. 成员处于分散阶段。此时还没有集体，不能对成员提出太难太高的要求，而只能提一般性的、容易做到的要求。

2. 成员中的一些人在教师自觉有意识的培养下，成为积极分子，教师要适时地把这部分人培养成为未来集体的核心，通过核心来对集体提出要求。

3. 核心在全体成员中产生作用，核心逐渐影响全体成员。此时从分散的状态走向集体的形成。

在集体形成的过程中，教师始终起着主导作用。培养核心、发现核心是工作的关键。

马卡连柯明确提出，集体建立之后，还需要继续进行工作，必须使集体不断向前运动，向前发展，不能有一分一秒的停滞。因此，马卡连柯进而提出"前景"教育原则。所谓"前景"就是"明天的欢乐"。马卡连柯在《教育诗篇》中写道："一个人向前瞩望的时候如果看不到一点快乐的远景，他在世上就活不下去。人类生活中真正的刺激剂是未来的快乐。"① 一个人如此，一个集体也是这样。他强调集体应当不断地向前发展，集体的步伐不能停下来，这样就需要教师为集体制定一个远景路线，把每一个前进目标分为

① 赵祥麟主编：《外国教育家评传》（第3卷），上海教育出版社1992年版，第593页。

近景、中景和远景，引导学生集体由近及远地向前发展，在这个目标中，马卡连柯尤其看重“远景”，赋予远景以重要的意义。他指出，远景是建立前景路线的最高阶段，指向更广泛的前途——社会和国家的前途。他要求教师应随时向学生表明，他们的工作和生活就是苏维埃工作和生活的一部分，使学生认识和关心国家的未来。

在集体教育中，马卡连柯还提出了“平行教育影响”的原则。这一原则的内涵是：教师对集体和集体中的每个成员的教育和影响是同时的、平行的；教师和整个集体对集体的某一成员的教育影响和作用是同时并进的、平行的；通常情况下，教师并不单独给予个人某种作用和影响，而是曲折地通过集体或在集体中教育和影响个人；把个人放在集体里教育，这一方面是教师对个人的教育，同时也体现着集体对个人的教育。教育过程的最终目的是为了把整个集体教育好，同时也要尽可能地把集体里的每一个成员教育好。在这里，马卡连柯确定了学生集体不仅是教育的“客体”（教育对象），而且也是教育的“主体”（教育者）。他认为，个人对个人的影响是一种狭隘的有限的因素，对个人的最实际的工作方式是把个人保留在集体中，他把这种教育方式称为“平行教育影响”原则。

马卡连柯关于集体和集体教育的理论，是从他的教育实践活动中总结出来的。实践证明，这些经验对流浪儿和少年违法者的教育是很有效的，而且对一般学校的普通学生的教育也有很大的借鉴价值。集体教育思想是马克思主义思想的产物，是苏维埃教育实践的成果。马卡连柯善于运用辩证唯物主义的方法论，认真观察和分析“十月革命”胜利后那个时代青少年成长的规律，探索社会主义的科学教育方法、内容、途径，创建了集体教育思想。他没有盲目跟从当时苏联流行的“儿童学”，对西方的自由教育理论也持批判态度。在马卡连柯接受教育流浪儿童的艰巨任务时，他没有现成的教育理论和方法可以用，正如他自己所说的：“我手里并没有什么现成的科学和理论，理论应该从我眼前发生的全部现实事件里归纳出来……我需要的是刻不容缓的分析和行动。"[1] 也正是马卡连柯自己的分析和行动，才使集体教育思想成为人类教育史上独树一帜的思想体系。他提出的许多集体教育原则，如"平行教育影响"原则，"前景"教育原则等，至今仍有强烈的现实意义。当然，以马卡连柯为代表的集体教育思想难免留下他那个时代的烙印。例如：受苏联20世纪二三十年代"左"倾路线的干扰，他对教育理论的历史继承性认识不足；对"儿童学"持全面否定的态度；对儿童个性培养不够重视；等等。

（三）论家庭教育

在苏联，马卡连柯是一位较早研究家庭教育且富有成效的教育家，他在家庭教育方面提出许多新颖、独特的观点。

1. 家庭教育的基本条件是要建立一个"完整和团结一致"的家庭集体

马卡连柯认为，家庭教育最主要的条件是要有一个完好的家庭。如果家庭结构不完整、不健全，生活不和谐，就很难进行真正的教育。比如，父母不和甚至离异，就会使儿童形成孤独、乖僻、冷漠的性格和被遗弃感。马卡连柯向父母告诫道："你们生养和教育儿女，不是仅仅为了父母的愉快。在你们的家庭里，在你们的领导下，成长着未来的公民、未来的事业家、未来的战士。如果你们处理无方，教育出不好的人来，那么，由此所得的痛苦不仅是你们的，而且是许多人的，是整个国家的。"[2] 他要求，父母亲之间、父母与孩子之间应和睦相处，在家庭中形成一种互爱、互助和相互尊重的气氛，并且有明确的生活作息制度和劳动制度。他分析，生活作息制度对儿童成长有重大意义，父母必须监督孩子严格履行作息制度。他还认为，家长对形成儿童的劳动观点、养成劳动习惯和技能具有重大的责任。他分析说，儿童的懒惰和家长有很大关系，是因为在孩子小的时候，父母没有培养他的毅力，没有教会他克服困难，没有激起他的劳动兴趣，"没有教儿童对劳动、

① 赵祥麟主编：《外国教育家评传》（第3卷），上海教育出版社1992年版，第606—607页。

② 滕大春主编：《外国教育通史》（第5卷），山东教育出版社1993年版，第154页。

对劳动经常给予的满足养成习惯”。① 马卡连柯进一步提出，儿童在家庭中的劳动可以先从游戏活动开始，随着年龄的增长，家长应引导儿童参加各种比较简单的劳动，特别是儿童的自我服务性的劳动，注意培养他们独立生活的能力，这样就不会处处依赖父母了。他还提到，在家庭里面父母要注意培养儿童的集体主义、诚实正直、关心他人和负责的精神。

2. 父母威信的作用与威信的形成

马卡连柯还非常重视父母的威信在家庭教育中的作用。他正确地指出，如果父母不能在家庭里有效地形成自己的威信，那么他们将很难使孩子自觉地接受教育。他认为孩子在家里“不听话”，其原因主要在于父母在儿童心目中没有威信。他说：“威信本身的意义在于它不要求任何的论证，在于它是一种不可怀疑的长者的尊严、力量和价值。”② 而父母的威信不是自发形成的，它取决于多方面的因素，是在他们对人民和国家无限忠诚和尽责的基础上建立起来的。他提出，父母在家庭中威信的树立，是要以他们的生活和工作中的公民面貌和行为为基础的，马卡连柯反对虚假的父母威信，他要求，父母要合理地、诚实地教导自己的孩子，意识到自己对孩子的教育要向社会负责。马卡连柯还提到家长要把对孩子的爱和严格要求统一起来，这也是家长树立威信的一个重要条件。如果父母对孩子的爱缺乏理智、没有分寸，正像过多地服用药物或食物会伤害孩子一样。过分的爱是有害的，往往会使子女成为缺乏理想和抱负、只图私利的人。他指出，父母在家庭教育中应特别要注意掌握好尺度和分寸。他认为，父母与子女的关系应当有一定的分寸，既不要太亲近，也不宜太疏远，要保持一个合适的距离。如果过分亲近，父母在子女面前就很容易没有威信。

3. 家庭教育的方法

在家庭教育方法方面，马卡连柯首先强调父母的榜样作用。“父母对自己的要求，父母对自己家庭的尊敬，父母对自己一举一动的检点，这是首要

① 赵祥麟主编：《外国教育家评传》（第3卷），上海教育出版社1992年版，第605页。
② 滕大春主编：《外国教育通史》（第5卷），山东教育出版社1993年版，第154页。

的和最基本的教育方法!"① 因此，父母在生活中的一些极细微的表现，都会对自己的子女有一定的教育意义。"最好的教育工作是不忽略细节与小事的。"② 马卡连柯还极力反对父母对子女的一切粗暴行为，包括责打、体罚，甚至不赞成对孩子大喊大叫，认为这些都是家庭教育中的错误行为。他指出，家长如果对子女行为粗暴，特别是殴打，不仅会使子女痛苦，伤害他们，而且会养成他们冷漠和倔强的性格，甚至会把孩子推向犯罪的深渊。马卡连柯还曾对家长的教育方法进行具体的指导，如：家长在吩咐孩子时，态度不应凶恶，也不宜恳求；在给孩子指示时，应当适合其能力；指示必须合理，不违反常情；指示不应当前后互相矛盾，使孩子无所适从；等等。

马卡连柯是苏联家庭教育理论的创始人，他的家庭教育思想为苏联家庭教育理论体系的建立奠定了基础。

思考与练习

1. 简述欧洲新教育运动中著名的教育实验。
2. 简述美国进步教育运动中著名的教育实验。
3. 评述蒙台梭利的感官教育论。
4. 评述杜威的"儿童中心主义"思想。
5. 简述克鲁普斯卡雅的学前教育思想。
6. 简述马卡连柯的家庭教育思想。

拓展性阅读导航

1. 赵祥麟主编：《外国教育家评传》（1—4 卷），上海教育出版社 2002 年版。

本书以评传的体裁，把现代一些外国教育家的生平活动和教育思想生动

① 赵祥麟主编：《外国教育家评传》（第 3 卷），上海教育出版社 1992 年版，第 604 页。
② 滕大春主编：《外国教育通史》（第 5 卷），山东教育出版社 1993 年版，第 154 页。

地呈现出来，并对人物的教育思想进行了实事求是的评价。

2. 王天一、方晓东编著：《西方教育思想史》，湖南教育出版社 1996 年版。

本书对西方各历史时期各种主要教育思想的产生、发展、演变过程及其规律性做了较为详细的分析和阐述。

3. 滕大春主编：《外国教育通史》（1—6 卷），山东教育出版社 1993 年版。

本书对外国古代、近代和现代教育做了较完整的介绍。全书共分六卷。第一卷为古代教育卷，第二卷为中古教育卷，第三、四卷为近代教育上、下卷，第五、六卷为现代教育上、下卷。

第八章

当代学前教育思想

内容提要

本章阐述了斯金纳、皮亚杰和马斯洛等当代西方学者的学前教育思想，以及维果茨基、乌索娃和福辽莉娜等苏联学者的学前教育思想，并探讨了尼尔的开放教育思想、加德纳的多元智能理论、布朗芬布伦纳的人类发展生态学理论、瑞吉欧教育模式对学前教育思想新发展的推动。

学习目标

1. 了解当代学前教育思想的发展。
2. 理解西方及苏联主要学者的学前教育思想。
3. 掌握学前教育发展的新近理论和观点。

关键词

新行为主义　认知发展理论　人本主义心理学　社会文化历史发展理论　学前教学　学前美育　开放教育　多元智能理论　人类发展生态学理论　瑞吉欧教育模式

第一节　西方学前教育思想

当代，西方学前教育理论有了新的发展。许多心理学家对儿童教育问题给予了极大的关注，促使学前教育理论在心理科学发展和教育实验研究的基础上得以深化，推动了学前教育的改革与发展。

一、斯金纳的新行为主义心理学与学前教育思想

斯金纳（B. F. Skinner，1904—1990）是美国当代著名的新行为主义心理学家和教育思想家。他的研究领域很广，涉及多项关于儿童行为发展的理论和实践课题。其主要著作有《有机体的行为》《科学与人类行为》《学习的科学和教学的艺术》《教学机器》《教学技术学》《超越自由与尊严》《关于行为主义》等。

（一）思想渊源

斯金纳的新行为主义心理学的思想基础主要有两个。

1. 以华生为代表的旧行为主义心理学思想

行为主义是美国现代心理学的主要流派之一，也是对西方心理学影响最大的流派之一。行为主义可以分为旧行为主义和新行为主义，两者代表了行为主义两个不同的发展阶段。以美国心理学家华生为代表的旧行为主义盛行于 1913 年至 1930 年。华生理论体系具有如下特点。

（1）否认传统心理学的对象——意识，而代之以行为，同时又将行为归结为肌肉的收缩和腺体的分泌，而肌肉的收缩和腺体的分泌则归因于外在和内在的刺激。这便导致了“刺激—反应”的简化的行为公式。华生认为，肌肉收缩和腺体分泌都可归结为物理或化学变化；引起有机体反应的刺激，最后分析也只能是有机体内部和外界的物理或化学变化。这样一来，全部行

为，包括通常所说的心理活动，都不外是一些物理或化学变化引起的另一些物理或化学变化而已。因此，华生认为心理现象都能够用物理或化学的概念来说明。

（2）否认行为的遗传，提倡教育万能论和环境决定论。华生认为较复杂的行为的形成完全来自于学习，尤其是早期训练。有机体结构上的差异和早期训练上的差异，就足以说明全部后来行为的差异。学习的决定因素是外部刺激，而这种外部刺激是可以控制的，控制的最基本途径是条件反射法。不管多么复杂的习惯都是由一系列反应连结而成的。其连结的关键，是先行反应所产生的动觉刺激成了后继反应的条件刺激。因此，不但动物的行为可以用学习或训练加以控制，而且也适用于人类。华生自夸地说："给我一打健全的婴儿和我可用以培育他们的特殊世界，我就可以保证随机选出任何一个，不问他的才能、倾向、本领和他的父母的职业及种族如何，我都可以把他训练成为我所选定的任何类型的特殊人物，如医生、律师、艺术家、大商人，甚至于乞丐、小偷。"①

华生否定意识，贬低脑和神经中枢的地位，片面强调环境和教育而忽视人的主观能动性等，使他的心理学理论陷入困境，因而遭到许多心理学家的批评。于是一批行为主义心理学家试图对旧行为主义进行改造，以求使旧行为主义摆脱其在理论上的困境，从而产生了新行为主义。斯金纳认为，旧行为主义把意识经验排除在科学考虑之外的做法，在策略上是很不明智的。他指出，一种适当的行为科学必须考虑有机体皮肉内部所发生的事件，并认为可以对有机体的内部过程进行研究而无须放弃行为主义的基本立场。

2. 操作主义

当时在美国盛行一时的操作主义哲学思潮也对新行为主义的产生起到了推进作用。操作主义的核心原则是："科学是社会成员意见一致的知识。只有以那些公开的和可以重复的操作为根据的构思才为科学的体系所容纳。"②

---

① 高觉敷主编：《西方近代心理学史》，人民教育出版社 2001 年版，第 265 页。

② 张述祖等审校：《西方心理学家文选》，人民教育出版社 1983 年版，第 274 页。

这表明，操作主义对不能得到验证和重复再现的知识的科学性是持否定态度的。

操作主义强调“操作分析”的方法，它所说的操作，主要是指实验室操作，如各种物理量的测量。操作主义试图把所有科学概念与实验室操作联系起来，以消除操作上不可确定的科学概念和科学术语。操作主义认为，科学概念与相应的一组操作是同义的，凡是不能与操作相联系，不能由操作来定义的概念都是没有意义的。为了解释远离实验室操作的一些更为抽象的科学概念的意义，操作主义者后来又提出第二类操作，即精神操作。精神操作可细分为“纸和笔”的操作和言语操作，前者是指数学运算和逻辑运算，后者还包括其他思维活动。

斯金纳完全接受了操作主义的主要理论观点，并把它引入心理学中，提出了“操作性反射”的理论。他把反射分为应答性反射（由一个已知刺激引起的反应）和操作性反射（不存在已知刺激而似乎是由有机体自发地反射出来的反应），并认为行为主义主要是由操作性反射所构成，因而对操作性反射的研究是通向行为科学的最好途径。

（二）学习理论

斯金纳学习理论的基石是操作性条件反射和强化理论。斯金纳认为学习过程就是操作反射过程，他把大多数人的行为都看作是操作，提出了操作条件作用的规律：如果一个操作发生后，接着呈现一个强化刺激，那么这个操作的强度就增加。行为之所以发生变化，是由于强化作用，因而直接控制强化物就是控制行为。

1. 操作性条件反射

斯金纳设计了一种动物实验仪器：一个简单的箱子（即著名的斯金纳箱，Skinner box），箱里放置动物，并设一杠杆作为输送食物的机械。当动物触动这个杠杆时，就有一颗食物送进装在箱壁下面的小盘子里，动物即可以得到食物。箱子外有一个装置，把动物的动作记录在纸上。实验者将一只饥饿的白鼠放入箱内，白鼠开始乱嗅乱窜，偶然碰到杠杆，食物滚入盘内，立即被白鼠吃掉。然后白鼠又在箱内乱窜，再次碰到杠杆后，又一颗食物滚出，又被白鼠吃掉。这样经过多次反复，白鼠就形成了一种条件反射（即操作性条件反射），为了获得食物，就触动杠杆，直到吃饱为止。斯金纳利用鸽子等动物做了类似的实验，得到了同样的结果。

通过实验，斯金纳发现，鸽子的学习行为是随着一个起强化作用的刺激而发生的。强化程序可按照强化之间的时间间隔和反应次数而改变。强化程序表是一种“报酬”行为的模式，这种行为是以“报酬”之间的固定的时间间隔和反应次数为根据的。当一个刺激呈现时，鸽子开始做适合于它的强化程序表的行动。然后，当另外的刺激呈现时，鸽子也做适合于它的强化程序表的行为。在斯金纳看来，人类在日常生活中的学习具有更为复杂的性质，但和低等动物通过操作性条件反射学习一样，有着相同的基质。

因此，斯金纳进一步认为，人的一切行为差不多都是操作性强化的结果。他注意到，在日常生活中，包括教育在内的各种各样的领域里，人们有可能通过强化作用的影响，去经常改变别人的反应。此外，人们在操作上得到强化，学会保持平衡，学会散步、说话、做游戏以及使用工具。他们完成一套动作，强化便发生了，而他们重复这些动作的可能性也就增加了。因而，操作性强化能提高行为的效率。在教育方面，将它应用到儿童和青年身上，也能收到同样的效果。教师是学生行为的设计师和建筑师。教师将学习目标分成很多很小的任务，并且一个一个地予以强化。在这个进程中，教师要使用在时间上和空间上都安排适当的强化程序表。

操作性条件反射的独特性是：强化刺激并不和反应同时发生，也不先于反应发生，而是随着反应发生的。在操作性条件反射过程中，有机体必须首先做出所希望的反应，然后给予“报酬”，报酬强化了这个反应，使其更可能发生。在引起强化方面，这个反应是工具性的。学习的本质，不是刺激替代，而是反应改变。在学习中，存在着由强化的刺激到先前的反应的反馈。

2. 强化理论

斯金纳非常强调强化在学习中的重要性。他认为，正是通过有机体对重复刺激所做的反应达到了人们所期望的行为模式。在他看来，人的行为原则上是能够进行预测和控制的。运用科学的方法去研究人的行为，就已经把人置于可以预测和控制的地位。通过对环境的操作和对某些行为的积极强化，任何行为都能够随意地创造、设计、塑造和改变。他说，操作性条件反射能塑造行为，正如一位雕刻师塑造一块烂泥一样。斯金纳提出的强化理论主要包括以下两个方面。

（1）强化列联

所谓“强化列联”就是由反应和强化刺激组成的序列，由刺激情境、反应、强化三个环节构成。斯金纳认为，在一个强化列联中，如果在一个“操作—反应”过程之后出现一个强化刺激，操作再发生的强度就会增强。当教一个孩子阅读的时候，操作性强化的这种列联就可以发生：按照学生对适当的视觉刺激（词或句子）所做反应的情况，一个特定的反应可以用“对”或“错”来加以强化。教学或者训练成功的关键是要很精确地分析强化效果并设计操纵这个过程的技术——建立特定的强化列联。采用这种方式，一个有机体的行为可以置身于精确的控制之下。通过实验研究，斯金纳还认为，反应与强化之间相隔的时间越短，效果越佳。但是，在实际教学中，反应与强化之间相隔的时间却比较长，因此，强化的效果就被削弱了。

（2）强化物

斯金纳认为，在最有效安排强化以保持行为的强度之前，应当了解“有什么强化物”。所谓“强化物”是指能够增加反应可能性的刺激。如果从强化物本身的性质看，强化物分成自然的强化物和人为的近似强化物；如果从强化的方法来看，强化物又可分为积极强化（正强化）和消极强化（负强化）。

自然的强化物是一种利用自然进行刺激的强化物。但斯金纳认为，“不是所有自然的强化物都是有用的”，而且“很多自然强化物延迟太久，没有什么效果”。① 相对自然的强化物而言，人为的近似强化物是一种社会的强

① ［美］斯金纳：《学生的动机》，转引自王承绪、赵祥麟编译：《西方现代教育论著选》，人民教育出版社2001年版，第391—392页。

化物。斯金纳认为，社会的强化物是不能忽视的，因为在教学实践中不可能都是自然的强化物。一般地说，经过教师选择的强化物已经不再是纯自然的强化物，而是一种人为的近似强化物。

斯金纳还主张，积极强化是通过刺激来增加行为可能性的强化。例如，当学生学习努力取得进步时，教师用分数、等第、奖品等作为积极的强化物，以便使学生更加努力学习。但积极强化也存在着问题，因为"不能大家都获得奖品，如果有些学生要得高等第，其他人必须得低等第"①。在斯金纳看来，消极强化是一种由于刺激中止而引起行为可能性增加的强化，是一种"学生从中逃避讨厌的刺激"的强化。例如，教师对学生的不理睬、对学生表示不满、对学生说"错"或"坏"、对学生过分严厉等，也可以起到促使学生学习的作用。同时，斯金纳强调指出，消极强化与惩罚是不同的。惩罚是压制行为，而消极强化是"发动行为"②，惩罚可能会使学生偶尔自己发现怎样注意、怎样勤学、怎样学习和怎样记忆，但是学生并没有受到教育，学生往往只是非常表面地满足了要求的行为。

（三）论学前教育

斯金纳把他的心理学理论运用于教育教学实践，建立了自己的教育思想体系，其中提出了不少有关学前教育的观点。

1. 对美国教育现实的批判

斯金纳是从分析和批判美国现实教育的弊病中逐步建立起自己的教育思想体系的。他认为美国现实的教育存在着各种缺陷。其主要表现如下。

第一，教学的目标不是培养儿童系统的"行为库"和"创造性"，而是"逃避惩罚"。他把这一点归于"进步教育改革"。他说："就教育的直接目的来说，儿童的行动是为了逃避或躲掉惩罚。使积极的影响更直接地发生效果，是称为进步教育的改革运动的一个部分；可是，任何一个参观过现有一般学校的低年级班的人都会看到，已产生的改变并不是从令人反感的控制变

①② [美] 斯金纳：《学生的动机》，转引自王承绪、赵祥麟编译：《西方现代教育论著选》，人民教育出版社 2001 年版，第 388、387 页。

为积极的控制，而是从一种令人反感的刺激形式变为另一种令人反感的刺激形式。坐在课桌旁在作业本上写着字的儿童，他进行活动主要是要躲避一连串微小的令人反感的事件的威胁——教师不喜欢、同学的批评或讽刺、在竞赛中的令人害羞的成绩、低分数、被校长叫到‘谈话室’去、或者告诉仍然会诉诸棍棒的家长。”①

第二，教学中的强化不适当，主要是不及时。“在儿童的反应和教师的强化之间隔着许多秒钟或许多分钟。在很多的情况下，例如作业被带到家里去批改时，间隔时间就有二十四小时之多。这种方法会有什么效果的话，那才是令人惊奇的。”②

第三，教学“缺乏一个朝着逐步接近所要求的最终复杂行为的方向前进的巧妙程序”③。这表现在教师的讲解、对学生的提问的回答、对作业的批改等方面。在这些方面，学生看不出有什么连贯和逻辑，也不明白每一教学活动与教学目标的关系。因此，这种教学程序是零乱的、与教学目标是不一致的。

第四，教师的教学技术、方法很差，“热衷于那些强调固有兴趣较大的材料的教育哲学”④。教师过分注意的是：“不要让儿童学了什么不需要的东西。要教会的行为目录被削减到最低的限度。例如，在拼音方面，大量的时间和精力被花在发掘儿童正好要应用到的那些词上面，好像花费人力去教一个不需要的词就是犯罪似的。最后，技术上的缺点就被推说成为教育的目的改变了。技术被缩减得很小，以追求那些含混不清的成就——为民主而教育、教育整个儿童、为生活而教育等。事情到此就算完了，因为很不幸，这些哲学并不会反过来在技术上提出什么改进。它们对于设计较好的课堂教学常规很少或者没有提供帮助。”⑤

2. 通过社会强化物来塑造儿童的行为

斯金纳认为，卢梭的自然教育思想以及杜威的从生活中探索学习、从环

---

①②③④⑤［美］普莱西、斯金纳等著，刘范等译：《程序教学和教学机器》，人民教育出版社1979年版，第71、72、72、73、73—74页。

境中受教育的观点都是提倡以自然的强化物来塑造儿童的行为。这确实有一定的作用，但并不是所有自然的强化物都是有用的。

一方面，教师如果只是利用自然强化物，那么他们实际上是放弃了自己作为教师的作用。而教师要做的工作是很多的。学校并不是真实的世界，纯粹以自然强化物为基础的学习在学校中并不多见。真实的世界太大，不能搬进教室，教师必须进行选择。学生并不仅是从接触事物中学习，而且从接触事物得来的经验不是真正的知识。“在实际的学校世界中，很少真实的生活在进行。要使学校世界显得重要，需要教师有勇敢的措施。”① 例如，儿童在学校必须做的功课，很多不是自然具有强化后果的游戏方式，也并不和食物、及格、等第或奖章有任何自然的联系。这种相倚关系必须由教师安排。

另一方面，自然的强化物很可能引起懒惰，而非勤奋。琐细的、无用的、耗费精力的和有害的行为是在真实的世界中学会的。很多自然强化物几乎没有效果。“没有一个孩子真正因为他被后来的收获所强化而去学习播种，没有一个孩子真正因为他从此喜爱有兴趣的书籍而去学习读书，没有一个孩子真正因为他要写便条给邻居而去学习写作，也没有一个孩子真正因为屋子会变冷而不去打破窗子。”②无论在自然界或在学校，自然后果很难诱使学生学习。

总之，在斯金纳看来，教育是为了使各种偶发事件成为不必要而设计的。今天的人，未必能自己发现农业或对火的控制利用，他是通过教学的相倚关系学会这些东西的，其中自然强化物只起次要的作用。“教育上所利用的自然相倚关系几乎必然总是有控制的。”③所以，社会强化物对儿童行为的形成有着重要作用。

3. 重视及时的、适当的强化

在谈到强化作用时，斯金纳重视并强调及时强化，认为强化不及时是不利于儿童行为发展的。教育者要及时强化希望在儿童身上看到的行为。例

①②③ ［美］斯金纳：《学生的动机》，转引自王承绪、赵祥麟编译：《西方现代教育论著选》，人民教育出版社 2001 年版，第 391、392、392 页。

如，一位父亲在下班返家后孩子给他送来了拖鞋，如果父亲对此立即表示高兴，这孩子第二天大约会重复同一行为；但是如果父亲当时正在考虑别的事情，对此并不介意，延迟了强化时间，那么孩子的这一行为将得不到巩固。如果时过境迁，在孩子堆积木时，父亲才表示对孩子取鞋的赞许，那么得到强化的将不是取鞋，而是堆积木的行为。斯金纳认为，除非建立了明显的中介行为，否则在反应和强化之间只要相隔几秒钟，就会破坏大部分效果。采用及时强化，有利于加强反应和刺激之间的联系，有利于儿童辨认复杂行为环境中的强化刺激作用。斯金纳学派的研究还表明，如果人们想向儿童教授一种合意的行为姿态，一开始就采用继续强化是最好的，这是巩固初始行为的最有效的方法。如果人们想使儿童的行为持久，在经过一段持续强化后，可以酌情转换采取各类间歇强化。

同时，斯金纳要求对儿童的行为给予适当的强化。适当的强化表现为采用适当性质的强化物，如表扬、奖赏等，进行适当量的强化。

4. 适当运用惩罚

斯金纳认为惩罚是现代生活中最普通的控制方法，惩罚和体罚不同。体罚是应该“被抛弃的”，“古埃及、古希腊和古罗马时都抽打学生。中世纪的雕塑表明，木工使用铁锤为工具，教师也使用自己行当的工具，这就是笞杖或柳条。我们现在也不那么清白，许多学校仍然使用体罚”①。但是，惩罚与此不同，它有现实的价值，“惩罚性的方法至少为学习将来能获得奖励的事情提供了现行合理的价值。我们反对惩罚的合理性，但是我们不应该忘记惩罚在为将来做出重要贡献中的功能”②。如果必要的、适当的惩罚还需要的话，那么，纪律、教学中必要的控制更是不可缺少的。完全由学生的兴趣行事的放任自流的教育民主和自由是根本不存在的。

同时，斯金纳主张用“消退”来矫正儿童的不良行为。他指出：“如果儿童行为的牢固，乃由于父母的强化所致，那么当这种强化下次不再出现，

①② ［美］斯金纳：《自由与幸福的学生》，转引自瞿葆奎主编：《教育学文集·教学》上册，人民教育出版社1988年版，第518、520页。

这种行为就会消失。”[1] 他认为运用消退原理去矫正儿童行为的工作并不复杂。例如，一个受宠的孩子乱发脾气、啼哭不休，其目的就是想得到成人的注意，以满足某种不合理的欲望。“他人的注意之所以具有强化作用，是由于注意是他人提供别的强化的必要条件。”[2] 如果成人对这种行为坚决不予理睬，并排除其他人对他的注意，这个孩子乱发脾气的坏行为就可能完全停止，其非分的要求也因得不到强化而消退。斯金纳告诫人们：不论何时何地，在对待儿童时，成人都应谨慎，不能以任何方式去强化儿童的不良行为。若孩子一哭一闹，成人就予以迁就，只会助长、强化孩子的不良行为。斯金纳还主张：在通过消退来矫正儿童不良行为的过程中，应对儿童的良好行为进行积极强化。比如，在一所幼儿园中，教师对儿童的寻衅、争吵，不管何时发生，都置若罔闻。这是因为孩子淘气往往是想引起同伴或成人的注意，教师不予理睬正是为了使这种行为消退。而不论何时，一旦孩子安静、和睦，教师就都给予表扬和注意，即进行积极强化。这样教育的结果，教室安静了，孩子们良好的习惯也养成了。

（四）影响及评价

从总的特点看，斯金纳忠于华生旧行为主义的基本思想，重视环境、教育的作用，企图通过行为研究来预测和控制儿童的社会行为。他的理论是从对动物的描述性实验研究中概括出来的，力图使心理学走向科学化，并在此基础上建立起规范化、科学化的教育理论。他的操作性条件反射和强化理论在相当程度上反映了儿童学习的规律和要求。以此为基础所阐述的学前教育方法也有许多是可行，或可给人以启迪的。此外，“斯金纳的理论和研究十分清晰、精致和简明，人们能很好地效仿”[3]，从而为实际运用提供了便利。由于斯金纳的重要贡献，他被西方心理学界誉为“当代最有影响的心理学家”。20 世纪 60 年代，以斯金纳理论为代表的新行为主义思想在美国以及

①③ ［美］威廉·C. 格莱因著，计文莹等译：《儿童心理发展的理论》，湖南教育出版社 1983 年版，第 320、332 页。

② ［美］斯金纳著，谭力海等译：《科学与人类行为》，华夏出版社 1989 年版，第 74 页。

世界上其他国家产生了很大的影响。他的理论对美国学前教育也产生了重要影响。现代美国学前教育理论及实践中，存在着一种重要的被称为“文化传递论”或称“行为环境论”的课程模式。这一模式的形成有其历史渊源，但美国教育心理学家柯尔伯格（L. Kohlberg）等认为，包括斯金纳在内的现代行为主义为这一模式（包括教育技术）提供了心理学的原则，并在美国学前教育实践中得到应用。

但是，斯金纳的理论也不可避免地存在着一定的缺陷。由于他坚持认为心理学研究只能以人的外显行为为研究对象，忽视意识的意义，因此，在学习理论研究上仅仅局限在外部行为的控制上，而忽略了对儿童学习的内部过程以及内部条件的研究。斯金纳强调人类与动物的学习过程是极为相似的，实际上抹杀了人类学习的基本规律以及人类学习与动物学习的本质差别。后来，人本主义教育家正是抓住这一点对新行为主义思想进行批判的，认为它把人降为“一只较大的白鼠或一架较慢的计算机”①。应该说，这一批评是击中要害的。

二、皮亚杰的认知发展理论与学前教育思想

皮亚杰（J. P. Piaget，1896—1980）是瑞士著名的儿童心理学家、教育家。他毕生致力于心理学、哲学、生物学等各方面的研究，取得了较深的造诣，著作丰富。特别是他在认知发展和儿童思维心理的研究上创造了自己独特的科学体系，因而被称为日内瓦学派或皮亚杰学派，在国际心理学界享有盛誉，有相当广泛的影响。皮亚杰的主要著作有《儿童的语言与思维》《儿童的判断和推

① ［美］杜·舒尔茨著，沈德灿等译：《现代心理学史》，人民教育出版社 1981 年版，第 404 页。

理》《儿童智慧的起源》《教育科学与儿童心理学》《结构主义》《发生认识论》等。

（一）论儿童心理发展与认知结构

皮亚杰的学前教育思想是以他的儿童心理学理论为基础的。儿童心理学理论所力图探索和解决的主要问题是：儿童出生后，认识是如何形成、发展的，受哪些因素所制约，其内在结构是什么，各种不同水平的智力、思维结构是如何先后出现的等。

1. 儿童心理发展观

历史上各种心理学派对儿童心理发展，有的强调内因，有的强调外因，也有的强调内外因的相互作用，但都不讲发展；还有的既讲外因又讲发展，或既讲内因又讲发展。皮亚杰赞同“内外因相互作用发展观”。他既强调内因、外因的相互作用，又强调在这种相互作用中儿童心理不断产生量的和质的变化。皮亚杰的相互作用论有如下两个基本观点。

第一，他注意到内外因两种因素的相互依存关系。即任何一种因素作用的大小、性质，都依赖于另一种因素，它们之间不是简单的相加或会合。

第二，他注意到两种因素间的相互转化和渗透关系。即当前对环境刺激做出某种行为反应的有机体是他的基因和过去环境相互作用的产物。

皮亚杰认为，智慧结构的形成或认知关系的建立，既依赖于主体内部结构的不断协调，又依赖通过经验所获得的信息；既不是外物的一种简单复本，也不是内部预成结构的自我显现，而是包括主体和外部世界在连续不断地相互作用中逐渐建立起来的一套结构。

皮亚杰指出，儿童心理起源于主体通过动作对客体的适应。这种适应是通过两种形式实现的。一个是同化，即把环境因素纳入机体已有的图式或结构之中，以加强和丰富主体动作。另一个是顺应，即改变主体动作以适应客观变化。个体就是通过同化与顺应两种形式达到机体与环境平衡。这种不断的“平衡—不平衡—平衡……”的过程，就是适应的过程，也就是儿童心理发展的本质和原因。

皮亚杰的儿童心理发展观有着丰富的辩证法思想。但这种理论是从生物学观点演绎而来的，认为智力或心理只是一种适应。这就抹杀了儿童的社会本质属性。

2. 影响儿童心理发展的因素

皮亚杰认为，制约儿童心理发展的因素主要有四种。

（1）成熟

主要指神经系统的成熟。儿童某些行为模式的出现有赖于一定的躯体结构或神经通路发生机能，与生理的发展有着直接的关系。神经系统控制着人在一定时间内具有的潜力。成熟是心理发展的必要条件，但不是充分条件。“成熟仅仅是（影响儿童发展的）所有因素之一，儿童年龄渐长，自然及社会环境影响的重要性将随之增加。”①

（2）实际经验

包括物理经验和数理逻辑经验。物理经验是个体从物体中抽象出来的特性，如形状、重量、大小等；数理逻辑经验是个体通过摆弄物体，通过主体动作的内部结构获得的逻辑知识。这种经验不存在于物体的本身，对儿童来说是新的知识、新的构成的结果。在数理逻辑经验中，“知识来源于动作，而非来源于物体”②。皮亚杰认为，实际经验是一个主要的必要的因素，但仍然不是决定性因素。

（3）社会相互作用

指个体在社会生活、文化教育、语言等社会环境中发生的社会传递。儿童与伙伴、家长、教师相互作用机会越多，他们听到的观点就越多。这些经验促使儿童从他人观点出发进行思维，从而接近客观性。社会相互作用是儿童心理发展的必要条件，但不是充分条件。环境、教育对儿童心理发展并不起决定作用，它们只能促进或延缓儿童心理发展。

---

①② ［瑞士］皮亚杰、英海尔德著，吴福元译：《儿童心理学》，商务印书馆 1980 年版，第 116 页。

（4）平衡

指的是不断成熟的内部组织和外部环境的相互作用。平衡在影响儿童心理发展的四因素中起着首要的协调性作用，它可以调和成熟、实际经验和社会相互作用三方面的作用。儿童与环境之间的这种反复相互作用循环，要靠儿童自己作为他自身发展的动力。活动不仅使儿童发现新问题，从而引起不平衡，而且使他找到解决问题的办法，以致于达到更高水平上的平衡。由于儿童在这个过程中担当着积极角色，因此平衡过程又称为自我调节。平衡是儿童心理发展中最重要的、决定性的因素。

皮亚杰认为，成熟、实际经验、社会相互作用和平衡这四种因素相互作用，影响智力发展，而任何单项因素本身都不能成为智力发展的原因，其中，平衡是心理发展最重要的原因。

3. 儿童心理发展结构

皮亚杰是一位结构主义心理学家，他提出了儿童心理发展的结构问题。他从一般方法论的角度来分析结构，认为所谓结构，也叫做一个整体、一个系统、一个集合。结构有三个要素：整体性、转换性、自我调节性。皮亚杰反对把结构论视作某种抽象的哲学教义，他强调结构的非先天性，突出主体在结构形成中的作用。认为，结构无论怎样都不排斥认识的主体，主体活动在结构的形成中起着举足轻重的作用。所以，皮亚杰的结构论是一种构造论的结构论。

皮亚杰依据结构主义的基本原理，从研究儿童智力与思维的整体发展着眼，提出了儿童思维发展结构理论。这一理论又称为认知结构发展心理学，其核心是发生认识论，主要研究儿童认识发展的过程和结构。皮亚杰认为儿童心理发展涉及图式、同化、顺应、平衡四个基本概念。

（1）图式

图式即人类认识事物的主观上的结构。图式不是指神经系统的物质生理结构，而是指一种主体活动（包括外部动作和内部思维）的功能和心理结构，它在相同或类似环境中由于不断重复而得到迁移或概括。一个图式就是一个有组织的行动系统。如果行动是外显的运动行为，就叫做感知运动图式；如果行动是内化的，就叫做认知图式。各个人所具有的图式就构成他们理解现实世界和获得新经验的基础。儿童最早的图式表现为遗传性的本能动作，如吸吮动作图式、抓握图式、行走图式等，这是低级动作图式。后来，随着儿童对环境的适应，图式不断地得到改造，不断地丰富起来。即低级动作图式，经过同化、顺应、平衡而逐步结构出新的更高一级的图式。如感知运动图式，随着年龄增长和知识丰富，发展为表象思维图式、直觉思维图式、运动思维图式、逻辑思维图式等。总之，儿童心理发展的过程，就是儿童动作的图式不断完善，由较低水平达到较高水平，从而也使认知结构由较低水平到较高水平不断发展的过程。

（2）同化与顺应

同化和顺应是个体适应环境的两种作用，也是主体图式在适应活动中的功能所包括的两种形式。

同化是“刺激输入的过滤或改变”①，即个体把新的知觉事件或刺激事件，纳入个体现存的图式或行为的模式之中的过程。美国教育心理学家沃德沃思（B. J. Wadworth）是著名的皮亚杰研究学者，他曾举过一个说明“同化”的实例：一个幼儿和其父亲在乡间小径散步时，见到田野中的一头母牛。幼儿对父亲说：“那里有一只狗。”怎么会这样呢？这是因为幼儿见到田野中的物体（母牛）时，就对自己积聚的图式（如马、猫、狗、人的图式）进行仔细地检核，终于发现一个可以包括该物体在内的适当名词“狗”，所以就称母牛为狗。对这个幼儿来说，他看的物体（母牛）具备狗的特征，即它适合狗的图式，所以他下结论称之为狗。于是该刺激（母牛）被同化于狗的图式中。同化会影响图式的生长，引起图式量的变化，但不会导致图式质的改变。

顺应是当主体不能同化客体时，主体的图式不得不发生质的变化，从而

① ［瑞士］皮亚杰、英海尔德著，吴福元译：《儿童心理学》，商务印书馆 1980 年版，第 7 页。

创立新的图式或调整原有的图式。所以顺应是“内部图式的改变以适应现实”①，它能使主体图式发生质变。皮亚杰认为，儿童对于外来的刺激，一旦发生调节，就会再度用调节后的图式去同化刺激。这是因为结构已经发生变化，可以用同化刺激了。

（3）平衡

平衡是指同化和顺应两种作用的平衡。儿童每遇到新事物，在认识过程中，总是先用原有图式去同化，如果成功了，便得到暂时认识上的平衡。如果不成功，儿童便做出顺应，调整原有图式或创立新图式去同化新事物，直至达到认识上新的平衡。上述提到的例子，儿童指牛为狗，这是由于儿童过去经验中没有接触过“牛”这一形象，当第一次看到牛时，通过同化作用，把新知觉的“牛”引进到原有的“狗”的图式中，所以把牛当作狗了。当他知道这不是狗而是牛时，促使他建立新图式——“牛”。这是通过顺应这一机能实现的。以后他就不会再“指牛为狗”，而是“指牛为牛”了。这说明在同化与顺应相互作用中已经达到认识活动的相对平衡。这种新的暂时的平衡，并不是绝对静止或终结。随着与环境的更多接触，引发了打破原有结构的新需要，随之会出现更高水平的平衡。不断发展的平衡状态，就是整个心理的发展过程。这也是个体的智力从最初的感知活动逐步发展为高级理性思维活动的过程。

由上述可见，皮亚杰的认知结构的核心是图式。他认为，知识不是摹本，知识总是要被纳入主体和客体关系之中，就是把客体组合到图式中去。

4. 儿童思维发展阶段理论

皮亚杰从结构主义心理学观点出发，对儿童思维发展年龄阶段做了划分。他认为，儿童的动作图式，在环境教育影响下，经过不断同化、顺应和平衡的过程，得到了发展，最终形成了本质上不同的心理结构，出现了认知发展的连续性和阶段性。这一过程总体上具有以下特征。

---

① [瑞士] 皮亚杰、英海尔德著，吴福元译：《儿童心理学》，商务印书馆 1980 年版，第 7 页。

（1）认知发展表现为几个不同水平的连续阶段。每一个阶段都是一个统一的整体，都有其特殊的主要行为模式，标志该阶段的智力特征。

（2）前一阶段的行为模式总是要整合到后一阶段的行为模式之中。前者是后者的准备，并为后者所取代。前后有一定程度的交叉重叠，但其次序不能互换。

（3）各个阶段出现的年龄可因个体和环境的差异而有所不同，可提前或推迟，但无论差异多大，也不能改变智力发展的定向性。

由此可见，智力发展的阶段划分，表明认知结构发展过程的间断性；前后阶段的交叉重叠和图式的整合，表明认知结构发展过程的连续性。

皮亚杰从逻辑中引进“运算”概念，并用来作为划分儿童思维发展各个阶段的标志。他把儿童思维发展划分为既相互连接、又具有质的差异的四个年龄阶段。

（1）感知运动阶段：思维萌芽（0—2岁）

这个阶段相当于婴儿期。儿童还没有掌握语言，他们主要是通过感觉运动图式来和外界相互作用，经过同化和顺应，取得平衡。本阶段，儿童行为发展经过不能反应、习惯形成和智力活动出现三个层次。智力活动最初出现在大约1岁左右，其特点是儿童的行为图式开始内化，对主体和客体关系产生最初协调。这种智力和思维萌芽，逐步发展分化而使许多内化的行动图式联系起来、协调活动。

（2）前运算阶段：表象或形象思维（2—6、7岁）

在这个时期，儿童的各种感知运动图式开始内化，成为表象。尤其是随着语言的出现和发展，更促使儿童日益频繁地用表象符号来代替外界事物、描述外界事物。随着生理的成熟，儿童也开始重视外部活动。这个时期，儿童思维的第一特点是具体形象性。儿童凭借表象思维，进行各种象征性活动、游戏、延缓性模仿（模仿自己过去看到和听到的事情）及绘画活动等。第二个特点是不可逆性。虽然儿童已经有了事物的不变性表象，但还没有概念的守恒性和可逆性，儿童不能进行逻辑运算。如儿童只能辨别自己的左右手，知道 A=B、B=C，但不能得出 A=C 的判断。故皮亚杰把这一阶段称为前运算阶段。只有到了后期，最初运算图式才开始出现。

(3) 具体运算阶段：初步逻辑思维（6、7—11、12 岁）

这个阶段相当于小学阶段。儿童发展到这个阶段，出现了具体运算的图式，能够进行初步的逻辑思维。皮亚杰认为，具体运算思维特点一是守恒性，即内化的、可逆的动作，这时儿童能在头脑中，从一个概念的各种具体变化中抓住实质或本质东西。二是群集运算。由于出现了守恒性和可逆性，儿童能够进行群集运算，并对其结构进行分析综合，从而能正确掌握逻辑概念内涵和外延。但是这种运算还离不开具体事物的支持和帮助，并且是零散的，还不能组成一个结构整体。

(4) 形式运算阶段：抽象逻辑思维（11、12—14、15 岁）

这个阶段相当于初中阶段。这时的儿童思维发展迅速，与成人思维接近。所谓形式运算思维是指可以在头脑中将形式和内容分开、可以离开具体事物、根据假设进行逻辑推演的思维。简而言之，12—15 岁期间的儿童能用抽象符号进行逻辑思维及命题运算，形成认知结构的整个体系，它属于儿童思维的高级形式。

从感知运动阶段、前运算阶段、具体运算阶段到形式运算阶段，儿童逐渐出现了思维萌芽、表象思维、初步逻辑思维和抽象逻辑思维。儿童的思维、心理，就是这样发展、完善的。

（二）论教育科学发展观

“教育应当成为一门科学”，这是皮亚杰教育思想的核心。

1. 论教育科学发展与儿童心理学的关系

皮亚杰指出，要使教育成为一门科学，就必须把教育奠定在儿童心理学的基础之上。他认为要成功地构造一门教育科学，必不可少的就是“建立一个为创造真正适应于心理发展法则的教育技术所必需的心理学体系。如果不精心建立一个真正的儿童心理学或心理社会学，就不可能真正产生新的方法；新方法的存在无疑必须从建立这样一门科学之日算起”①。皮亚杰认为，教育科学产生于心理科学，从某种意义上说，教育科学史就是将心理学应用于教育理论和实践的历史。

皮亚杰要求教师要接受儿童心理学的基本训练，不能对教学本身比对儿童更感兴趣。他认为，传统师范教育的弊端之一，就是把自己局限于教育本身，也就是它创造了一个封闭的社会实体，脱离实际。教育必须与儿童心理学研究结合起来，儿童心理学应该是教师培训的主课。而要真正学好儿童心理学，必须有机会亲自从事儿童心理学研究。日内瓦大学卢梭学院（后更名为教育学院）是一所培训师资的学院，皮亚杰在主持该学院工作时，就特别注重儿童心理发展理论的研究。

2. 教育科学研究必须重视教育科学发展史的研究

皮亚杰在 1965 年写的《1935 年以来的教育与教学》一文中曾尖锐指出：30 年来，教育科学研究中一件令人惊奇的事情，就是我们至今还不知道我们的教育所取得的成果。他认为研究教育科学发展史可以明确今天教育科学研究的任务。

皮亚杰认为，新教育方法体系从某种意义上看，实际上并没有什么新的东西。几乎所有教育史上的伟大理论家都曾经论述或践行过我们现在这种见解的某些方面。如：苏格拉底的启发式问答法；拉伯雷等反对口头说教和纪律处罚，强调兴趣和自然观察的方法；卢梭确切地说明了儿童时期主动特点所包括的内容；裴斯泰洛齐的“互助教学体系”；福禄培尔幼儿园的活动教学；等等。但这些教育理论家所缺少的就是很少考虑一种关于心理发展的心理学。他们虽然已经产生了某些微妙的心理学上的直觉，但还没有提出科学的心理学理论。

对历史进行了回顾以后，皮亚杰指出，虽然新教育方法的原则及活动的理想在过去的著名教育理论家的著作中不难找到，但是为儿童心理发展与心

① [瑞士] 皮亚杰著，傅统先译：《教育科学与儿童心理学》，文化教育出版社 1981 年版，第 145 页。

理活动提供一种积极解释的任务，则有待本世纪的儿童心理学去完成，而科学的教育学也只有在此基础上才能诞生。

3. 必须重视教育科学研究工作

皮亚杰指出教育中存在一个严重问题，即教育方法始终受传统经验主义常识支配，受保守思想的左右。教育不是培养学生的发明与批判精神，教育者所想到的只是如何把学生装配到传统的学习模式中去。许多教育方法的运用和改革出于想当然，并没有坚实的科学实验做基础。对教育方法、教学内容、教育组织形式等问题都未能进行有组织的、能证实的和系统的实验。皮亚杰呼吁，再也不能只根据常识解决问题，必须重视教育学的科学研究，必须像医生诊治病人需要有坚实的医药和生理学知识为根据一样，教师教学也必须以实验教育学理论为依据。

（三）论儿童教育

皮亚杰的儿童认知发展理论中蕴含着丰富的儿童教育思想。

1. 教育目的

皮亚杰认为："教育的主要目标就在于形成儿童的智力的和道德的推理能力"①。也就是说，要使儿童在智力水准方面达到连贯性和客观性，在道德水准方面达到相互性。

关于教育目的的确定，历史上存在着社会本位和儿童本位、外在与内在、工具与非工具之分。皮亚杰认为，处理上述关系，首先要明确确立教育目的的合理依据，然后根据合理的依据确定教育目的的具体内容。皮亚杰认为以往教育目的之所以存在诸多不合理因素，就是因为确定目的的依据本身缺少严密的科学性。具体讲，通常只是以成人当前的社会需要为依据来规定教育目的，总是把儿童看作小大人，是像成人一样能推理和感觉、只是缺乏成人那样的知识和经验的人。"既然这样理解的儿童只是一个无知的成人，

① ［瑞士］皮亚杰：《教育原则与心理学的依据》，转引自王承绪、赵祥麟编译：《西方现代教育论著选》，人民教育出版社2001年版，第415页。

教育工作者的任务就不是形成他的心智，而是灌输给他一些知识罢了。”①

皮亚杰对这种传统的外在的教育目的论进行了批评，认为这种目的论关心的仅仅是目的，而不关心教育的技术、不关心儿童及其发展规律。他指出，必须经过系统的研究，用科学的观点来确定教育的目的。确定教育目的的合理依据不仅是社会科学规律，而且更是心理学理论。要考虑成人社会和受教育的儿童之间的相互关系，即不仅让儿童接受成人社会的现成知识，使他们将来达到成人社会生活的现有状态，而且还要求他们通过自身的创造性努力和实践活动，并运用他们的生活经验学到必要的新知识，使他们未来的社会生活比成人现有的社会生活更为充实和进步。据此，皮亚杰认为教育的目的，一方面是发展儿童的智力，另一方面是培养儿童的道德推理能力。

皮亚杰进一步指出：“智力是最高形式的适应，是事物不断地同化于活动本身和那些同化的图式适应客观事物本身的调节这两者间的平衡”②。智力训练的目的是形成智慧，而不是储备记忆；是造就智力探索者，而不是博学者。所以，皮亚杰强调过程学习，强调形成认知结构、发展逻辑思维能力。

2. 儿童教育的原则和方法

皮亚杰根据自己的儿童心理学理论，提出儿童教育应该遵循准备性原则、主动性原则、活动性原则、协作性原则等，并采取相应的方法。

（1）教育应贯彻准备性原则

皮亚杰认为，儿童认知的发展具有一定的阶段性，后一阶段总是在前一阶段发展的基础上，产生新的进步，因此学习得有准备。反映在教育上，要求教育应遵循儿童的认知发展顺序，贯彻准备性原则，循序渐进。

---

① [瑞士] 皮亚杰著，傅统先译：《教育科学与儿童心理学》，文化教育出版社 1981 年版，第 162 页。

② [瑞士] 皮亚杰：《教育原则与心理学的依据》，转引自王承绪、赵祥麟编译：《西方现代教育论著选》，人民教育出版社 2001 年版，第 414 页。

第一，不应教给儿童明显超出其认知发展阶段的材料。皮亚杰指出，儿童为了接受有关的知识信息，必须具备一种能同化它们的结构。如果过早传授这些知识，必然事倍功半，会使儿童不能有所创造，也不能真正理解，只是机械记忆。所以教师的"问题只是去发现符合于每一阶段的有些什么知识，然后用有关年龄阶段的心理结构所能吸收的方式把它传授给学生"①。皮亚杰曾期望与数学家、心理学家携手合作，设计一套新的数学教学法。其基本做法是：在传授过度抽象的术语概念之前，首先采用儿童平常使用的语言讲授。

第二，应努力避免从外部人为地加速儿童对某种问题的认识过程。在现实的教育实践中，进度常被用作判断儿童学习成效的指标，于是教师总是设法促使学生加速学习。皮亚杰认为，加快学习是可能的，但不能指望有极大加速，儿童对内容的彻底掌握比速度快慢更为重要。要使儿童学得的知识具有持久性，就必须让儿童经历一个"错误的"和"缓慢的"阶段。教育的理想并不是以传授最多的知识为唯一目的，而是以儿童学会学习并得到发展为正途。父母或教师的职责，不应放在加速儿童学习上，而应努力丰富儿童相应发展阶段的生活经验，使之达到纯熟的境界。从长远来看，这样做的效果反而更好。

第三，应尽可能按儿童的认知发展顺序编制课程。皮亚杰曾指出："儿童的智慧和道德结构与我们成人的不一样；因此，新的教育方法要尽一切努力，编写出一套在形式上各年龄儿童能接受，并与他们的智慧结构以及各发展阶段相协调的教材来进行教学。"② 由于儿童概念的获得具有不变性，应运用这种不变性的模式来确定何时该教什么；课程内容、进度应按儿童心理认知状态的变化来设计。受皮亚杰理论的影响，当代课程编排的趋势是：将

---

① ［瑞士］皮亚杰著，傅统先译：《教育科学与儿童心理学》，文化教育出版社 1981 年版，第 176 页。

② ［美］D. 埃尔金德著，刘光年译：《儿童发展与教育：皮亚杰的观点》，华东师范大学出版社 1986 年版，第 195 页。

学习者在某一阶段可能发展的新概念纳入相应阶段的课程。

第四，强调准备性，在教学方法上要因人施教。因为儿童的准备性各不相同，具有个别差异，所以个别化教学就很有必要。从理论上讲，教师应该针对每个儿童的准备性特点来制定适合每个人的个别化教学程序，而且在教学过程中，应该随时判断学生学习的效果，及时修改程序。皮亚杰主张，在有条件的情况下，应尽可能使教师和儿童人数之比保持较低值。

（2）教育应贯彻主动性原则

皮亚杰主张，教育应该强调儿童的兴趣和需要，大力发展儿童的主动性，让儿童主动自发地学习。

皮亚杰十分重视主体在认识中的作用。他认为，知识不是外界客体的简单摹本，也不是主体预先形成的结构的展开，而是由主体与外部世界不断相互作用而逐步建构的结果。认识是一种主动积极的、不间断的建构活动，发展不是由内部成熟或外部教学支配的，而是一个积极的建构过程；儿童要通过他自己的活动，一再建构形成他的智力基本概念和思维形式。在皮亚杰看来，儿童不仅受教于成人，而且自己能独立地进行学习。儿童是主动的学习者，真正的学习并不是由教师传授给儿童，而是出自儿童本身。因此，必须让儿童主动地、自发地学习。儿童“除了主动地掌握一件东西以外，就不可能学会任何东西”①。

所谓主动过程有两个含义：一是儿童直接作用于他的环境；二是儿童在心理上是主动的。皮亚杰认为，智力活动必须由一种情感性质力量所激发，一个人从来不想学习自己不感兴趣的东西。要强调儿童学习的自主性，就得引起儿童的学习动机，调动儿童的学习兴趣。“一切有成效的活动必须以某种兴趣为先决条件”。②

皮亚杰认为，内在动机是主要的，奖励、惩罚之类的外在动机并不起主要作用。只要引起儿童认知上的冲突，引起最大限度的不平衡，就能激发儿

①② ［瑞士］皮亚杰著，傅统先译：《教育科学与儿童心理学》，文化教育出版社 1981 年版，第 141、154 页。

童的求知欲和好奇心。皮亚杰提出适度新颖原则，认为让儿童学习材料必须和儿童的已有经验有一定的联系，同时，又要新颖，引起儿童的认知兴趣。激发好奇心，不完全决定于事物的物理特性，而决定于它和主体已有经验间的联系，决定于主体的经验。

(3) 教育应贯彻活动性原则

皮亚杰主张，应该重视活动的作用，教育要把儿童的实际活动置于优先地位，让儿童通过动作进行学习。

皮亚杰理论的核心思想是思维产生于动作。智慧自动作始，切断与动作之间的联系，那么其发端是不可能的。因为：①动作是主客体相互作用的桥梁，婴儿是通过动作、实际摆弄东西而认识世界的。②动作是知识的来源。他把知识分为物理知识和数理逻辑知识，二者都起源于动作。物理知识指作用于物体，通过简单抽取物体本身的特性，得到所观察物体的知识。数理逻辑知识指通过思考或反省自己的动作所获得的经验，知识不是来自物体本身，而是来自主体对客体所施加动作的协调中收集的信息，是主体作用于客体，从而了解自己的动作之间相互协调的结果的知识。

因此，皮亚杰提倡活动教学法。他认为，要使儿童主动学习，就必须使儿童通过主动活动和接触具体事物进行学习。仅仅看和听，而没有活动的教学，只不过是口头的学习，不能真正掌握知识。比如，有关树木的真实概念只有在儿童作用于树木时才可能获得并精细化，否则即使看了树的图片，听了有关树的故事，读了有关树的书，幼儿也不可能形成树的知识。皮亚杰要求，教师应该布置情景，提供材料、工具和设备，让儿童自由操作、摆弄、实验、观察和思考，自己认识事物，发现问题，得出答案，而不能只是被动地听教师的讲演或旁观演示。皮亚杰的理论为新教育运动所提倡的活动教学提供了心理学依据。

(4) 教育应贯彻协作性原则

皮亚杰主张教育应重视儿童的相互协作作用，重视儿童的社会交往。皮亚杰在早期研究儿童语言、思维的发展及儿童的道德发展时，就很重视社会交往在儿童心理发展中的作用。他认为，儿童间的相互学习是儿童认知发展的主要源泉；儿童的智力发展需要与他人相互刺激。这种相互交往不仅指儿童之间的交往，也包括师生之间的交往。学习中的交往重点应放在儿童间的合作上，而不是放在竞争上。他把社会相互作用与合作看作是推动儿童个性发展的一部分，即智力与道德发展的一种手段。如果儿童不能了解彼此相对的立场和观点，那么他们将长久地停留在本质上是自我中心的立场。处于同一认知水平上的其他儿童，比成人更能促进儿童从自我中心解脱。所以皮亚杰提倡同伴影响法，重视儿童之间的互教，主张儿童上课时可与同伴交谈讨论。

（四）论儿童道德发展和教育

皮亚杰是第一个试图有系统地追踪儿童道德推理的发展过程的人。他的早期著作《儿童的道德判断》是发展心理学领域中的一块里程碑。这本书集中反映了皮亚杰对儿童道德观念的发生、发展的精湛研究及其独到的理论，对儿童道德发展研究领域产生了深远的影响。

1. 儿童道德判断的客观规律

皮亚杰对儿童的道德判断做了具体研究，研究主要集中在四个方面：儿童对规则的态度、儿童对行为责任的看法、儿童的公正观念、儿童心目中的惩罚。通过研究，皮亚杰揭示了儿童道德判断的主要规律。

（1）关于行为的动机和后果

年幼儿童往往只按行为在客观上造成的后果去做出评价，至于行为者的动机是好是坏、是无意还是有意似乎是无关紧要的，因为他们是按行为的客观责任去做出判断的。年长儿童往往根据行为者的主观动机、意向性的有无去做出评价，行为的后果则退到了次要的地位，即他们是按行为的主观责任去做出判断的。儿童随年龄的增长，主观责任的道德判断就逐渐取代客观责任的道德判断而居于支配地位了。

（2）关于道德判断的依据

在评价一个行为或一件事情的好坏、是非、或公正与否时，年幼儿童和年长儿童的依据常常截然不同。年幼儿童总是根据成人是鼓励还是惩罚，或者按照对成人服从与否来判断行为或事情的好坏、是非、公正与否。受到父母、教师等权威人物肯定的行为、事情就被认为是正确的、公正的，否则就是错误的、不公正的。年长儿童则不然，他们已经开始摆脱成人道德制裁的影响，认识到成人的惩罚并不一定是公正的，受成人惩罚的行为并不一定都是不好的。他们能够认识到损害他人或违犯道德准则的行为才是不好的行为，认识到应该按照是否平等、公正的原则去判断行为或事情的公正与否了。

（3）关于道德行为的因果关系

年幼儿童常常把过失行为同日常生活中普通的偶然发生的灾祸，如撞了个疙瘩、被火灼伤等相联系。他们总相信这种灾祸是过失行为造成的，是对过失行为的一种报应性惩罚。他们把过失行为看作是偶发灾祸的根本原因，把偶发灾祸看作是过失行为的必然结果。而年长儿童却能把两者区别开。

（4）关于道德判断中的绝对和相对

年幼儿童评价道德行为时，总是以自我为中心，很少想到别人，更不会把自己放到别人所处的地位上去考虑。一件事情或某个行为在他们看来，对就是百分之百的对，错就是百分之百的错，不能模棱两可。年长儿童评价行为时，就有较大的灵活性和相对性，他们懂得不能光从自己的角度去考虑问题，还应设身处地、把自己放到别人的位置上去看问题。

2. 儿童道德发展的阶段性特点及教育

皮亚杰根据儿童道德发展的规律，对儿童道德发展的年龄阶段做了划分。

（1）感知动作阶段（2岁以前）

这一阶段的儿童出于感知觉和随意运动才去摆弄周围物品，他们的道德发展属于道德情感萌生阶段。皮亚杰认为，初生婴儿只有一些构成情绪的情感反射，随着生长，其情感相应地和自己的动作发生了直接联系。这时的婴儿在认识上还没有把自我和外界客体分化开来。当婴儿获得了对客体的稳定性认识，即客体成为独立于自我之外的对象后，婴儿的情感也随之发生很大的变化。

（2）自我中心阶段（2—5岁）

这一阶段，儿童能够接受外界的准则，但由于和成人、同伴之间还没有相互合作的关系，他们常常按照自己的想象去理解事物，外界的准则对他们来说还缺乏约束力。皮亚杰称儿童的这种既能模仿别人接受准则，又要按个人意愿去应用准则的情况为自我中心主义。儿童的这种道德的自我中心主义，反映在对道德要求有时采取毫无异议的顺从，有时则采取拒绝甚至反对的态度。皮亚杰指出，这阶段儿童的顺从和非顺从，本质上都属于自我中心主义，而促进、发展儿童和同伴间的合作关系则是打破儿童这种自我中心主义的唯一途径。

（3）权威阶段（6—8岁）

这一阶段，儿童道德生活的特征是几乎绝对地服从权威。这里，权威既指父母、教师等成人，也指年龄较大、更为成熟、更有力量和威望的人。由于这些人和儿童的地位不平等，他们通过语言对儿童施加强制，造成他们在儿童心目中具有非凡的力量，只要是他们的规定，儿童都会听从。这时的儿童认为，权威规定的准则是固定的、不可改变的，必须绝对服从。因此，儿童的道德水平是“他律”，每个儿童都按照违反或遵从权威的规定去判断是非。他们的第一道德是服从，所谓“好”就是服从权威的意志。儿童在进行道德判断时，只注意行为的客观效果，而忽视行为者的主观动机。皮亚杰曾做过一个实验，给儿童讲述两个小故事。第一个是：当妈妈上街的时候，玛莉想为妈妈做点事，决定泡一杯茶；但在泡茶时，不小心把一只精致的茶杯打碎了。另一个故事是：妈妈上街前对琼说不要私自攀高拿糖吃；但妈妈走后，琼仍然这样做了，结果打碎了一只旧茶杯。讲完这两个故事后，问：“哪一个孩子更淘气，应该受到惩罚？”儿童往往认为玛莉更淘气，因为她打碎了一只精致的茶杯，而琼只打碎了一只旧茶杯。可见，在判断行为时，儿童注重的是被损坏物体的价值，而不注意行动者的动机。

(4) 可逆阶段（8—10岁）

这一阶段，儿童道德生活的特征是相互尊重准则逐渐取代了对权威的单方面服从。这时，儿童已不满足于单纯地履行外界的准则，也不再按是否服从权威来判断行为的是非，而认为公正或平等的行为才是好的，否则就是不好的。他们的道德判断已明显开始摆脱外界的约束并具有初期自律道德水平的萌芽了。皮亚杰认为，随着和同伴交往的社会关系的产生，这阶段的儿童意识到准则并不是独立于自己之外的、不可改变的，而是彼此约定的、为了共同利益可以更改的。皮亚杰指出，这阶段的儿童要求平等、公正、相互尊重，他们从内心要求自己像别人待他那样去待别人，同时希望别人像自己待别人那样待自己，而正是这种儿童与同伴间的可逆关系决定着其自律的道德水平的萌发。

(5) 公正阶段（11、12岁以后）

这一阶段，儿童已经不再刻板地按某种准则去做出道德判断，而能按具体情况，能“设身处地”地从关心人和同情人的真正的道德关系出发去做出道德判断了。皮亚杰认为，正像可逆阶段脱胎于权威阶段那样，公正阶段是从可逆阶段脱胎过来的，不过这一阶段的儿童出现了一个独特的因素——利他主义。同时，皮亚杰指出，这一阶段儿童所做出的基于相互关心、同情的道德判断具有一种受观念上的法则所支配的特征。换言之，对于准则，这时儿童已形成了自己的观念，而这种道德观念已经能够从内部对儿童的道德判断起着决定性的作用了。

皮亚杰要求儿童道德教育应根据儿童道德发展的阶段性特点展开。按照儿童道德判断的年龄特点，家庭、学校的道德教育就应该不同阶段有不同的具体要求、不同的方式、不同的衡量尺度。儿童道德是由他律向自律发展的，家长、教师等成人不能通过约束和强制的途径去促进儿童的道德发展，否则后果将适得其反。只有鼓励儿童相互之间、儿童和成人之间的社会交往和社会合作，坚持说理教育和以通情达理的方法去处理涉及道德的问题，才会有利于儿童道德的健康、正常的发展。对儿童的道德教育应该放到儿童认知发展这一更为广阔的领域去综合考虑，要与其认知发展相匹配，低于或超越儿童认知发展的道德教育都不是良好、合理的道德教育，是不会收到预期效果的。总之，皮亚杰认为，道德教育可以促进儿童道德的发展，但必须遵循儿童道德发展的规律，不能超越儿童的思维发展和心理结构。

皮亚杰根据其认知发展理论，认为儿童的逻辑思维能力和道德判断能力是一种蕴涵关系，儿童的道德发展是认知发展的一部分，也是其认知发展的一种自然结果。所以他从儿童道德判断与儿童认知或智慧发展水平的关系这一基点出发，来研究儿童的道德发展，认为随着儿童认知的发展，由“他律”道德逐渐向“自律”道德过渡是贯穿儿童道德发展全过程的一条主线。而且，皮亚杰对儿童道德发展的研究为道德教育提供了非常有价值的理论依据和指导思想。

总之，皮亚杰在儿童道德发展领域中的贡献是十分巨大的，他的见解正越来越为人们所重视。但我们也应该看到的是，皮亚杰关于儿童道德发展的理论并非完美无瑕。例如，他把道德发展看作是认知发展的单一过程，在一定程度上忽视了道德情感和道德行为的作用，这不能不说是个缺陷。

（五）地位及影响

皮亚杰的理论和实践，对当代世界的儿童教育已经产生并将继续产生重大影响。他的大量著作被翻译成各国文字，他的实验研究和学术成就，成了20世纪世界教育发展的重要内容。“在近代教育史上，还没有哪一种与教育有关的心理学理论，像皮亚杰的理论那样，如此引人注意，并对教育家们有如此的吸引力，受到那么多科学研究的支持。”①

① ［美］B. J. 沃兹沃思著，周镐等译：《皮亚杰的认知发展理论》，华中师范大学出版社1987年版，序言。

皮亚杰在儿童心理学领域，尤其在儿童思维发展方面进行了大量开拓性工作。他首创了许多教育观点，如认识起源于动作、理解即发明、形成认知结构等；还有一些观点虽然前人讲过，但他把所创建的相互作用论、逻辑决定论、建构论等作为其理论依据，并辅以大量实验性材料来进行说明，就显得更为深刻和令人信服了。他的儿童心理学，成了欧美和日本进行学校教育和教学改革的重要理论依据。尤其是20世纪60年代，迪克沃兹（E·Duckworth）等编辑出版《被再发现的皮亚杰》一书，掀起全球性的皮亚杰热。此后，皮亚杰理论进一步影响着世界各国的幼儿园、中小学的教育改革。西方国家流行的活动教育、开放教育、视听教育、重视个别课程制度、采用新的教育技术等，都与皮亚杰的思想影响有关。各国在开展新的教育活动和采用新的教育手段过程中，都特别注重儿童的主动活泼、兴趣与需要，提供丰富多样的教育环境，让儿童自己发现问题、提出假设、收集资料以及进行各种实验，从而使儿童成为知识海洋的主动探索者。

当然，皮亚杰的理论也有其不足。主要体现在，他的理论强调儿童内在的发展，对社会对个体发展的影响则不够重视。比如，他注重儿童主体认知的能动性，但对社会作用、社会因素在儿童认知发展中的重要性却重视不够。

近年来，对皮亚杰理论的研究获得了新的发展。首先，很多儿童心理学家在重复皮亚杰研究时，发现其理论的某些不足之处而加以补偿和修正。这种重复性检验工作，无疑促进了皮亚杰理论的发展。其次，是信息加工理论与皮亚杰理论相结合，自称为“新皮亚杰学派”。此外就是瑞士日内瓦大学，皮亚杰的同事和学生在皮亚杰逝世以后，对皮亚杰理论也有了变革性发展，在保持皮亚杰理论基本框架的前提下，调整研究方向，扩大研究范围和课题。总之，随着科学的进步和心理科学本身的发展，皮亚杰的儿童思维发展理论将不断通过修正和充实而具有更科学的价值。

三、马斯洛的人本主义心理学与学前教育思想

马斯洛（A. H. Maslow，1908—1970）是当代美国心理学家，人本主义心理学的宗师。他以人本主义心理学为理论基础，提出了人本主义教育思想，强烈影响了20世纪六七十年代的美国公共教育。他的主要著作有《科学心理学》《人性能达到的境界》《动机与人格》等。

（一）人本主义心理学理论

人本主义心理学是在特定的社会背景下，吸收了存在主义哲学的基本思想、现象学的方法以及格式塔心理学的整体论方法，在与心理学领域中的行为主义和精神分析理论这两大派别的论争中应运而生的。它的产生被称为心理学界的"第三力量"，打破了当时西方心理学界精神分析学派和行为主义学派占主要地位的格局。其代表人物除马斯洛外，还有罗杰斯（C. R. Rogers）、弗洛姆（E. Fromm）、奥尔波特（G. W. Allport）等。

马斯洛认为，人本主义心理学"不是一个有严密体系的单一学派"，而"是一种强调人的尊严和价值的多学派松散联盟"①。相信人的最高需要的真实性，是把这许多松散团体结合成包括广泛的"第三力量"的最主要的力量。

1. 研究对象

弗洛伊德心理学体系的基本特征之一，就是其研究材料大多采自心理变

① 林方主编：《人的潜能和价值》，华夏出版社1987年版，第274页。

态者的临床案例。行为主义心理学是建立在对动物行为的研究上。马斯洛则认为，如果一个人只潜心研究动物、一般的人或不健康的人，那么永远也不会认识人类真正的特点和潜力。因此，马斯洛主张心理学家应当着重研究人类中的优秀分子，即“不断发展中的那一部分”，然后从特殊到一般，以推动人类潜力的发展。

2. 整体论方法

人本主义心理学对行为主义是一种反动。马斯洛吸取了格式塔心理学的整体论方法。格式塔心理学认为心理现象最基本的特征是在意识经验中所显现的结构性和整体性。马斯洛则强调，不仅要从知觉角度去把握整体性，而且要“从意识经验自身这一整体去开辟新的研究领域”①，要致力于在教育中恢复整体的人的观念。这一方法是人本论者借以反对行为主义所坚持的机械主义的有力武器。行为主义主张只能对可观察到的行为进行科学研究，只关心可观察、可测量和可验证的行为，而把道德、价值、潜能、情感体验等置之度外。而人本主义的这种整体论方法更有助于人们理解人的高级复杂的心理现象。

3. 需要层次理论

行为主义认为，一个人的心理、情绪、行为等全部活动都是由外部环境因素决定的。马斯洛则认为，人在本质上是活动的和具有能力的，至少在某种程度上会去评估和选择。人的活动主要根源于内部动机，而不是根源于对外部的反应。虽然人的行为受到环境和文化的影响，但这些外部影响最终很大部分是由个人对这些外部因素独特的态度决定的。

马斯洛指出，使人产生动机的直接原因是人类的基本需要，这些需要有如下方面。

（1）生理需要：即对生存的需要，包括衣、食、住、行、睡眠等需求。这一需要是人的需要中最基本的、最强烈的、最明显的一种。

① 林方主编：《人的潜能和价值》，华夏出版社 1987 年版，第 11 页。

(2) 安全需要：指生活有保障而无危险。

(3) 归属和爱的需要：即与他人亲近，受到接纳，有所归依。

(4) 尊重需要：包括自尊和来自他人的尊重。自尊是指对获得信心、能力、本领、成就、独立和自由等的愿望；来自他人的尊重包括承认、接受、关心、地位、赏识等。

(5) 认知需要：即求知、理解、探索的愿望，表现为好奇心。

(6) 审美需要：即厌恶丑恶，对和谐的秩序与美感有追求的欲望。

(7) 自我实现的需要：即充分发挥人的潜能，“一个人能成为什么，他就必须成为什么。”① 自我实现有赖于前面各种需要的满足，是人性发展的最高境界。

人本主义心理学和行为主义心理学的根本对立，导致了两种截然相反的教育观。人本论者强调一种内在的学习，认为学习的动机起源于人性的内部，教育者要注意帮助学习者满足各种对外界事物的渴求、好奇心和冲动，重视提供一种适合于学习的条件，更深入地了解学生怎样思考与感受，而不是只注意学习的行为。行为主义者强调外在的学习，认为学习是学生被动接受的，是灌输概念和积累事实的过程，因此很少注意学生个人独特性的实现和成长。

4. 人的本能

人本主义心理学对弗洛伊德的精神分析理论也提出了挑战。人本论和精神分析理论一样，都从人的内部世界去寻找心理发展的动力。但是，人本论者虽然承认弗洛伊德关于人具有潜意识这一重大发现，却反对在研究人的时候使用动物本能的范例，反对把本能看作是不可控制的、危险的、必须与之搏斗的错误观念，并针锋相对地提出人的本性是好的，各种本能需要的满足只会有利于生长。

① [美] 弗兰克·戈布尔著，吕明等译：《第三思潮：马斯洛心理学》，上海译文出版社 1987 年版，第 45 页。

马斯洛指出，心理学界当时各种主张人性本恶的本能论者的错误在于如下几点。

(1) 他们所使用的范例是动物的本能，这就导致他们不去寻找人类独有的本能。然而从低等动物的研究中得出最有害的经验酿成了这样一个原理：本能是强大的、牢固的、不可更改的、不可压抑的。但人类却并非如此。

(2) 本能论者只看到了动物界的竞争，完全忽视了同样普遍存在的合作。从而把人类的动物性看成与狼、虎、野猪的本性一样，而不是用稍好些、温顺些的动物，如鹿、象、狗、猩猩来比较。这种方式将人类的内在本性解释为恶的动物性。但是，如果一定要说人类从动物那里有什么基因遗传方面的特性的话，它应该是与人类最接近的猿和猩猩，而不是狼、老虎等。

(3) 本能论者的错误还在于他们过分强调人与动物世界的连续性，而没有同时强调人种与所有其他物种的深刻的区别。

(4) 本能论者忘记了这样一个事实，即如果从低级动物到高级动物的整个线索进行研究，而不是仅仅选取他们喜爱的动物种类，就可能发现这样明显的发展趋势：动物越是向着高等发展，可变性也越来越强烈，并且日益被智力、学习和社会的决定作用所取代。

马斯洛明确提出："人类没有本能只有本能残余。"① 在人身上根本没有什么可能被称之为动物意义上的纯粹本能，只残余着一些非常微弱的本能。因此"如果我们的本能冲动不是被理解为狮子、老虎，而是理解为鹿或羔羊，如果我们的冲动与其说是掠夺性的，不如说是友爱性的，与其说是使人憎恶的，不如说是令人赞美的，我们当然应给它们自由，让它们充分表现自

① [美] 马斯洛：《动机与人格》，转引自单中惠、杨汉麟主编：《西方教育学名著提要》，江西人民出版社 2000 年版，第 530 页。

己，而不会像对待犯人似地使它们受到禁锢和约束”①。这种观点给教育带来了一种新的观念，即教育应该给儿童以爱和尊重，让儿童体验到兴奋与喜悦，教育者只能引导而不能压抑儿童的成长。

（二）学前教育观点

以人本主义心理学理论为依据，马斯洛对学前教育问题提出了自己的观点。

1. 教育目的

人本主义教育的目的是培养自我实现的人。用马斯洛的话来概括，人本主义教育的目的即人的目的，从根本上说，是人的自我实现、完美人性的形成和达到人所能及的境界。即要促使“个人达到所能达到的最高度的发展，即达到他所能达到的最佳状态”②。

关于“自我实现”这个术语的含义，马斯洛曾做过精辟解释。“自我实现也许可以大致描述为充分利用和开发天资、能力、潜能等”；“意味着基本满足再加上起码的天才、能力或者（人性的）丰富”；“自我实现者是一些已经走到、或者正在走向自己力所能及高度的人”③。他还认为，把自我实现看作是利己的而不是利他的，则忽视了对人生的义务和贡献，忽视了与别人和社会的联系，颠倒了自我实现的意义。因为自我实现的人是利他的、献身的、超越自我的、社会性的人。

在马斯洛看来，自我实现的人的最重要的特征之一是整体的人。他是从整体论的方法出发，来论述整体的人的。整体的人，是指不仅在身体、精神、理智、情感、情绪和感觉各方面达到了有机整体化，而且是在有机协调的内部世界与外部世界的联系方面也达到了和谐一致的人。马斯洛强调要用一种系统的、有机的整体观去分析人；应摈弃传统的“刺激—反应”式的原

---

① ［美］马斯洛：《动机与人格》，转引自单中惠、杨汉麟主编：《西方教育学名著提要》，江西人民出版社 2000 年版，第 530 页。

② ［美］马斯洛著，林方译：《人性能达到的境界》，云南人民出版社 1987 年版，第 169 页。

③ ［美］马斯洛著，许金声等译：《动机与人格》，华夏出版社 1987 年版，第 176 页。

子论思维方式。任何单一的刺激都会引起整个机体的改变，而不是只在身上增添某些习惯和知识。

马斯洛进一步指出，整体的人只是从静态方面表明自我实现者的特征，形成过程中的人，才把现实与可能、理想联系起来。但生活的一种确定性就是变化，只有创造型的人，才能适应这种变化，并既生动又集中地体现自我实现者的整体性和动态性特征。马斯洛把自我实现倾向看作是动态的形成过程，而不是遥远的目标和终极的静态。他指出，自我实现不只是一种结局状态，还是在任何时刻、任何程度上实现个人潜能的过程。

总之，马斯洛认为教育目的是培养自我实现的人，整体性、动态性和创造性是这种自我实现的人的最显著的人格特征。这一教育目的对所有儿童都是适用的。

2. 教育者应帮助儿童发现“自我同一性”

所谓“自我同一性”指的是“找出你的真实愿望和特征是什么，并生活在一种方式中使它们能表现出来”①。

马斯洛指出，在资本主义现实社会中，大多数人已学会避免真诚，心口不一、表里不一、虚伪应酬是司空见惯的行为；而许多家长也“非常善于使他们的孩子弄不清自己内在的呼声”，强迫孩子做违背其心愿的事情。在这种教养下，孩子们于是“失去了和他们自身内在信号的接触。他们吃、喝、拉、撒、睡都要按钟点安排，而不是接受他们身躯的暗示。他们做一切事都以外部标准（如我爸爸说的）为根据，从选择食物和服装到价值和伦理判断都是如此”②。马斯洛认为，这种教养方法对孩子不会有什么好处。他根据自己在儿童中做的大量调查研究，指出，“有创造性的儿童似乎是那些有较强冲动声音告诉他们什么是对的、什么是错的儿童。而那些无创造性的高智商儿童似乎已经丧失了他们的冲动的声音，变得遵循常规，总是期待父母或老师给予指导或启发”③。

①②③ [美] 马斯洛著，林方译：《人性能达到的境界》，云南人民出版社 1987 年版，第 184、184、185 页。

马斯洛主张，儿童经过学习应当抵制现实的不良风气或陈规旧俗对他们的影响，成为真诚、忠实的人，其言行应当成为他们的内在感受的真实而自发的表现。马斯洛还认为，与此关联的自知之明与自我理解是通向自我实现的最重要的途径。当一个人理解了自己，他就会懂得自己最根本的需要和动机是什么，并学会以一种能使他们得到满足的方式去行动。自我理解也可以帮助一个人去理解别人、和别人友好相处。这是因为人类最本质的需要既然是相同的，通过自我理解就可以达到对他人乃至对全人类的理解。

3. 尽量满足儿童的基本需要，促进其潜能发展

马斯洛认为，驱使人类行动的是若干始终不变的、遗传的、本能的生理及心理的需要。为了达到自我实现，促进人的潜能充分发挥的目的，教育者应该充分满足儿童的基本需要。马斯洛对这个问题进行了详尽的论述。

（1）生理需要

即对生存的需求。满足这一人生最基本的需求的意义是不言而明的。

（2）安全需要

儿童一旦生理需要得到了满足，就会出现安全需要。儿童“喜欢一个安全、可以预料、有组织、有秩序、有法律的世界。这个世界是他可以依赖的。在这个世界，出人意料、无法应付、混乱不堪的事情或者其他有危险的事情是不会发生的；而且在这个世界，无论遇到了什么情况，也会有强大的父母或者保护人使他免遭受难”①。儿童对于威胁或危险的反应比成人明显，其中一个重要的原因就是他们根本不能抑制这个反应。

马斯洛要求，为了满足儿童的安全需要，社会、家庭应当通力合作，给儿童提供一个和平、宁静的环境。尤其是父母必须营造一种和谐的家庭气氛。因为“家庭内部的争吵、动手殴打、分居、离婚或死亡往往是特别可怕的。……同样，父母对孩子大发脾气，吓唬说要惩罚他，对他进行谩骂，粗声粗气地对他讲话，粗暴地对待他，或者对他进行体罚，这一切有时竟会使

---

① ［美］马斯洛著，许金声等译：《动机与人格》，华夏出版社 1987 年版，第 147 页。

孩子惊惶失措、惶恐万分”①。

（3）归属与爱的需要

马斯洛认为，归属需要是一种动物本能，也是儿童心理正常发展的必要条件之一。漫无目标的流动生活，或被迫与家人分离、孤独寂寞的生活，都会损害儿童的身心。而爱的需求是人与生俱来的，不是像行为主义者所认为的那样是后天获得的。爱对儿童的成长非常重要，在孩提时代得到爱的人，往往更容易健康成长；如果缺乏爱，就会抑制儿童的成长及其潜能的发展。

临床发现，缺乏爱是儿童产生心理变态的重要原因。“爱的饥饿是一种缺乏症，就像缺乏盐或缺少维生素一样……我们需要碘和维生素 C，这一点对每个人来说都是毋容置疑的。我们需要爱的证据与此完全是属于同一类型的。”② 而且，只有得到爱的人，才会给予爱。儿童如果得不到爱，那他也就没有能力给予爱，即使他长大成人，他也不具备这种能力。正因为爱在儿童的成长中具有如此重要的意义，所以马斯洛强调，“我们必须懂得爱，我们必须能教会爱、创造爱、预测爱”③。

（4）尊重的需要

受儿童中心主义教育思想的影响，马斯洛要求成人要倾听儿童内在的呼声，满足儿童受尊重的需要。他指出，“社会上所有的人都有一种对于他们的稳定的、牢固不变的、通常较高的评价的需要或欲望，有一种对于自尊、自重和来自他人的尊重的需要或欲望”④。对儿童自尊需要的满足会使儿童产生自信的感情，觉得自己在这个世界上是有价值、有力量、有能力、有位置、有用处、必不可少的，从而促进儿童的健康成长，使他们更有独立性和创造性，更向往成功。如果儿童的这种需要受到挫折，则会使他们产生“自卑、弱小及无能的感觉”，“会使人丧失基本的信心，使人要求补偿或者产生

①④［美］马斯洛著，许金声等译：《动机与人格》，华夏出版社 1987 年版，第 45—46、52 页。

②③［美］弗兰克·戈布尔著，吕明等译：《第三思潮：马斯洛心理学》，上海译文出版社 1987 年版，第 44 页。

精神病倾向”①。

（5）认知需要

认知需要的主要反映是好奇心。儿童不必经过成人教诲，就有着天然的好奇心，而且比成人的好奇心更为强烈。对于幼儿来说，“好奇心的产生是成熟的自然产物而不是学习的结果”②。如果缺乏好奇心，反倒是一种病态的表现。所以，马斯洛主张，教育者应当抓住时机，积极引导，满足儿童的好奇心，促使儿童健康发展。

（6）审美需要

在马斯洛看来，健康的孩子普遍都有着对美的需求。他经过实验证明，环境的美丑会对儿童的心理产生影响。丑的环境会使人变得迟钝、愚笨，美的环境则有助于人变得更加健康。人类需要美就像人类的饮食需要钙一样。家长、教师必须为儿童的健康成长创造一个美的环境，把美感教育渗透到各种教育活动中去，以艺术、音乐、舞蹈教育为核心，让儿童意识到其中的美，满足儿童的审美需要。

4. 创造自由的心理气氛

马斯洛信奉的一贯原则，就是儿童必须通过自由选择成长起来，别人的选择和过分控制只会削弱他的能力和自信心。

基于这样的认识，马斯洛提倡要培养儿童的自由意识和责任心。这种培养从婴儿时期就应开始。他指出，一个健康的孩子会有一种内在的智慧，这使他能选择合适的饮食，知道什么时候该断奶，知道需要多少睡眠，知道什么时候可以开始培养卫生习惯等。“我们懂得的是让婴儿来做选择，让他来决定。我们既给他流体食物，也给他固体食物。假如固体食物令他感兴趣，他同时也就会自然而然地给自己断奶了。同样，我们也学会了让孩子告诉我们什么时候他需要爱、保护、尊敬或控制，而同时又给他们创造一种自在

①② ［美］马斯洛著，许金声等译：《动机与人格》，华夏出版社 1987 年版，第 52、57 页。

的、令人心满意足的气氛。”① 马斯洛还要求，成人应当为儿童提供日益增多的自我指导机会，甚至要放手期望儿童去犯错误，而不能过分关心规则，只坚持一致性。应当认识到，儿童在形成过程中要想有新的体验，要想努力探求未知领域，就不免会犯错误。因此，不给儿童犯错误的权利，就等于限制了他们自由选择的意愿。教师、家长只有把儿童犯错误看作是儿童学习过程的自然部分，才能有效地促进儿童的成长。

当然，马斯洛虽然反对父母过分控制儿童，但他并不赞成对儿童过分溺爱。他指出，在给儿童充分自由的同时，又要教他们遵守纪律、尊敬他人，并认为这涉及价值观念的问题。如果父母思想混乱，不能给孩子提供一套明确的价值观念或者是非观念，而让孩子自己去确定。这实际上是让孩子去做一件超出他力量限度的大事，往往容易使孩子受到挫折。所以父母必须懂得教育孩子的正确途径，掌握合理的人生价值观念，培养孩子的责任心。马斯洛认为，父母对待孩子应该赏罚分明，该慈则慈，该严则严。“大量材料表明，只要母亲真心地、诚挚地爱她的孩子，她实际可以用任何一种方式对待孩子，包括打他、刮他耳光等，而那孩子将来仍会有出息的。”②

5. 培养儿童的创造性

“自我实现的人”的一个重要人格特征是具有创造性。为了达到教育目的，马斯洛非常重视对儿童创造性的培养。

马斯洛人本主义心理学创造观的核心是其潜能说。他认为人有高于一般动物的多种类似本能的潜能，潜能是人的内在价值的体现。在生物进化的阶梯上，生物潜能，即本能性的低级需要，是人类和一般动物所共有的；心理潜能，即高级需要，是人类及部分近似人类的动物所共有；而创造性则为人类所独有。越是高级的潜能，越带有人性的特征。人的各种潜能是由低向高逐步实现和形成的过程，包括生理、安全、交往、尊重、自我实现等需要。

①② [美] 弗兰克・戈布尔著，吕明等译：《第三思潮：马斯洛心理学》，上海译文出版社 1987 年版，第 72、75 页。

人生的最高追求，就是自由创造，而自由创造的实现是人的自我实现，也是人的高级潜能的充分发挥。而且，人的生理需要或低级需要是有限的、容易满足的，而高级需要，特别是创造潜能的发挥，则是无穷无尽的。对这方面的追求才是人类精神生活的决定性动力。

马斯洛认为人人都有创造的潜能，创造潜能的发挥，不仅需要文化教育和环境因素的影响，而且需要心理上的安全和自由。因为人的创造潜能既有可塑性，又有脆弱性，容易被消极情绪引起的防御机制所埋没。马斯洛指出："这种创造性与心理健康是相关协变的"①，能促进整体的一般改善。具有创造性的人的显著特点是不怕变革、喜爱新事物，并能享受新事物和变革的乐趣。因此，创造性教育不应该只注重那些"具有社会价值的艺术或科学成果，而必须注意那种即席创造、灵活适当有效地应付任何突然呈现在此时此地的情境的能力"②。所以，在培养儿童的创造性时，必须建立能实现和保障儿童心理安全和心理自由的教育环境，营造愉快、和谐、宽松的情绪气氛，充分调动儿童的学习主动性，激发儿童的好奇心，启发儿童的思维，允许儿童"标新立异"、独树一帜地去探求问题。如果教育者独断专行，对儿童过分压抑，会使儿童逐渐放弃幻想、想象等健康单纯的稚气，泯灭掉许多富有创造性的闪光灵感，丧失原有的创造潜能。

（三）影响及评价

以马斯洛等人为代表的人本主义心理学派自 20 世纪 60 年代初异军突起后，其影响超越了美国，波及到全世界。

马斯洛的人本主义心理学理论是为了解决当今人类社会所面临的一系列重要问题而产生的。第二次世界大战以后，西方各国进入科学和技术高度发达的时代，经济发展迅速，但社会弊病也日益增多。一方面是物质生活越来越丰富，另一方面是知识成为工具，人异化为物的现象越来越严重。高度发

---

① [美] 马斯洛著，李文湉译：《存在心理学探索》，云南人民出版社 1987 年版，第 122 页。

② 赵祥麟主编：《外国教育家评传》（第 3 卷），上海教育出版社 2002 年版，第 773 页。

展的科学技术不仅操纵和控制了社会物质生产的一切过程，而且加强了对人的心理、意识的灌输。它通过政治、文化等力量奴役人，压抑人的本性。凡此种种，人文教育所颂扬的人的自由、尊严、人与人之间的爱遭到了破灭。导致人们普遍价值观念的丧失和外部价值标准的瓦解，促使人们转而从内心世界寻求价值目标。马斯洛的理论正是在这一背景下应运而生的。他试图通过对人性善的弘扬，对人性需要的满足，对人的潜能的发掘，来解决上述问题。

建立在人本主义心理学基础上的马斯洛的学前教育理论是围绕着培养自我实现的人这一教育目的展开的。马斯洛反对行为主义学派和精神分析学派把人的高级心理本质与低等动物的本能混为一谈，试图用整体的方法来研究人的发展。他认为教育不是简单地建立在“刺激—反应”模式上的行为塑造，而是发展人的价值、理想、真善美等高级心理品质的内在学习过程。他主张教育要以儿童为出发点和归宿点，要求尊重儿童，帮助儿童发现“自我同一性”，满足儿童的各种基本需要，促进儿童潜能的发展，为儿童创造自由的心理气氛，培养儿童的创造性。马斯洛的这一思想，丰富了儿童心理学理论，从新的角度论证了教育必须适应并促进儿童心理发展这一永恒的儿童教育的基本原理。

马斯洛的学前教育思想有其合理性和进步意义，但也带有严重的缺陷。他的理论把立足点放在人性的内部力量上，过分夸大了人的自然素质的作用，没有看到社会对个体发展的现实性和可能性的制约关系。毕竟人是社会存在物，个人的发展不能完全依赖于各种潜能素质的发展，同时还要受到个人所处的社会现实条件的制约。因此，也有人批评这一理论是反理智的、浪漫主义的。但毋庸置疑，马斯洛的理论仍然是当今极富影响力的教育思想之一。

第二节 苏联学前教育思想

建立在马列主义哲学基础之上的苏联学前教育理论，在世界学前教育思想中占有极为重要的地位。以维果茨基、乌索娃、福辽莉娜等为代表的教育家推动了苏联当代学前教育思想的发展。维果茨基的社会文化历史发展理论奠定了苏联学前教育的心理基础，乌索娃的学前教学思想和福辽莉娜的学前美育思想丰富了苏联学前教育理论，从而将苏联前一时期的学前教育思想推向深化，使苏联学前教育理论有了坚实的基础。

一、维果茨基的社会文化历史发展理论与学前教育思想

维果茨基（Л. С. Выготски，1896—1934）是苏联早期杰出的心理学家，主要从事儿童心理和教育心理的研究，着重探讨思维与言语、教学与发展的关系问题。其主要著作有《意识是行为主义心理学的问题》《儿童期高级形式注意机制的发展》《高级心理机能的发展》《精神分裂症的概念障碍》《心理学讲义》《思维和语言》等。

（一）社会文化历史发展理论

针对当时流行的行为主义“刺激—反应（S—R）”公式和格式塔心理学的直觉主义观点，维果茨基对人的高级心理机能进行了研究，提出了他的社会文化历史发展理论，来说明研究意识问题对科学心理学的重大意义，以及人的高级心理机能的社会历史发展问题。

维果茨基指出，必须区分两种心理机能，一种是与生俱来的低级心理机能，是个体作为动物而产生的进化结果；一种是高级心理机能。人的高级心理机能亦即随意的心理过程，并不是人自身所固有的，而是在与周围人的交往过程中产生与发展起来的，是受人类的文化历史所制约的。其实现的具体机制是通过物质工具，如刀斧、计算机等，以及精神工具，如各种符号、词和语言等实现的；物质工具指向于外部，它引起客体的变化，精神工具指向于内部，它不引起客体的变化，而是影响人的行为。

高级心理机能不同于低级心理机能的特点有如下表现。

1. 它们是随意的、主动的，是由主体按照预定的目的而自觉引起的。

2. 它们的反映水平是概括的、抽象的，也就是各种机能由于有思维的参与而高级化。

3. 它们实现过程的结构是间接的，是以“心理工具”（符号或词）为中介的。

4. 它们的起源是社会文化历史发展的产物，是受社会规律制约的。

5. 从个体发展来看，它们是在人际交往过程中产生和不断发展起来的。

为此，维果茨基特别强调社会文化历史在人的发展过程中的作用，尤其是强调活动和社会交往在人的高级心理机能发展中的突出作用。他认为，高级的心理机能来源于外部动作的内化，这种内化不仅通过教学，也通过日常生活、游戏和劳动等来实现。另一方面，内在的智力动作也外化为实际动作，使主观见之于客观。内化和外化的桥梁便是人的活动。

（二）心理发展观

维果茨基认为就心理学家看来，发展是指心理的发展。所谓心理的发展就是指：个体的心理从出生到成年，是在环境与教育影响下，在低级的心理机能的基础上，逐渐向高级的心理机能的转化过程。

有关心理机能由低级向高级发展的标志问题，维果茨基归纳为四个方面的表现：（1）心理活动的随意机能的不断发展；（2）心理活动的“抽象—概括”机能的提高，也就是说各种机能由于思维（主要是指抽象逻辑思维）的参与而高级化；（3）各种心理机能之间的关系不断地变化、重组，形成间接的、以符号或词为中介的心理结构；（4）心理活动的个性化。

维果茨基认为，心理机能由低级向高级发展的原因主要有三个方面：一是心理机能的发展起源于社会文化历史的发展，是受社会规律所制约的。二是从个体发展来看，儿童在与成人交往过程中通过掌握高级心理机能的工具——语言、符号这一中介环节，从而在低级心理机能的基础上形成了各种新质的心理机能。三是高级的心理机能是外部活动不断内化的结果。

由此可见，维果茨基的心理发展观，是与他的社会文化历史发展理论密切联系在一起的。他强调，心理发展的高级机能是人类物质生产过程中发生的人与人之间的关系和社会文化历史发展的产物；心理发展过程是一个质变的过程，这个变化过程有一系列的指标。

（三）论教学与发展的关系

维果茨基认为，只有通过在生活中各个领域的应用，心理学才能获得真正的科学依据。这一观点引导他在深化心理学研究的过程中，最终进入了儿童智力发展与教学的关系问题的研究领域。他针对当时已有的有关教学与发展互不相干的观点、将教学与发展混为一谈的观点以及对上述观点简单地兼收并蓄等现象，提出了在教学与发展之间存在着复杂的关系的观点。在以这种复杂关系为对象的研究中，维果茨基提出了自己关于教学与发展的重要思想。

1. 教学必须符合儿童的年龄特征

从社会文化历史发展观出发，维果茨基认为，儿童的教学可以定义为人为的发展，教学与发展的关系实际上始自儿童出生之日。儿童向成人学习说话、提问和回答问题时，就从成人那里获得一系列知识。此外，儿童还可通过模仿成人的动作而形成各种技能。虽然这种学习与学龄期系统的教学及掌握科学知识基础有本质的区别，但学龄儿童不论学习什么，总是以他在学前期一定的直接经验为基础的。例如儿童虽没有学过除法，但他总碰到过分糖果等情况。

维果茨基把儿童不同时期的教学分成三种类型，并着重探讨了学前儿童教学的特点。他认为3岁前儿童只做符合其兴趣之事，教学的特点是："儿童是按照他们自己的大纲进行学习的"①，可称为自发型的教学。例如儿童学习语言，不是根据母亲的要求决定，而是根据自身从周围环境摄取什么来决定的。儿童是在与周围环境的相互关系中产生对语言的需要。到了学龄期，儿童在学校是"向教师学习的"，更明确地说是按照社会的要求所制定的计划来学习的，可称为反应型的教学。3—6岁学前期儿童的教学则处于第一类与第二类之间的过渡地位，可称为"自发—反应型"教学。儿童到了3岁，接受教师的要求，"即可能对儿童开始施行新的教学类型"②；但是另一方面，这种要求必须属于儿童自身的需要方可被接受。此乃教师最困难的工作所在。

总之，教学必须符合儿童的年龄特征，必须以儿童一定的成就作为基础。"教学总是应该与儿童的发展水平相一致，这是多年的经验所确定的。也是反复检验过的毋庸置疑的事实。教儿童读书识字只能从一定的年龄开始，他学习代数也只能从一定的年龄开始。"③

2. 关于"最近发展区"的思想

维果茨基指出，儿童的全部心理过程是在交往中发展的，而表现为合作的教学是最具有计划性与系统性的交往形式，因此，正是这种教学可以促进儿童心理的发展，并创造出儿童全新的心理活动形式。这是因为，儿童今天不能独立完成的事，往往有可能在教师与伙伴的帮助下完成，而明天他就能自己独立完成。由此出发，他首先确定了儿童心理发展中的两种水平：一是现有的发展水平，由已经完成的发展程序的结果而形成，表现为儿童能够独立解决问题的智力水平；二是儿童可能达到的发展水平，即儿童在有指导的情况下借助成人的帮助，在集体活动中，通过模仿，才可以达到的解决问题的水平。这两者之间的差距，即儿童现有水平与经过他人帮助可以达到的较

①②③［苏］维果茨基著，余震球选译：《维果茨基教育论著选》，人民教育出版社2005年版，第363、364、384—385页。

高水平之间的差距，就是“最近发展区”。

维果茨基举了一个例子：假定对两个儿童进行智力测验，确定他们的智龄都是8岁。这第一次测定反映了儿童的现有发展水平，但我们还想进一步搞清楚他们将怎样解答为8岁以后儿童的年龄组指定的智力任务。当然，他们不可能独立地解答这些任务。但是，当测试人员提出一些启发性的问题，进行一些演示，给予某种暗示时，其中一个儿童在别人的帮助下，也就是说在与别人的合作中，解答了12岁年龄组的智力任务，而另一个儿童只能解答9岁年龄组的智力任务。这时，我们可以用“4”来表达第一个儿童的最近发展区，而用“1”来表达第二个儿童的最近发展区。因此，尽管这两个儿童的智龄是一样的，但是他们的智力水平和发展状态显然是不一致的。为此，维果茨基指出：“最近发展区对智力发展和成绩的动态的影响比它们的现实发展水平具有更为直接的意义。”① 现有发展水平有助于我们了解儿童发展的昨天，而最近发展区则帮助我们预测儿童发展的明天。所以，“教育学不应当以儿童发展的昨天，而应当以儿童发展的明天作为方向。只有那时它才能在教学过程中引发现在处于最近发展区里的发展过程。”②

“最近发展区”的提出要求对心理学中的模仿问题进行重新评价。由于在传统心理学和日常生活中，习惯于把模仿看作纯粹的机械活动，所以通常认为非独立性的解答不能作为儿童智力发展的指标，因为一个人可以模仿自己愿意模仿的所有事情。维果茨基认为这种看法是错误的。现代心理学的研究表明，儿童只能模仿处于本身智力可能性范围内的东西。例如，一个懂得算术的儿童在解答一道复杂的应用题时遇到了困难，这时只要别人出示一下答案，他立刻就能自己解答这道题目。但是，如果儿童不懂得高等数学，那么哪怕你把一道微分方程的解法从头到尾演算给他看，他也无法自己解答，因为你的示范并不能在儿童一无所知的方面推动他本身的思维。由此可见，儿童为了模仿首先必须具备从不会向会过渡的可能性，这一可能性与儿童的

①② [苏] 维果茨基著，余震球选译：《维果茨基教育论著选》，人民教育出版社 2005 年版，第 244、248 页。

最近发展区是一致的，而且这种可能性是因人而异的。由此我们清楚地看到，“最近发展区”的概念是有科学依据的，它完全可以作为测定儿童智力发展水平的标志，这是因为“在合作中儿童可以做到的总是多于独立时做到的。但是，我们应该补充的是：这也并不是无限止的，而是有一定范围的，这一范围是由儿童的发展状态和智力可能性严格地确定的”①。

3. 教学应当走在发展的前面

维果茨基提出“教学应当走在发展的前面”。这是他对教学与发展关系问题的最主要的理论。维果茨基是从其最近发展区思想出发来提出这一观点的。他的最近发展区思想强调着眼于“最近发展区”的教学在发展中的主导性作用，揭示了教学的本质特征不在于训练、强化业已形成的心理机能，而在于激发、形成儿童目前尚未成熟的心理机能。因此，教学应该成为促进儿童心理机能发展的决定性动力，只有走在发展前面的教学才是好的教学。

“教学应当走在发展的前面”这一观点包含两层含意：一是教学主导着或说决定着儿童智力的发展，这种决定作用既表现在智力发展的内容、水平和智力活动的特点上，也表现在智力发展的速度上；二是教学创造着最近发展区，儿童的第一发展水平与第二发展水平之间的动力状态是由教学决定的。

教学虽然直接与儿童发展的进程相联系，但儿童的发展并不是像投影那样紧随在教学之后。维果茨基认为还应当研究什么样的教学方法对儿童的发展具有最大的效果，亦即教师不仅能够预见到他的学生今后的心理发展，而且能够根据科学原则来合理地影响乃至操纵学生的发展。

维果茨基的这一理论给予教学以巨大的能动性。教师不仅要以儿童已有的发展水平为依据，而且更重要的是要在教学的“舞台上”导演着儿童的发展，最大限度地发挥教和学的积极性。问题的关键在于找到制约发展过程与教学过程间的动力状态的条件。这一探索引起了许多人的兴趣。

4. 关于学习的最佳期限

维果茨基提出，为了发挥教学的最大作用，必须重视“学习的最佳期

① 高文：《Л.С. 维果茨基论教学与发展问题》，载《外国教育资料》1982年第1期。

限”。儿童只有达到一定的成熟程度，才能使学习某一门学科成为可能，不能向一个只有 6 个月的婴儿教识字；但是，如果错过了学习某一技能的最佳年龄，从发展的观点来看都是不利的，它会造成儿童智力发展的障碍。例如在学习语言时，3 岁才开始学说话的儿童会比 1.5 岁学说话的儿童困难得多，过早或过晚都会阻碍儿童的智力发展。因此，开始某一种教学，必须以儿童的成熟与发育为前提，但更重要的是教学必须首先建立在正在开始而尚未形成的心理机能的基础上，走在心理机能形成的前面，充分利用儿童学习的最佳期。

维果茨基的这一思想与同一时期一些西方心理学家及幼儿教育家关于“敏感期”的观点是相似的。他们认为，在个体发育的某些时期，发展中的个体对一定的环境影响表现出一种特殊的感受，当这一时期过去了或者还没有到来时，那些在该时期对发展的进程起着重要作用的影响，将或者失去了作用，或者表现出相反的作用。因此，对朝着某一方面发展的方向具有决定意义的特殊的环境影响，只有在发展的一定时刻施加，才能显示出自己的作用，早于或晚于这个时刻都不能使这些影响起到合理的作用。可见，“敏感期”的概念与“学习的最佳期限”的观点是非常相近的，所不同的是：第一，维果茨基打算不仅凭经验，而且通过实验，并从理论上确定这些时期的本质，以便制定确定这些时期的方法；第二，维果茨基的研究不是从对动物的实验和观察出发，他研究的是在以合作和教学为源泉的儿童文化发展中产生的高级心理机能。

维果茨基所处的年代，正是“十月革命”后苏维埃政权创建的初期。在意识形态领域，马克思列宁主义与各种资本主义思想发生了激烈的斗争。年轻的心理学家维果茨基积极参加了这场斗争，一方面反对唯心主义心理学，另一方面尝试建立马克思主义心理学。他的心理学理论贯彻了客观现实是心理源泉的唯物主义决定论原则，在心理学发展史上独树一帜。以他为首所形成的“社会文化历史学派”（又称“维列鲁”学派）是苏联最大的一个心理学派别。后来有许多心理学家，例如钦琴科（Л. И. Зинченко）、加里培林（П. Я. Гальперин）、赞可夫（Л. В. Занков）、查包罗塞茨（А. В. Запорожец）、艾利康宁（Д. В. Эльконин）和达维多夫（В. В. Давыдов）等，都是这个学派的重要成员。

维果茨基的思想不仅被苏联，而且被西方心理学界所推崇。例如，曾在美国 20 世纪 50 年代后期开始的课程改革中发挥过重要作用的著名心理学家布鲁纳（J. S. Bruner）就曾经给予维果茨基很高的评价，他认为“在过去的四分之一世纪中从事认识过程及其发展研究的每一个心理学家，都应该承认维果茨基的著作对自己的巨大影响”①。就学前教育领域来看，维果茨基的理论“越来越强烈地激励着儿童早期教育专业人员的教育实践”②。很多当代的学前教育实践，如合作学习、共同解决问题、协作学习、导引学习以及其他存在帮助的学习形式与维果茨基的理论是相一致的。

二、乌索娃的学前教学思想

乌索娃（А. П. Усова，1895—1965）是苏联深孚众望的学前教育家、俄罗斯联邦教育科学院通讯院士、俄罗斯联邦教育科学院学前教育研究所首任所长。乌索娃主要致力于学前教学问题的研究，主要著作有《幼儿园教学》《幼儿园的作业》《幼儿园的教学特点》《幼儿园教学理论中的感觉教育问题》等。

① ［苏］维果茨基著，余震球选译：《维果茨基教育论著选》，人民教育出版社 2005 年版，第 18 页。

② ［美］George S. Morrison 著，王全志、孟祥芝等译：《当今美国儿童早期教育》，北京大学出版社 2004 年版，第 74 页。

（一）提出了学前教学思想

乌索娃首先运用、确立了“学前教学”这个专业名词。当时，为了肃清西方自由教育思想的影响，乌索娃致力于学前教育的研究，把马列主义教育原理贯彻到学前教育领域，根据学前儿童的年龄特征，在学前教育阶段开展“教学”，以保证学前教育任务的顺利完成。经过乌索娃的研究，确认了学前教育理论与普通教育理论的一致性，建立了以马列主义为指导的、以科学实验为根据的科学的“学前教学论”。

乌索娃认为，学前期是儿童发展过程中的一个重要阶段，儿童的个性正是在这一阶段逐步形成的。学前教学是整个教育过程中不可缺少的、重要的一环，必须通过有目的、有计划、有组织的教学活动，才能完成教育任务。1952年，她为“学前教学”做出了一个明确的定义：学前教学不仅包括教养员传授及儿童掌握一定的知识、技能和技巧，而且还包括帮助儿童获得这些知识的方式，培养他们对待周围世界的正确态度；教学应当按照明确的方向形成儿童的心理和个性。

根据“学前教学”一词的定义，乌索娃对学前教学的任务和内容做了明确的规定，指出教学任务决定了教学内容，教学内容体现了教学任务。学前教学的主要任务是：给予儿童有关周围世界的具体知识，培养儿童对待周围世界的正确态度，向儿童传授具体的动作方式，在全面发展的基础上做好儿童的入学准备。① 总之，学前教学的任务是进行学前教育和发展儿童的智力，但教学绝对不能脱离儿童的实际可能，不考虑儿童的年龄特征，而提出过高的要求。

学前教学的内容是认识周围世界的知识。乌索娃提出，要求儿童掌握的知识分成两类：一类是比较简单的知识和技能，可在生活、游戏、观察中获得，勿须专门的教学；另一类则是比较复杂的知识和技能，必须经过专门的作业教学。后一类知识尽管在儿童知识总量中只占很小的部分，但对儿童智

---

① 邓鲁萍：《乌索娃和苏联学前教学理论的发展》，载《外国教育资料》1987年第5期。

力发展具有决定性的影响。乌索娃还明确提出，给予儿童的知识应当反映事物之间的联系，应在儿童年龄许可范围内有效地促进其发展。她提议制定隶属于幼儿园普通教育大纲之下的专门的幼儿园教养工作大纲。此大纲应根据两类知识的原理而区分为相应的两个部分。总之，乌索娃非常重视学前教学的内容问题，将知识内容视为决定儿童发展的有力因素并一再予以强调。

乌索娃还深入探讨了学前教学的方法问题。通过实验研究，乌索娃创造了一种新的教学法，叫做“学前教学指示法”。在这种方法中，教师通过语言、示范及讲解，把学习活动的整个过程告诉儿童，不仅要把知识技能传授给儿童，而且要教给儿童掌握知识技能的方法。“学前教学指示法”分为两种，一种叫“整体”指示法，即把活动的方式一次完整地教给儿童；另一种是“详解”指示法，即把一个总的任务分成若干部分，然后将完成每一部分的动作方式按顺序教给儿童。乌索娃认为，每一种指示法都可从不同角度形成儿童的思维和动作方式，并影响其行为。她个人比较偏爱整体指示法，认为这种方法可开阔儿童的思路，使之在成人指导的基础上积极发挥自己的主动性和创造性。

（二）创立了感觉教育的新体系

认识从感性认识开始，幼儿的认识来自于对周围环境的感知觉。历史上的许多教育家都非常重视儿童的感觉教育。夸美纽斯认为应该充分利用各种感知觉经验去认识各种事物。卢梭主张既要训练儿童的感官，使之获得感性认识，又要为使这些感性认识发展成为理性认识做准备。福禄培尔为儿童创作了许多物品（教具、教材）以发展儿童的感觉经验。蒙台梭利于20世纪初建立了一个比较完整的感觉教育体系。

乌索娃也对儿童的感觉教育进行了深入研究，尤其是对蒙台梭利的感觉教育体系进行了扬弃。她认为，蒙台梭利把感觉教育作为儿童智育的基础，重视给幼儿丰富的感觉经验，这无疑是应该肯定的。但是，蒙台梭利感觉教育体系的教材教法都是脱离实际的，与儿童的生活脱节，是唯心主义的，而且它以感性认识为主，忽视了理性认识与逻辑思维的作用，因此它不可能使儿童智力得到充分发展。乌索娃对蒙台梭利感觉教育体系中正确的、有价值的部分，予以采纳，同时又批判、摒弃了它的错误部分，建立了以唯物主义认识论为指导的新的感觉教育体系。乌索娃承认感性认识对儿童的心理发展有特殊意义，但并不夸大它为唯一的因素。她认为，感性认识与理性认识是儿童认识世界不可分割的、有机结合的统一过程，是儿童认识活动中的两种形式。因此她反对把感觉教育只停留在感官训练上，主张加强感觉教育与心理活动之间的联系。

乌索娃的感觉教育新体系的特点如下。

1. 要求以唯物主义认识论为基础，运用巴甫洛夫生理学的条件反射论来解释感觉过程的生理机制。

2. 要求把感觉教育与发展智力紧密结合起来，在感觉教育的基础上重视发展儿童的理性认识和逻辑思维等复杂的心理过程。

3. 要求按一定的教学大纲进行感官训练，认为只有这样才能使幼儿感知事物的方式完善起来。

4. 扩大了感觉教育的内容，要求不仅教会儿童认识物体的一般特征，而且要使儿童对旋律、节奏有一定的感知能力，对语言的语音有分析能力和对周围环境有一定的辨别能力等。

5. 感官训练的方法是让儿童去做一些有意义的活动（如游戏、绘画、制作模型、建筑等）。这些活动能吸引幼儿的注意力，刺激他们的兴趣，使他们面临一些新的、复杂的感觉任务，接受一种新的感觉过程的训练。

乌索娃致力于学前教育研究，把普通教育理论中的科学原理运用于学前教育理论中，并使之具体化，在克服西方自由教育、实用主义教育等思想的影响方面，有突出作用，给幼儿园的教育工作带来了根本的变化，促进了儿童智力的发展，对建立苏联学前教育理论、发展苏联学前公共教育事业做出了重要贡献。她对学前教学的理解，所规定的教学任务，所提出的学前两类知识的原理、学前知识系统化的原则及感觉教育理论等，对苏联的学前教育教学工作具有指导意义。

三、福辽莉娜的学前美育思想

福辽莉娜（Е. А. Флерина，1889—1952）是俄罗斯联邦教育科学院的通讯院士，着重研究苏联学前教育中的美育问题。她于1946年主编并出版了苏联第一部供师范学院学前教育专业学生使用的《学前教育学》教科书。此外还著有《儿童的造型创作》《学前儿童的美育》等。

福辽莉娜的学前美育思想主要体现在以下几个方面。

1. 主张从儿童早期就开始发展其创造性

福辽莉娜认为，苏联教育学中不应排斥儿童创造性这一术语，儿童创造性的发展是与教育教学紧密联系在一起的，周围世界就是发展儿童创造性和鼓励儿童创造的源泉，只要成人正确引导，就能使儿童的创造性得到充分发展，而且儿童的创造性是与年龄特点相联系的。她把儿童的创造性理解为儿童自觉地在自己的绘画、泥工、建筑结构等活动中反映周围现实的生活、反映儿童所观察到的事物、反映通过谈话和其他艺术活动所获得的印象。她特别强调发展创造性必须与教育教学紧密结合。

2. 为学前各年龄阶段的儿童制定了造型活动教学的示范性大纲

1946年，福辽莉娜在其博士学位论文《儿童的造型创作》中，提出了学前儿童教学大纲的基本原则。她认为首先要完成适当的共产主义教育任务，其次要根据学前儿童认识世界的特征和他们思维具体形象性的特点，来制定大纲的内容。例如，绘画教学的内容必须与现实生活相结合，儿童绘画的主题应是生动的、真实的，而不是一些抽象的线条、形状，或是简单的、僵化的几何形体。她的研究指出，在绘画中只有反映生活的主题，才能够形成儿童的意识和兴趣的倾向性，才能够加深儿童对周围世界的了解以及正视周围现实。只有这样，才可以使儿童对呈现在他们周围的事物，获得正确的生活概念，发展他们的道德感、注意力和形象思维能力。

3. 为学前各年龄阶段的儿童制定了相应的绘画任务

福辽莉娜为不同年龄阶段的学前各班儿童制定了主题画、实物画、装饰画和具有广泛课题的意愿画（反映社会主义生活、劳动、节日、四季特点的景物游戏、参观、看图讲述、讲故事、朗诵等）的不同任务。她要求教师应说明部分物体的特征，从而教会儿童反映此部分物体。如果儿童没有学会反映这部分物体，那么他就不会画这些复杂的物体，在他们的绘画中，当然就不可能有此部分物体。

在福辽莉娜之前，苏联一些教育工作者认为，不能教儿童画部分物体，这样会束缚儿童的想象力，影响儿童创造性的发展。福辽莉娜通过自己的实验证明这种观点是错误的，同时她提出不同年龄的儿童在选择绘画内容时要遵循由简到繁、逐渐加深的原则。她主张让3—6岁不同年龄班的儿童观察同一种物体，让他们自己去思考如何反映此物体。但在观察的内容和方式，以及如何反映此物体等方面应有所区别，对不同年龄班的儿童应提出不同的要求。

4. 制定一系列教学方法以保证儿童绘画教学任务的完成

福辽莉娜确定了训练各年龄班儿童创作的技能技巧内容，如要求小班儿童画出不同的几何形体；要求中班儿童能丰富其绘画内容，学习使用色彩与构图；要求大班儿童从事构图的工作。

福辽莉娜是苏联研究学前儿童美育的代表人物之一。她重视学前儿童的美育，强调美育在儿童全面发展中的作用，揭示了儿童美感发展的特点，提出了发展学前儿童说话能力和艺术语言的教学法及美育教学法。福辽莉娜的学前美育思想为苏联幼儿艺术教育工作者运用唯物主义观点，进一步寻求更有效的教学体系打下了基础。在她之后，如维特卢基娜和萨古娜在研究学前美育时，仍然坚持福辽莉娜的观点，认为必须把教学与发展儿童的创造性结合起来，一方面要教会儿童一些初步的技能、技巧，使儿童能发挥自己的创造性和积极性；另一方面，教学效果又往往决定于儿童在掌握新材料过程中所表现的创造性和主动性。而且，福辽莉娜的这一观点还明确体现在了苏联幼儿园大纲中。

第三节 学前教育思想的新发展

20世纪60年代以来，国外学前教育领域异常活跃，涌现出了许多新的理论观点，有力地推动了学前教育思想的发展。

一、尼尔的开放教育思想

尼尔（A. S. Neil，1883—1973）是英国教育家，著名的夏山学校（Summerhill School，或译萨默希尔学校）的创办者。尼尔在夏山学校从事自由教育研究，取得了大量的成果，夏山学校也由原先的实验学校发展成为一所誉满全球的示范学校。尼尔的主要教育著作有：一套教师丛书，包括《一个教师的日记》《一个被免职的教师》《一个多疑的教师》《一个旅居国外的教师》；一套问题丛书，包括《问题儿童》《问题家长》《问题教师》《问题家庭》，以及《萨默希尔——一种激进的儿童教育的方法》《自由，并非放任》等。

（一）夏山学校的理想和实践

夏山学校创立于1921年，是一所私立寄宿学校，学校不接受政府资助，经费来源主要是学费，其次是私人或社会团体的捐助。同时，夏山学校也是一所国际学校，建校初期，它的学生主要来自西欧和北欧，第二次世界大战以后，生源扩大到美洲和亚洲的一些国家。

学校原来以招收“问题儿童”为主，随着影响的扩大，逐步转为招收正常儿童。学生年龄跨度较大，从5岁到16、17岁不等，偶有例外。尼尔认为，一所自由的学校，人数不宜过多，因此夏山学校的学生常年维持在四五十名左右，最多时也没有超过七八十名。学生按年龄分为三组：幼年组5—7岁，中级组8—10岁，11岁以上为高级组。他们分组寄宿，每幢房屋设一名管理员。管理员的工作可以由学生担任。学生在宿舍内不受任何监督。

夏山学校的办学宗旨是：“让学校适应儿童，而不是让儿童适应学校。”① 反对教育上的权威崇拜，要求给儿童以最大限度的自由，让儿童自己管理自己，自己教育自己，舒展个性，完善人格。因此，在夏山学校，儿童上课一般按年龄分班，也可以按兴趣分班；上课是自愿的，儿童想学什么就学什么，即使不上课，也任其自然；通常没有考试；学生的课余生活非常活跃，下午两节课后是自由活动时间，每天晚上也都安排丰富多样的活动；教师和儿童享有平等的权利；等等。总之，夏山学校的优点就是健康而自由的儿童生活，没有被恐惧和仇恨所损坏。

民主自治的学校管理制度是夏山学校的一大特色。学校设立学生自治会——全校大会，管理学校生活中的大小事务。自治会通过选举产生主席团，主席由学生轮流担任。每星期六晚上举行全校大会，讨论各种问题，制定各项公约制度，并组织星期五法庭，检查、督促公约的执行。师生可以自由参加会议，并享有同等的权利。自治会明确规定，无论校长还是教师，都不得操纵自治会，除了确有危险的事情外，学校不做任何干预和限制。

---

① ［英］A. S. 尼尔著，王克难译：《夏山学校》，南海出版公司2006年版，第3页。

夏山学校开设语文、数学、历史、地理、自然科学、工艺等课程。每个学期，各科教师提供一张授课时间表，学生可以根据时间表去听课。每周5天上课，每天上5节课，每节课40分钟。学校没有特定的教材，强调学生在自然中探索，在生活中学习，而不是按预先安排的内容学习。学校也不开设宗教课程，因为宗教往往是说教，而说教在夏山学校是没有地位的。此外，游戏是夏山学校生活中的一个重要组成部分。夏山学校的游戏侧重于想象，学校每天留给儿童充裕的游戏时间，任凭他们按个人的意愿去玩耍，去扮演想象中的角色，以陶冶儿童的情趣，培养儿童的想象力和创造性。

当然，在夏山学校里，对全体儿童也提出了一些需要遵守的规定。例如：一个儿童在选课后若长期旷课，教师就可以把他除名，其他儿童也有权把他请出教室；晚上10点以后，在宿舍楼上走廊里要保持安静；凡12岁以上的儿童每周必须参加2小时校内劳动，如整理校园、清除花园杂草、修理简单的公共设施等；11岁以下的儿童不准单独骑自行车上街；儿童不准爬房顶；等等。但是，这些规定都是儿童自己制定的，并经全校大会通过的。

尽管当时有报刊称夏山学校是一所“放任学校”，把它说成是由一群无法无天的野蛮孩子组成的学校。但实际上，夏山学校可能是世界上最快乐的学校。在那里，儿童自身的原则是在各方面对自己加以约束；一个儿童只能做影响他们自己的事情；没有人逃学，很少有人打架。其原因是儿童自由了，所以没有像那些受压制的儿童那样有很多愤恨要发泄。总之，夏山学校就是这样一所学校：儿童知道他们在这里是被赞许的。

（二）论儿童教育

尼尔在夏山学校的实践中，形成了他的自由主义的儿童教育思想。

1. 论自由教育

尼尔对现代教育进行了批评，认为现代教育是一种“以禁止为能事”的教育，学校如此，家庭也如此。家长们多少年来都在重复着同一句话：“去看看孩子在干什么，告诉他不许这么做。”儿童就是这样被剥夺了自由生活的权利。隐藏在现代教育背后的是恐惧——整个社会对新一代人的恐惧。它传染给儿童，使他们变得不幸福。所谓不幸福，是一种反生活的态度，它意味着“赞成权威、宗教、压抑和压迫，至少是屈从于它们”①。

尼尔心目中幸福的儿童是热爱生活的。“幸福”意味着“自由意志的选择”，自由的教育正是以培养具有自由意志的人格为目的的。它不承认外界的权威，无论权威来自何方。夏山学校的整个思想就是“不要限制”，对待儿童的唯一方法就是“不去干涉”。“孩子需要自由，因为只有在自由的气氛下他们才可以自然发展，向好的方面发展。”②

尼尔认为，儿童是天然明智的、现实的。让他自由而远离成人的一切提示，他就能够尽其所能地充分发挥自己的才能。所以，幸福必须是儿童自我决定的事。除了他自己，任何人都无权代替他回答这个问题。“除非自己愿意，小孩不应该被迫做任何事。”③借口为儿童未来的生活着想，认为儿童不逼不成器，主张管住他、训练他，并以此作为反对教育上的自由的一般理由，是根本站不住脚的。尼尔指出，持这种观点的成年人也许没有想到，他正在干着折磨未成年人的勾当。为此，尼尔号召为了让儿童获得幸福，教育要“消除权威。让孩子做他自己，不要教导他，不要教训他，不要勉强他上进，也不要逼他做任何事”④。根据这一思想，夏山学校奉行与传统的权威教育截然不同的原则，即自由教育，让儿童自己教育自己的原则。

但是，自由不等于放纵，也不包括宠溺孩子在内。尼尔认为，不存在绝对的自由，应该让儿童懂得尊重他人自由的教育才是真正的自由教育。在自由教育中，虽然必须反对以他人的意志来代替儿童的自由选择，但并不排斥外界对儿童的影响。对儿童施加影响就是指教育应该为儿童提供多种选择的机会，增强儿童自由选择的能力。在对儿童施加的影响中，父母与教师的影响是不容忽视的，但是要防止把影响变成控制。因此，真正的自由教育应该

---

① 赵祥麟主编：《外国教育家评传》（第3卷），上海教育出版社2002年版，第379页。

②③④［英］A. S. 尼尔著，王克难译：《夏山学校》，南海出版公司2006年版，第73、75、191页。

是：一方面把对儿童的控制减少到最低程度；另一方面又为儿童的自由发展提供最积极的影响。

尼尔还指出，在自由教育中，自治和自律也是十分重要的。如果一所学校没有自治，就不能算是一所进步的学校，最多只能称它是一所改良的学校。尽管建立在公开而坦率的讨论和自愿原则基础上的自治，培养了儿童的自信心，并锻炼了他们参加社会活动的能力，但是对自治不能过度强调，有些事情是不能纳入民主自治的，因为儿童既没有能力，也没有知识来管理所有事情。与此同时，还应该养成儿童的行为自我调节和自律能力。自我调节是根据自我意愿，而不是根据外部压力决定个人行动。自律则是一种建立在考虑别人的权利和幸福的基础之上，对自己行为负责的约束力量。尼尔相信，在一个真正自由的环境中，儿童是能够约束自己的放任的。

2. 论情感教育

尼尔认为，对于儿童教育来说，情感教育是一个最有效的手段。教育的重要任务就是让儿童感受到爱和学会去爱。为此，教师必须公开宣布站到儿童一边，给予儿童爱，但这种爱不是占有的，也不是盲目的，而是“对儿童的接受”，就是一种让儿童感受到对他的爱并赞许他一切行为的爱。只有这样，教师的爱才能唤起儿童的爱，变成一种相互的接受，并彻底消除儿童身上的恐惧和憎恨。因为恨生恨，爱生爱，恨是爱受到阻碍后的另一种表现形式，当儿童得不到爱的时候，他只好通过恨来表现自己的存在和引起他人的关注。

此外，情感教育还应该培养儿童的自信心，使儿童对自己、对他人和对世界充满信心；同时培养儿童的自我判断能力，避免人为的惩罚和奖励。对于儿童来说，真正的奖惩都应该是自发性的，即当儿童完成某个工作和学习后产生的满足和喜悦，或者当儿童在失败中发现了问题后感到的失望和痛苦。总之，如果不重视情感教育的话，儿童的生活便会失去活力。

3. 论知识教育

尼尔指出，兴趣是儿童成长和学习的主要动力。真正的兴趣是自发的，是整个个性的生命力。有创意的人学习他们所想学的东西，以便获得他们的独创性和天赋所需的工具。因此，知识教育必须遵循儿童的兴趣，让儿童自由发展。教师没有必要也不可能培养儿童的兴趣，但也不要压制和剥夺儿童的兴趣。而且，儿童的兴趣是因人而异的，但一般讲，儿童擅长于实践而厌烦理论，喜欢具体而讨厌抽象。

由此出发，强制性的学习就是剥夺了儿童的主要兴趣。在填鸭式的教学下，儿童机械而被动地接受知识，从而丧失了对新奇事物的敏感和探究的兴趣，最终成为缺乏创造力的人。因此，在儿童没有兴趣的时候，不要勉强他去做任何事情；如果儿童对学习产生兴趣，那么，不管困难还是容易，他都会自觉地学习，而且效果更好。

在儿童的整个生活中，游戏是十分重要的。尽管学习不应受到贬抑，但学习应放在游戏之中。成人应该认识到儿童时期就是游戏时期，而不要以为游戏只是在浪费时间。因此，尼尔指出，夏山学校是一所游戏至上的学校。

4. 论道德和宗教教育

尼尔认为，应该提倡一种新的道德教育。这是在自然的环境和气氛中进行的一种潜移默化的教育。因为道德学习是一个从环境中获得价值观念的过程。

很多父母和不少教育家都认为，如果不教给儿童一些道德观念，或者不告诉儿童什么是对的、什么是错的，似乎他们在道德教育上就没有尽到责任，儿童也就不能成为好人。尼尔指出，正是这种不恰当的说教式的道德教育造成了儿童的问题。其主要原因是成人和教师认为儿童的天性是恶的，因此必须对他们进行说教式的道德教育，或采用责骂和惩罚的方法，甚至于体罚。此外，成人和教师常常忽视儿童的道德理解和接受能力是渐进的并带有一定的阶段特征，从而对道德教育产生了不好的影响。

此外，尼尔认为宗教教育对儿童的精神是有害的。因为宗教是反生活的，是对生命的畏惧和逃避生命的。正是在宗教教育下，许多儿童变得神经质了。因此，如果我们要使儿童的灵魂健康，我们就必须保护儿童并使他们免受错误的宗教观念的影响。能够热切而勇敢地面对现实生活的、自由的儿童是根本不需要上帝的。

（三）论问题儿童

尼尔还运用心理分析的方法，探讨了造成儿童心理障碍和行为差异的原因，提出一个观点，即从根本上说，只有问题家长和问题教师，所谓“问题儿童”多半是他们一手造成的。

尼尔指出，在一些儿童身上存在着许多问题，具体包括残忍、犯罪、偷窃、过失等现象。儿童的残忍行为是由于无知和自我憎恨而产生的，而且是源于成人在他们身上所实施的残忍。儿童的犯罪行为是憎恨的一种表现，也是一种报复。儿童的偷窃行为有两种情况，一是正常儿童的偷窃，这是要满足他渴望得到的东西而冒险，无法区分“我的”和“你的”这两个概念；二是神经质儿童的偷窃，这是儿童神经质的一种表现，其动机是无意识的。儿童的过失行为往往是由于不良的环境和无知的父母而引起的。

问题儿童就如患病儿童一样。儿童之所以会产生问题，主要是因为没有自由和没有爱。因此，自由和爱将治愈儿童，消除其身上所存在的问题，并把他们引导到趋于幸福的道路，成为一个幸福的和有创造力的社会成员。

尼尔指出，在一些父母身上也存在着许多问题，具体包括不了解儿童、溺爱儿童、滥用权力、嫉妒、离婚等现象。例如：父母不了解儿童的天性，因而无法正确理解爱与恨的关系；父母对儿童溺爱，用放纵代替自由；父母滥用权力，因而引起儿童的恨和反抗；父母之间的矛盾冲突导致离婚，不仅使得家庭没有爱，而且对儿童产生了坏的影响；等等。

父母之所以会产生问题，主要是因为对儿童及儿童教育缺乏正确的意识。因此，父母应该认识到：当一个儿童不能找到爱的时候，他就会把恨作为爱的替代物；被溺爱的儿童对他自己和对社会都是一种损害；儿童需要爱和得到爱；在一个儿童的生活中，基本的事情是爱，父母离婚会使他失去爱；对一个儿童来说，家庭和学校之间的不一致是灾难性的；如果一个家庭里出现恐惧和冲突，那就不是一个好家庭。总之，父母要充分意识到自己在儿童自由发展中的作用，因为要在使儿童有问题的家庭环境中治愈一个问题儿童是没有希望的。

（四）影响与评价

在西方，一种激进的教育思想如同一种激进的社会思潮，历来是不被承认和接受的，因为它比较多地反映了社会的矛盾、冲突、动荡和失衡，而较少建设性，只能迎合一部分对现实不满的青年知识分子的心理。尼尔的思想在20世纪60年代最有影响。当时，西方世界正面临着深刻的社会危机，青年人对传统的价值观念提出了挑战，寻求失落的自我。非理性主义、存在主义等超越现实的流行思潮较为得势。尼尔的教育思想也因其激进而受到当时知识界一部分人的欢迎。

概括地说，尼尔的教育价值观一方面以儿童的自由为号召，敦促人们对传统学校里到处可见的那种掠夺儿童情感、漠视儿童在教育活动中的权利和义务的倾向及其后果进行深刻的反省；一方面又主张儿童的这种自由具有完全自足的意义。夏山学校的教育活动始终是把儿童的自我本位，即尼尔所说的非社会意义上的个人自由的无限扩张作为成功教育的起点的。

尼尔的教育思想有其社会意义。当代教育正受到来自社会各方面的挑战，需要引入一种新思维。当前，新一代人的人格发展和心理健康问题正在引起社会越来越多的关注，这方面的背景也越来越复杂，更新传统的教育思维模式，已经成为一种客观的需要。教育理论本身必须善于借鉴和汲取当代一切新学科领域的发展成就。从这个意义上说，心理分析学作为一门应用性很强的新兴学科，应当受到足够的重视。尼尔在夏山学校所做的工作已被证明是一种有益的开拓和尝试。正像他所说的，作为一名教育者，同时必须是一名儿童心理的研究者。心理治疗和行为治疗不仅仅是对那些处境不利的儿童说的，根据尼尔的观察，儿童大多有注意心理方面的需要。

应当指出，尼尔的自由教育思想所标榜的个人自由在很大程度上无视人的历史性和社会性，具有反理性、重主观体验的特点，这使其思想存在着缺陷。

二、加德纳的多元智能理论与“多彩光谱”项目

加德纳（H. Gardner，1943—）是美国著名的心理学家、教育学家，多元智能理论的创始人，被誉为“推动美国教育改革的首席科学家”。其主要著作有《艺术的涂鸦》《智能的结构》《多元智能新视野》和《重构多元智能》等。

（一）多元智能理论的含义

多元智能理论是一种全新的有关人类智力结构的理论。传统的智力观认为，智力是以语言能力和逻辑—数理能力为核心、以整合的方式存在的一种能力。而且，人的智力在儿童的早期生活中是可以测量的。根据这一认识，各种各样的智力测量表被编制出来，以测量一个人的聪明程度（测量结果称为智力商数 IQ）。1921 年，美国斯坦福大学著名心理学家推孟（L. M. Terman）根据儿童智力测验量表，筛选出 1400 名天才儿童，并建立档案对这些人进行了追踪研究，目的是想要知道这些聪明儿童的将来是不是发展得比别人更好。推孟去世后，他的同事和学生继续进行追踪研究，一直到 20 世纪 70 年代，并据此发表了一篇研究报告。这篇报告使很多人感到惊讶。因为报告显示：这些全美最资优的 1400 名儿童，长大后并没有生活得比别人幸福，也没有比别人更有成就。于是，在整个 20 世纪 70 年代，心理学界和教育界开始反省这件事。

正是在这种背景下，加德纳开始进行有关智力的新的研究。1983 年，加德纳发表了著作《智能的结构》，在书中，他提出了一种全新的有关人类

智力结构的理论——多元智能理论。该理论认为，智力“是解决问题或创造产品的能力，这些能力对于特定的文化和社会环境是很有价值的”①。就其基本结构来说，智力是多元的，是由不同类型构成的，具体有如下几种。

1. 言语—语言智能（Verbal-linguistic intelligence）

指的是人对语言的掌握和灵活运用的能力，表现为个人能顺利而有效地利用语言描述事物、表达思想，并与他人进行交流。具有高度发达的这方面智力的典型人物有作家、诗人、记者、演说家等。

2. 逻辑—数理智能（Logical-mathematical intelligence）

指的是对逻辑结构关系的理解、推理、思维表达能力，主要表现为个人对事物间各种关系，如类比、因果和逻辑等关系的敏感，以及通过数理进行运算和逻辑推理等。具有高度发达的这方面智力的典型人物有科学家、数学家、会计师、电脑程序设计师等。

3. 视觉—空间智能（Visual-spatial intelligence）

指的是人对色彩、形状、空间位置等要素的准确感受和表达能力，体现了个人对线条、形状、结构、色彩和空间关系的敏感程度以及准确的把握能力。具有高度发达的这方面智力的典型人物有飞行员、水手、工程师、外科医生、雕塑家、画家等。

4. 音乐—节奏智能（Musical-rhythmic intelligence）

指的是个人感受、辨别、记忆、表达音乐的能力，表现为个人对节奏、音调、音色和旋律的敏感以及通过作曲、演奏、歌唱等形式来表达自己的思想或情感。具有高度发达的这方面智力的典型人物有作曲家、指挥家、乐师、善于领悟音乐的听众等。

5. 身体—运动智能（Bodily-kinesthetic intelligence）

指的是人的身体的协调、平衡能力和运动的力量、速度、灵活性等，表现为用身体表达思想、情感的能力和动手的能力。具有高度发达的这方面智力的典型人物有运动员、舞蹈家、手工艺大师等。

---

① ［美］霍华德·加德纳著，沈致隆译：《多元智能》，新华出版社 1999 年版，第 8 页。

6. 人际交往智能（Interpersonal intelligence）

指的是对他人的表情、说话、手势动作的敏感程度以及觉察、体验他人的情绪、情感并做出适当的反应的能力。具有高度发达的这方面智力的典型人物有成功的销售商、谈话节目主持人、政治家、教师、心理医生、宗教领袖等。

7. 自我反省智能（Intrapersonal intelligence）

指的是个体认识、洞察和反省自身的能力，表现为个人能较好地意识和评价自己的动机、情绪、个性等，并且有意识地运用这些信息去调适自己生活的能力。具有高度发达的这方面智力的典型人物有哲学家、神学家、心理学家、小说家、律师等。

8. 自然观察者智能（Naturalist intelligence）

指的是人们辨别生物（植物和动物）以及对自然世界（云朵、石头等的形状）的特征的敏感的把握能力。具有高度发达的这方面智力的典型人物有农夫、植物学家、猎人、生态学家、庭园设计师等。

加德纳认为，每个人都在不同程度上拥有这八种智力，而这八种智力在每个人身上的表现都不尽相同，如有的人某一项或几项智力表现相对突出，而其他几项稍差。正是这些组合的不同使得每个人的学习类型及智力类型都各具独特性。

（二）多元智能理论对教育的意义

多元智能理论的提出，不仅丰富了人类的认知理论，而且也对教育发展提供了许多有益的启示，在美国和世界各地产生了深远的影响，目前该理论已成为许多国家教育教学改革的重要指导思想。

1. 儿童观

加德纳认为，从幼儿早期开始，各种智力就不是以单一的形式出现，而是多种智力一起表现于各种文化系统中。这些智力在每个儿童身上的组合和发挥程度不同，每个儿童都有自己的优势智力领域，有自己的学习类型和方法。教育的起点不在于原先一个人有多么聪明，而在于怎样使儿童变得聪明、在哪些方面变得聪明。

因此，教育者需要以多元的观点看待儿童，认识到每个儿童都是最优秀的，都有其独特的认知特点；要由以往关注“你的智商有多高”转为关注“你的智力类型是什么”，以创造适合每一个儿童的教育。而要做到这一点，教育应该在全面开发每个儿童大脑里的各种智力的基础上，为儿童提供丰富多样的学习机会，创造展现各种智力的情景，给每个儿童以多样化的选择，从而激发每个儿童潜在的智能，充分发展每个儿童的个性。总之，只要为具有不同智力潜能的儿童提供适合他们发展的不同的教育，就能把他们培养成为不同类型的人才。例如，每个人的逻辑—数理智能强弱不同，我们没有必要也不可能把所有人都培养成为对数学精通到能为理论物理做出突出贡献的专家，“只要那些在每一领域内有特殊才能的人都能各得其所，人类在所有领域的认识都会取得进展。”①

2. 教学观

加德纳提出，教育必须遵循智力发展的轨迹。人的每一种智力发展都有一定的自然轨迹，在个体发展的不同阶段以不同的形式表现出来。如以逻辑—数理智能的发展来看，在婴儿阶段，它以单纯的原始模仿能力为开端；在幼儿早期，发展为对于初级符号的掌握；学龄期间，则表现为对第二级符号系统（如数学公式、字母等）的掌握；到成熟期，才以数学家、会计师、科学家、收款员或出纳的形式表现。所以，对儿童智力的开发必须以适当的方式进行。只有适合儿童特定发展阶段的教育，才能使他们获益。如婴儿期的教学方法并不适合后续阶段，而反过来也是如此。对某一阶段来说过早或过迟的教学方法不仅效果很小，而且可能还会阻碍儿童某种智力的发展。根据儿童智力发展的特点，在学前期和小学低年级，应该尽量为儿童提供机会，因为儿童往往就是在这一阶段发现自己最感兴趣的东西和能力最强的领域。

同时，加德纳还提倡将多元智能作为教学手段，为儿童学习特定的学科知识提供多元切入点，使学生有多种机会了解教学内容。加德纳把传统的、

① ［美］霍华德·加德纳著，沈致隆译：《多元智能》，新华出版社 1999 年版，第 31 页。

只注重语言和逻辑—数理智能的教育称为“唯一机会的教育”，批评这种教育造成了许多儿童失去自信，认为自己不是读书的料。而以多元智能理论为基础进行课程设计，能较好地适应儿童不同的学习方法和特长，发现和开发儿童的智能强项。例如，一个儿童正在学习某种数学原理，但他的逻辑—数理智能并不好，学习过程中可能会遇到困难，那么教师就应当设法找到另外一条使他通向数学王国的途径，以避免其产生学业失败感。如果视觉—空间智能或身体—运动智能恰恰是该儿童的优势智能，那教师就可以通过空间模型甚至身体运动帮助他学习数学。

3. 评价观

由于受传统的以语言和逻辑—数理智能为核心的智力观念的影响，传统教育把学科考试分数作为评价学生的主要标准。学校教育教学活动则错误地估计了学生的学习潜力，更多地倾向于训练和发展学生的语言和逻辑—数理智能，而忽视了学生其他多方面的能力的训练和培养。

多元智能理论对传统教育评价提出了挑战。多元智能理论认为，智力的本质更多地表现为个体解决实际问题的能力和生产及创造出社会所需要的有效产品的能力。每个人的智力都各具特色，世界上并不存在谁聪明谁不聪明的问题，而是存在每个人的智能强项和弱项不同的问题。为此，教师应当以多元的观点看待学生，要认识到学校里并没有所谓“差生”的存在，每个学生都是独特的，也是出色的。教师必须了解每个学生的智力特点和学习类型，给学生提供丰富多样的学习机会，让每一个学生都能够充分展示自己的智能强项，并将其强项的特点迁移到弱项上去，以促使其弱项得到尽可能的发展。据此，多元智能理论中的教育评价观有如下主张。

（1）评价是教育的重要组成部分

加德纳认为，评价在教育中扮演了中心的角色，是教育改革成功的四大要素之一。评价指导着教学，课程以能够准确了解学生智力的状态为先决条件。如果不能对学生在不同领域以不同认知过程学习的状况进行准确的评价，那么再好的课程改革也没有多大用处。

（2）为帮助学生而实施评价

加德纳认为，评价是获得个体技能和潜力等信息的过程。评价的主要目的是帮助学生，为学生提供有益的反馈，如识别他们的智力强项和弱项领域，为他们今后的学习和安排提出有用的建议。所以，评价不仅是终结性地反映学习结果，更是学习过程中的不断强化，不需要“为评估而教”。而且评价是教师和学生共同参与的活动，而不应在一年学习结束时才由教师或校外检查人员进行。评价的结果只被认作是学生智力状况的部分表现，既不是其智力的唯一指数，也不与其他人相比较并排序。

（3）树立情境化的评价观念

在加德纳看来，传统的以单一纸笔测验为主的教育评价方式，只能测试出智力的一小部分，而且会使那些强项不是语言和数理逻辑智力的人，很容易在考试中受挫，失去学习的信心。而多元智能理论中的评估，则必须遵循“情境化”这一基本理念。因为“在学生自然地投身于完成那些十分吸引他们的习题、专题和作品的背景下进行评估，才是最理想的评估”①。所以，评价应该成为自然学习环境的一部分，而不是强制外加的内容；评价应该在轻松的日常活动中不露痕迹地进行，不需要明确地意识到自己正在接受评估；评价应使每个学生都能通过适合自己智力特点的途径在自然的情境下展现自己的知识和能力。

（4）提倡多元评价

加德纳认为：“智能在其发展的不同阶段都是以不同的方式显现的，所以对智能的评估和开发，都要以适当的方式进行。”②对每一种特定智力的评价，都应当侧重该种智力所要解决的问题，侧重学生解决问题或创造产品的能力。每种智能的评价有特定的形式，但评价方法是多种多样的，具体的评价方法不是什么专门技术，而是一种教学活动或一次有趣的学习体验。每种智能的评价都与特定的职业角色相联系，以缩短学校学习与社会工作之间的

①② ［美］霍华德·加德纳著，沈致隆译：《多元智能》，新华出版社 1999 年版，第 184、32 页。

距离。

可见，多元智能理论中的教育评价，从理念到方法都要体现出重视个体差异、发现各人长处、关注成长历程、重视实践能力的特点，这对各国改革教育评价体制产生了深刻影响。

（三）学前教育阶段多元智能理论的“多彩光谱”项目模式

作为多元智能理论在学前教育实践中的具体运用，“多彩光谱”项目是哈佛大学“零点项目”的子项目之一。该项目开始于 1984 年，由加德纳率领哈佛大学“零点项目”研究小组与塔夫茨大学的费德曼教授共同合作完成，历时十年。

“多彩光谱”项目以学龄前儿童为研究对象，尝试以崭新的方法评估幼儿的智能状况和表现方式，并在实践中建立起一整套的评估方案。该项目的基本信念是：每个儿童都表现出不同的智能组合；具有丰富材料和刺激的活动能加强而不是决定这些智能；每个儿童都有在一个或几个领域里发展强项的潜力；一旦儿童的强项被确认，教师和家长就可以采用这些信息设计个别化教育方案。为此，该项目实施的方法体系主要包括四个步骤：引导儿童进入多领域的学习活动区；识别儿童的智能强项领域；培育儿童的智能强项；建立儿童的智能强项与其他学科领域及其他学业表现之间的联系。

“多彩光谱”项目通过在幼儿园的实验，开发设计了与儿童智力多样性相适应的八个领域（即数学、科学、音乐、语言、视觉艺术、运动、社会理解、机械建构）的一系列活动及评估方法。这些活动大部分来源于原有课程，另一部分由研究人员编制，要求教师在对待原有课程时加上多元智能的视角，同时也要求教师将这些活动整合到已有的课程中。活动既可用于教学，也可用于评估。评估的具体方法是通过一系列涵盖各个领域的、与儿童日常生活联系的学习活动，让儿童真实地完成任务，在此过程中来识别和培养儿童的智力兴趣，为教师能够发现、确认儿童的智能强项，尤其是他们在音乐、运动、机械以及其他一些通常不被重视的领域的智力，提供充分的正面信息。当然，活动的设计不仅是为了识别儿童的智力强项，还引导儿童学习某个领域的基本技能和工具，如音乐中对音高的辨别、科学中的观察技能等。

活动在“多彩光谱”项目的教室里进行，教室里有十几个各式各样的活动角和大量用于启发儿童运用多种智力的素材，供儿童进行活动或探索。例如，在教室里的“自然学家之角”放着许多生物标本供儿童观察并与其他素材对比，以激发儿童感官的敏锐或逻辑分析能力；在“故事角”，儿童可以使用一套教具依靠丰富的想象力编故事或设计自己的故事板，从而使儿童的语言、戏剧和想象力得到激发；在“建筑角”，儿童可以利用提供的材料建造教室的模型，然后在模型里安置教师和同学的相片，从而激发儿童的视觉—空间智能、身体—运动智能及人际交往智能。

这八个领域中，每一个领域都包含15—20个活动，这些活动既包括自由游戏，又包括结构性活动。在活动的组织上，可以分为五类：以儿童活动为主的小组活动（大约4—6名儿童）；教师指导的小组活动；以儿童活动为主的大组活动（全班或一半的儿童都参与）；教师指导的大组活动；最后，还有“带回家的活动”，旨在使家长参与到儿童的评价、教育过程中来。教师就在儿童活动的过程中来观察、评估儿童的智力特点，记录方式包括成绩册、观察记录一览表、文件夹（作品集）、录音带等。

总之，“多彩光谱”项目评估方法的优点在于：第一，通过有趣的、场景化鲜明的活动吸引儿童参加；第二，有意识地模糊了课程和评估的界限，使评估更有效地融入日常教学中；第三，通过儿童的活动，即“智能展示”，直接观察他们的智能状态，而不是通过语言和逻辑—数理智能的间接表现来做判断；第四，系列评估能提出建议，即怎样使儿童通过其擅长的领域来表现其智力相对较弱的领域。①

加德纳的多元智能理论提出至今已三十多年了，美国和世界各地对它的兴趣非但没有减弱，反而在持续增长。各国教育界似乎都从这一理论中看到了未来教育的希望。它给各国教育改革带来的启示意义深远，它启示人们，

① ［美］霍华德·加德纳著，沈致隆译：《多元智能》，新华出版社1999年版，第90页。

儿童的智力结构具有多元性，不同的儿童有不同的优势领域，不同儿童的智力结构有着不同的组合方式，由此形成了儿童智能的差异性。而“多彩光谱”项目带给人们的则是怎样更好地理解与发现儿童的差异及其智能的组合方式，使更多的儿童能体验到学习的乐趣，更主动地、积极有效地学习。

三、布朗芬布伦纳的人类发展生态学理论

布朗芬布伦纳（U. Bronfenbrenner，1917—2005）是美国著名的人类学家、生态心理学家，人类发展生态学理论的创始人，也是美国著名的早期教育方案——开端计划（Head Start）的创始人之一。他最有代表性的著作是《人类发展生态学》《让人类成为人类》《两个世界的儿童：美国和苏联》《美国人的国家》等。

（一）人类发展生态学理论

布朗芬布伦纳在1979年出版的《人类发展生态学》一书中提出了著名的人类发展生态学理论。他认为，人类发展生态学是“对不断成长的有机体与其所处的变化着的环境之间相互适应过程进行研究的一门学科，有机体与其所处的即时环境的相互适应过程受各种环境之间的相互关系以及这些环境赖以存在的更大环境的影响”①。布朗芬布伦纳对人类发展所涉及的几个关键性的环境因素，即家庭、学校、社区和社会等因素及它们之间的关系进行了深入分析，提出了“五系统观”。他认为，个体在发展过程中并非是孤立

① 朱家雄：《布朗芬布伦纳：人类发展生态学》，转引自薛烨、朱家雄等著：《生态学视野下的学前教育》，华东师范大学出版社2007年版，第66页。

的存在，而是能动地与周围的环境相互依赖、相互依存、相互作用。正是在这种相互联系、相互作用中，个体获得了发展。

1. 微观系统（Microsystem）

主要是指成长着的个体亲身接触和产生体验的、与之有着直接而紧密联系的环境，如家庭、托幼机构、同辈群体和玩耍场地等。如果一个系统没有在相当长的时间内与儿童有直接的互动，就不能被认为是微观系统。因此，在微观系统中的每一个因素都会对个体的发展造成积极或消极的影响。如家庭这个微观系统主要由子女与家长、其他家庭人员所组成。在不同的家庭，由于父母的教养行为和方式的不同，相应的个体的发展机会和状况也就不同。良好的家庭环境、亲密的亲子关系必然为个体的发展创造良好的条件。同时，儿童也会对环境产生反作用。儿童和微观系统环境之间的影响是双向的。

2. 中间系统（Mesosystem）

它是指个体所处的两个或两个以上微观系统环境之间的相互关系，例如对儿童来说，学校、家庭和社会同伴之间的关系；对成人来说，家庭、工作单位和社会生活之间的关系等。因此，中间系统就是由微观系统环境所组成的系统。中间系统对个体发展的影响取决于微观系统之间发生相互联系的数量、质量及程度。

3. 外在系统（Exosystem）

是指那些个体虽未参与其中，但却对个体产生影响的环境以及这些环境之间的联系与相互作用。它包括父母的工作单位、学校的领导机构、当地的教育主管部门、社区的健康服务、社会福利制度等。虽然外在系统不对儿童直接起作用，但是外在系统会影响个体所生活的、能够直接接触到的环境，进而影响个体的发展。例如，从家庭这方面考虑，父母的职业状况、社会地位、经济收入和受教育水平等，决定了父母所承担的角色、所从事的活动和所建立的人际关系，从而间接影响了他们抚养子女的方式、对待子女的态度和教育子女的方法。从幼儿园的角度考虑，师资水平影响到教师的活动范围、处事方式、承担的社会角色以及所建立的人际关系，从而影响到教师的儿童观、教育观、教学方法、角色感以及事业心。

4. 宏观系统（Macrosystem）

是指个体成长所处的整个社会组织、机构和文化、亚文化背景，以及与此相联系的意识形态背景。如整个社会长期所形成的文化、习俗、法律、社会伦理、道德、价值观等。它涵盖了前面所讲的微观系统、中间系统和外在系统，并对它们发生作用、施加影响。宏观系统中的种种要素都会作用于其他各个系统的各种环境，进而影响个体的心理发展。

5. 时间系统（Chronosystem）

是指个体的生活环境及其相应的种种心理特征随时间推移所具有的变化性以及相应的恒定性。这些变化既可以由外部环境，如兄弟姐妹的出生、父母离异、亲人死亡等引起，也可以由个体内部，如青春期、患重病等所引起。不管是由什么引起，这种变化都会改变儿童与环境之间的关系，并由此引发儿童心理上的发展性变化。

综上所述，布朗芬布伦纳认为，人的发展就是在这样一个层层叠叠、互有联系的生态系统中发生的。这些环境系统都直接或间接地以各种方式影响个体的发展，个体的发展过程是其不断地扩展对生态环境的认识的过程。

（二）人类发展生态学理论在教育领域的运用

布朗芬布伦纳把人类发展生态学理论推向了各种社会科学的研究领域，从生态学视角对教育问题进行了探讨。

1. 架设家庭和学校之间的桥梁

根据人类发展生态学理论，布朗芬布伦纳指出，在教育儿童的过程中，教育工作者应该在家庭和学校之间架起一座桥梁。父母必须认识到教师在教育儿童方面不能全权包揽，教师也应该认识到父母在教育子女方面同样不可能面面俱到。教师应该促进儿童在学校里的学习，父母则应该督促子女在家庭中的学习。学校应当参与到社区的各种活动中去，这种参与可以通过让儿童和家庭成员为社区做工作而使社区的活动渗透到家庭。此外，儿童家庭中的其他成员（父母以外的成员）对儿童的发展来说也非常重要，教师可以把儿童的祖父母请到教室里来，请他们讲述他们的故事，这样儿童便会因他们长辈的故事而产生自豪感。

2. 指导家长教育子女

布朗芬布伦纳认为，社会应承担的责任之一就是帮助家长为他们的子女提供适合的支持。例如有些家长缺乏经验，过早地给予儿童诸如预防吸毒之类的教育，从而使儿童不堪负担。因为对于儿童而言，把握这样的事要求太高了，这对儿童是不公平的，也是无效的。儿童需要在那些可以帮助他们做出正确决策的人的周围生活。

3. 父母教育儿童时应遵循五个原则

（1）关心你自己

布朗芬布伦纳把父母对自身的关心放在了第一位，是因为如果父母连自己都忽略了，那么对儿童的教育也不能达到最好的效果。关心自己，是要求父母努力设法应对自己生活中的压力，努力使家人和朋友给予他们情感的和实际的支持，努力把自己生活中的经验总结下来，告诉自己的孩子等。

（2）抚养你的孩子

在教育儿童的过程中，对儿童的抚养是最重要的一个因素，如果儿童感受不到爱和关心，那么父母所做的任何事都很难发挥其最大的作用。父母在抚养儿童的时候，要以儿童是否感受到爱为标准，而不是父母自己认为儿童是否感受到爱。

（3）指导你的孩子

儿童在成长过程中需要父母的指导，因为他们需要形成某种价值观念才能更好地控制自己的生活，父母可以通过指导的方式来帮助儿童形成正确的价值观。指导型的父母会告诉儿童某种态度或者某个行为会导致积极的结果还是消极的结果。指导会帮助儿童认识到他们应该以什么样的方式来得到他们想要的东西。

（4）支持你的孩子

布朗芬布伦纳指出，父母需要与儿童之间建立一种“不合理的关系”，这种“不合理”是指父母要非常喜爱他们的孩子，认为自己的孩子比任何其他的孩子都要棒。父母要成为儿童坚定的支持者。

（5）激发你的孩子

父母是儿童的启蒙老师，要鼓励孩子在家里创建一个“学习实验室”（尽管开始时很粗陋），在这个“学习实验室”里放一些书籍，如百科全书（过时的也可以）、历书和工具书，鼓励儿童通过自己阅读来学习知识。

布朗芬布伦纳所创立的人类发展生态学理论是当代对社会科学研究，特别是对人的发展理论研究的一个创举。尽管在实际操作层面上，这一理论的实践运用还有待深入研究，但是这一理论把人的发展放在一个庞大的生态体系中加以考察，认定人的发展是一个过程，通过这一过程，人获取有关生态环境的概念，逐渐形成揭示生态环境的特征、参与环境中的活动、维持或改变环境特征的动机和能力，并积极利用和改变环境。这些新思想为人类发展的研究铺设了坚实的基石，为学前教育的发展提供了有益的启示。

四、马拉古兹与瑞吉欧教育模式

马拉古兹（L. Malaguzzi，1920—1994）是意大利著名教育家，瑞吉欧学前教育体系的创始人。因其在学前教育领域的杰出贡献，马拉古兹于1992年获得丹麦的教育工作贡献奖（Lego Prize），1993年获得美国芝加哥科尔教育基金会奖（Kohl Award），他甚至还被加德纳认为是与福禄培尔、蒙台梭利、杜威和皮亚杰齐名的伟大教育家。

（一）瑞吉欧的基本教育理念

瑞吉欧学前教育的各个方面，包括理论假设、课程与教学、学校的组织和管理，环境的创设和布置、教师的成长和培训、社区的合作和支持等，都得到了各国学前教育界人士的赞赏，作为一个整体被统称为瑞吉欧教育模式，成为很多国家学前教育的参考模式。

瑞吉欧教育的许多基本理念来源于20世纪以来的欧美进步主义教育思想以及皮亚杰和维果茨基等心理学家的建构主义心理学思想。瑞吉欧的学前教育工作者在学习这些思想的同时，又通过不断的研究和实践发展了自己的理念，形成了他们自己的关于学前教育的理论与假设。其教育理念主要有以下几个方面。

1. 所有儿童都是有潜力的

在马拉古兹看来，儿童具有巨大的潜能，他们并非只有单纯的需求，他们富有好奇心、创造性，具有可塑性。他们有着强烈的学习、探索和了解周围世界的愿望，他们是在与外部世界的相互作用中主动地建构自己的知识与经验，主动地寻求对这个复杂的世界的理解的。他在其《孩子的一百种语言》一书中通过一首诗《不，其实真的有一百》充分表达了这一思想。他说："儿童，是一百的集合。他们有一百种语言、一百双手、一百个想法、一百种方式，去思考、游戏和说话；一百种方式去倾听、去惊讶、去爱慕；从歌唱和理解中，获得一百种欢乐。一百个世界，有待去发现，一百个世界，有待去创造，一百个世界，任他们去梦想……"为此，成人应该承认并深入认识儿童的潜力，以儿童的思维和立场来看待一切，给予儿童支持和肯定，使儿童自身的潜能得到充分发挥。瑞吉欧的教育成就应该归功于这种对儿童的看法。

2. 教育的目标是为儿童提供福利

瑞吉欧教育模式所追求的目的是使儿童愉快、幸福、健康地成长，其中，主动性、创造性被视为愉快、幸福、健康的前提与核心。为此，瑞吉欧首先保障了儿童能在一个他们喜欢的环境中、在同伴和有专业知识的成人的陪伴下成长和学习的基本权利，并主张教育应以儿童为中心，从儿童的兴趣、需要和经验出发。儿童在教育过程和课程决策上应有参与和发表意见的机会。在儿童的探索活动中，教师应掌握正确的时机，找到正确的方法，适当地介入，协助儿童发现问题，帮助儿童解决问题。教师必须尽可能减少介入，更不可过度介入，“与其牵着儿童的手，倒不如让他们靠自己的双脚站立着”①。

3. 教师的角色是多样化的

在瑞吉欧学前教育系统中，教师不再是传统意义上的知识拥有者和传授者，而是承担着多重角色，主要表现如下。

（1）教师是儿童的倾听者

瑞吉欧人认为，教师的重要角色就是儿童的倾听者。“关注儿童并以行动来倾听他们的声音，是教师角色的核心”。②倾听儿童就是尊重儿童，就是对儿童的关注。通过倾听，教师能更加了解儿童，根据儿童生活中的兴趣点为儿童提供学习的情境，为儿童提供更多的创造机会。

（2）教师是儿童的观察者

为了深入了解儿童，教师需要适时地去观察儿童，教师不仅要具有敏感的眼睛、耳朵，而且还要有敏感的心灵，要能进入儿童的内心，体察儿童的心声。

（3）教师是儿童的伙伴与向导

瑞吉欧教育模式中的探索活动主要是由儿童自主发起的，因此，教师在活动中更多的是以参与者——伙伴的身份出现，与儿童一起活动。教师要在适当的时候或扮演某个角色，或设置某个情境，给予儿童直接与间接的指导，以维持儿童高度的探索动机，与儿童一起建构知识。

（4）教师是儿童活动材料的提供者

当儿童对某个方面的主题感兴趣时，教师就需要与儿童或家长共同收集

---

①② 屠美如主编：《向瑞吉欧学什么：〈儿童的一百种语言〉解读》，教育科学出版社2002年版，第27、29页。

相关的材料，为儿童提供相应的材料与工具，让儿童进行探索。

(5) 教师是儿童行为的记录者与研究者

为了帮助儿童把他们对世界的认识表现出来，教师需要通过照片、文字、图像、幻灯、录像等手段来记录儿童探索世界的过程。同时，也便于教师分析儿童的学习活动，了解、研究儿童。

4. 儿童的百种语言

瑞吉欧的教育工作者认为，儿童表现自己对世界的认识的方式是多种多样的，不只是有文字语言，还包括许多非文字语言。因此，他们把文字、动作、手势、姿态、表情、图像、绘画、建筑构造、雕塑、皮影戏、戏剧表演、音乐等方式都看作是儿童的语言，鼓励儿童运用各种语言来探索环境、表达自我和相互交流。而其中，视觉表征活动，即图像语言作为教师“倾听”儿童的一种极佳方式，因其能够最大可能地把儿童的学习“可视化”，并促进儿童经验的交流而备受推崇。“百种语言”的学习和表现方式，形成了瑞吉欧学前教育体系中最反传统、最具有变革性的特色。

5. 提倡民主与合作

瑞吉欧教育模式主张教育要关注每一个儿童，但不是孤立地看待他们，而是要把他们与家庭、其他儿童、教师、学校环境、社区和广阔的社会环境联系起来。儿童的学习不是独立建构的，而是在诸多条件下，主要是在与家长、教师、同伴的相互作用过程中建构的。每一所学校都应被看作是一个系统，在每个系统中都包含着所有的关系，他们相互联系、相互促进和相互支持。

因此，瑞吉欧学前教育系统非常强调民主与合作。在瑞吉欧学校里，儿童与教师之间是平等、对话的关系，他们互相提问、倾听与回答。教师则是在集体协作的方式下工作的。幼儿园的每个班上都有两位教师协同教学，学校所有的教职员工每周开会一次，教师每周有 6 个小时在一起就幼儿教育问题展开讨论、交流。同时，家庭和学校之间也是互动合作关系。每所幼儿园都有一个由家长成立的“咨询委员会”，以传达家长的要求，参与幼儿园的教育管理。教师与家长经常就孩子的教育问题进行沟通。只有当学校和家庭共同承担起儿童教育责任时，才可能为儿童提供最好的教育。此外，瑞吉欧学前教育机构还形成了“社区应参与学校”的管理特色，这表现在教育被认为是整个市镇的活动和文化分享活动，市镇的托儿所、幼儿园董事会，由托幼机构中的咨询委员代表、当地的幼教行政主管、教学协调人员及选出的教育官员等人组成。

6. 发挥环境的教育作用

瑞吉欧的教育者把环境称为第三位教师，认为环境是一个重要的教育因素，环境包含着丰富的教育信息和资源，对儿童的学习起着促进、激发的作用。为此，瑞吉欧的教师精心布置学校的每一个角落，营造出了一种舒适、温暖、愉悦的氛围。在瑞吉欧的学前教育机构中，没有一处无用的环境。

校门口被布置成一个会说话的长廊，贴在那里的公告、记录以及预告学校事务的海报，向每一个来访者传达着学校的大致概况，显示出对进入学校的所有人的欢迎之情。在建筑物中心一般有一个广场，为儿童提供了交流的场所。每间教室的门都面向广场，以增加各班幼儿间的互动机会。每间教室被分成两个紧邻的空间，主要是考虑让儿童有独处或与同伴共同活动的空间。教室内的环境布置随项目活动的发展而变化，不断地充实和调整。同时，还充分利用校园内的墙壁，把墙壁作为记录儿童作品的场所，即使是在不起眼的地方，如楼梯、盥洗室中也都挂有儿童的作品。

7. 重视教学记录的作用

记录是一种对儿童的学习和教育活动的说明与解释。瑞吉欧的教师非常重视教学记录的运用，他们通过笔记本、照相机、录音机、幻灯机、录像机等不同的工具，从不同的角度记录儿童的学习活动过程和学校中的各项工作，一般包括：儿童在活动的不同阶段所完成的不同作品；反映活动过程的照片以及誊写的磁带内容；成人的评语；儿童在活动中的讨论、评语和解释，甚至家长的评语。他们认为记录有许多功能：它能使家长了解儿童在学校的经历，进而鼓励儿童积极参与学校的各种活动；它能让教师更好地理解儿童，并在此基础上对自己的教育工作做出更为客观、全面的评价，促进自身专业能力的发展；它能促进教师之间的交流；它能让儿童认识到自己的努力是有价值的；它能通过创建档案来记录学校的历史以及师生共同活动和学习的乐趣；等等。

（二）瑞吉欧的方案教学

与其他教育体系不同的是，瑞吉欧教育模式没有明确规定的课程内容，更没有固定的教材或预先设计好的教育活动计划。瑞吉欧课程与教学主要是以“方案教学”的方式展开的，方案教学是瑞吉欧教育活动的灵魂与核心。方案教学既不是一种预定的教学模式，也不是一般的教学计划，而是师生共建的弹性计划与探索性教学。它的基本要素有三：一是解决真实生活中的问题；二是以小组为单位共同进行较长期深入的主题探索；三是成人与幼儿共同建构、共同表达、共同成长的学习过程。瑞吉欧方案教学的主要构成部分如下。

1. 生成课程

从课程设计上看，方案教学是一种生成课程，即教师预先设定总的教育目标，但不为每个子项目或活动设定特定的目标，而是在对儿童了解的基础上，预计某个项目发展的所有可能情况，考虑儿童可能的想法、假设和选择，并设计与之相适应的、灵活的、适合儿童需要和兴趣的目标。

课程主题的选择是非预设的，是在教育活动过程中自然生成的，它来源于周围的环境，来源于儿童的需要和兴趣，而不是教师强加给儿童的。课程主题大多与儿童现实生活、社区环境、当地的自然环境和身边的自然现象有着千丝万缕的联系。如瑞吉欧学校的课程主题有“超级市场”“雨中的城市”“拥挤的人群”“光与影”“小鸟的乐园”等。这些主题都是儿童熟悉的，这就使他们更加积极主动地参与到活动中，使他们有更多的机会去自由支配自己的兴趣、想法、喜好和选择。当然，主题也可以是新奇的、不能预知或确定价值的，如“太阳系和太空旅行”，这也属于师生共同探索的对象之一，但也必须是自然生成的。在选择主题时，教师必须给儿童足够的时间去思考，然后师生个体讨论，及时去选择。决定主题的原则是：合乎儿童生活经验，是儿童感兴趣的；容易取得所需材料和设备，可以运用学校和社区资源的；儿童能实际操作的，有助于增进儿童的知识和技能；有利于儿童之间的互动，可以促进儿童与家长的交流；等等。

整个方案教学活动的计划是儿童在教师的帮助下制定的，活动过程由儿童决定并实施。在这个过程中，儿童就像科学工作者一样对要探索的主题展开实地、深入地研究，课堂也并不限定在教室和幼儿园里。如在“超级市场”这一方案教学活动中，儿童对一家大型超市进行了数次参观（包括它关门的时候），亲自购买商品，访问超市经理，制作并递交了建议信，还以图画、角色游戏等形式再现他们丰富化了的经验。儿童以一种兴致勃勃却又是严肃认真的态度对待研究的主题。这种游戏、教学一体化的探索活动给了儿童深入了解某个主题的智力活动方法和早期经验，为他们今后形成良好的学习习惯、研究态度，掌握学习和研究方法奠定了基础。

2. 小组工作模式

瑞吉欧的方案教学一般采取小组工作的方式，小组一般是 3—5 人，有时 2 个人。小组工作中的同伴合作体现在许多方面，如能力强的孩子可以向同伴提供经验或技能上的指导与支持等。但小组工作模式更为看重的是儿童在共同活动中彼此的调整适应，一方面，借助教师的帮助，一个或几个孩子的问题或观察可以引发其他孩子去探索其从未接触过甚至从未怀疑过的领域；另一方面，孩子们在合作探索、交流的过程中获得自我认同或发现矛盾、冲突，进而重新评价或改变自己的认识，这就是瑞吉欧教育体系所说的儿童间的真正的“合作活动”。

这种同伴合作，为每个孩子提供了机会，使他们意识到自己的观点与其他人的观点是不同的，从而意识到自己的独特想法，产生自我认同感；同时在与同伴的交流、切磋中，也使孩子们发现了其他人的不同观点，意识到世界的多样性。小组内的活动最后也可能发散到更大的集体（包括儿童、家长、教师、社区成员等）中，但小组始终是方案教学的基本活动形式。

3. 形成性评估

瑞吉欧方案教学的评估主要是根据方案发展的不同阶段来进行的，不同阶段的评估内容如下。

（1）第一阶段——最初的构想和设计阶段

可以评估“它对于孩子的学习提供哪些可能性?”“它需要哪些资源?”“孩子关于工作的概念有多明确?”“这些计划对孩子的能力适合程度如何?”

（2）第二阶段——方案的发展阶段

可以评估“工作如何进展?”“哪些问题被提出?”“孩子在工作中，如何应用基本的理论技巧?”

（3）第三阶段——结束阶段

可以评估“最后的成果如何反映出最初的计划?”“这些富有想象力与独创性的想法如何具体表现在作品中?”“最后的成果如何反映孩子思考的成长?”

总之，评估是在真实的情境下、在活动的过程中开展的，是动态的、形成性的，而不是诊断性的，它不是要对儿童进行比较，或者给儿童贴标签，不是着眼于儿童的缺陷和不足，它关注的是儿童能够独立完成的事情以及在外界帮助下、在不同情境下能够达到的水平。这种评估是教师了解儿童，理解儿童的方案、情感、兴趣、倾向和能力，并设计出对儿童有意义的又有一定挑战的学习经验，发展对儿童个体或集体起支持作用的反应性课程的基础。这种评估是在民主和社区般的气氛中进行的，不仅面向个体而且还涉及儿童之间的互动。在当今强调民主、主张学校和班级形成一种社区的气氛、重视合作性学习的社会里，这种评估方式是其中一个很重要的因素。

瑞吉欧教育模式反映出了一个与众不同的成功的学前教育体系的特色，体现了理想的学前教育的发展方向。目前，许多国家和地区正在从瑞吉欧教育模式中汲取有益的成分。但需要指出的是，瑞吉欧的教育者们反对其他国家将他们的教育模式当作一种固定的模式进行简单复制，他们根本就没有去发展那些可以现成被移植到另一文化背景中的教育模式，因此我们在学习和借鉴瑞吉欧教育模式时，必须从本国的实际情况出发，不能机械照搬。

思考与练习

1. 简述皮亚杰有关儿童教育的基本原则和方法及其背后的思想。
2. 简述马斯洛的幼儿教育观点。
3. 简述维果茨基有关教学与发展关系的观点。
4. 简述乌索娃的学前教学思想。
5. 简述加德纳的多元智能理论对学前教育的启示。
6. 试论瑞吉欧教育模式的特色及其对学前教育改革的意义。

拓展性阅读导航

1. 陈杰琦、玛拉·克瑞克维斯基、朱莉·维恩斯编，方均君译：《多元智能的理论与实践：让每个儿童在自己强项的基础上发展》，北京师范大学出版社 2004 年版。

本书阐述了“多彩光谱”的两种理论基础，即多元智能理论和非普遍性发展理论，并对其实践进行了回顾与反思。

2. 卡洛琳·爱德华兹、莱拉·甘第尼、乔治·福尔曼编著，罗雅芬、连英式、金乃琪译：《儿童的一百种语言》，南京师范大学出版社 2006 年版。

本书从历史发展、基本理念、课程与教学、学校管理系统、空间设计、教师的角色、家长等方面对瑞吉欧教育体系进行了全面阐述，并介绍了瑞吉欧教育模式在美国课堂中的延伸运用。

主要参考书目

1. 唐淑主编：《中国学前教育史（第三版）》，人民教育出版社 2015 年版。

2. 李季湄、冯晓霞主编：《〈3—6 岁儿童学习与发展指南〉解读》，人民教育出版社 2013 年版。

3. 庞丽娟主编：《中国教育改革 30 年　学前教育卷》，北京师范大学出版社 2009 年版。

4. 唐淑、王海英编：《陶行知文集》，江苏教育出版社 2008 年版。

5. 陈秀云、陈一飞编：《陈鹤琴全集》，江苏教育出版社 2008 年版。

6. 唐淑、王雯主编：《学前教育思想史》，苏州大学出版社 2004 年版。

7. 孟宪承编：《中国古代教育文选》，人民教育出版社 2003 年版。

8. 中国学前教育研究会编：《百年中国幼教（1903—2003）》，教育科学出版社 2003 年版。

9. 教育部基础教育司编写：《〈幼儿园教育指导纲要（试行）〉解读》，江苏教育出版社 2002 年版。

10. 赵祥麟主编：《外国教育家评传》（1—4 卷），上海教育出版社 2002 年版。

11. 华东师范大学教育系、浙江大学教育系选编：《西方古代教育论著选》，人民教育出版社 2001 年版。

12. 任钟印主编：《西方近代教育论著选》，人民教育出版社 2001 年版。

13. 王承绪、赵祥麟编译：《西方现代教育论著选》，人民教育出版社 2001 年版。

14. 中国学前教育研究会编：《中华人民共和国幼儿教育重要文献汇编》，

北京师范大学出版社 1999 年版。

15. 杨汉麟、周采著:《外国幼儿教育史》，广西教育出版社 1998 年版。

16. 王天一、方晓东编著:《西方教育思想史》，湖南教育出版社 1996 年版。

17. 周谷平著:《近代西方教育理论在中国的传播》，广东教育出版社 1996 年版。

18. 戴自俺主编:《张雪门幼儿教育文集》，北京少年儿童出版社 1994 年版。

19. 滕大春主编:《外国教育通史》（1—6 卷），山东教育出版社 1994 年版。

20. 张斌贤、褚宏启等著:《西方教育思想史》，四川教育出版社 1994 年版。

21. 高时良主编:《明代教育论著选》，人民教育出版社 1990 年版。

22. 中国学前教育史编写组编:《中国学前教育史资料选》，人民教育出版社 1989 年版。

23. 张沪编:《张宗麟幼儿教育论集》，湖南教育出版社 1985 年版。

24. 舒新城编:《中国近代教育史资料》，人民教育出版社 1961 年版。

25. 卡洛琳·爱德华兹、莱拉·甘第尼、乔治·福尔曼编著，罗雅芬、连英式、金乃琪译:《儿童的一百种语言》，南京师范大学出版社 2006 年版。

26. [英] 约翰·洛克著，杨汉麟译:《教育漫话》（全译·注释本），人民教育出版社 2006 年版。

27. 任钟印选编，任宝祥等译:《夸美纽斯教育论著选》，人民教育出版社 2005 年版。

28. 陈杰琦、玛拉·克瑞克维斯基、朱莉·维恩斯编，方均君译:《多元智能的理论与实践：让每个儿童在自己强项的基础上发展》，北京师范大学出版社 2004 年版。

29. [法] 卢梭著，李平沤译:《爱弥儿——论教育》，人民教育出版社

2001 年版。

30. 赵祥麟、王承绪编译：《杜威教育论著选》，华东师范大学出版社 1981 年版。

31. [瑞士] 皮亚杰著，傅统先译：《教育科学与儿童心理学》，文化教育出版社 1981 年版。